KB069564

사례중심
가족치료와 사회복지실천

Robert Constable · 이부덕(Daniel B. Lee) 공저

이은진 · 배진형 · 김유진 · 박영희 공역

학지사

번역본을 내며…….

    역자들의 노고를 먼저 치하한다. 저자의 한 사람으로 이 책이 한국의 가족치료와 사회복지실천 분야에 도움을 줄 수 있는 자료가 되기를 희망한다. 독자들은 이 책을 통해 구체적으로 가족을 돕는 임상적 접근에 필요한 이론, 실천 원칙, 사례를 통한 문제의 사정 및 다양한 접근법들을 살펴보게 될 것이다. 이를 통해 가족 생애주기와 문화적 배경, 사회적 환경과 제도의 연계적 맥락에서 다양한 관계적 문제들과 적응상의 장애물에 대한 이해를 높일 수 있을 것이며, 치료 분야에서도 큰 성과를 거둘 수 있을 것이다.

    지금까지 가족치료와 가족사회복지실천 분야에서 많은 책들이 출판되어 왔다. 저자들은 이 책에서 지난 1세기 동안 가족복지와 상담 및 치료에 기여해 온 가족사회복지실천의 가치 체계와 윤리강령을 통합하는 원칙을 일관성 있게 다룰 수 있도록 특별한 노력을 기울였다. 사회계층과 가족 유형이 다양해지면서 삶의 현장에서 사정하고 개입하는 데 새로운 시도가 요구되고 있다. 이를 위해 인간의 존엄성과 관계의 정의에 근거하여 지금까지 축적된 전문적 지식, 접근 방법 및 현실 감각을 활용하는 데 중점을 두어야 할 것이다.

이 책은 미국에서 시카고 로욜라 대학교를 포함한 18개 대학과 대학원에서 가족치료, 가족복지실천 과목 등의 교재로 채택되었다. 우리말로 번역해 주신 석학들은 모두 시카고 로욜라 대학교에서 본인과 함께 가족치료 및 가족복지실천 영역에서 관심사를 나눈 귀한 연구가들이므로 앞으로도 계속해서 이 분야와 연관된 영역에 기여할 것을 의심치 않는다. 로욜라 대학교에서 교환 연구교수로 함께했던 박영희 교수(제1장), 박사 후 연구원으로 함께했던 이은진 박사(서문, 제2, 3, 9, 10장), 박사과정을 마친 배진형 박사(제4, 5, 8장)와 김유진 박사(제6, 7장)가 어려운 작업을 마무리하였다.

이 책의 공동 저자인 Robert Constable 박사와 저자는 30여 년 동안 가족을 돕는 임상 분야에 종사해 왔으며, 미국의 결혼 및 가족치료학회의 임상 회원으로 다문화 가족치료와 사회복지현장 경험을 토대로 가르치며 저술 활동을 하고 있다. 인간의 정서 체계는 문화를 초월하는 범인간적 속성과 특수한 사회적·지리적 환경의 영향으로 형성되면서도 변화에 적응하는 다양한 행동적 형태를 포함한다. 이와 같이 서양식 사고와 동양적 감성이 영성적인 맥락에서 조화를 이루어 가며 통합되는 방향으로 가족치료가 발전해 나가는 과정에 이 책이 그 일역을 담당할 수 있다면 저자의 한 사람으로 큰 보람이 될 것이다.

2008년 8월
시카고 로욜라 대학교 사회복지대학원 교수
이부덕

역자 서문

　다문화에 대한 배려와 존중을 지향하며, 미국의 전통을 간직해 온 시카고, 그 안에서 임상사회복지 교육의 일선에 서 있는 로욜라 대학교에서 이부덕 교수님과의 인연으로 역자들은 이 책을 접할 수 있었다. 이 책의 원서인 『Social Work with Families: Content and Process』는 미국 사회복지 대학원의 가족치료 과목의 입문 교재로 널리 사용되고 있으며, 다양한 유형의 가족을 대상으로 하는 사회복지실천 전 과정에 대한 상세한 설명과 지침을 풍부한 사례를 통하여 제시하고 있다.

　이 책은 사회복지를 포함한 다양한 인간관계 관련 전문 분야의 실무자나 학생들이 가족이 당면하는 문제 상황에 대해 이해하는 데 도움을 주기 위한 실제 사례들을 많이 다루고 있어, 제목을 '사례중심 가족치료와 사회복지실천'으로 하였다. 총 10장으로 구성된 이 책을 세부적으로 살펴보면, 제1장에서는 가족을 위한 사회복지실천에 대한 이론적 준거틀을 역사적인 맥락에서 제시하고, 제2장에서는 가족 생애주기에 따른 관계적 과업을 애착 이론과 체계적 관점 및 의사소통 과정과 관련지어 설명하고 있다. 가족에 대한 개입을 주제로 하는 제3장과 제4장에서는 각각 가족 상호작용과 다문화적 관점을 기반으로 한 치료적 접근과 이에 따른 가족의 의미를 다루고 있다. 제5장부터 제8장까지는 가족에 대한 개입과정의 초기에서 중기에 이르기까지 다양한 유형의 가족들과의 구체적인 사례와 내용들을 정리하였다. 이를테면, 제5장과 제6장에서는 부부 중심의 가족치료에 대한 초기와 중기 작업에 대하여, 제7장에서는 두 세대 이상을 포함하는 가족에 대하여, 제8장에서는 이혼이나 사별 등으로 가족 구성원의 상실을 경험한 후 이를 극복하고 재혼으로 재구조화해 나가는 가족과의 중기 작업에 대하여 중점적으로 기술하고 있다.

이러한 세부적인 개입이나 치료 상황에 대한 이론적·임상적 고찰에 이어 제9장에서는 가족에게 실제적으로 영향을 미치는 외부 사회 자원 체계로서의 학교, 법원 및 의료기관과의 관계 속에서 가족치료와 사회복지실천의 거시적 접근 개입에 대하여 논의하였다. 마지막으로 제10장에서는 여러 형태의 가족들과 상담이나 조력 관계를 종결하는 시점에서 나타나는 다양한 상황들을 살펴보았으며, 이를 통하여 가족에 대한 개입이나 치료 작업에서 종결이 가지는 의미를 새롭게 재조명하였다.

역자들은 이 책의 번역 작업을 해 나가면서 가족치료와 사회복지실천 현장을 실제 접하는 듯한 생생한 체험을 할 수 있었다. 이는 이 책 전반에 실려 있는 실제 사례들을 통한 간접 체험은 물론, 역자들 모두가 시카고 로욜라 대학교를 매개로 한 소수인종으로서의 외국 생활 체험과정에서 이 책의 내용에 공감해 왔기 때문이다. 번역과정에서 우리말로 정확히 그 의미를 옮겨 적기 어려운 영어 표현들로 인해 곤란한 상황에 처하기도 했다. 이는 영어와 한글이 갖는 근본적인 차이에서 기인한 것도 있었지만, 문화적인 차이에서 비롯된 경우도 적지 않았다. 번역하는 동안 '가족'을 연구하고 '가족'과 함께하는 전문가로서 관심을 가지고 고민해야 할 것들이 많다는 점 또한 절감하게 되었다.

번역은 또 하나의 창작 활동임을 깨닫고, 완벽한 번역은 아니겠지만 최선의 노력을 다했음에 스스로를 위로해 본다. 출간을 위해 애써 주신 (주)학지사 김진환 사장님과 저작권 담당 서한나 씨, 편집부 김선우 씨를 비롯한 많은 분들의 노고에 감사를 드린다. 역자들은 저자 이부덕(Daniel B. Lee) 교수와 Robert Constable

교수의 사회복지실천가 및 가족치료사로서의 삶의 열정과 노력의 기록인 이 책이 우리나라의 대학과 대학원의 '가족치료'와 '가족복지' 수업에서 활용되어 가족에 관심을 가지고 가족을 대상으로 일하는 다양한 분야의 실무자와 학생들에게 실질적인 도움이 되기를 마음 깊이 바라며 다시 한번 감사의 마음을 전한다.

2008년 8월
역자 일동

저 자 서 문

　가족사회복지실천의 과정과 내용들을 구체화하고자 이 책을 쓰게 되었다. 이는 독자들로 하여금 다양하고 풍부한 발달적 접근으로부터 가져온 사회복지 관점들을 가족과 함께하는 작업에 적용할 수 있도록 하는 것이다. 이 책에 제시된 많은 사례들은 이론과 실제 간의 연결, 가족 발달, 가족 구조, 다문화적 현실, 외부 기관, 환경적 현실과 사회복지사의 주된 업무인 가족 구성원들 간의 관계를 의사소통과 상호작용을 통해 재구조화해 나가는 과정에서 연결고리 역할을 해 줄 것이다.

　이 책은 가족사회복지실천 현장에서 이론적 · 실제적 토대를 개발하는 데 도움이 될 것이며, 이 영역은 지난 100여 년간 사회복지사들이 현장에서 가장 중점을 두어 왔던 분야이기도 하다. 사회복지실천의 가치를 구조화하는 것이 중요시되기 때문에 이 책에서는 가족치료의 다양한 학파를 포함한 광범위한 영역의 이론가들과 현장 전문가들로부터 가족 상호작용에 대한 이론을 유추하고 그 이론들을 통합하고자 하였다. 또한 가족과의 작업 현장에서 가족의 의미를 정의하고 기본적인 욕구를 성취하도록 상호작용하는 가족들에게 초점을 두고서 통합을 시도하였다. 이 책은 가족들과 함께하는 다양한 현장의 실제에 대한 전반적인 설명을 제공하는데, 이는 개인과 집단에 대한 치료 방법론을 강조하고 지향하는 기존의 교과서와 대치되는 면도 있으나, 다양한 영역에서 사회복지실천적 시각을 제공하므로 가족치료 영역의 기본적인 방법론 교과서로서 적합하다고 볼 수 있다. 나아가 이 책은 오늘날 사회복지실천 분야에서 시행되는 가족치료들을 연결하는 주제들을 함께 제시하고 있다.

이 책에서는 여러 가지 이유로 다양한 사례들을 많이 제시하고 있다. 사례는 무엇보다도 특정 이론의 유용성을 검증할 수 있는 가장 좋은 방법이다. 왜냐하면 사례는 실제 현상들에 가장 가까운 은유물이기 때문이다. 가족치료 이론들은 포괄성의 측면에서 아직은 초기 단계다. 전체를 포괄하여 개발된 이론이 없는 만큼 사례는 이론과 실제를 통합하는 또 다른 방법을 제공한다. 초점은 사회복지사와 함께 관계적인 구조를 만들어 가고 관계적이고 제도적인 과제들을 수행해 가면서, 가족 생애주기 단계에서 상호작용하는 가족에게 두고 있다. 이러한 초점은 사례를 통해 가장 잘 살펴볼 수 있다. 이 책의 사례들은 많은 현장 임상가들의 실제 경험을 정리한 것이며, 개인의 정보를 보호하기 위해 의도적으로 조작된 것도 있다. 한편 이 사례들은 현장 임상가들이 가족과의 실무 현장에서 매일매일 접하는 상황들의 내용과 과정을 반영한 것이기도 하다. 어떠한 상황도 소수에게만 해당하는 것이 아니기 때문에 독자들은 사례 상황들의 다양한 예들을 활용할 수 있을 것이다.

이 책에서는 현장의 실제를 반영하는 모델들의 내용을 통합하는 데 초점을 두었다. 가족 사회복지사는 복합적인 현실을 다루면서 이론을 현장과 연계시켜 나가야 한다. 가족들은 서로 다른 강점, 한계, 문화적 신념과 행동양식, 욕구와 의도를 가지고 있으므로, 치료자가 아닌 가족이 자신들의 다양한 관심사들을 다루고 안전한 관계적 기반을 구성해야 할 필요가 있다. 이러한 과정이 효과적으로 진행된다면, 우리는 이를 실존적인 관점에서 작은 기적으로 여길 수 있을 것이다. 사례들을 교육적인 도구로 활용하는 것은 이 작은 기적들의 맥락을 이어 갈 수 있게 하며, 내용과 가정들이 실제 현장에서 어떻게 통합되어 가는지를 이해할 수 있게 한다. 내용과 과정에 대한 기능적 모델(Hofstein, 1964)은 이렇게 많은 것이 요구되는 통합을 가능하게 해 주는데, 통합이 잘되게 하려면, 방심하지 말고 내용과 과정의 맥락을 잘 파악해야 할 것이다. 통합은 일상적인 임상실제의 기본적인 예들에서 가장 잘 드러날 수 있다. 이론에 대한 초점은 그것이 어떻게 활용되는가에 맞추어져야 하고, 내용에서는 무엇이 행해져야 하는가와 가족 구성원들이 어떻게 처리해 나가고 차이를 적용하는가에 대해 초점이 맞춰져야 할 것이다. 실제 조력과정에서는 상담자의 도움으로 더 안정적인 기반을 적극적으로 구성해 가는 가족들에게 초점이 맞춰지게 될 것이다. 학생들은 과정과 내용의 맥락을 따라감으로써 다문화사회 속에서 자신들의 관계망을 구성하는 다양한 가족들에게 이론과 실제에 관해 배운 것들을 적용할 수 있을 것이다. 또한 과정과 내용에 근거해서 방법에 관한 문헌들의 다른 과정들을 탐색해 나가는 데 이전보다 매우 유용하게 적용할 수 있을 것이다.

지금까지 행해진 많은 효과 연구들을 살펴보면, 다른 접근들을 하나로 통합할 수 있는 여러 이론들이 있는지, 아니면 한 가지에 대한 것이나, 사회적 관계의 본성에 내재한 패러다임이 있는지 등 여러 논의들은 합의되지 않고 있다 (Bergin & Garfield, 1994; Gurman & Jacobson, 2002, p. xv). 이에 대한 두 가지 답이 모두 유용할 수 있으므로 어느 하나를 배제해서는 안 될 것이다. 통합은 다수의 치료 이론들로부터 가능할 것이며, 이는 다른 접근들에서 비롯된 개념들과 기법들의 체계적인 활용이기 때문이다(Bergin & Garfield, 1994, p. 821). 특히 과정과 내용의 기능적인 실마리를 잃었을 때, 사회복지실천에서 이 과정의 더 큰 결과는 아직 명확하지 않다(Reid, 2002). 모든 사례에서 임상가는 통합을 추구해야 하며, 학생들은 자신의 실천 모델을 개발해야 한다(Mullen, 1983). 현재는 사례에서 과정에 중점을 두고 문화적 · 지역사회적 · 사회제도적 맥락 내에서 가족관계를 구성하는 개인들에게 초점을 두므로 실제 현장과 밀접한 사례들은 통합적인 학습에 도움이 되는 탁월하고 종합적인 구조를 제공해 준다.

이 책의 주된 이론적인 모형은 한 세기 이상 사회복지 영역을 이끌어 온 것과 동일한 관계적 모형이다. 이러한 맥락에서 인간 욕구의 실제는 오직 가족 관계를 통해서만 실현될 수 있으므로, 이는 관계적 정의와 인간적 결속의 개념을 가져오게 한다. 이러한 결속은 내적인 가족 관계로부터 사회제도에까지 이르게 된다. 사회복지실천은 인간의 욕구나 절친한 서로를 돌보는 사회 구성원들 모두의 의무에 관해서 중립적이지 않다. 또 하나의 중요한 개념은 차이에 관한 것인데, 가족의 결속이란 역설적으로 차이에서 비롯된다. 가족 구성원들은 각 생애주기 단계에서 이러한 차이들을 운용 가능한 단위로 만들어 가는 작업을 지속적으로 하고 있으며, 우리 앞에 펼쳐지는 다문화사회 역시 각기 다른 차이들로 가득 차 있다. 이러한 현실들은 모든 관계 체계에, 특히 가족들에게 영향을 미친다.

초문화적 관점은 다양한 사회 내에서 다문화적 관점을 가정하는데, 가족과 사회적 관습 간에, 다양한 문화적 경험과 사회경제적 배경을 가진 가족 구성원들 간의 연계를 만들어 가는 데 초점을 둔다. 이는 모든 문화에 공통적인 것과 다른 것들 모두를 이해하는 것을 가정하지만, 초점은 다문화사회에서 안정적인 기반을 구성하고자 하는 개인으로 적극적으로 옮겨 가고 있다. 사람들은 비슷한 기본 욕구를 바탕으로 관계에 관한 기대들을 안정화하려는 희망을 가지고 관계를 맺지만, 서로 다른 방식으로 상호작용하며, 관계에 대한 이해 역시 다를 수 있다. 초문화적인 이해에 대한 열쇠는 조력과정에서 찾을 수 있으며, 이러한 조력과정은 많은 장벽에도 불구하고, 서로가 함께하는 존재의 본질적이고 존재론적인 의미를 추구하는 것을 필연적으로 포함한다. 또한 이러한 관점은 차이들이 존재하며, 가족 구성원들과의 초문화적인 작업은 이미 그들의 내외적인 관계에 관한 작업 속에 깊이 새겨져 있음을 가정한다. 내적 작업은 가족 발달과 업과 함께 진행되어야 하고, 외적 작업은 사회제도와의 복합적인 업무를 수반한다. 사회복지사는 가족들이 이러한 관계적 과업들을 해 나갈 수 있도록 돕는 역할을 한다. 이는 은유적으로 강의 지류들이 하나의 바다로 흘러가듯이 그들이 공통으로 발견하고 함께 만들어 가는 관계적 세계로 향해 가는 것이다.

이 책의 도입부는 역사적 사실과 상황들을 언급하면서 시작하였다. 우리의 정신적 지지자들에게 감사를 표한다. 우리 두 사람은 삶 속에서 많은 이들로부터 좋은 영향을 받아 왔다는 점에서 행운이었다. 공간적 제약으로 언급하지 못하게 된 이들에 대해서는 유감스럽게 생각한다. 우리의 가장 위대한 스승이자 후원자는 바로 내담자들이다. 삶에서의 복원력, 용기와 창의력에 대한 다하지 못한 이야기들은 사례들 속에 녹아 있다. 그들의 위대한 삶이 주는 교훈들은 이 책의 관점과 방법론을 타당화시켜 준다. 우리는 많은 사례들에서 예상치 못한 결과를 경험해 왔는데, 내담자나 가족들이 원하는 결과대로 항상 되지는 않았으며, 때로는 기대보다 더 나은 결과가 나오기도 하였다. 이러한 결실은 방법론이나 관점의 승리라기보다 조력과정에서 북돋워진 인간의 의지와 지적 능력에서 기인한 것이다. 이는 우리의 것이 아닌 내담자들의 몫이며 인간의 공동 작업 과정이 아니라면, 어떤 전문가도 성공으로 이끌 수 없는 것이다.

마지막으로 우리의 삶에서 가장 가까운 곳에 있었던 가족들, 우리 가족사에 소중한 것들을 남겨 왔고 앞으로도 만들어 갈 그들이 있었기에 이 모든 것이 가능하였다. 이 책이 완성될 쯤에 콘스터블의 손자인 폴이 태어났는데, 초문화적인 배경을 지닌 폴은 가족과 이제 막 우리가 진입하려는 놀라운 세계에 대한 은유물이다.

우리는 이 책을 사용할 학생들에게도 헌정하고자 하며 그들은 이미 가족의 일원이다. 특히 우리의 가장 절친한 친구인 아내 폴린(Pauline Constable)과 그레이스(Grace Lee)를 기억하고자 한다. 이들은 오랜 세월 동안 우리의 친구로 지금까지 우리에게 사랑의 많은 의미를 가르쳐 줬기 때문이다.

Robert Constable,
이부덕

2004년 원서 초판
『Social Work Families: Content and Process』의 서문

참고문헌

Bergin, A. E., & Garfield, S. L. (1994). *Handbook of psychotherapy and behavior change* (4th ed.). New York: Wiley.

Gurman, A. S., & Jacobson, N. S. (2002). *Clinical handbook of couple therapy* (3rd ed.). New York: Guilford.

Hofstein, S. (1964). The nature of process: The implications for social work. In R. Wessel (Ed.), *Journal of social work process*, Vol. 14. Philadelphia: University of Pennsylvania Press.

Mullen, E. J. (1983). Personal practice models. In A. Rosenblatt & D. Waldbogel (Eds.), *Handbook of clinical social work* (pp. 623-649). San Francisco: Jossey-Bass.

Reid, W. J. (2002). Knowledge for direct social work practice: An analysis of trends. *Social Service Reviews, 76* (1), 6-33.

✳ 차 례 ✳

01

가족사회복지실천을 위한
이론적 준거

제1장 가족사회복지실천을 위한 이론적 준거

인간사는 가족이나 친구들 그리고 그들과 함께 만들어 가는 기억들로 이루어진다. 이중 가족은 환경과 개인들 간의 기본적인 관계를 연결하는 역할을 한다. 가족은 개인의 일부이고 개인은 가족의 일부라고 할 수 있는데, 여기서 가족이란 한 개인이 현재 경험하는 가족 혹은 기억 속의 가족일 수 있다. 다시 말하면, 우리가 가족이라고 할 때는 현실의 가족과의 현재의 경험에 대한 것뿐 아니라 가족에 대한 과거의 경험 또는 그로 인한 기억을 모두 포함하는 것이다. 관계의 영속성과 개인의 행동을 위한 안전한 기반을 다지려는 심오한 욕구들을 만족시키기 위한 방법들은 많지만, 가족 관계에 대한 이해는 모든 개인의 관계적 상황을 이해하는 데 필수적이다. 개인이 고립되어 혼자 생활하거나 가족 구조에서 떨어져 나와 살고 있는 경우 역시 그러하다. 가족과 함께 살든 그렇지 않든 간에 가족 구성원들은 모두 가족에 대한 상처와 분노, 가족 구성원들 간의 갈등적 기억들, 그에 따른 후회와 수많은 기억들을 각자의 마음속에 숨긴 채 다양한 관계를 맺어 간다. 이러한 관계들은 우리가 새로운 세상을 접할 때 사용한다고 알려진 행동양식의 반영인 동시에, 즐겁거나 슬픈 기억들과 함께 삶의 살아 있는 경험들로 존재한다. 이는 우리의 반추를 위한 연료가 될 것이다. 이는 쓰라리면서도 달콤한 우리 삶의 시일 수도 있고, 우리가 대양을 향하여 갈 때 건너는 강물과도 같은 것이다.

이 장에서는 가족사회복지실천의 현장에 대한 개요와 범위, 간략한 역사를 소개하고자 한다. 가족은 인간복지의 주요한 체계가 된다. 따라서 가족과 함께 해 온 사회복지실천 역사에 대한 분석, 사랑을 기반으로 한 가족 간의 관계, 가족치료 운동의 방법론적 기여와 가족의 복원력 등에 대한 고찰은 가족사회복지실천에 대한 준거틀을 형성하는 기반이 될 것이다.

1. 사회복지실천과 가족

사회복지실천과 관련하여 끊임없이 지속되는 주제는 인간과 환경 간의 관계이다. 모든 사회적 상황에서 가족은 결정적이고 지속적인 참여자가 되며, 개인의 발달과 정체성, 상호 지지와 분배의 기본 체계가 된다. 즉, 가족은 사회복지의 기본 단위인 것이다. 그 밖의 가족 외적 사회복지 체계는 가족 범위 안에 특정한 자리를 차지하지 않고 가족이 잘 기능하도록 돕는 것이 바람직한 역할이라 할 수 있다.

가족을 이해하는 데는 다양한 방식이 존재한다. 가족은 우리가 한 개인으로서 행하는 행위의 배경이나 일관된 어떤 것으로 비추어질 수 있으며, 서로 다른 생애 주기를 바탕으로 다양한 관계 구조를 가지는 동시에, 공감과 의무로 유지되는 복잡한 인간관계망으로 볼 수도 있다. 역설적으로 가족이 개인의 행동과 관련된 배경으로 이해될 때, 때때로 그만의 독특성, 힘, 심지어 개인들에게는 가족의 가치까지 상실될 수도 있다. 따라서 가족사회복지실천의 효과적인 작업을 위해서, 가족은 복잡한 관계망을 바탕으로 개인의 이해관계를 넘어선 헌신적인 관계를 기본으로 다루어져야 할 것이다.

사회복지실천은 가족 구성원 간의 작업에 근원을 두고 있다. 사회복지사들은

가족 구성원들이 서로 간의 관계, 정서 유대, 구성원으로서의 자격 등의 문제들
을 결정하고, 외적이거나 내적인 스트레스 상황 속에서 문제를 해결할 수 있도
록 돕는다. 또한 구성원 개개인 간의 작업은 다른 이들과의 상호작용을 통한 상
황적 대처, 관계 맺기, 소속하기 및 가치 두기 등에 대한 행동양식을 다룬다. 이
러한 행동양식은 가족 안에서 새롭게 형성되는 관계와 가족생활의 새로운 구조
와 단계 속에서 반복적인 경험과 발달을 통해 변화되면서 조화를 이루어 나아간
다. 특히 다른 이들—새로운 가족원과 행동할 때, 익숙한 장소와 사람들— 즉
기존의 잘 다져진 경로를 새로운 가능성으로 연결시킬 때 특히 유효하다. 각 개
인의 삶에서 현재 관계에 대한 자연스러운 변동은 지금까지의 패턴을 수정하고
기억에 대한 개인적 의미를 조금씩 변화시킬 수 있다(Lewis, 1999).

1) 관계적 정의

　사회복지실천은 사회생활에서 심각한 문제들로 인한 분열이 발생하여 더 이
상 수용될 수 없는 상황에 대한 조치를 위한 전문 영역의 하나로 탄생하였다.
이후 가족생활에 대한 사회적 기대와 전문직인 사회복지실천 사이의 상호작용
은 오늘날까지 지속되고 있다. 그러나 현대사회의 복잡성 속에서, 가족과 사회
복지실천 사이의 상호작용들에서도 실패 가능성은 존재하기 마련이다(Tillich,
1962). 일례로 가족 내부적으로는 공감과 의무라는 섬세한 연결망의 형성이 실
패로 이어질 수 있으며, 외부적으로는 미흡한 제도와 지역사회 기능의 역부족
이 실패의 원인이 될 가능성이 높다. 관계 속의 정의라는 맥락에서 볼 때, 이러
한 실패들은 얼마든지 변화 가능하다. 사회복지사의 입장에서는 개인이 자신의
환경과 개인적인 상황들을 변화시키도록 도울 수 있다는 확신이 있다. 이러한
실패의 대가를 치르면서도 효과적이고 전문적인 처방이 이루어진다면, 적절한
처치가 될 것이며 이것이 바로 사회복지실천의 논리적 근거가 될 것이다.
　이처럼 실패에 따른 인간적 손실의 일부는 예방과 치료가 가능하다. 이러한
문제는 순차적으로 하나씩 다루거나, 때로는 집단을 위한 프로그램을 개발하거

나, 기관과 함께 정책을 개발하거나 혹은 이 모든 것들을 동시에 함으로써 해결될 수 있다.

반면에 직업과 정의, 인간복지, 교육 등의 체제가 구성원들 각각의 인간적인 욕구를 충분히 만족시키지 못했을 때, 제도상의 체계 내에서 이러한 실패와 분열이 발생하게 된다. 예를 들어, 각각의 상황과 구성원들의 특성을 고려하지 않는 획일적인 체계는 치유와 교육, 정의 수호, 업무 분배, 인간복지 관련 기능 등을 더 이상 보장할 수 없게 된다.

또한 다양하고 복잡한 사회 속에서 정치경제적인 힘이 특정 집단에 압력을 가하거나 특권화될 때, 불행히도 갈등과 차별이 발생한다. 이러한 상황에서 가족은 더 넓은 사회 구조 속에서 제대로 된 기능을 발휘하지 못하고, 가족 구성원 개개인의 역할을 수행할 수 없게 된다. 이처럼 가족 내의 혼동이나 사회적인 혼동과 갈등을 경험한 사람들은 가족이나 사회 속에서 개인의 잠재력을 발달시키는 데 어려움을 겪게 된다.

2) 초문화적 관점

초문화적인 관점은 다양한 사회 속에서 다문화적인 이해의 필요성을 강조한다. 이는 가족과 사회단체 간은 물론, 다양한 문화적 경험과 사회경제학적 배경을 지닌 가족 구성원 간의 효과적인 연계성 개발에 초점을 둔다. 즉, 모든 문화에서 공통적이거나 차이가 존재하는 모든 것에 대한 이해를 전제로 하는 다문화사회 속에서 각각의 구성원들이 안전한 기반을 구축하는 전환점을 만들어 간다는 것이다. 사람들은 대개 기본 욕구와 긍정적인 관계를 보장받을 수 있다는 기대하에 관계를 맺는다. 그러나 사람들의 상호작용 방식에는 약간의 차이가 발생할 수 있으며 서로 다른 이해관계를 가질 수도 있다.

초문화적인 관점을 이해하는 데 있어서 중요한 것은 조력과정 속에서 찾아볼 수 있다. 이 조력과정은 예상되는 많은 장애에도 불구하고 서로에 대한 존재론적인 의미를 찾는 과정을 포함한다. 이러한 시각은 서로 간의 차이가 존재하는 것은 물론, 가족 구성원들의 초문화적 작업이 이미 그들의 내적 혹은 외적인 관계 지향적 작업들 속에 녹아 있다는 것을 가정한다. 이때 내적인 작업에서는 가족의 발달과업을 다루고, 외적인 작업에는 사회제도 내의 복합적인 활동들이포함되어야 한다. 사회복지사들은 이러한 관계 속에서 각각의 가족 구성원들이 작업들을 잘 수행하도록 돕는다.

3) 사회복지실천의 범위

사회복지실천의 범위는 그것이 다양한 실천교육의 상황으로 연결될 때, 개인 상호 간이나 개인적 · 가족적 · 제도적인 환경과의 복합적인 관계 내에서 사회적 기능을 강화시키기 위한 범위를 그 기준으로 한다(CSWE, 1994, p. 135; 1982).

사회복지실천의 기본 영역은 인간과 환경이 서로 교류하는 공간을 통칭한다.
사회복지실천은 역사적으로 인간과 환경 간의 교류가 양쪽 모두를 변화시키는 활동 영역에 초점을 두어 왔다. 사회복지실천의 개입은 개인들의 대처 능력과 그들의 환경이 갖는 욕구와 자원들을 대상으로 하므로, 이를 위한 활동은 기본적으로 개인과 환경 모두에게 도움이 되는 것이다. 따라서 사회복지실천의 대상은 인간과 환경 간의 접점에서의 모든 역기능적이고 결핍된 조건은 물론, 이러한 환경을 개선하고 성장하도록 하는 기회로까지 확장되어야 한다. 사회복지실천을 그 밖의 전문직과 구분 짓는 것은 인간과 환경에 대한 이중초점(동시에 초점을 두는)이다(Joint NASW-CSWE Task Force, 1979, p. 2).

역사적으로 사회복지실천은 가장 최우선적인 초점을 인간과 환경에 두는 동시에 이 둘 간의 관계에 지속적인 관심을 두어 왔다. 그것은 개인과 환경 간의 교류(transactions)에 대한 동시적 이중초점을 의미한다(Gordon, 1969). 물론 경우에 따라서는 인간에 대한 강조를 혹은 환경에 대한 강조를 우선적으로 하기도 했으나, 그 평형 관계에서 한쪽이 완전히 배제되는 경우는 없었다. 사회복지사들은 개인을 비롯하여 각 체계 간의 연결망으로 보이는 인간과 환경 간의 관계를 변화시키고자 했다.

여기서 체계란 검증될 수 있는 환경 내에서 상호의존적으로 활동하고 서로 영향을 미치는 통합적이고 조직적인 단위로 정의할 수 있다(Siporin, 1972a, p. 106). 그리고 사회복지사들은 체계적 시각을 통해 체계 내에서뿐만 아니라 각 체계와 여타 환경들 간의 관계를 이해하고 여러 수준의 치료 이론들을 통합할 수 있었다(Hearn, 1969). 이러한 시각은 가족의 상호작용을 이해하는 데 매우 중요한데, 이와 관련해서는 제2장에서 더 자세히 살펴볼 것이다.

4) 가족과 사회제도

버제스(Ernest Burgess, 1926; Burgess & Locke, 1953)는 가족을 연구와 행위의 단위인 '상호작용하는 성격의 결합체(unity of interacting personalities)'로 인식하였으며, 어떠한 주체(subject), 관계 간의 조정자 및 관계 발달의 행위자로 간주했다. 가족치료는 이러한 가족 구성원 간의 상호작용에 대한 이해를 가정하고 있다. 또한 다양한 가족 유형의 모든 가족 구성원들에게 필수적이고도 유용한 것들이 여러 연구를 통해 밝혀져 왔다(Waite & Gallagher, 2001).

기본적으로 가족은 인간의 주체성, 정서 유대와 상호작용의 근본이 되는 결정적인 무엇, 즉 인간복지를 위한 기본적인 구성원 체계(membership system)로서 사회제도적인 안정의 수단과 사회적 안내 체계 내에 자리 잡고 있다. 이러한 외적 영향들은 가족이 효율적으로 기능하도록 돕는가 하면 그 행위와 잠재력을 제한하기도 한다. 현대사회에서의 가족은 실질적으로 건강, 교육, 직업, 복지, 법률, 정의, 종교 등의 사회제도 간의 상호작용 없이는 효과적으로 기능할 수 없다(특히 가족 관련 규제 법률과는 밀접하게 상호작용한다). 가족은 그 구성원들이 이용하는 기회와 제도의 유용성을 조정하며, 이 제도는 또다시 가족 구조 내에 존재하는 가능성들을 조율한다. 한마디로 가족들과의 공조가 이루어지지 않는 제도는 그것이 어떠한 것이든지 간에 성공할 수 없다. 따라서 사회복지사들이 가족과 함께 일할 때, 이러한 사회제도 각각에 대해서 함께 다루는 일은 필수적인 것이다. 중요한 제도들과의 연계가 없다면 가족들은 많은 스트레스를 경험하게 되고 심지어는 신경쇠약에 이르게 될 것이다. 가족들은 자주 제도적인 측면에 따른 실패에 직면하곤 한다(Ryan, 1971). 사회적인 제도 가운데 종교는 개인적이면서도 특정 문화와 소속 집단 그리고 안전한 기반으로서 정체성과도 긴밀히 연결되어 있다. 그러므로 종교는 사회복지사들이 가족들과 함께 일할 때 직면하게 되는 중요한 사회제도다. 이와 관련해서는 제9장에서 자세히 다룰 것이다.

사회복지사들은 가족 내적인 것과 외적인 것을 모두 다루게 된다. 가족치료에서도 이러한 것들을 포함하는데, 즉 개입은 내부로부터 가족(개인)의 패턴을 재구조화하는 것을 목적으로 한다. 사회복지사들은 각각의 가족 구성원들에 대해 가족의 일원으로서의 의미와 가족 구성원 간의 정서 유대를 직접 다룰 뿐더러, 특정한 발달과업, 개인 및 가족의 욕구와 스트레스 등에 함께 대처하면서 작업해 나간다. 또한 사회복지사들은 가족과 사회적인 제도 간의 관계 외부에서 일하게 된다. 사회적 제도란 학교, 의료기관, 법체계, 복지 체계를 비롯하여 가족이 할 수 있는 것에 대한 한계를 정하고 조정하는 체계들까지 포함하는 것을 말한다. 따라서 사회복지사들이 사회적 제도와 가족 구성원들 간에 서로 연계하면서 일할 때, 가족과 제도적인 개입의 조합이 가족 구성원들의 생활과 발달에 긍정적인 영향을 줌으로써 치료적인 접근을 기대해 볼 수 있을 것이다.

2. 내용과 과정: 가족사회복지실천의 준거틀을 위하여

사회복지 실천가들은 자신들의 임무를 수행하기 위해 다양한 방법론을 적용해야 한다고 항상 생각해 왔다(Cocozzelli & Constable, 1985; Constable & Cocozzelli, 1989; Jayaratne, 1978). 다른 분야의 가족치료사들도 다양한 방법론을 활용하고 있었다(Nicholas & Schwartz, 2001, pp. 414-415). 사회복지사는 적절한 조직틀(framework)로 여러 상황과 제도적·문화적 맥락에 개입할 때, 다양한 접근법을 사용할 수 있다. 이때 개인과 가족의 실제에 대한 이야기들은 과정과 내용에 대한 기초적 이해와 개인적 실제 모델을 개발하는 통로가 된다(Mullen, 1983, p. 623).

물론 다양한 방법론을 적용하려면 내용과 과정에 대한 이해가 선행되어야 하며, 이때 치료의 목표와 진행, 즉 내용과 과정이 치료의 방향과 방법을 좌우하게 된다. 치료 방법은 진행에 대한 정돈되고 체계적인 수단으로서, 목적과 과정에 따라 결정되어 간다. 따라서 각각의 가족이나 부부간의 상황과 목표를 중심으로 과정과 내용을 명료화하여 여러 가지 다양하고 효과적인 접근법들을 적용할 필요가 있다(Corcoran, 2000).

1) 가족사회복지실천의 역사

사회복지실천의 전문적 근간에서 실천을 위한 풍부한 조직틀이 제공되었다. 사회복지사들은 특정한 방법론에 초점을 두기보다는 개인 간이나 개인과 제도 간의 상호작용하는 개개인들에게 초점을 맞춤으로써 각 상황에서의 욕구와 고유한 의미에 대한 그들의 반응을 잘 조절할 수 있게 해 준다. 사회복지사들은 초창기부터 가족을 상대로 일해 왔다. 자선조직협회(The Charity Organization Society: COS)의 신념인 '빈민 구호가 아닌 함께하는 친구'는 단순한 물질 제공에서부터 조력 관계를 통해 돕는 것을 기본으로 하여 이들이 문제나 상황에 대해 잘 대처할 수 있도록 하는 등의 조력과정의 중요성이 부각되는 것을 뜻한다. 즉, 사회복지실천의 개입이 물질 제공에 의한 단순 구제라는 차원에서 벗어나 개인과 가족이 처한 상황에 대한 전반적인 개입에 관심을 두게 된 것이다. 이러한 전환은 조력과정에 대한 초점의 변화이기도 하다. 1920년대까지 사회복지실천은 사람들을 고통에서 벗어나게 하는 기술로서 개념화되어 왔다(De Schweinitz, 1924). 이러한 기술에 있어서 초점은 상황에 대처하려는 이들을 돕는 것에 두어 왔다. 조력 방법의 대상이 개인이든, 집단이든, 가족이나 제도적 환경과 관련된 것이든지 간에 조력 방법은 보다 개인적인 대응을 위한 자원이 될 것이다. 이러한 방법은 개인이 자신의 상황을 재구성하고, 행동양식과 관계들을 수정하고, 자원들을 찾아나서는 등의 활동에 적극성을 갖도록 촉진함으로써 어려움에서 벗어나도록 돕는다. 이때 사회복지실천의 근간은 개인 간의 혹은 제도 간의 상호작용으로서, 이를 통해 복잡한 개인의 욕구를 만족시키는 것을 목적으로 한다. 이러한 맥락에서 사회복지사는 언제, 어디서나 발생할 수 있는 상호작용에 대한 일종의 정신적 지도자(mentor)가 되지만, 동시에 실패의 위험을 감수해야 하는 역할을 맡게 된다.

지난 반세기 동안 많은 사회복지실천 이론가들은 조력과정에서 개인들 간에 무슨 일이 일어났는지에 더 초점을 두어 왔다(Smalley, 1967; Bartlett, 1972; Lewis, 1982; Siporin, 1972a; Pincus & Minahan, 1974; Schwartz, 1977; Shulman, 1999). 시간이 지나면서 이러한 개념적인 변화는 행동에 대해 결정론적이고 폐쇄적인 체계 설명과 과정에 대한 측정 방법인 실증주의적 초점으로부터 멀어지게 하는 계기가 되었다. 실증주의 시대에 필수적이고 체계적인 진행 방법이 더 이상 과정에 대한 준거가 될 수 없었다. 여기서 과정에 대한 강조란 사회복지사들이 개개인과 일하고 다른 이들과 함께 활동하고 관계를 계발하고 대처하고자 자원을 활용하는 것을 강조하는 것이다. 또한 이것은 목표와 강점 그리고 개방 체계적 설명(open-system explanation)과 필요할 때 구직을 돕는 등의 다양한 방법을 기능적으로 활용하는 것을 기반으로 한다. 또한 고유한 상황이나 차이점들을 존중하고, 정신적·문화적 가능성들을 자원으로 받아들인다. 사회복지사들은 각 개인과 가족, 제도가 목표를 이루고 과제를 수행하도록 돕는 과정에서 광범위한 방법들을 사용한다. 이러한 과제들은 대개 개인의 상황이나 사회적 상호작용의 갈등과 압력 속에 내재하고 있다. 그것들은 단순히 개인적인 과제가 아니라 관계 속에 내재된 과제인 동시에 특정 상황에서 연결망 전체와 연계되는 것이다.

2) 상황 속에서 관심 단위 결정하기

개인들이 자신의 욕구를 만족시키고자 상호작용하는 것에 초점을 둔다면, 각각의 사례와 이후의 상황들이 평가와 개입의 기본 대상이 될 것이다. 이러한 기본 단위들은 관심의 단위를 포함해야만 한다. 즉, 개인의 행동 맥락, 문제 맥락 그리고 가능한 해결책들의 맥락을 포함해야 한다. 리치먼드(Mary Richmond)에게 사회복지실천은 가족 서비스였다(Richmond, 1907, pp. 32-37; 1917). 리치먼드의 평가와 개입의 기본 단위인 사례는 필연적으로 가족을 포함했다. 그는 가족의 행동방식이나 의사결정 양식, 그들의 위계와 문화적인 행동양식, 이후 '가족 구조(family structure)'라 불리게 된 것들을 존중하지 않고서는 어떠한 가족 서비스도 가족에 도움이 될 수 없음을 명확히 한 것이다. 이처럼 구조에 대한 고려 없이 제시되는 지원들은 가족의 토대를 허무는 것에 불과하다고 보았다(1907, p. 36). 이러한 새로운 개념을 반영한 사회복지실천의 첫 전문지가 『가족(The Family)』이었다.

셰필드(Ada Sheffield, 1937)는 사회복지실천 영역에 가족과 제도적 환경의 관계를 포함시키기 위해 가족에 대한 개입에 초점을 두는 방향으로 확장시켜 나갔다. 또한 리치먼드와 셰필드는 어느 경우에서든 사례나 상황에 대한 준거와 기본틀로서 가족과 그들을 둘러싼 제도적인 환경을 활용해 왔다. 하트만(Ann Hartman)과 레어드(Joan Laird)가 지적한 것처럼, 사회복지실천에서 개인의 역동적 맥락과 상황을 아우르는 준거틀이 축소된 시기도 있었다. 그러나 후에 체계 이론을 통한 초점의 확장에 따라 개인과 가족 단위, 제도와 지역사회의 상호작용이 보다 잘 계획되고 이해될 수 있었다. 체계 이론은 사회복지사들에게 그동안 방법론에 우선순위를 두던 시각에서 탈피시켜 과정이라는 복합적인 세계로 이끄는 교두보로서의 역할을 했다(Hearn, 1969; Hartman & Laird, 1983).

(1) 가족사회복지실천 현장

가족사회복지실천의 각각의 사례와 상황에서 실천현장은 전후 배경이 된다. 사회복지실천의 초기 역사에서 보다 넓은 맥락에서 인간의 활동에 초점을 두었던 COS 모델은 그 밖의 여러 실제 영역에 적용되어 왔다. 예를 들어, 학교, 병원, 법정, 사회복지 기관 등에서 이루어진 사회복지실천의 실험적 시도들은 실제 현장을 형성하는 기반이 되었다. 20세기 들어 처음 100년 동안 뉴욕 시의 학교 사회복지사들은 학교와 가정 사이에서 이민가족들과 그들의 자녀들을 돕는 일을 담당해 왔다. 사회복지사들은 하트퍼드 코네티컷에서 최초의 학교 지도팀에 참여하여 가족, 학생 및 학교와 일했다(Lide, 1959; Costin, 1969). 매사추세츠 주에서 일반의들과 사회복지사들은 의료적 처치를 환자의 사회적인 영역과 가족 영역으로 확장시켰다(Nacman, 1977; Carlton, 1984). 또한 아동복지 업무 영역은 초기에는 고아들을 위한 것으로 시작하여 입양가족과 아동들의 가족과 일하는 것으로 변화해 갔다. 적십자는 제1차 세계대전 동안 군인들의 가족들을 상담하기 시작했다. 이는 실질적으로 당시의 모든 사람들을 대상으로 하는 것이었다(Watts, 1964). 전쟁 후에는 정신과 환자들과 그 가족들이 대상이 되었다(Southard & Jarrett, 1922). 이러한 모든 서비스 제공에 대한 분석과 다양한 이론들의 통합 속에서 과정에 대한 기능적 모델이 나타나기 시작했다. 사회복지실천의 '기능'에서 강조점의 차이를 두었던 부분은 사회제도와 가족과 개인들 간의 상호작용을 통해 발달했다(Witmer, 1942). 민간 분야의 많은 서비스들은 종교기관이나 사회문화 단체에 의해 지원되었다. 여기서 개인에 대한 초점화가 서서히 나타나기 시작했는데, 이것이 각각의 기능은 물론 그 지역사회 구성원을 비롯한 다른 지역사회 구성원들에게도 적용되었으며, 구성원들의 특정 욕구에도 반영되었다.

(2) 상 황

다른 전문 분야와 구분되는 사회복지실천만의 독특한 역동성을 묘사하기 위해 사용된 용어가 바로 '상황(situation)'이다. 사회복지실천에서 상황이라는 용어는 사회복지실천의 기본적인 맥락, 사정, 처치에 대한 경계들이 모두 포함된 것이다. 상황은 상호작용의 맥락 내에서 개인적인 것, 가족에 관한 것, 제도적 환경에 대한 것 모두를 고려한다. 상황은 개인이나 가족, 지역사회 제도와 자원들로 이루어진 관계망들의 구체적인 청사진이 된다. 즉, 문제를 둘러싼 행동에 초점을 둔 사회 체계와 집단의 형태로서의 욕구나 자원을 일컫는다(Siporin, 1972a, p. 237; 1972b, pp. 91-109). 또한 이때의 상황적 사정은 여러 가지 사회적 체계와 상황 속에서 내담자가 역할, 지위, 정체성과 책임감을 가지고 적극적으로 기능하여 참여자가 되는 것 등을 포괄하는 것이다(Siporin, 1972a, p. 238). 여기서 상황이란 행동을 설명하고 가장 효과적인 개입을 위해 필수적인 사람들이나 맥락에 대한 모든 정보를 포함한다. 사정은 다루어져야 할 문제로 욕구나 관계에서의 과업들을 주요한 것으로 보고 있다. 이때 작업의 적합한 목적은 각각의 내담자와 사회복지사들의 조화로운 합의 혹은 계약이 된다.

상황적 사정에는 서로의 부분이 되는 다음과 같은 세 가지 주요 체계가 존재한다.

- 독자적 개인으로 연결된 가족 구성원들: 여기에는 그들의 욕구나 관계적인 과제들과 관련된 개인적인 체계들과 발달적인 갈등, 욕구, 고착된 패턴(예: 우울, 만성적 근심, 격렬한 불안, 정신병적인 지각과 신념) 등이 포함된다.
- 자녀들, 그 밖의 가족 구성원들과 함께하는 부부(가족의 중심이 되는 하위 체계)
- 환경적 상황 속에서의 광범위한 자원들: 여기에는 학교, 법원, 보건과 같은 사회제도, 복지와 직업 체계인 공식적 체계, 확대가족, 친구, 이웃, 동료와 같은 비공식적 체계 모두가 포함된다.

특정한 상황에 관여된 개인들 각각은 다루어야 할 상황, 문제, 욕구와 과제 등에 대해 서로 다른 지각을 가지고 있을 수 있다. 만약 개인적이거나 제도적인 체계 모두가 일시에 반응한다 하더라도 일부는 서서히 반응할 수도 있다. 사회복지사가 이 모든 필연적 복잡성 속에서 상황적 사정에 따라 언제, 어떻게 개입하는가에 대한 판단을 하기 위해서는 높은 수준의 전문적 경험이 요구된다. 이때의 주요 질문은 다음과 같다. 어디에 초점을 맞추면 변화가 용이할 것인가? 어떻게 하면 그러한 변화가 일어나는가? 이 변화에서 다른 이들은 어떠한 역할을 했는가?

상황적 개입(situational intervention)은 관계의 재구조화를 수반하는데, 이는 사람들의 관계망을 지각하고 관계를 맺는 방식과 관계된다. 이러한 관계와 자원의 재구조화는 개인들에게 심오한 영향을 미친다. 이는 각기 다른 의식과 가치, 서로 다른 지위-역할 기대와 수행, 그리고 거기에 포함된 개인들의 사회적 정체감과 자아정체감의 차이를 가져올 수 있다(Siporin, 1972b, p. 237). 많은 경우에 이러한 재구조화는 가족 간에, 즉 가족이나 친척 혹은 정서 유대나 발달 관계 속에서 일어난다. 가족은 두 가지 주요한 인간 능력의 발달을 중재한다. 첫 번째는, 주도(agency)로서, 활동하고 대처해 나가는 인간의 능력이다. 두 번째는, 친교(communion)로서, 상호작용적 의미에서 의사소통과 지지를 발달시키는 능력이다. 그러나 이러한 능력들은 질병이나 과도한 스트레스 상황에서는 제 기능을 발휘하지 못한다(McDaniel, Hepworth, & Doherty, 1992). 가족은 가족 구성원 간에 행동하고 교류하고 지지하고 받아들이는 개개인의 능력과 같은 섬세한 관계 구조 내에서 다른 가족 구성원들과 균형을 이루는 것이다. 모든 재구조화는 가족 구성원과 가족을 유지해 가는 가족의 능력에 커다란 영향을 미친다.

사회복지실천 이론에 대한 문제는 가족과 가족 구성원들 간의 관계에 관한 작업들을 개념화하고 가족생활을 재구조화하도록 돕는 사회복지사의 역할에 대한 이해와 관련된 것이다. 다만 가족과 함께하는 사회복지실천의 준거틀이 제시될 때까지 개인과 가족 단위에 대한 각기 다른 이론적 설명이 제공될 수밖에 없다. 만약 개별적인 개인에 초점을 두면 그 배경에는 가족과 보다 폭넓은 구조가 자리할 것이고, 개인이 배제된 전체 구조에 초점을 두면 개인이 배경이 될 것이다. 그렇다면 개인과 구조에 대한 초점 사이의 이론적 균형은 어떻게 이해할 것인가? 물리학에서의 파동의 기호(language of wave)와 소립자 이론들 각각이 유사한 현상들을 묘사하는 데, 이것이 예로 사용될 수 있다. 이들 각각은 특정 수준에서 나름의 정확성을 가진다. 이것은 사회복지실천 이론에서도 마찬가지다. 각기 다른 초점을 두는 해석들이 유사한 행동을 묘사하는 데 사용될 수 있으며, 각각 나름의 정확성을 가지는 것으로 설명될 수 있다는 것이다. 서로 다른 이론들을 통합해야 할 필요가 바로 여기에 있다.

3. 가족과의 사회복지실천

　가족과의 사회복지실천은 가족 각각의 구성원과 부부 그리고 가족 단위에 대한 개입으로 이루어진다. 사회복지사는 사회적 기관들이 가족 내의 가족 구성원들 간에 혹은 가족들이 관계적인 과제들을 잘 수행하도록 도우면서, 각 기관들과의 복잡한 상호작용 속에서 일하게 된다. 이러한 과정 중에 사회복지사의 기본적인 과제는 가족이 위기 상황에 처했을 때, 그 관계들을 재구조화하고 보다 넓은 제도적 차원에서 일함으로써 가족들, 특별히 어려움을 겪는 가족 구성원들이 각자의 기능을 해낼 수 있도록 돕는 데 있다.

　이 모든 다양한 형태와 의미에도 불구하고, 가족은 어느 사회에서든 기본적으로 비공식 복지 체계가 되어 왔다. 하지만 현대사회에서 그 효과성 여부는 지역사회의 자원 체계와 사회적 제도들의 전체적인 관계망에 달려 있다. 이것이 바로 사회복지실천의 출발점이다. 상호의존적인 개인들과 가족들은 처음부터 서로 간에 복잡한 관계들을 형성해 간다. 그러나 개인에게 타인이란 기억 속이나 개인의 상호작용 패턴과 신념 속에서만 존재하는 것이다.[1] '인간답다(being human)'는 것은 관계를 맺는 능력과 가족의 일원으로서 구성원이 되는 것을 전제로 한다. 다시 말하면, 인간은 어떤 식으로든 가족을 가지게 되고, 실제 가족이 없는 경우에는 친구가 가족이 될 수도 있다. 개인의 선택과 자기 인식은 관련이 없어 보이는 가족에 의해서도 영향을 받게 된다. 가족은 가족의 구성원들 간에 그리고 지역사회 제도 간의 상호작용 속에서, 소속감과 성장에 대한 구성원들의 욕구를 만족시키고 행위와 공유 간에 잠재된 갈등을 해결하도록 스스로를 조정한다. 이러한 각각의 형태의 상호작용은 그들만의 논리를 기반으로 하고 있으며, 이것을 통하여 사회복지사들은 가족 구성원 간이나 지역사회 제도

---

1) 이 개념은 대상관계 이론과 애착 이론가들에 의해 더욱 명확하게 발전되고 있다(Clulow, 2001; Levy, 2000; Josselson, 1992).

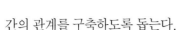

간의 관계를 구축하도록 돕는다.

　가족 구성원들이 서로 간에 그리고 제도들과의 관계들을 재구조화하는, 이 필수적인 상호작용은 사회복지사의 작업에 있어 자연스러운 기반이 되는 것이 있다. 사회복지사들은 가족을 돕기 위한 특정한 상황에서 위험을 무릅쓰고 가족과 사회제도 간의 관계를 조정하는 데 최선을 다해야 한다. 사회복지사는 또한 개개의 구성원들이 각자의 일이나 혹은 서로 협력하여야 할 일들을 잘 헤쳐 나가도록 돕는 코치나 지도자로서 기능해야 한다. 여기서 사회복지사들은 가족들을 돕는 데 있어 효율적으로 재구조화 작업을 하려는 가족들 각각의 능력을 존중하면서 적절한 방법들을 이끌어 낼 수 있어야 한다. 이때 가능한 방법으로는 부모교육, 사례관리, 제도적 자원과 기대의 사용, 집단 만남, 가족에 대한 보살핌과 다양한 가족치료 방법론들을 포함한다(Corcoran, 2000). 이때 가족치료 방법론은 관계에 관한 작업들에서 그 내용과 과정을 효과적으로 다루어 나갈 때, 도구로서의 타당성을 인정받게 된다. 관계에 대한 작업은 가족 구성원들이 각각의 가족 단위를 통해 내외적인 연계와 생존 능력을 유지해 나가도록 하는 과제로서의 작업으로 볼 수 있다. 이러한 과제는 다양한 변화에 대한 가족들의 대처방식과 가족의 발달에 대한 깊이 있는 이해를 바탕으로 명료화된다.

4. 가족 개입에 대한 이론

　가족이나 사회제도와 함께하는 사회복지실천 현장은 20세기 초부터 발달해 왔다. 이제 사회복지실천 이론은 그 초점을 더욱 명확하게 하고 현장 상황에 관련된 영역들로부터의 지식들을 통합해야 했다(Bartlett, 1972; Gordon, 1969). 모든 이론은 사회적 관계들과 관계의 장 내에서 대처하는 개인들로 이루어진 건축물의 청사진 위에서 거듭 발전해 나간다. 개인에 초점을 둔 이론들, 즉 가족을 하나의 단위로 이해하고자 했던 이론들과, 제도적이고 지역사회의 환경에 관련된 이론들 간에 통합의 필요성이 대두되었다. 이러한 통합을 위해 사회학,

심리학, 정신의학 등 여러 학문 분야로부터 필요한 개념과 지식을 사용했지만
어느 단일 학문 분야도 사회복지실천 현장을 적절히 설명하지는 못했다.

　관계 지향적 개인(relational person)에 대한 개념은 오랜 역사를 가진다. 사회
복지실천에서 이 개념이 다시 중요시되어 이용되었다. 19세기 말경 제임스
(William James)는 '사회적 자기(social self)' 라는 개념을 발전시켰다. 그는 사회
적 자기에 대해 '개인은 마음속에서 스스로를 인정하고 자기 이미지를 가지고
있는 만큼 많은 사회적 자기를 가지고 있다(James, 1981, pp. 281-282).' 라고 설
명했다. 후에 그의 제자 듀이(John Dewey)와 미드(George Herbert Mead)는 마음
의 사회적 본성, 사회적 자기 그리고 사회에 대한 관계들의 개념을 더욱 발달시
켜 나갔다.[2] 기능적 사회복지실천 발달에 관한 주요 인물인 태프트(Jessie Taft)
에게 시카고 대학교의 미드는 정신적 지주였다. 미드(Mead, 1934)의 사회적 관
계 속에서 생겨나는 마음(mind)에 대한 개념은 태프트와 기능적 사회복지실천
에 많은 영향을 미쳤다. 랭크(Otto Rank)의 타인과의 차별화와 재연결(reconnec-
tion)을 통한 자아의 탄생에 관련된 개념들은 태프트의 견해와 유용하게 잘 들
어맞았다(Rank, 1947, pp. 195-220). 그리고 기능주의 학파와 이후 사회복지실천
의 주류가 된 이론은 개념적 근원에 대한 인식 없이 이러한 개념들을 많이 차용
해 왔다.

　이와 유사하게 리치먼드(1907, 1917)는 『사회 진단(Social Diagnosis)』의 초반부에
사회적 관계의 구심점에 대한 주제를 다루었다.

　　인간의 의식(consciousness)에 관한 가장 놀라운 사실 중의 하나는 그것이 타인의
　　삶과도 관련된다는 것이다. 인간은 주로 사회적 관계를 통해 정신적 경험이 이루어
　　지고, 마찬가지로 사회적인 관계 속에서 인간의 행복과 효율성을 위협하는 질병의
　　원인들과 회복을 가능하게 하는 방법들을 찾을 수 있다(1917, p. 4).

---

2) 정신의학자이며 가족치료사인 Christian Beels(2000)가 이 문제를 다룬 이론들의 오랜 역사를 최
　근에 요약했다.

거의 같은 시기에 설리번(Harry Stack Sullivan)은 대인관계 심리치료에서 유사한 개념들을 계발하고 있었다(Sullivan, 1938-1939). 20세기 중반에 개인에 대한 치료 방법들에 새롭게 관심이 집중되었음에도 불구하고, 상호작용하는 개인에 대한 관심은 아직 미비한 상태에 머물러 있었다. 가족치료는 이렇듯 개인의 상호작용적인 측면을 강조하면서 시작되었으며, 일반적으로 가족에 초점을 두어왔던 사회복지사들과의 접촉에 의해 많은 영향을 받게 되었다. 대상관계 이론(Greenberg & Mitchell, 1983), 애착 이론(Ainsworth, 1973, 1978; Bowlby, 1969), 자아심리학(Kohut, 1977; Kernberg, 1976), 소속감(Falck, 1988)과 가족치료 이론(Nicholas & Schwartz, 2001) 등은 각각의 방식대로 무엇이 중요한 개념들인지에 대한 나름의 접근법들을 개발해 나가고 있었다.

특히 발달 이론에서는 상호의존과 애착의 개념들이 깊이 있게 연구되었다. 인간의 본성에 내재한 상호의존에 대한 계속된 발견은 개인적 발달에 대한 논의를 지배해 왔다. 스턴(Daniel Stern, 1985)을 비롯한 많은 연구자들은 성숙된 발달을 상호의존적 맥락에서 생애주기를 통해 분화를 확대해 가는 것으로 보았다(Fishbane, 2001). 그들은 발달 이론의 초점을 개인의 발달에 두고 관계에서의 진보적인 탐색과 발달을 이루면서 타인과 서로 연결되어 가는 것으로 설명하고 있다.

1) 사람들, 관계와 헌신

개인과 환경에서 비롯되는 욕구, 권리와 의무 간의 균형을 이해하고 그 안에서 살아간다는 것은 타인과 함께 발달하고 성숙해 나가는 것을 의미한다. 가족의 구성원이 된다는 것은 주도와 친교에 대한 인간의 욕구와 능력 간의 균형을 요하는 것이다. 이때 활동은 항상 의무, 관계 그리고 기존의 헌신과의 세밀한 균형을 이루어 나가야 한다. 이러한 현실에도 불구하고 자율적이고, 스스로 성취하며, 자기 결정적이고, 환경의 주인인 인간이라는 개념은 서양 신화의 지배적인 이야기에서 항상 등장하는 구성요소이다. 자율적인 설화(narrative)는 미국인들의 사고방식에 영향을 미쳤고 정신건강에 대한 서구식 기준을 만들었다. 이는 또 결혼과 양육, 교육 정책에 대한 접근에도 많은 영향을 미쳤다(Fishbane, 2001). 자율적인 인간이란 '발달과정의 결과로 성숙에 도달한 상태'를 말하며 진보적이고 진화적인 존재이다(Haworth, 1986, p. 8). 자율적인 인간은 최소한의 의무를 가지며 이 의무는 개별적인 계약에 근거한 것으로 제한된다. 사회적 관계들은 전적으로 자발적인 것이며 해체될 수도 있는 것이다. 그것들은 인간의 자발성에 의해 주도되는 것이다. 그러나 이러한 고정관념은 가족 구성원들이 가족 안에서 효율적으로 살아가는 데 부정적인 영향을 줄 수도 있다.

때때로 우리는 자율성에 대한 미국인의 신념에 의해 희화화(서투른 모방)된 가족들을 보게 된다. 그들의 예는 가족의 일반적인 상호작용 과정을 이해하는 데 유용하다. 그들은 대개 자신들의 뿌리로부터 단절되고 시장이나 대중매체에 의해 잠입당하거나 스스로를 희생시키는 헌신을 거부한다. 그들의 '자율적인 (실제로는 몰개성화된)' 경향에 따른 결과는 인간적이고 개인적이며 관계적인 가치의 결핍을 가져왔다. 이러한 가족이나 부부들은 대부분 이와 같은 가치들을 공유하지 못하며, 가족이란 무엇인가로부터 자신(self)을 방어하고자 하는 것에 지나지 않게 된다. 또한 대부분의 의사소통은 다른 사람들과의 대화라기보다는 타인에게 투사한 자기 자신에게 말하는 것(혹은 이 투사로부터 자기를 방어하는 것)으로, 이로 인해 상처를 받게 되는 경우가 많다. 성취에 대한 개인적인 목표와 동기는 가족생활에 필요한 관계적 책무들의 이행을 방해할 수 있으며, 그 결과, 균형 잡힌 역할과 의무에 대해 함께 의견을 나누거나 발달시켜 나가는 데 무력해질 수 있다. 모든 가족에게 이러한 경향이 특정 시기에 나타날 수도 있지만, 특정 가족과 부부의 경우에는 이러한 양상이 너무나 완고해서 장기적으로 표출되거나 그 외의 어느 것도 불가능해 보이기도 한다. 존과 머피의 사례(제5장)는 바로 이러한 양상의 예이다. 이러한 가족은 대개 자발적으로 도움을 청하지 않는다. 그들이 사회복지사를 만나러 오는 것은 대개 자발적이지 않으며, 변화의 가능성에 대해서도 양가감정을 가지는 경우가 대부분이다.

2) 권력, 지배와 자율성

개인의 자율성은 인간의 상황에 사회적인 관계들이 내재되어 있으며, 이것의 필연성이라고 하는 복잡한 현실에 대해서, 단순하면서도 잠재적으로는 역기능적일 수 있는 해결책으로 작용한다. 관계적인 용어로 해석한다면, 자율성은 타인에 대한 지배의 의미가 될 수도 있다. 그러나 사회화 과정은 여러 수준의 권위를 요구하는 데 반해 가족 관계에서 지배라는 표현은 불가능한 것이다. 1980년대의 가족치료 운동에서 많은 여성 치료자들은 이론 발달과 실제 영역에서 성적 지배라는 개념의 암묵적 수용에 대해 이의를 제기했다(McGoldrick, Anderson, & Walsh, 1989; Waters, Papp, & Silverstein, 1988). 이때 지배의 개념은 기능적인 권력과 구분될 필요가 있으며, 이것은 성취된 자율성이 아니라 타당한 역할에 의한 것으로 볼 수 있다. 예를 들면, 부모는 아동의 사회화를 위해 어느 정도의 기능적인 권력, 즉 예측할 수 없는 부수적인 상황을 적절히 통제할 필요가 있다. 이는 지배, 즉 개인의 성격이나 선호를 이용하는 것이 아니고 다른 사람들을 통제하려는 개인적인 욕구에 의한 것도 아니다.

성(性) 의식에 대한 사회적인 변화는 불공평한 대인관계에 대한 여성주의적 비평을 강화시켰다. 이러한 변화에 따라 이론은 개인적인 지배와 부모들이 필요로 하는 기능적인 권력을 효율적으로 구분해야 하는 압력을 받게 되었다. 또한 가족과 함께 일하는 사회복지사들로 하여금 가족들이 더 균형 잡힌 관계를 갖도록 돕게 함으로써 점차적으로 균형 잡힌 욕구, 권리와 의무들을 찾아 나가는 방법을 모색하게 했다. 물론 모든 관계적인 타협(장치)들이 수용되는 것은 아니었으므로 결국 성 의식의 변화는 가족 실제에서 윤리적이고 관계적인 정의를 재도입하는 방향으로 나아갔다. 이러한 변화는 또한 사회적 관계의 현실 속에서 관계적인 정의에 대한 암묵적 균형의 커다란 발달을 가져오는 결과를 낳았다. 한 개인을 다른 개인을 위해 희생시키는 몰개성화되고 편향된 가족 관계는 역기능적인 것이 된다. 따라서 가족 구성원 간에 균형을 이루고 개인의 책임을 공유할 때 보다 나은 해결책을 마련할 수 있다. 이렇게 되면 책임을 공유하는 개인은 더 이상 혼자가 아니며 운명적인 희생자도 되지 않는다. 동시에 타인에 대한 전적인 책임감과 무관심에서도 벗어날 수 있다.

5. 관계 지향적 존재: 가족 구성원들의 요구와 갈등

서구에서 한 세기에 걸쳐 이루어진 연구를 살펴보면, 개인에 관한 연구의 초점에 있어 개인의 자율성에서 관계성으로 점진적인 변화를 보였으나, 개인의 특성에 대한 논란은 결코 해결되지 않았음을 볼 수 있다.

이탈리아의 관계사회학은 지나치게 개인화된 인간에 의해 가족을 포함한 사회적 제도들이 훼손되고 무력하게 된(Donati, 1991; 2001, pp. 147-177) 후기 현대사회에 대한 비판에서 비롯되었다. 미국 사회는 대공황과 제2차 세계대전을 치르면서 사회적 의미에 수반되는 개인적 자율성이라는 구성개념으로 위기를 겪었다. 당시의 자율성의 개념은 관찰되고 경험되고 연구되어 온 일상과 충돌을 일으켰다. 이 개념은 세대 간의 화합, 의무, 상호의존과 같은 가치들을 뒤엎으며 별로 중요하지 않은 가치로 전락시켰다.(Bellah, Madson, Sullivan et al., 1986) 자율성은 다양화되는 다민족 하위문화(Carter & McGoldrick, 1999)와 여성의식의 증가(Gilligan, 1982; McGoldrick, Anderson, & Walsh, 1989; Waters, Carter, Papp, & Silverstein, 1988)와도 대치되었다. 자율성이라는 용어는 인간의 복지와 관련된 미묘한 측면을 다루는 경우에는 실용적으로 사용되기도 했다. 사회주의자들은(Etzioni, 1993) 시민의식(civility)이 발달하는 가운데 이 문제에 대한 다른 해결 방안을 탐색하기 시작했다. 1990년대 미국에서는 가족의 가치에 대한 의식 고양 운동이 시작되어 상당한 호응을 이끌어 냈다(Blankenhorn, Bayme, & Elshtain, 1990). 체계/구조적 제약이라는 상황에서 발달하는 인간의 주도성은 관계적 친교와 조화를 이루게 된다. 또한 타인과 관계를 맺는 개인은 자신을 잃지 않으면서도 타인에게 관심을 가질 수 있게 된다. 실제로 인간은 타인의 관심을 받거나 타인에게 관심을 기울이는 과정을 반복하면서 인간적인 모습을 형성해 나가게 된다.

미국 문화에서 2001년 9월 11일 테러 사건과 그 이후의 일들은 관계적 자아 상과 윤리적 의무를 향한 회귀의 신호탄이 되었다. 후기 현대사회의 위기는 호혜적인 의무와 권리들로 형성되는 사회 구조의 부족에 따라 자율성, 종교적 성향, 지각된 개인의 불공정성이라는 이름하에 모든 것을 정당화하기 위해 사회적 유용성이라는 개인적인 측면을 이용하는 무수한 인성을 양산하는 것에서 비롯되었다. 자율적인 인간의 개념—자수성가한 인간, 캐츠비의 시대—이 융성하던 시기에는 다양한 삶의 모습들, 제각각인 표현들, 더 공유적이고, 더 복잡하고, 더 미묘한 것들은 묻혀 버렸다. 그러나 삶은 안전하지 않았고 인간의 활동은 사회적인 친교 활동 없이는 불가능했다. 사회적인 구조는 이러한 규범에 대한 타협들을 명시하고 있었다. 20세기의 자율적인 생활 방식에서 비롯되는 불편감은 유대감에 대한 욕구와 21세기의 중요한 의무에 대한 신뢰와 부딪히게 되었다. 이러한 이미지 또는 사고방식들의 충돌은 이성에 대한 분명한 욕구를 갖게 만들었다.

관계 속의 정의와 기능적인 가족 사정의 기반이 되는 관심은 그 단위가 개인적인 것인지 아닌지, 개인의 발달과 욕구를 지지해 줄 수 있는지, 아닌지의 여부에 관한 것이다. 그러나 그것이 무엇이든지 간에 두 가지 모두 가족 구성원으로서 개인을 이해하는 것을 필요로 한다. 가족 구성원들이 상호 의존적인 이야기로 엮이고 생산적인 대인관계와 진실함만을 추구한다면, 그들은 자신들의 대인관계의 일부가 역기능적이고 비생산적이며, 심지어는 깊은 상처가 된다는 것을 깨닫게 될 것이다. 이러한 상황을 극복하는 것은 가족 구성원들이 도전해 볼 만한 과제이다.

관계 지향적인 개인들에게 삶은 타인과 함께 체험하고 또 그렇게 해야만 하는 것이다. 삶을 경험하면 할수록, 자율성은 유용한 것이지만 가장 중요한 것은 아니라는 사실을 깨닫게 될 것이다. 자율성의 더 근본적인 개념은 책임감인데, 이것은 다른 이들에 대해 책임을 지고 자신의 행동이 관계에 미치는 결과들을 설명할 수 있는 개인의 능력을 뜻한다(Fishbane, 2001, p. 276). 의무나 과거로부

터의 유산은 고유한 삶의 일부다. 가족 운동은 이러한 것들을 가족 관계의 이해
에 필수적이고도 치료의 도구로서 기능하는 삶의 일부로 인정하기 시작했다.
새롭게 나타난 다문화주의는 어쩔 수 없이 한 방향으로 나아간다. 개인이 맺는
관계가 자발적이든 비자발적이든지 간에 그들의 다문화적인 경험이 보다 풍부
해질수록 관계를 통해 획득되는 일련의 의미와 책무들의 관련성을 더 많이 발
견하게 된다. 상대적인 차이가 존중되어야 한다는 중요한 가치에 의해 사회, 사
회복지사 그리고 가족들에게 의무가 부여된다. 뿌리는 중요시되고, 이 뿌리와
함께 영속적인 관계와 가족의 유산이 뒤따른다. 맥락적(contextual) 가족치료는
이러한 개념들을 가족 실천을 위한 특별한 모델로 발전시켰다(Boszormenvyi-
Nagy & Spark, 1973; Boszormenvyi-Nagy & Grunebaum, 1991).

그러나 가족 안팎의 실패로 인해 관계의 순환이 깨질 수도 있다. 올바른 관계
에 대한 이러한 사실과 요구들은 사회복지실천의 중요한 논리적 근거가 된다.
개인들은 대우받지 못할 수도 있고, 잘해 나가지 못하거나 노력하는 만큼의 성
취를 얻지 못할 수도 있다. 또한 가족 구성원들은 개인의 요구에 제대로 반응하
지 못할 수도 있고 아동은 학대당하거나 방치될 수 있다. 불의는 그것이 관계적
이든 사회적이든지 간에 끝없는 악순환을 되풀이하며 더 지독한 불의를 양산할
수 있다. 물론 사회복지사가 이 모든 짐을 다 떠안을 수는 없다. 정의롭고 공정
한 관계를 맺고, 특히 공공의 선을 위해 행동해야 하는 민감한 책임감은 사회나
가족 구성원의 몫으로 남겨질 것이다. 사회복지사들 역시 사회나 가족이 따를
수 있는 양심의 표본이 되고 그들이 접하는 상황들에서 바람직한 관계의 도구
가 되어야 하는 특별한 책임을 부여받는다. 그들은 가족들 안에서 침해, 지배와
학대 등의 양상에 도전하게 된다. 불의와 관련된 문제들은 세대를 걸쳐 제기되
어 왔다. 세대를 걸쳐 내려온 빚과 유산은 가족 구성원의 가능성을 제한하거나
확대시킬 수 있다. 사회복지사들은 여러 세대가 공존하는 가족 내에서 일할 때,
가족 구성원들 간에 빚과 유산에 대한 균형을 맞추도록 도와야 한다. 발달적 측
면에서 이러한 재균형화는 필연적으로 바람직한(정의로운) 관계를 만들어 가는
것이다. 이러한 의미에서 정의란 가족 내부에서뿐 아니라 세대를 거슬러서 더

넓은 사회와 가족들 간의 교류(transaction)를 통해 일어나는 것으로까지 확장된다(Ducommon & Nagy, 1999).

역사적으로 자율성을 관계적 의미와 의무로 재정의함으로써 초기 수십 년간 발달되었던 것처럼 개인의 욕구와 욕망이 명쾌하게 설명되었다. 이는 '관계에 대한 준비도(readiness for the relational)'에 의해 균형 잡히거나 완결된다. 미르킨(Marsha Mirkin)은 이러한 관계에 대한 준비도를 다음과 같이 묘사했다.

> 관계를 준비한다는 것은 타인에 의해 변화되고, 스스로 보거나 비춰지고, 필요하다면 갈등을 통해서라도 서로 간의 관계를 유지하고, 자신의 것을 만들어 내는 과정에서 다른 이들의 이야기를 듣고, 다른 사람을 지배하지 않으면서 차이에 관해 협의하려는 의지를 뜻한다. 관계에 대한 준비도는 다른 이에 대한 관계적인 책임과 타인의 반응에 영향을 받는 것을 논리적으로 필연적인 것이라고 받아들인다(Fishbane, 2001, p. 276).

조셀슨(Ruthellen Josselson, 1992, pp. 6-8)은 '개인들 간의 공간을 극복할 수 있는 주된 방법들'을 8가지로 요약해 관계적인 공간들을 탐색한다. 인간은 현재의 관계를 기저로 특정인에 대한 정서 유대를 형성한다. 인간은 초기 형태의 본능적인 열정적 경험에서부터 눈맞춤, 눈과 눈의 확인(eye-to-eye validation)을 통한 타인과의 의사소통으로 힘 있는 이들과 연계하여 그들처럼 되고자 하는 이상화와 동일시로 전환한다. 타인에 대한 자각은 주요 시기를 거치며 교제와 우애가 된다. 또한 사춘기를 거치면서 다른 집단이 아닌 하나의 집단에 속한 우리만을 위한 장소, 즉 가족과 민족적 정체성 속에서 소속에 대한 구체적인 사회적 실재에 자리 매김하게 된다. 결국 발달과정에 있는 개인은 타인을 보살피고, 다른 이들의 요구를 들어주고, 도움주는 것 등을 통해 상호 협력하는 방법을 배우게 된다. 사회복지사는 그들을 실제적으로나 상징적으로 자신의 팔 안에서 보듬어 가면서 지지해 준다(Josselson, 1992). 개인의 독특한 욕구들을 조정하고 내재한 의무들을 보유한 관계가 개인적이라는 개념과 개인적인 경향을 포함해야 한다는 가치 기반 역시 정서 유대의 개념에서 비롯된 것이다.

　개별적인 자율성에 대한 (다소 덜 복잡한) 문화적 기대와는 대조적으로, 생애주기 단계에서 대부분의 사람들은 상호 의존적인 관계를 만들어 간다(Cohler & Geyer, 1982; Galatzer-Levy & Cohler, 1993). 서로의 욕구로 얽힌 관계 양상들은 개인들의 의식과 지적인 성장 속에서 추적되고 관찰될 수 있다(Mahler, Pine, & Bergman, 1975; Piaget, 1954; Kohlberg, 1969). 대상관계 이론가들(Greenberg & Mitchell, 1983; Kernberg, 1976)과 애착 이론가들(Levy, 2000; Lewis & Gossett, 1999; Atkinson & Zucker, 1977; Bartholomew & Horowitz, 1991; Sperling & Berman, 1994, p. 189)은 이러한 상호 의존성이 갖는 경험적이고 이론적인 시사점들을 강조한다.

　가족 지향적인 실제로서의 사회복지실천은 가족의 상호작용과 대인관계에 대한 이해를 필요로 한다. 사회복지사들은 이 경우 초점을 어디에 두는지를 밝히기보다는 사회과학과 행동과학이 지향하는 것처럼 개인과 사회적 구조 그리고 그들 간의 상호작용에 대해 설명해야 할 것이다. 환경에 대한 고려 없이 개인 중심적으로 혹은 그 반대로 사회적 현실에 대해서만 설명하는 것은 터너(Ralph Turner, 1970)가 명명한 대로 이 두 가지 해석이 독립적인 것이라고 가정하기 때문에 허위 질문이다. 그러나 어떤 종류의 설명이라도 충분히 이루어진다면 다른 것을 포괄할 수 있다. 가족의 생활양식에만 초점을 맞추는 경우에는 구성원들의 개인차와 그 차이가 만들어 내는 각각의 생활 방식은 물론, 어느 구성원이 생존에 강하고 어느 구성원이 취약한지를 분별하지 못하게 될 수 있다. 반면에 개별적인 차이에만 초점을 두면 가족이 가진 고유한 생활양식을 살필 수 없다. 가족의 생활양식은 공유된 관계와 이해를 통해서 성립 가능한 것이며, 이것은 자연적으로 타고난 생활방식으로서 생존하고, 적응하고, 구성원들을 분화시켜 준다. 그리고 다른 부분이 더 취약해지는 동안 문제와 욕구에 대한 해결책을 제시하기도 한다. 인간에게 주어진 환경 속에서 대리자로서의 인간과 환경이 서로 공유하고 조화를 만들어 가는 것은 항시 존재해 온 오래된 문제다. 이러한 차이들은 인간의 보편적 가치 속으로 순응해 가는 방향으로 나아가야 할 것이다.

6. 가족치료 운동

1960년대 초기부터 가족을 근본적인 준거틀로 삼았던 일군의 사회복지사들, 심리학자들, 정신의학자들은 가족과의 작업을 개인을 돕는 작업과 차별화하기 위하여 노력해 왔다. 가족치료 모델은 전문화된 초기부터 사회복지사들이 다루어 온 것들을 반영했으며, 사회복지사들은 이러한 학제 간의 연계에서 가장 중요한 역할을 해 오고 있다.

가족치료 이론과 방법이 다음과 같은 두 가지 맥락에서 제안되는 경우에, 즉 ① 가족 구조와 발달에서의 다양한 발달단계 속에서 개개의 구성원들이 어떻게 스스로를 만들어 가는지, ② 가족과 함께하는 사회복지실천에 대한 초점화와 과제들에 대한 폭넓은 이해가 이루어질 때 사회복지사들에게 가장 유용하다. 이러한 맥락에서 성립되어 온 가족치료는 제2장과 제3장의 초점이 될 것이다.

상대적으로 짧은 기간 동안 발전해 온 가족치료의 주된 관심은 가족과의 작업을 위한 접근법을 개발하는 데 집중되어 왔다. 1970~1980년대를 통틀어 이러한 방법론들은 치열한 경쟁을 거쳐 다양화되었다. 각각의 접근은 구성원들이 가족 안에서 어떻게 기능하는지, 가족 그 자체가 어떻게 기능하는지에 대해 설명하고 있다. 이러한 개별적인 접근은 인간의 활동과 친교의 균형을 위해 노력해 왔다. 이 때문에 각 접근은 개인적인 관심 이상의 더 큰 맥락이 결핍된 처치들보다 어느 정도의 효율성을 가졌다. 하지만 구조화된 틀이 없었기 때문에 이러한 방법들은 서로 경쟁적이었으며, 어느 한 가지 접근이 모든 문제의 해결책이 되지는 못했다. 각각의 접근은 어느 특정 문제에 보다 적절하거나 부적절한 것으로 나타났다.

가족치료에서 경쟁적인 접근들의 특징은 몇 가지 이유들로 1990년대 중반부터 현재에 이르기까지 점차 변화되고 있다. 가족을 다루는 임상가들의 경험을 기반으로 하여 가족에 대한 다른 접근법들이 갖는 효율성에 대한 연구가 진행되었다. 이러한 연구는 현장에서 개입에 대한 특정한 접근법을 상정하는 것에서 이론, 가족에 대한 개입을 보다 넓은 틀에서 계획하는 것 등으로 변화했다 (Pinsoff & Wynne, 1995). 또한 가족치료사들은 경쟁적인 접근법들을 통합해 나 갔다. 임상가들은 자신들의 역량을 특정 치료 형태에 국한시키기보다는 여러 다른 학파들로부터 필요한 정보들을 취득했고, 이론가들은 이러한 다양한 접근 들을 현장의 실제와 연결시켜 통합하는 것이 더 유용하고 적절하다는 것을 깨 닫기 시작했다(Bruenlin et al., 1992; Pinsoff, 1995). 효율성에 관한 연구들은 가족 과의 실제 조력과정에 이러한 여러 가지 접근법을 적용하는 것이 개인치료에 비해 더 효과적인 것은 아니더라도 최소한의 효과가 있으며, 대개는 보다 빨리 작용한다는 것을 밝혀냈다(Pinsoff & Wynne, 1995). 하지만 각각의 접근은 가족 을 전체로 보는 시각에 대해서는 한계를 가진 채 수행되었다. 이론가와 연구자, 임상가들은 여러 가지 접근법을 통합하여 보다 넓은 시야를 획득하는 것이 더 효과적일 것이라고 가정하기 시작했다. 그리고 여기서 다음과 같은, 즉 '효과 적인 접근들의 공통된 특성이나 기본이 되는 차원들은 무엇인가? 무엇이 그것 들을 효과적으로 만드는가?' 하는 주요 의문점들이 생겨났다.

르보(Lebow, 1997)는 이처럼 실제 현장의 경향을 이론과 실제의 두 번째 단계 로 인정하면서, 통합은 여러 접근들이 더 광범위하게 혼합되어 포괄적인 수준 (meta-level)의 이론이 되어야 한다고 주장했다.

이를 위한 첫 단계로 가족치료에 적용 가능한 6단계 이론과 포괄적인 구조틀 (metaframework)을 다음과 같이 제시했다(Bruenlin, Schwartz, & Mackune-Karrer, 1992).

- 마음과 자아
- 일련의 상호작용 패턴
- 경험의 관계적인 맥락의 조직과 구조
- 생애주기 발달
- 경험과 상호작용의 다문화적 이해
- 성별(gender)에 대한 문제

 이 이론들은 서로 대치되기보다는 가족들이 경험하는 복잡한 현실에 대한 여러 차원들로서, 각각의 가족들의 처치에 대한 타당한 이해를 돕는다.

 핀소프(William Pinsoff, 1995)는 동일한 이론적 쟁점들에 대해 각기 다른 가족 문제들은 서로 다른 반응을 필요로 한다는 이해를 바탕으로 접근했다. 그는 기능적 관계와 상호작용에 대한 다양한 문제 영역과 체계의 제한점들이 있다고 보았다. 그는 이 체계의 제한점들이 가족 문제를 지속시키는 것으로 보고, 여섯 가지 영역 체계의 제한점들을 제시하였는데, 이것들은 동시에 그러나 다른 체계 수준에서 문제를 유지시키기 위하여 작용하고 있는 것이다. 그 영역들은 다음과 같다.

- 조직 편성상의 제한점 각 체계(내담자)가 문제와 관련해 어떻게 조직화하고 행동하는가?

- 생물학적 제한점 각 체계가 현재의 문제에 대해 생물학적 · 신체적 체계로서 어떻게 작동하는가?

- 의미와 귀인 각 체계가 자신과 문제에 대해 어떻게 개념화하고 느끼는가?

- 세대 간 제한점 원가족으로부터 유래한 문제와 과정

- 대상관계의 제한점 구성원들의 심리 역동적 부분들이 문제와 관련되어 조직화되는 방식

- 자기 체계적(self-system) 제한점 집합적인 자기 체계와 개인적인 자기 구조들이 문제와 상호작용해 나가는 방식

 이러한 체계상의 제약과 반응에 대한 평가 도식은 실제에 대한 여러 이론과 접근 간의 관계를 포함한다. 그것들은 복잡하고 반복적인 가족의 사회적 관계에 대한 많은 치료 이론들 간에 질서를 확립하는 데 기여했다.

7. 가족과의 작업을 위한 사회복지실천의 준거틀

　　우리가 다루는 접근들은 가족 구성원들과 집합적 단위로서의 가족에게 반복적이고 자연적으로 발생하는 가족 내 상호작용의 현실에 기초하여 발달해 왔다. 이러한 상호작용은 의사소통에 의해 형성되고 인간의 발달에 필수적인 역사적이면서도 발달적인 과정 내에서 일어나는 것이다. 개인이나 가족에 대한 이야기나 설화는 대부분 의사소통을 통한 가족생활의 공유된 의미나 과정에서 비롯된 것이다.

　　가족 구성원들은 기본적이고도 개인적인 욕구들을 실현시키기 위하여 가족과 협력한다. 가족 안에서 구성원들이 추구하는 기본적인 욕구와 권리는 다음과 같다.

- 안전에 대한 욕구　안전하다고 느끼고 스스로에게 결정권이 있을 때, 가족 내에서 개개의 구성원에 대한 주체성이 보호받을 수 있고 친밀한 관계가 가능해진다.

- 소속감에 대한 욕구　소속감이 있을 때, 가족은 행동을 위한 안전한 기반이 되고 의사소통이 가능해진다.

- 의사소통 능력　의사소통이 잘될 때 다른 가족 구성원의 사고나 감정들에 반응하고 가치를 부여하며, 자기표현을 할 수 있고 적절한 선택 능력이 발달한다.

- 윤리적 · 관계 지향적 틀 안에서 선택하는 능력　자신과 다른 사람들의 가치와 존엄성에 대한 적절한 경계의 관계 지향적 틀 안에서 선택의 능력이 길러진다. 자신과 타인의 존엄성을 존중하면서 선택할 수 있는 능력이 있을 때, 인간으

로서 성장하고 생활 방식을 변화시키고 자기 발달에서 주체가 될 수 있다.

• 성장하고 상호작용하고 보살피고 사랑하는 능력   인간의 성장은 서로 상호작용하고 교류하며 자신과 타인의 욕구를 살피고 역할을 분화해 가는 맥락 속에서 이루어진다. 인간으로서 성장할 수 있고, 타인과의 상호작용 능력이 있다면, 자신과 타인의 욕구를 적절히 보살핌으로써 궁극적으로 사랑할 수 있는 능력을 개발할 수 있다.

1) 가족 개입

가족은 앞서 언급한 욕구와 능력에 부응하고자 환경을 구성해 왔다. 가족치료의 다양한 접근법과 경험을 통해 밝혀낸 가족에 대한 효과적인 개입의 6가지 요소는 다음과 같다.

• 개인적이고 관계와 관련된 과제들에 대해 가족 구성원과 개별적으로 작업한다.
• 가족의 의사소통과 의미를 변화시킨다.
• 가족의 경험에서 우러나온 대인관계와 관련한 대화나 이야기들을 재구조화한다.
• 가족이 고착된 가족 생애주기의 발달과업을 다루도록 돕는다.
• 가족의 관계적인 구조를 변화시켜 서로에 대한 경험을 변화시킨다.
• 환경 체계에 대한 가족의 관계를 변화시킨다.

가족의 입장에서 이러한 수준들 각각은 가족의 상호작용에서 충분히 발생 가능한 것들을 다른 방법으로 전환하고 구성하는 것이다. 가족치료는 최근 들어 이러한 접근들을 통합하여 특정한 상황의 요구에 적절히 맞추는 방향으로 발전해 가고 있다(Pinsoff, 1995; Bruenlin et al., 1992).

이러한 기능 수준과 그들이 만들어 내는 인간의 욕구에 대한 관계들이 〈표 1-1〉에 잘 나타나 있다.

인간적인 모든 욕구—안전감, 소속감, 의사소통, 선택, 성장 등—들이 어떤 가족 내에서는 침해당할 수 있으며 실제로 심각하게 침해당하기도 한다. 이러한 욕구들이 침해당했다는 것은 가족 구성원들을 보호하는 데 지역사회의 관심과 그들의 작업에 대한 전문적인 접근의 필요성을 주장하는 것이다. 이처럼 가족 구성원들의 욕구가 심각하게 침해당했을 때, 사회복지 제도를 바탕으로 조직화된 주변 지역사회들이 개입하게 된다. 그러나 때로 가족이 문화와 계층 간의 차이로 인해서 사회제도와 구조에 의해 억압될 수도 있고, 시장제도와 돈의 영향력, 대중매체의 이미지 등에 영향을 받아 어려움을 겪을 수도 있다. 흔히 사회기관에서 일하는 사회복지사들은 가족, 사회제도, 기관과 정치 체계를 포

◎◎ 〈표 1-1〉 가족의 기능 수준과 인간의 욕구 ◎◎◎◎◎◎◎◎◎◎◎◎◎◎◎◎◎◎◎

인간의 욕구와 역량	가족의 기능 수준					
	개인적 발달과 대인관계 과정	가족 의사소통과 의미	대인적이고 영적인 설화와 이야기	가족 발달 과정	가족 구조	가족 환경 체계
안전감	X	X	X	X	X	X
소속감	X	X	X	X	X	X
효과적인 의사소통 능력	X	X	X	X	X	X
윤리적이고 관계적인 구조 내에서 선택하는 능력	X	X	X	X	X	X
성장하고 상호작용하며 자신과 타인을 보살피고 사랑하는 능력	X	X	X	X	X	X

함한 지역사회라는 제한된 영역에서 일하게 된다.

미묘하고 섬세한 관계로 형성되고, 의도가 내재된 구성체로서의 가족 내 상호작용은 쉽게 묘사되거나 분석될 수 없다. 이것은 다른 어떤 것으로의 변형 없이 인간의 주관적 경험의 타당성을 다루고 이해하는 체계적인 방법을 요구한다. 사회심리학과 관계사회학(Cooley, 1922; Mead, 1934; Shibutani, 1962; Blumer, 1969; Turner, 1970; Burr et al., 1979; Donati, 1989)은 가족 내에서 구성원들 간의 의사소통, 의도, 상호 간 행동에 대한 이해를 발달시키는 데 어느 정도 진보를 보였다. 사회적인 관계는 인간의 경험과 상호작용에 의해 형성된다. 사람들이 현실, 즉 그들의 행동양식을 지각하고 행동하는 방식과 그들이 만들어 낸 관계들의 구조 간에는 관련성이 있다. 이러한 구조는 복잡하게 반복되는 관계들 속에서 개인의 행동양식과 지각들을 적절하게 안정시켜 주기도 한다.

개인들의 행동양식과 그들이 세계를 구축해 나가는 것 사이의 관계가 반드시 단선론적이고 기계적인 방식으로 행동을 예측 가능하게 하는 것은 아니다. 반대로 개개인이 지각을 달리하는 것을 허용할 때, 행동은 다소 불확실한 것이 된다. 따라서 의도적인 사회적 세계는 불확실한 사회적 세계가 된다. 이는 상호 간의 의사소통이나 개입, 행동에 의해 재구성될 수도 있다. 실제 세계에서 치료자들은 개인들 상호 간의 변화와 상호작용에 개입한다. 치료자들은 개인의 행동방식, 연속적인 사건, 의사소통, 대인관계가 해석되는 방식 그리고 이미 치료자들에게 익숙한 방식에 개입하게 된다. 인간의 상호작용에 대한 이러한 개입을 통해 현상학적인 세계는 변화하는 것이다. 사회복지사들은 가족 구성원들이 적절하고 창의적으로 의사소통하고 효과적인 상호작용을 하도록 개입함으로써, 그들이 관계를 유지하고 의사소통과 상호작용 양식들을 재구조화하도록 돕는다. 가족의 관계와 상호작용에 대한 이러한 지식들은 가족치료의 기반이 된다(Constable, 1984).

〈표 1-2〉는 개인적 욕구와 가족의 욕구 간의 상호작용, 사회복지사와 가족의 반응과 실제의 원리들 간의 상호작용에 대한 모델을 제시하고 있다. 가족과 각각의 구성원이 자신에게나 서로에게 충분히 인간적으로 대할 수 있다면, 인

◎ 〈표 1-2〉 가족의 욕구, 사회복지사의 반응과 실무에 대한 윤리적 · 기술적 원칙 ◎

첫 번째 지침	두 번째 지침	세 번째 지침	네 번째 지침
개인과 가족 생애주기 단계에서 상호작용하면서 개인은 가족 구조를 만들고 인간의 욕구를 충족시켜 나간다.	사회복지사의 반응	가족 구성원들의 자각과 반응	윤리적 · 기술적 실천원리
안전　타인의 존엄성과 취약한 자신의 정체성을 보호하면서 안전과 판단의 자유를 유지하기	사회복지사는 가족 구성원들이 개인적으로나, 가족 구성원 간에 의사소통하고, 서로의 욕구에 반응하며 발달과제들을 완수하고, 이해를 위한 네트워크를 창조하도록 도움으로써 가족의 욕구와 가족 구성원들의 개인적이거나 관계에 관한 과제들에 반응한다.	가족 구성원들은 자신들에 대한 사회복지사의 민감성이나 이해 정도, 반응, 회기 내에서의 개인적이고 관계적인 과제들의 검증에 반응한다. 가족 구성원들은 서로에게 적절히 반응하는 것과 협력적인 분위기를 조성하는 것을 배우기 시작한다. 이 과제가 완수되면, 서로에 대한 지지가 가능해진다.	비밀보장의 원칙하에 신뢰와 자기 결정권 개발시켜 나가기
소속감　가치 있는 사람으로 대우받기, 타인의 가치를 존중하기, 부정적인 가치 판단 보류하기			개개인의 가치와 존엄성, 개성 지지하기
의사소통 능력　타인의 느낌과 생각에 대해 정확하게 반응하기, 자신의 느낌과 생각을 명확히 표현하기			목적 지향적이고 능숙하며 건설적인 의사소통 능력 계발하기
자신과 타인에 대해 고려하고 선택하는 능력　윤리적 · 관계적 틀 안에서 선택하고 결정해 나가도록 성장하기, 타인의 자유를 존중하기			자기 결정, 원칙에 근거한 선택, 이타적인 신념 지지하기
성장하고 상호작용하고 자신과 타인을 보살피는 능력　가족들의 지지로 발달과업 수행하기, 자신과 타인의 욕구를 적절히 보살피기			변화된 가족 구조 내에서 자기 분화와 타인에 대한 보살핌 지지하기

간 특유의 욕구를 지니는 것으로 볼 수 있다. 가족은 공통의 이해를 증진하고자 노력하는데, 이는 흔히 이해관계가 있는 지역사회의 다른 가족과의 관계에 의해 강화된다.

이와 같이 가족 구성원들이 우선적으로 목적을 가지고 인간의 환경을 구성하고 상호작용함으로써 사회복지사들이 가족을 돕는 다양한 처치 방법들을 사용하는 것이 가능하게 되었다. 가족 구성원들의 상호작용은 조력과정의 상황과 목적, 경계를 형성해 간다. 사회복지사들은 가족 구성원들이 자신들의 관계를 구성해 나가고, 구성원으로서의 개인적인 수용 능력을 발달시켜 궁극적으로는 가족의 구조를 수정하도록 돕는다. 사회복지사는 가족 구성원 개개인이 선택하는 것과 가족 전체에 대해 모두 반응한다. 또한 가족 내의 개입 시기에 대한 사회복지사의 선택은 체계적 틀 안에서 가족의 기능, 구조, 과제에 대한 평가에 기초한다. 예를 들어, 부모와의 만남은 자녀에게 가장 큰 영향을 미치는 방법이다. 한편 부모와의 상담 없이 자녀만 상담하기로 결정한다면, 이것은 부모의 입장을 약화시키는 것이다.

2) 윤리적인 실천원리

가족 구성원들은 사회복지사와의 작업을 통해 가족 내에서 무엇인가 얻기를 바란다. 이러한 안전감, 소속감, 의사소통, 윤리적 관계의 틀 안에서 선택하는 능력, 성장하고 상호작용하고 보살피는 기능들이 〈표 1-2〉의 첫 칸에 제시되어 있다. 이것은 모든 이들의 발달에 필요한 인간의 기본적인 재산이므로 가족 구성원 모두는 이를 지키기 위한 노력이 필요하다. 가족을 구성하는 작업은 가족 구성원에게든 사회복지사에게든 본질적으로 도덕적인 것이다. 따라서 특정한 가치가 외부로부터 강요될 필요는 없다. 이미 그 가치는 가족 구성원들이 각각의 상황에서 자신만의 방식으로 추구하는 것이며, 또한 가족과 사회복지사가 다루는 문제와 선택 속에 이미 내재된 것이다(Constable, 1983, 1989). 개인의 관계에 관한 욕구와 연결된 사회복지의 실천원리들(〈표 1-2〉의 네 번째 지침에 해당됨)은 윤리적이고도 기술적인 것이다. 사회복지사들은 그들과의 상호작용을 통해 가족 구성원들이 인간의 가치와 존엄성과 같은 가치들을 실현하도록 돕기 위한 여러 가지 기법과 방법을 사용한다.

3) 가족이 처한 다양한 상황들

문화, 성, 세대 간의 분열 및 단순한 개인차들은 가족의 형식과 상호작용 모두에서 막대한 차이를 유발한다(McGoldrick, 1998). 가족 구성원들은 가족이 어떠해야 한다는 규정에 상관없이 서로 다른 방식으로 자신만의 안전감, 소속감, 의사소통과 같은 가치들을 형성해 나간다. 예를 들어, 가족 내 부모의 역할은 친부모, 조부모, 형제, 숙모나 이모, 입양 부모, 독신 위탁부모, 그리고 자신들과 함께 구성하고 있는 가족 관계에 대한 다양한 신념을 가진 개인들에 의하여 가족 안에서 이루어진다. 이러한 가족 형태들은 제8장과 이 책의 전반에 걸쳐 논의될 것이다. 그러나 가능한 모든 가족 상황에 대해 심도 있게 논의하는 것은 이 책의 범위를 넘어서는 것이며, 경우에 따라서는 그 분야의 연구가 초기 단계에 머물러 있기도 하다. 현재까지 진행된 가족 관련 연구 내용과 과정에 대해 논의하기에는 지면의 제한이 있지만, 여기서 소개되는 개념들은 여러 가족 상황들에 널리 적용될 수 있을 것이다.

가족들은 상충되는 비전과 동일한 가치를 추구하는 등 서로 다른 패턴을 가지고 있다. 각각의 다양한 사회에는 가족 구성원들 간에, 가족 공동체와 더 큰 집단 간에 피할 수 없는 충돌이 내포되어 있다. 이러한 충돌은 파괴적일 수도, 창조적일 수도 있다. 사회복지사는 가족에게 실천 가능한 정보를 주고 조력과 정의 가능성을 제공하게 되는데, 이는 가족 구성원들이 그들의 상황에 내재한 어떤 차이점이나 딜레마를 통합함으로써 해결 방안을 강구하도록 돕는다는 것이다. 가족이 이러한 갈등 상황들을 해결하는 다양한 방법에 대해 이해하려면 특히 이 과정에 대해 잘 숙지하고 있어야 한다. 이러한 문제들은 일반적인 제약들과 사회적 맥락 속에서 가족이 해결해야 하는 것이다.

4) 가족의 복원력

노예제도와 이에 따른 차별, 대학살, 시베리아 강제 이주나 난민 상황과 같은 극단적인 스트레스를 경험한 문화적 집단들은 억압적인 상황에서 부과된 고통과 함께 비인간적인 상황에서도 그들을 살아남을 수 있게 했던 속성들까지 함께 가지게 되었다. 월시(Froma Walsh, 1999, 2003)가 발달시킨 가족의 복원력이라는 개념은 〈표 1-3〉에 나타난 가족 활동의 개념을 확장시켰다. 〈표 1-3〉에서 가족 구성원들은 개개인이 살아가고 인간으로 성장하는 데 필요한 관계의 자산을 창조하기 위해 상호작용한다. 그리고 사회복지사들은 가족 구성원들이 이러한 자산을 가지도록 돕는다. 가족이 스트레스를 받는 상황에서 이러한 활동은 더 어려울 수 있지만, 복원력이 있는 가족은 활동을 계속 수행해 나갈 수 있다는 측면에서 이 개념은 매우 중요하다.

복원력은 특정 가족 구조의 문제가 아니라 과정이며, 복원력이 있는 가족은 불리한 환경에서도 전환과 성장이 가능하며(Walsh, 2003), 어려운 환경에서 고난의 의미를 나름대로 찾고 환경과 상호작용하면서 자신의 가치를 지키고 환경에 창의적으로 적응해 간다. 역설적으로 억압적인 상황이란 가족의 생존을 유도하는 특성들을 억압시키는 것이다. 그러나 복원력이 있는 가족 구성원들은 그들의 욕구에 대해 서로 의사소통하면서 문제를 해결해 나간다. 복원력이 있는 가족의 특성은 다음과 같다.

- 역경에 부딪히면 가족 전체가 공유하여 도전한다.
- 문제의 발생을 정상적인 것으로 인정하고 맥락화한다.
- 역경을 가족 내 조화를 이루기 위한 도구로 활용한다.
- 문제가 어떻게 발생했는지 인과적이고 설명적인 귀인을 통해 이해한다.
- 희망적이고 낙관적인 기대를 가진다.
- 가능성의 예술을 익힌다.
- 영적인 자원을 이용한다.

- 융통성과 적응력을 계발한다.
- 내적인 유대감을 발전시킨다.
- 사회적이고 경제적인 자원들을 적절히 활용한다.
- 서로 간에 명쾌하고 솔직하게 의사소통한다.
- 문제에 대하여 협력하여 풀어 나간다.

가족의 복원력에 대한 주요 과정들이 〈표 1-3〉에 자세히 설명되어 있다.

사회복지실천은 가족과 함께한 지 100년이 넘었다. 그동안 사회복지사들은 가족과 구성원들에게 진정으로 도움이 되려면, 가족 구성원들이 만들어 가는 관계적 실제 속에서 그들이 정말로 무엇을 하는지를 주목해야 할 필요가 있음을 깨달았다. 가족의 활동은 가족과 제도적 현실과 상호작용하는 개개인을 포함하므로, 사회복지사들은 그들과 같은 무대에서 활동하도록 준비해 왔다. 이러한 사회복지실천의 정체성과 위치 때문에 사회복지실천이 체계(순서, 방법)를 참조하거나 인간의 기능에 대해 한 가지 접근이나 수준만 강조했다면 생겼을 수도 있는 모순을 겪지 않고, 사회심리학, 가족치료 등 그 밖의 영역에서 활용 가능한 많은 내용을 통합시키는 것이 가능했다.

다음 장에서는 생애주기에 따른 가족 발달사, 생애주기 각 시점에서의 가족 구조와 가족 개입, 즉 사회복지실천의 실제 내용과 과정 등을 살펴볼 것이다. 그리고 광범위한 가족 개입 이론 조직체로부터 이론들을 자유롭게 끌어내어 부부와 가족과의 사회복지실천의 양상으로 통합하고자 한다. 단기 치료는 필연적으로 내용과 과정, 통합으로 제한된다. 그에 대한 예로서, 어린이나 취약한 노년 세대와 함께하는 생애주기 단계에서 가족이 겪는 기본 상황들을 활용할 것이다. 이 분야가 바로 사회복지사들이 현장에서 매일 접하면서 사회복지실천적 지식과 경험이 가장 발달된 영역인 것이다.

◎◎ 〈표 1-3〉 가족 복원력의 주요 과정 ◎◎◎◎◎◎◎◎◎◎◎◎◎◎◎◎◎◎◎◎◎◎

신념 체계

1. 역경의 의미를 추구

- 복원력을 '관계 지향적 개인' 대 '무심한 개인'으로 보기
- 역경과 어려움을 정상적인 것으로 보고 맥락화하기
- 결속감: 의미 있고 이해 가능하고 관리 가능한 도전으로서의 위기
- 인과적/설명 가능한 귀인: 문제는 어떻게 발생했는가? 무엇을 할 수 있는가?

2. 긍정적 시각

- 희망, 낙관적 기대: 약점을 극복할 수 있다는 자신감
- 용기와 격려: 강점을 확인하고 가능성에 초점을 맞춤
- 적극적인 주도성과 끈기
- 가능한 것을 정복하기: 변할 수 없는 것을 수용하기

3. 초월성과 영성

- 보다 큰 가치와 목적
- 영성: 신념, 회중(congregational)의 지지, 치유 의식
- 영감: 새로운 가능성을 품기, 창조적으로 표현하기, 사회적인 활동하기
- 변환: 학습, 변화와 역경에 의해 성장함

조직 패턴

4. 융통성

- 변화에 대한 개방: 새로운 도전들에 대한 적합성을 위한 재기, 재구조화, 적응
- 분열을 통한 안정: 연속성, 의존성, 실행
- 강하고 권위 있는 지도력: 양육, 보호, 아동 지도
  - 다양한 가족 형태: 협력적 부모 역할/양육팀
  - 부부/공동-부모 관계: 동등한 협력자

5. 연 결

- 상호 지지, 협력과 헌신
- 개인적인 욕구, 차이점과 경계에 대한 존중
- 상처받은 관계의 회복과 화해 추구하기

6. 사회경제적 자원

- 친인척 관계, 사회적, 지역사회의 연결망 동원: 모델과 지도자(멘터) 찾기
- 재정적 안정을 확립하기: 일과 가족에 대한 균형 유지하기

의사소통/문제해결

7. 명쾌함

- 분명하고 일관성 있는 메시지(언어와 행동적인 측면)
- 모호한 정보를 명확히 하기: 진실을 추구하고 이야기하기

8. 개방적인 정서 표현

- 다양한 감정 공유
- 상호 감정이입: 차이에 대한 관용
- 자신의 감정, 행동에 대한 책임을 받아들이기: 비난 피하기
- 유쾌한 상호작용: 유머

9. 협력적 문제해결

- 창조적인 브레인스토밍, 풍부한 자원, 기회 포착
- 공유하는 의사결정, 갈등 해결, 타협, 공정성, 상호성
- 목표에 초점 맞추기, 구체적인 단계 설정하기, 성공 구축하기, 실패로부터 배우기, 문제 예방
- 미래의 도전 준비하기

출처: *Family Process*, Vol. 42, No. 1, 2003 ⓒ FPI, Inc., Walsh(2003).

👤 참고문헌

Ainsworth, M. D. S. (1973). The development of infant-mother attachment. In B. M. Caldwell & H. N. Ricciutti (Eds.), *Review of child development research*, Vol. 3 (pp. 1-94). Chicago: University of Chicago Press.

Ainsworth, M. D. S., Bleher, M. C., Waters, E., & Wall, S. (1978). *Patterns of attachment: A psychological study of the strange situation.* Hillsdale, NJ: Lawrence Erlbaum Associates.

Atkinson, L., & Zucker, K. (1997). *Attachment and psychopathology.* New York:

Guilford.

Bartholomew, K., & Horowitz, L. (1991). Attachment styles among young adults. *Journal of Personality and Social Psychology, 61*, 226-244.

Bartlett, H. (1972). *The common base of social work practice*. New York: National Association of Social Workers.

Beels, C. (2002). Notes for a cultural history of family therapy. *Family Process, 41*(1), 67-82.

Bellah, R. N., Madson, R., Sullivan, W. M., Swidler, A., & Tipton, S. M. (1986). *Habits of the Heart*. Berkeley, CA: University of California Press.

Biestek, F. J. (1957). *The casework relationship*. Chicago: Loyola University Press.

Blankenhorn, D., Bayme, S., & Elshtain, J. B. (1990). *Rebuilding the nest: A new commitment to the American family*. Milwaukee: Family Service America.

Blumer, H. (1969). *Symbolic interactionism*. Englewood Cliffs, NJ: Prentice Hall.

Boszormenyi-Nagy, I., & Spark, G. (1973). *Invisible loyalties: Reciprocity in inter-generational family therapy*. New York: Harper & Row.

Boszormenyi-Nagy, I., Grunebaum, A., & Ulrich, D. (1991) Contextual therapy. In A. S. Gurman, & D. P. Kniskern (Eds.), *Handbook of family therapy II* (pp. 200-238). New York: Brunner-Mazel.

Bowlby, J. (1969). *Attachment and loss, Vol. 1, Attachment*. New York: Basic Books.

Bruenlin, D. C., Schwartz, R. C., & MacKune-Karrer, B. (1992). *Metaframeworks: Transcending the models of family therapy*. San Francisco: Jossey-Bass.

Burgess, E. W. (1926). The family as a unity of interacting personalities. *The Family, 7*, 3-9.

Burgess, E. W., & Locke, H. J. (1953). The family: *From institution to companionship*. New York: American Book.

Burr, W., Hill, R., Nye, F. I., & Reiss, I. L. (1979). *Contemporary theories about the family*. New York: Free Press.

Carlton, T. O. (1984). *Clinical social work in health settings: A guide to professional practice with exemplars*. New York: Springer.

Carter, E., & McGoldrick, M. (1999). *The expanded life cycle: A framework for family therapy*. New York: Allyn & Bacon.

Clulow, C. (Ed.). (2001). *Adult attachment and couple psychotherapy*. London:

Brunner-Routledge.

Cocozzelli, C., & Constable, R. (1985). An empirical analysis of the relation between theory and practice in clinical social work. *Journal of Social Service Research, 9*(1), 47-63.

Cohler, B., & Geyer, S. (1982). Psychological autonomy and interdependence within the family. In. F. Walsh (Ed.), *Normal family processes.* New York: Guilford.

Constable, R. (1983). Values, religion and social work practice. *Social Thought, 15*(2), 29-40.

Constable, R. (1984). Phenomenological foundations for the understanding of family interaction. *Social Service Review, 58*(1), 117-132.

Constable, R. (1989). Relations and membership: Foundations for ethical thinking in social work. *Social Thought, 15*(3-4), 53-66.

Constable, R., & Cocozzelli, C. (1989). Common themes and polarities in social work practice theory development. *Social Thought, 15*(2), 14-24

Cooley, C. H. (1922). *Human nature and the social order.* New York: Scribners.

Corcoran, J. (2000). *Evidence-based social work practice with families.* New York: Springer.

Costin, L. B. (1969). A historical review of school social work. *Social Casework 59,* 439-453.

Council on social Work Education. (1982). *Curriculum policy statement for the bachelors and masters degree levels in social work education.* New York: Author.

Council on Social Work Education. (1994). *Curriculum policy statement for the bachelors and masters degree levels in social work education.* New York: Author.

DeSchweinitz, K. (1924). *The art of helping people out of trouble.* New York: Houghton.

Donati, P. (1989). *La Famiglia come relazione sociale.* [The family as a social-relational set]. Milano: Franco Angeli.

Donati, P. (1991). *Teoria relazionale della societa.* [A relational theory of society]. Milano: Franco Angeli.

Donati, P. (2001). Freedom vs. control in relational society. In L. Tomasi (Ed.), *New horizons in sociological theory and research.* Ashgate: Aldershot.

Ducommon-Nagy, C. (1999). Contextual therapy. In D. Lawson, & F. Prevett (Eds.),

Casebook in family therapy (pp. 1-26). Belmont, CA: Wadsworth.

Etzioni, A. (1993). *The spirit of community: Rights, responsibilities and the communitarian agenda.* New York: Crown.

Falck, H. S. (1988). *Social work: The membership perspective.* New York: Springer.

Fishbane, M. D. (2001). Relational narratives of the self. *Family Process, 40*(3), 273-293.

Galatzer-Levy, R. M., & Cohler, B. (1993). *The essential other: A developmental psychology of the self.* New York: Basic Books.

Gilligan, C. (1982). *In a different voice: Psychological theory and women's development.* Cambridge, MA: Harvard University Press.

Gordon, W. E. (1969). Basic concepts for an integrative and generative conception of social work. In G. Hearn (Ed.), *The general systems approach: Contributions toward an holistic conception of social work.* New York: CSWE.

Greenberg. J. R., & Mitchell, S. A. (1983). *Object relations in psychoanalytic theory.* Cambridge, MA: Harvard University Press.

Hartman, A., & Laird, J. (1983). *Family-centered social work practice.* New York: Free Press.

Haworth, L. (1986). *Autonomy.* New Haven: Yale University Press.

Hearn, G. (1969). *The general systems approach: Contributions toward an holistic conception of social work.* New York: CSWE.

James, W. (1981). *The principles of psychology* (Vol 1). Cambridge, MA: Harvard University Press.

Jayaratne, S. (1978). A study of clinical eclecticism. *Social Service Review, 52*(4), 621-631.

Joint NASW-CSWE Task Force on the Development of Specialization in Social Work. (1979). *Specialization in the social work profession* (NASW Document No. 79-310-08). Washington, DC: NASW.

Josselson, R. (1992). *The space between us: Exploring the dimensions of human relationships.* San Francisco: Jossey Bass.

Kernberg, O. F. (1976). *Object relations theory and clinical psychoanalysis.* New York: Jason Aronson.

Kohlberg, L. (1969). *Stages in the development of moral thought and action.* New York: Holt Rinehart and Winston.

Kohut, H. (1977). *The restoration of the self*. New York: International Universities Press.

Lebow, J. (1997). The integrative revolution in couple and family therapy. *Family Process, 36*(1).

Levy, T. M. (2000). *Handbook of attachment interventions*. New York: Academic Press.

Lewis, H. (1982). *The intellectual base of social work*. New York: Haworth Press.

Lewis, J. M., & Gossett, J. T. (1999). *Disarming the past: How an intimate relationship can heal old wounds*. Phoenix: Zeig & Tucker.

Lide, P. (1959). A study of historical influences of major importance in determining the present function of the school social worker. In G. Lee (Ed.), *Helping the troubled school child*. New York: National Association of Social Workers.

Mahler, M., Pine, F., & Bergman, A. (1975). *The psychological birth of the human infant*. New York: Basic Books.

McDaniel, S. H., Hepworth, J., & Doherty, W. (1992). *Medical family therapy: A biopsychosocial approach to families with health problems*. New York: Basic Books.

McGoldrick, M., & Carter, E. (1999). Self in context: The individual life cycle in systemic perspective. In B. Carter & M. McGoldrick (Eds.), *The expanded family life cycle: Individual, family and social perspectives* (3rd ed., pp. 27-36). Boston: Allyn & Bacon.

McGoldrick, M., Anderson, C., & Walsh, F. (1989). *Women in families: A framework for family therapy*. New York: Norton.

McGoldrick, M. (Ed.). (1998). *Revisioning family therapy: Race, culture and gender*. New York: Guilford Press.

Mead, G. H. (1934). *Mind, self and society*. Chicago: University of Chicago Press.

Mullen, E. (1983). Personal practice models. In A. Rosenblatt, & D. Waldfogel (Eds.), *Handbook of clinical social work*. San Francisco: Jossey-Bass.

Nacman, M. (1977). Social work in health settings: A historical review. *Social Work in Health care, 2*(4), 407-418.

Nicholas, M. P., & Schwartz, R. C. (2001). *Family therapy: concepts and methods*. Boston: Allyn & Cacon.

Piaget, J. (1954). *The construction of reality in the chid.* New York: Basic Books.

Pincus, A., & Minahan, A. (1974). *Social work practice: Model and method.* Itasca, IL: Peacock.

Pinsoff, W. M. (1995). *Integrative, problem-centered therapy.* New York: Basic Books.

Pinsoff, W. M., & Wynne, L. C. (1995). The effectiveness and efficacy of marital and family therapy: Introduction to the special issue. In W. M. Pinsoff, & L. C. Wynne (Ed.), *Journal of Marital and Family Therapy, special issue, 21*(4), 341-343.

Rank, O. (1947). *Will therapy and truth and reality.* New York: Knopf.

Richmond, M. (1907). *The good neighbor.* Philadelphia: Lippincott.

Richmond, M. (1917). *Social diagnosis.* New York: Sage.

Ryan, W. (1971). *Blaming the victim.* New York: Pantheon Books.

Schwartz, W. (1977). The interactionist approach. In *Encyclopedia of social work* (pp. 1328-1338). New York: National Association of Social Workers.

Sheffield, A. (1937). *Social insight in case situations.* New York: Appleton-Century Crofts.

Shibutani, T. (1962). *Society and personality.* Englewood Cliffs, NJ: Prentice-Hall.

Shulman, L. (1999). *The skills of helping* (3rd ed.). Itasca, IL: Peacock.

Siporin, M. (1972a). *Introduction to social work practice.* New York: Macmillan.

Siporin, M. (1972b). Situational assessment and intervention. *Social casework, 53,* 91-109.

Smalley, R. (1967). *Theory for social work practice.* New York: Columbia.

Southard, E. E., & Jarrett, M. C. (1922). *The kingdom of evils: Psychiatric social work presented in 100 case histories.* New York: Macmillan.

Sperling, M. B., & Berman, W. H. (1994). *Attachment in adults.* New York: Guilford.

Stern, D. N. (1985). *The interpersonal world of the infant: A view from psychoanalysis and developmental psychology.* New York: Basic Books.

Sullivan, H. S. (1938-1939). A note on formulation the relationship of the individual and the group. *American Journal of Sociology, 4,* 932-937.

Taft, J. (1926). The effect of an unsatisfactory mother-daughter relationship upon the development of a personality. *The Family, 7,* 10.

Tillich, P. (1962). The philosophy of social work. *Social Service Review, 36,* 513-516.

Turner, R. (1970). *Family interaction.* New York: Wiley.

Waite, L., & Gallagher, M. (2001). *The case for marriage: Why married people are healthier, happier and better off financially.* New York: Doubleday.

Waters, M., Carter, E., Papp, P., & Silverstein, O. (1988). *The invisible web: Gender relations in family relationships.* New York: Guilford.

Walsh, F. (1999). *Strengthening family resilience.* New York: Guilford.

Walsh, F. (2003). Family resilience: A framework for clinical practice. *Family Process, 42*(1), 1-18.

Watts, P. A. (1964). Casework above the poverty line: The influence of home service in World War I on social work. *Social Service Review, 27*(3), 303-315.

Witmer, H. L. (1942). *Social work: An analysis of a social institution.* New York: Farrer & Rinehart.

가족 생애주기와 관계적 과업

02

제2장 가족 생애주기와 관계적 과업

이 장에서는 가족 생애주기 관점에서 가족이 경험하는 관계적인 과정에 대한 이론들을 살펴보고자 한다. 각각의 사례들은 이러한 개념들이 사회복지실천 사정과 개입에 적용되는 과정을 잘 보여 줄 것이다.

1. 가족 내에서의 관계적 과정

가족과의 조력과정에 대한 다양한 접근들은 가족의 경험이 서로 다른 차원에서 이루어진다는 것을 강조한다. 사회복지사는 가족과 일할 때, 이러한 모든 차원들에 대해 작업하게 된다. 문제는 바로 그 차원들과 그것을 둘러싼 사회복지실천 과정 간의 관계를 밝혀내는 것이다. 이것이 이 책의 나머지 부분의 과제가 될 것이다. 어떤 가족치료적 접근들은 발달적 결과가 진행되는 방법과 순서 속에서 사건이 발생하는 시간과 과정에 대한 개입을 중시한다. 그 밖의 접근들은 공간에 초점을 두는데, 이는 관계적 구조를 통해 경험을 조직화하는 데 중점을 두는 것이다. 관계적 공간은 발달적 시간에 따라 통합될 수 있다(Josselson,

1992). 특히 실제 이야기나 옛이야기 속에서 각 개인의 시간과 공간에 대한 통합은 더 잘 이루어진다. 시간과 공간에서 발생한 사건들을 의미의 구조로 만드는 데는 언어가 사용된다. 인간 경험의 마지막 차원(혹은 능력)은 영성이다(Anderson & Worthen, 1997). 현실을 새로운 형태로 변화시키는 영적인 능력은 인간이 우연성 속에서 신체와 정신의 복합체와 마주한 채 살아가는 유한한 존재라는 사실에 의해 제한된다.

인간 경험의 첫 번째 차원은 시간이다. 변화의 측정치인 시간은 연속되는 사건들에 질서를 부여한다. 인간의 지각이라는 맥락에서 시간은 특정한 발달적 실화와 이야기들을 창조해 낸다. 여기서는 가족의 발달과정 속에서 연속적으로 일어나는 사건이나 개인과 관련된 이야기들을 살펴볼 것이다. 여기서 다루고자 하는 주제는 가족 생애주기에서 단계들을 완결하는 데 요구되는 개인적이거나 관계적 과업들에 관한 것이다. 이처럼 개인적이거나 관계적인 과업들은 모든 가족 생애주기 단계에 내재되어 있다. 개인 발달의 관점에서 주요 개념은 대인관계에 대한 자아의 분화와 결합이다. 관계적 과업의 구조는 가족 관계의 특정 단계에서 분화와 결합을 명료화하는 데 사용되어 왔다. 시간도 역시 시작과 중간, 끝이 있는 조력과정의 일부에 포함된다. 계획적인 조력과정의 시작과 중간, 끝은 가족 생애주기의 개인적이고 관계적인 과업들과 교차한다. 그리고 조력과정의 계획된 시간과 각 생애주기 기간의 과업 간의 관계가 서서히 밝혀지게 된다.

가족의 두 번째 차원은 관계적인 공간이다. 이것은 생애주기 시기와 상황에 따라 서로 다른 구조를 가진 가족의 관계로 이루어진 건축물이다. 개인은 관계를 통한 가족의 발달에 따라 가족 구조를 통합해 나간다. 관계에 대한 내용은 이 책 전반에 걸쳐 사례연구로 제시되어 있다. 이 사례들은 경험을 바탕으로 조합된 것이지만, 이는 사회복지사들이 실제로 접하는 현실의 특정한 면을 잘 보여 준다.

2. 인간성

　가족의 구성원이 된다는 것의 기본 의미는 인간으로서의 발달을 추구한다는 것이다. 즉, 관계상의 안정감, 소속감, 의사소통, 성장, 우정, 그 밖의 인간적인 끈 등을 가족 안에서 구하는 관계 지향적 존재가 된다는 의미다. 관계 지향적 인간은 통계적 의미의 개인과 다르다. 개인의 개념은 분리된 개체를 의미하기도 하지만, '인간답다'는 것은 우리 자신의 일부인 외부 세계와의 필수적인 관계를 포함하는 것이다. 정신치료 학계의 선구자인 엘렌(Frederick Allen)은 그의 동료였던 설리번(Harry Stack Sullivan)을 회고하면서 인간적인 것의 핵심이 되는 이러한 관계들에 대해 이야기했다. 관계는 타인과의 상호작용에서 학습되는 패턴이고, 우리의 일부가 되어 온 구조이며, 우리를 발달선상에 서게 하는 과정이다. 또한 우리의 과거이자 미래가 되는 것이다. 인간은 스스로의 경험을 통해 배우고 자신만의 독특성을 갖는다. 즉, 타인과 함께한 과거나 현재의 경험들, 보다 큰 사회적 단위나 제도상의 구조물과의 관계, 그리고 자신에게 의미 있는 사람들을 통해 배우며, 자신만의 고유성을 획득한다. 또한 인간은 사회적인 맥락에서 반영되는 기대들, 즉 자신이 선택하고 스스로에게 부과해 온 모든 것들을 통해 배워 나간다. 인간으로서 성숙되고 인간다워진다는 것은 인간과 환경 간의 보다 복합적이고 진보적인 관계를 나타낸다. 유아가 경험하는 환경과의 일체감부터 자기에 대한 진보적인 분화에 이르기까지 인간과 환경 간의 관계는 꾸준히 지속된다. 성숙은 자기와 타인과의 관계의 연속성, 선택과 타인과의 관계에서 새로운 사회적 단위를 형성하기 위한 능력에 대한 새로운 수준을 제시한다. 성숙이란 특정 영역에서 앞서 나가는 요소에서 새로운 전체를 만들어 나가는 연속적인 과정이다(Allen, 1942).

　인간은 더 복합적인 단위를 이루는 기능의 진보적인 분화과정을 통해 성장한다. 또한 인간은 점차 자신의 일부가 되어 가는 것들과 자신의 것이 아닌 영역들을 구별해 내는 능력을 발달시킨다. 이러한 자아과정(self-process)은 지속적

으로 변화하고 타인과의 상호작용이나 관계 속에서 역동적으로 진행된다. 성장
과정은 주변 환경으로부터 신체 일부를 구분하는 초기의 변별과정부터 개인의
기호, 경향, 기질의 발견과 발달까지 확장된다. 개개인은 사회적 상호작용, 성
숙 단계 속의 타인과의 연대, 차이에 대한 점진적인 각성, 역할의 창조와 기대
되는 행동에의 부응 그리고 타인의 역할과 타인과의 관계에 대한 발전된 이해
를 통해 자아를 형성해 나간다. 특히 자아는 자신과 타인의 유사성과 차이점을
발견해 나가는 과정 속에서 형성된다.

1) 주체로서의 나와 객체로서의 나

개인은 주체로서의 '나(I)'와 객체로서의 '나(me)'의 혼합이며 자발적인 것
과 정형화된 것(Burr, Hill, Nye, & Reiss, 1979, pp. 47-48), 인간의 주도와 친교, 결
합 등을 반영한다.[1] 주체인 '나'는 창의적으로 활동하는 자아이며 주체로서 비
롯되고 중재해 나가는 역할을 한다. 개인은 반응을 지연하고, 타인의 시각으로
자신을 보고, 과거를 돌아보고 미래를 그려 봄으로써 의식과의 내적이고 반영
적인 대화에 참가한다(Shibutani, 1961). 주체로서의 '나', 즉 'I'는 예측이 불가
능하고 자발적이며 개인에 따라 다르다. 'I'는 자아의 일부로 축소될 필요가 없
다. 스멀리(Ruth Smalley)와 기능주의 사회복지 이론에 따르면, 'I'는 의지가 되
고, 중요한 생명력이 되고, 스스로 조직화하고 성장의 중심이 되어 세상을 변화
시켜 나간다(1967, p. 81). 'I'가 개입된다면 조력과정에서 중심이 될 수 있으며,
'I'는 연민(compassion)의 언어와 대화 속에 존재한다. 개인이 타인에게 고민을
털어놓거나 서로에게 자신의 연민을 표현하고, 공감을 획득하는 것은 치료과정
(healing process)에서 주된 도구가 될 수 있다. 'I'는 대화를 위한 적절한 어휘와

---

1) 주체, 주체로서의 '나(I)'의 개념, 개인의 주도적 영역인 주체는 철학과 신학의 역사를 통틀어 탐구
해 온 주제지만, 특히 21세기 들어 Martin Buber(1958, 1965)를 비롯한 많은 학자들에 의해 탐구
되었다(Shivanandan, 2002 참조).

언어를 찾고, 상대방의 이야기를 듣고, 반응할 수 있다. 엄청난 불공평이나 괴로움으로 무력화된 경우가 아니라면 'I'는 자기 자신과 반응하는 새로운 능력을 발견해 낼 수 있다. 이것은 부당한 행위(injustice)와는 애초에 다른 것이며, 발생하는 고통으로 집약되는 것도 아니므로 우리로 하여금 그 부당함과 고통을 극복하는 길을 찾도록 해 준다(Reich, 1989).

이와 달리 지속적인 사회적 상호작용을 통해 학습된 행동양식의 화려한 결집체가 바로 'me'다. 'me'는 학습되고 반복되는 것으로서, 의미 있는 타인의 기대에 대한 반응을 나타내는 행동양식이다. 이는 타인이 의지할 수 있는 대상이라는 사실을 학습해 가고, 행동양식이 타인의 기대에 대한 반응에서 추론된다는 면에서 사회적인 영역에 해당한다.

'me'에는 서로 다른 여러 가지 'me'가 존재하는데, 이들은 각각 다른 경험이나 기억에서 비롯되는 느낌과 행위의 여러 패턴들이다. 특정 상황에서 불안해지고 두려워지는 'me'가 있다. 슬퍼하는 'me'와 자신감이 넘치는 'me'도 있다. 이것은 의식의 내부에 있는 가족과 같아서 때로는 질서 정연하고, 때로는 시끄럽고, 때로는 혼란스러우며 서로 모순되기도 한다. 'me'는 가족 내부에서의 부모의 역할과 같이 모든 경우에서 책임을 지거나 자아의 다른 여러 영역에 도움을 주거나 중요한 잠재력을 전적으로 사용할 수 있는 것은 아니다. 슈워츠(Richard Schwartz, 1995)는 다른 말로 하면, 조력의 목적이 개인 내부의 지도가 요구되는 많은 부분, 즉 개인 내부의 가족들(internal family of person)과 충분히 의사소통하고 조화를 이루게 하는 데 있다고 하였다.

사회복지 영역에서는 언어가 다름에도 불구하고 비슷한 상황에서, 자아중심적인(ego-oriented) 개별 사회복지의 오랜 전통(Hollis, 1972; Goldstein, E., 1995; Parad, 1958)이 있다. 이는 개인으로 하여금 도움이 요구되는 특정 영역의 자아 기능을 증진시키려는 목적을 내재화하고(Simon, 1960, pp. 33-36) 있으며, 현실 과업에서 자아 기능에 이르는 모든 영역을 다루도록 하는 것이다(Goldstein, 1995, p. 1950).

[사례연구 2-1] 30대 후반의 필리핀계 소아과 간호사 글로리아

글로리아는 그녀가 사랑하는 스미스 박사에 대한 집착으로 하루하루가 힘들다. 그는 기혼자이고 자녀도 있다. 글로리아는 업무를 잘 수행했지만 마음은 온통 그에 대한 생각으로 가득 차 있다. 자신의 옷차림과 같이 사소해 보이는 행동들이 혹시라도 그의 기분을 상하게 할까 봐 늘 전전긍긍했다. 그녀는 진료실로 내려가는 도중에 그에게 아침 인사를 못했거나 그가 보는 앞에서 다른 남자와 이야기할 때, 늘 걱정스러웠다. 스미스 박사에 대한 그녀의 집착은 자주 그녀를 당황스러운 상황에 빠지게 했다. 글로리아는 자주 그에게 '내가 기분을 상하게 했나요?' 라고 묻고 싶었으며, 다소 유별난 질문을 해서라도 안심하고 싶었다. 그녀는 그에 대한 집착으로 몹시 힘들었다. 글로리아의 치료자는 그녀가 아주 허약하다고 진단했고, 사회복지사는 치료자와 의논하여 글로리아가 자신의 취약한 면을 구체화하도록 수정된 인지적 문제해결 접근을 취했다. 글로리아의 자아의 취약성은 어린 시절의 경험에서 기인한 것으로, 강박행동을 조장하고 그녀를 불안정하게 만들었던 것이다. 매주 상담 장면에서의 주요 초점은 일상생활과 지각으로 스스로를 발견할 수 있는 상황에서 그녀가 할 수 있는 일에 맞추어졌다. 상담을 통하여 사회복지사는 그녀의 강점에 대해서는 지지해 주고 취약한 부분과 관련해서는 버팀목이 되어 주었다(Simon, 1960).

사회복지사의 도움으로 글로리아는 현재 그녀의 대처와 관련된 지각을 일부 바로잡을 수 있었다. 그녀는 운동을 시작했고 친구를 사귀기 위해 노력했다. 그리고 스스로에 대해 좀 더 깊이 생각하고, 자신의 강점을 인식하고 지혜와 경험을 통해 잘 대처해 나갈 수 있음을 깨닫게 되었다. 글로리아는 자신의 불안을 안정시킬 수 있었고, 나아가 그러한 부분을 더 잘 이해하려고 노력했다. 또한 스미스 박사가 그녀를 보는 방식으로 자신의 행동을 보려는 시도를 했다. 그녀는 스미스 박사의 기분을 상하게 하고 싶지 않았기 때문에 이러한 시도들은 굉장히 도움이 되었다. 많은 어려움들이 지속되었지만, 그녀는 점차 자신을 안심시키는 법을 배워 나갔으며, 업무와 관련해서도 전문적인 능력을 키워 나갔다.

그녀는 예전과 달리 여러 문제들이 자신을 곤경에 빠뜨리는 것을 점점 피할 수 있게 되었다. 그리고 일에 대한 보상을 받기 시작했다. 결국 그녀가 느끼는 두려움과 강박관념을 자신의 일부로 수용하게 되면서 점차 이전에 자신을 꼼짝달싹 못하게 했던 두려움과 강박관념을 스스로 극복해 나갈 수 있었다.

글로리아의 관심사들이 급속하게 바뀌지는 않을 것이다. 그녀는 그것들을 잘 가려낼 수 있는 능력을 길러 나가야 한다. 그녀는 현재 혼자이고 고립되어 있으므로 새로운 친구들과 자원을 찾아야 한다. 사회복지사는 글로리아와 같은 개인 내담자들과 함께하면서 그들이 배우고 성장하고 대처해 나가도록 돕는다. 개인이 아닌 가족과 함께하는 경우에는 좀 더 복잡하다. 사회복지사는 개인 회기와 전체과정의 전반에서 관계로 형성되고 구성원들의 연결망인 가족이 가진 배경과 관계 간의 과제을 통해서 개인적인 과업과 가족 구성원들 간의 관계적인 과업을 모두 다루어야 한다. 사회복지사가 다루어야 하는 많은 과업들은 바로 이러한 현실에서 비롯된 것들이다.

2) 자아는 영적이다

주체로서의 '나'의 내부에는 영성, 의미, 지도력(leadership capacity)을 추구하는 데 서로 다른 경험적 영역들―공간, 시간, 언어―이 가진 한계점들을 초월하는 영적인 힘에 대한 내적인 자각이 자라고 있다. 캔다(Ed Canda, 1986)는 영성의 중심적인 역동에 대해 개인이 자기와 타인, 비인간적 세상과 존재의 근원 간의 관계 속에서 개인적으로 의미와 목적을 추구하는 것으로 보았다. 이러한 주제는 인간 본성에 내재하고 있다. 대부분의 사람들에게서 보다 숭고한 존재와의 접촉에 대한 추구는 신에 대한 추구의 형태로 나타나게 된다. 어거스틴(Augustine, 1960)은 누가 이러한 관계 속에 있는가에 대한 발견을 다음과 같이 요약하고 있다. '당신은 자신만을 위하여 우리를 만들어 왔고, 우리의 마음이 당신 안에 있지 않으면 우리는 편히 쉴 수가 없습니다.' 영성은 자원으로서 매우 개인적일 뿐 아니라 지극히 사회적인 지역사회 구성체의 표현이기도 하다. 종교의 일반적인 내용은 세부적이고 구체적이고 사회적인 영성의 표현이 종교의식, 신성한 경전, 교리, 행동 원리 및 여러 가지 다른 실천의 형태로 결합된 것이다.

3) 공 감

글로리아([사례연구 2-1] 참조)는 점차 공감적인 관계 속에서 자신의 한계를 검증하고 더 나아가 초월할 수 있음을 깨닫게 되었다. 그녀는 더 이상 타인을 단순히 자신이 확장된 것으로 보지 않았다. 공감한다는 것은 영성적인 과정을 수반하는데, 이는 분노, 오해, 혼동을 초월하여 평화를 가져올 수 있다. 틱낫한 (Thich Nhat Hanh) 스님은 "이해하기 위해서는 모든 인간을 연민의 눈으로 바라보는 수행을 해야 한다. 당신이 이해하게 될 때 비로소 사랑할 수 있다. 그리고 사랑할 때 자연스럽게 그들의 고통을 덜어 주는 길로 가게 된다(Hanh, 1987, pp. 14-15 in Anderson & Worthen, 1997)."라고 말하고 있다. 연민이란 타인의 슬픔과 치욕에 적극적으로 다가가서 그것들을 함께 짊어지는 것이다. 연민은 반영된 자아가 없이는 생기기 어려우며, 자신이 연민의 대상이 되는 경험을 통해 연민을 이해하게 될 수도 있다.

4) 관계 속의 자아

지금까지 관계적인 자아를 재발견하는 여러 가지 경향들을 살펴보았다. 관계적인 자아는 인간의 상호작용과 발달이라는 공간 속에서 의사소통을 통해 형성된다(Buber, 1958, 1965; Josselson, 1992). 틱낫한 스님은 '존재한다는 것은 관계 속에서 존재하는 것이다. 우리는 홀로 존재할 수 없다. 우리는 다른 모든 것들과의 관계 속에서 존재해야 한다(1991, p. 96 in Anderson & Worthen, 1997).' 라고 설명하고 있다. 그리고 연민은 우리 자신과 타인을 연결하는 고리이다.

5) 내면의 가족 체계

아사지올리(Assagioli, 1975)와 가자니가(Gazzaniga, 1985)가 언급한 것처럼, 슈워츠[2]도 마음이란 내면의 가족과 자아로 이루어져 있다고 보았다. 그리고 마음의 일부분은 하위 성격과 같은 것이다. 마음은 때때로 서로 다투기도 하고, 합의를 이루기도 하고, 다른 부분과 균형을 이루거나 극단적인 입장에 서기도 한다. 또한 때로는 혼란스럽고 불확실하며 방종하기도 하다. 어떤 경우에는 초기단계에 고착되어 성장이 요구되고, 더 강해지거나 세상일에 보다 현명해질 필요가 있기도 하다. 슈워츠는 '자아(self)'가 지도력이 있어서 마음을 효율적으로 이끌 수 있는 명확한 시각을 가지고 있다고 보았다.

자아가 충분히 분화될 때, 그 느낌은 '중심화된' 것으로 묘사된다. 즉, 평안한 안녕과 밝은 마음, 신뢰할 수 있고 자유롭고 개방된 마음 상태를 이른다(Schwartz, 1995, p. 37).

3. 관계적 과업

관계적 과업은 관계 지향적인 자아와 주요한 맥락과의 연계(connection)를 발달시킨다. 이러한 과업은 가족이라는 공동체 속에서 성장한 모든 구성원들의 사회성에 내재해 있다. 관계적 과업은 어떤 의미에서는 개인적인 과업이기도 하지만, 타인과 함께하고, 부부가 함께하고, 최종적으로는 가족을 꾸리는 과업으로 연결된다. 이러한 과업 수행을 통해 가족이 구성된다. 개인이 관계적 과업을 수행함으로써 가족이나 부부 같은 사회적 단위들이 만들어지는 것이다. 이러한 과업에는 사람들과의 활동에 잘 적응하고, 그 관계를 재구조화하거나 관

---

2) 더 자세한 이론적 배경에 대한 논의는 Nicholas & Schwartz(2001, pp. 427-433)를 참조하시오.

계를 소멸하는 것 등이 포함된다. 관계적 과업에 대한 완수는 자신뿐 아니라 타인에게 의존해야 하는 측면과 더불어 타인의 실제적인 관여에 대한 불확실성에 의해 곤란해지거나 예측이 불가능할 수 있다. 따라서 관계적 과업을 완수하는 데는 많은 어려움들이 뒤따르는데, 거기에는 두려움, 실망, 과거의 불운, 대인 관계의 어려움, 환경적인 결핍 등이 간섭한다. 이때는 과업과 장애가 조력 관계의 초점이 된다.

많은 가족치료사들은 관계적 과업에 대한 맥락으로 여러 세대를 포함시킨다. 보스조르메니 내지(Ivan Boszormenyi-Nagy)는 현 세대에서 일어나는 문제들에 대해 맥락적 접근을 취한다. 진정한 의미로 자수성가한 개인은 없으며, 조력과정이 현재에만 국한될 수는 없다. 여기에는 세대 간의 헌신적인 애정 차이에 대한 문제도 있고, 가족들 간에 주고받음의 윤리적인 균형에 대한 요구들도 있다. 이는 개인의 학습된 행동양식들, 즉 원가족으로부터의 숨겨진 애정과 유산 그리고 역시 숨겨진 애정과 연결고리를 지닌 상대와의 주고받음 사이에 견인력(강점)을 만들어 낸다(Boszormenyi-Nagy & Spark, 1973). 원가족으로부터의 단절은 헌신적인 애정을 약화시키고 연결고리를 인식하지 못하는 결과를 낳는다. 결국 인생에서 자기 패배적이거나 파괴적인 행동에 이르게 할 수 있다(Fishbane, 2001). 이것의 예는 신혼부부가 각자의 원가족과의 연결에 대해 재작업해야 하는 경우에서 찾아볼 수 있다. 이 작업은 각자의 원가족하고만 할 수 있는 것이다. 배우자는 이 과정에서 지지하는 역할만을 할 수 있다. 각자의 원가족과 재연결하는 작업을 통해 비로소 서로 자신들의 분리된 행동양식을 통합해 나갈 수 있다.

보웬(Murray Bowen)은 가족치료 이론의 핵심으로 자기분화(self-differentiation)와 자기결합(self-connectedness)의 개념들을 개발하였다.[3] 정신과 의사인 보웬은 불안을 혼란된 상태에서의 사고와 정서적 융합에 대한 단서로 보았다. 그의

---

3) Nicholas & Schwartz(2001)의 제7장과 Goldenberg & Goldenberg(1996)의 제8장에서 보웬 이론에 대한 확장된 논의를 볼 수 있다.

견해에 따르면, 개인의 자기분화 정도는 마비불안(paralysis anxiety) 없이 자신이 경험하는 인지과정과 정서과정을 분별하는 정도를 반영하는 것이다. 자기분화란 개인의 행동이 감정에 좌우되는 것을 어느 정도 피할 수 있는지를 나타낸다. 이는 감정을 무시하는 것이 아니라 사고와 감정의 균형을 이루도록 하는 것이다. 개인의 사고는 감정에 의해 제한되지 않으며, 개인은 감정을 자발적이고 적절하게 표현할 수 있다. 이와 같은 분화—달성 가능한 목표라기보다는 과정으로서의 분화(Goldenberg & Goldenberg, 1996)—는 불안과 강한 정서가 수반될 때, 특히 가족 관계를 통해 검증된다. 보웬의 스키마(schema)에서 분화가 강조되기는 하지만, 분화를 수반하면서도 타인의 경험을 공유하는 보다 높은 수준의 융합되지 않은 결합(unfused connectedness)도 존재할 수 있다. 보웬에게 원가족 작업은 자기분화와 결합에 결정적인 것이다. 개인이 타인의 감정을 공유하지 않거나 불안을 나누지 않으면서 가족 관계를 창의적으로 발전시킬 수 있는가? 원가족에 대한 작업을 해 나갈 때, 저항하지 않으면서 다시 관계를 맺고, 필요한 경우에 원가족의 오래된 규칙과 관습에 도전할 수 있는가(Fishbane, 2001)? 여성 발달에 특별한 관심을 가졌던 굿리치(Goodrich, 1991, p. 21)는 이러한 분화는 단절(disconnection)이 아니라는 것을 명확히 하고 있다. 이것은 결합의 한 측면으로서 가족 관계에서 어떤 것으로부터의 분화가 아니라 가족 관계 속에서의 분화인 것이다.

개인의 관계와 환경을 연결하는 관계적 과업과 관련된 두 가지 개념은 정서유대와 소속감이다. 이것은 타인과의 상호작용 과정에서 수행되는 관계적 과업에서 비롯된 산물이다. 정신과 의사 루이스(Jerry Lewis)는 애착 이론에 근거하여 결합과 분리의 수준을 통해 관계를 이해했다. 결합은 한 개인의 다른 개인에 대한 헌신(commitment), 즉 관계와 관여(involvement)에 대한 우위에 있으며 친근함, 가치와 관심사, 활동과 친구들과 함께하는 것, 심리적인 친밀감(psychological intimacy) 등을 의미한다. 심리적인 친밀감이란 개인적으로 민감한 것들을 함께 나눌 수 있는 것이다. 이는 다른 사람들과는 거의 공유하지 않는 매우 개인적인 경험과 느낌에 대해 서로 개방적이고도 직접적으로 공유할 수 있는 개인적인 능력이다. 또한 심리적인 친밀감은 자아의 민감한 부분에 대해 이야기했을 때, 상대방으로부터 이해받고 있으며 편안하다고 느끼는 것은 물론, 상대방 역시 민감한 부분에 대해 털어놨을 때 경청하고 공감해 주는 것을 의미한다. 궁극적으로는 타인에 대해 신뢰할 수 있는 모든 능력을 포함한다. 한편 분리(separateness)는 여러 가지 장단점을 지닌 개성적인 개인으로서의 자신을 경험하고, 타인과 더불어 독립적이면서 효율적으로 자신의 삶을 이끌어 나가고, 타인과의 친목 도모뿐만 아니라 기꺼이 고독을 감수할 수 있는 능력을 포함한다(Lewis & Gossett, 1999).

◎◎ 〈표 2-1〉 영국과 일본의 가족 비교 ◎◎◎◎◎◎◎◎◎◎◎◎◎◎◎◎◎◎◎◎◎◎

구 분	영 국	일 본
가치 체계	분리	결합
세계관	이원론(데카르트파)	일체론(불교)
가족 구조	평등주의적 핵가족	위계적 확대가족
강조되는 관계	남편-아내	어머니-자녀
가족 생애주기	개별화 과정 집 떠나기	통합과정 중매결혼 노년의 부모와의 재결합
의사소통	언어적/외현적(차이의 극대화)	비언어적/암묵적(차이의 극소화)
변화의 방향성	분화(개별화, 자율성)	통합(관계망 지지, 민감성)
치료자의 역할	제삼자/중립적	연계적/지시적, 권위적
심리치료 방식	언어적 개방적 치료적 논의 외면화 무의식 → 의식	비언어적 중재 침묵 내면화 의식 → 무의식

출처: Tamura & Lau(1992)

결합과 분리(혹은 자율성)의 개념은 근본적으로 문화와 관련이 있다. 아시아의 정신과 의사 타무라와 라우(Tamura & Lau, 1992)는 일본과 영국의 대립적인 관계와 관련한 가치 체계에 대해 논의했다. 두 문화에서 가장 유의미한 차이는 일본에서는 관계적인 측면을 우선시하고 서구에서는 독립적인 측면을 우선시한다는 것이다. 일본 사람은 관계를 중요시하여 상호 관계를 우선시하는 반면, 영국 사람은 관계에서의 분리와 명확한 경계, 개별성과 자율성을 우선시했다. 이러한 가치 경향은 일본의 언어, 위계적인 특성의 가족 구조, 가족의 생애주기와 암묵적인 의사소통 양식에서 나타난다. 타무라와 라우에 따르면, 일본은 가족치료의 방향으로 서구에서 자주 사용되는 분화과정에 비해 결합과정—개인이 기존 체계로 효과적으로 통합될 수 있는 방법—을 선호한다(〈표 2-1〉 참조). 그 밖의 문화에서는 주도와 친교, 인간의 관계 능력과 함께 실천 능력이 강조되기도 한다. 인간의 환경에서는 이 두 가지 측면이 모두 요구되며 이것은 상호의존적이다. 즉 이분법적인 입장을 취하기보다는 문화적인 우선순위와 의미 부여가 관건인 것이다.

4. 애착 이론

정서 유대는 사람에게 매우 중요하며, 향후 발달에 필수적이고, 주도적 인간으로서 기능하기 위한 전제 조건이다. 애착 이론은 인간 발달의 기본 특질에 대한 이론으로, 인간 발달의 특질에 대한 이해, 발달상의 결정적인 사건과 이후의 발달에 영향을 미치는 사건 등이 교정을 위한 치료 이론의 배경이 된다. 정서 유대●란 자신을 보살펴 주는 양육자에게 친밀감을 느낌으로서 양육자에 의해

●역자 주) 'Attachment'는 애착으로 많이 번역되어 왔으나 이는 다소 부정적 의미를 지니므로 '정서 유대'라는 중립적 용어를 사용한다. 단 '애착 이론'이나 '애착 관계'의 경우는 의미 전달의 편의성을 살펴 그대로 사용한다.

정서적인 안도감과 안전감을 경험하는 것이다(Ainsworth, Bleher, Waters, & Wall, 1978; Bowlby, 1969). 아동은 자신의 욕구에 적절히 반응하는 양육자와 충분히 호혜적이고 애정적인 상호작용을 경험할 때, 안전한 정서 유대를 형성할 수 있다. 안전한 정서 유대는 양육자가 아동과 정서적인 조화를 이루는 일상의 수많은 상호작용의 결과로 발달되는데, 이는 결국 아동 자신이 성공적이고 사랑받는 존재라는 일관된 기대로 새로운 과업과 관계들에 도전할 수 있는 안전한 기반이 된다(Hughes, 1997; Ladnier & Massanari, 2000). 아동은 자신의 주양육자와의 관계에서 정서 유대를 형성할 뿐만 아니라 자녀와 주양육자가 일부가 되는 전체 관계망(network) 속에서 정서 유대를 형성하게 된다(Donley, 1993). 빙-홀 (John Byng-Hall, 1995)은 관계망 개념을 강조하면서 안전한 가족 기반(secure family base)을 다음과 같이 설명했다.

안전한 가족 기반이란 다양한 연령의 모든 가족 구성원들이 안전하다고 느끼고 탐색에 나설 수 있도록 신뢰할 수 있는 정서 유대 관계망을 제공하는 가족을 뜻한다. 여기서 '관계망'은 도움이 필요한 가족 구성원 어느 누구라도 가족으로부터 보살핌을 받을 수 있다고 확신하는 가족 공동의 책임을 의미한다. 또한 아동에게는 가족 관계망 내에서 혹은 적절한 외부의 보살핌으로 신뢰할 수 있는 조력 관계를 기대할 수 있음을 뜻한다. 아동은 성인과의 관계에서 언제든지 보호받고 있다는 확신을 갖거나, 협력적이라는 느낌을 필요로 한다. 안전한 가족 기반은 정서 유대 관계가 보호되어야 하고 약화되어서는 안 된다는 인식을 공유한다. 안전한 가족 기반에 대한 합의된 활용 모델은 가족 구성원들이 서로를 지지하며 가족을 보살펴 나가는 것이다.

이후의 발달과정에서 안전한 정서 유대의 행동양식은 자기규제(self-regulation)와 관계 맺기(relationship)의 결정적인 두 가지 기술로 나타난다.

주양육자로부터 일관되고 예측 가능하며 편안한 보살핌을 받지 못한 아동들은 불안정한 정서 유대를 형성하는 것으로 알려졌다. 세상을 탐색할 때, 주양육자와의 관계에서 안전한 기반을 마련하지 못한 아동들은 사회적 관계, 정서 발

자기규제 기술	관계 맺기 기술
• 충동 통제 • 자기-위로 • 주도력 • 불굴의 노력 • 억제 • 인내심	• 공감 • 신뢰 • 애정 • 상호 의존 • 표현 • 존중

출처: Ladnier & Massanari(2000, p. 36)

달, 행동 통제와 인지 능력에서 어려움을 겪을 수 있다(Hughes, 1997).

불안정한 정서 유대의 세 가지 하위 유형, 즉 양가적이고(ambivalent), 회피적이며(avoidant), 혼란된(disorganized) 정서 유대의 특징이 유아들과의 작업을 통해 밝혀졌다. 양가적인 정서 유대란 안전함과 위험하지 않은 상황을 인지하는 것에 대한 혼동(confusion)을 수반한다(Lewis & Gossett, 1999). 양가적인 정서 유대를 보이는 유아들은 일반적으로 낯선 상황에서 주양육자에게 더 밀착하고, 스스로 탐색하고자 하는 경향이 낮다. 유아들은 주양육자에게서 분리되었을 때 매우 불안해하며 동요하여 울게 된다. 주양육자가 돌아왔을 때, 유아들은 주양육자와 접촉하려는 경향을 보이지만 이와 동시에 자신을 돌보려는 주양육자의 시도를 거부한다.

회피적인 정서 유대를 보이는 유아들은 대개 독립적이고 자립할 수 있다는 인상을 준다. 그들은 안정적인 정서 유대를 형성한 유아와 같이 주양육자가 어디에 있는지에 관심을 덜 가지면서 낯선 환경을 탐색하고자 하는 경향을 보인다. 그러나 그들은 주양육자와의 분리에 거의 영향을 받지 않는 안정적인 정서 유대를 형성한 유아들과는 달리, 주양육자가 돌아왔을 때 거부하거나 회피하였다(Ladnier & Massanari, 2000).

혼란된 정서 유대를 보이는 유아들은 주양육자와의 재회나 스트레스를 주는 분리 상황에서 안도감을 찾기 위한 행동을 하는 데 일관된 전략을 가지지 못했다. 이들은 걱정, 무기력감, 우울과 같은 감정 등의 혼란된 반응을 보였다. 일부

유아들은 신경동결(motor freezing)의 확장이나 예측이 불가능한 동요가 번갈아 나타나는 분열과 같은 자포자기적인 반응들을 보였다(Ladnier & Massanari, 2000).

1) 성인 정서 유대

성인 정서 유대(adult attachment)는 개인이 일생 동안 경험하는 정서 유대 관계에 대한 정신적 표상을 포괄하는 실용적 모델이다. 이 실용모델은 개인 간의 인지, 정서, 행동을 조직하고, 정서 조절에 관여하며, 자아상을 형성하고, 개인의 정서 유대 유형을 정의하는 요소가 된다(Baldwin, Keelen, Fehr et al., 1996 in Mikulincer & Florian, 1999a). 개인이 성장해 가고 의미 있는 타인들과 더 많은 정서 유대를 형성함에 따라 상호 의존(reciprocity)하고 헌신하는 차원의 사회적 관계들은 점차 중요해진다. 상호 의존이란 더욱더 복합적인 교류를 의미한다. 타인에 대한 헌신의 발달은 상황이 좋거나 나쁜 어떠한 경우라도 지속되는 관계를 보증하는 상호 의존을 증진시킨다. 신뢰와 공동의 약속으로 강화된 관계는 발달을 위한 단단한 기반이 된다(Mikulincer, Florian, Cowan, & Cowan, 2002).

강한 정서 유대를 가진 성인은 도움이 필요할 때, 애착의 대상이 자신을 도울 것이라는 확신을 갖고 있으며, 정서 유대의 대상에 대한 친근감과 상호 간의 의존(interdependence)에 대해 편안함을 보인다. 반면 회피형은 타인의 반응에 불안감을 나타내고 감정적인 거리를 요구한다. 불안한 양가적 유형은 이와 유사한 불안정함을 보이지만 친근감에 대한 강한 욕구와 거부에 대한 강한 두려움 역시 가지고 있다(Hazan & Shaver, 1987).

한편 어떤 사람들의 경우에 정서 유대가 자동적으로 헌신을 의미하는 것은 아니다. 헌신은 학습되고 사회적으로 구성된 감정이다. 상호 관계(mutuality)가 반드시 동등해야 할 필요는 없다고들 하지만, 동등한 관계여야 한다는 규범이 있다. 상호 관계가 결여되었다는 인식은 관계를 급격히 악화시킨다. 제3장에서 논의하겠지만, 생산적인 관계는 그 관계의 자연스럽고 사실적인 부분인 차이점들에 대해 꾸준히 다루어 나간다. 성숙된 헌신을 하는 사람은 타인에게 무엇인가를 원해서가 아니라 상대방의 있는 그대로의 모습을 사랑하기 때문에 그렇게 한다. 이러한 깊은 정서 유대 관계는 충실하고 무조건적이고 공동의 정서 유대 감정인 사랑과 배우자에 대한 신뢰(fidelity)로 안정되어 간다. 타인을 단순히 자신의 반영으로 보지 않고 타인으로서 사랑하는 것은 대인관계의 성숙에서 매우 중요하다(Shivanandan, 2001). 기혼자와 독신자를 대상으로 한 설문조사에서 '신뢰할 만한' 이라는 조건은 결혼 상대자의 다른 조건들—지적이고 낭만적이고 사려 깊고 잘생기고 예쁘고 부유한 것 등—보다 더 중요한 것으로 나타났다(Bayley, 2003).

변화와 성장은 인간됨에서 매우 중요한 것으로, 개인적 맥락에서 서로에게 충실하고 타인의 변화된 모습과 밝혀지지 않은 실체, 즉 미처 알지 못했던 서로의 모습에 대해 두 사람의 자아가 개방되는 것이다(Grisez, 연도 미상). 이처럼 관계의 개방성을 통해 타인과 새롭게 진정한 즐거움을 만들어 가는 것은 평생 동안의 과업으로, 이것은 새로운 발달과업에 맞추어 변화해 간다. 부모, 배우자, 친구, 형제에 대한 차별화된 충성도는 성인기의 정서 유대를 보호하게끔 한다. 이는 효율적인 관계 형성에서 필수적인 것이다. 그럼에도 불구하고 개인들의 주변환경은 상실, 배반, 부적절한 자원들, 불공평한 권력과 빈곤으로 가득하다. 이러한 것들 역시 기억을 통해 개인의 지각과 행동양식에 오랫동안 영향을 미칠 수있다. 개인의 감정을 중심으로 강화해 나가는 사회복지사들은 어렵고 본질적으로 불안정한 환경에 대한 신중하고 복원력 있는 인간의 반응을 지지해 나간다.

2) 정서 유대 관계 다시 다루기

정서 유대 관계와 헌신을 다시 다루는 과정은 분리와 연결을 잘 조절해 나가는 관계적 과업을 이해하는 데 매우 중요하다. 발달단계와 함께하는 관계 속에서의 변화에 대한 논의에서 살펴보았듯이, 한 단계에서 다른 단계로 나아가는 관계의 변화는 정서 유대가 변화해 가는 것으로 볼 수 있다. 자아에 의해 예견되고 염려되며, 자신의 분신에 의해 회피해 온 이러한 변화들이 발달단계에서 충돌과 새로운 발견을 가능하게 하고 투쟁을 최고조에 이르게 한다.

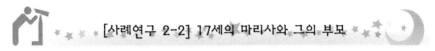

[사례연구 2-2] 17세의 마리사와 그의 부모

　　마리사는 친구들과의 관계에 몰두하여 그들과 함께 무모한 행동을 함으로써 거짓 독립(pseudo-independence)을 쟁취하려고 했다. 그녀의 부모는 자신의 외동딸과의 관계에서 느꼈던 숨막힐 것 같은 밀착과 친밀감이 변화될 것임을 예상했다. 부모는 딸을 잃게 될 것이라고 느꼈다. 그녀의 부모는 경계하고 보호적인 행동으로 반응했다. 이러한 대처는 마리사가 어렸을 때는 효과가 있어 보였다. 그러나 지금 그들의 경계는 극단적으로 변했다. 부모는 마리사의 행동을 엄격히 규제하여 전화 메시지를 녹음하고, 심지어 그녀가 안 볼 때는 지갑을 검사했다. 이에 대한 마리사의 반응은 더 극단적으로 무모한 행동을 계속하는 것이다. 이와 같이 빠져나가려는 한 사람을 두고 나머지 사람들이 그러한 탈출을 막는 '쥐와 고양이 게임(cat-and-mouse game)'은 가족 구성원이 성장할 때, 가족 관계에서 해결해야 할 정상적인 과정들을 대신하게 된다. 이는 가족 구성원과 부모 간의 새로운 관계 정립은 물론, 어른스러운 관계와 책임을 행하려는 그녀의 성장과 관련된 문제들을 다루기 어렵게 한다. 이 게임은 서로 간의 약속을 깨뜨린다. 이들이 진정한 의미에서 관계를 지속하기 위해서는 서로에 대한 관여나 헌신을 재정의해야 한다.

　　애착 이론이 유대 형성과정에서 가족 발달을 어떻게 설명하는지에 대해서는 다음 장에서 논의할 것이다. 초기의 결속(bonding)과정의 일부가 되는 이러한 문제들은 새로운 유대 형성과 함께 재경험될 것이다. 한편 새로운 결속과정은 정서 유대에 관한 문제들을 다시 다룰 수 있게 한다.

　　소속감(membership)은 사회화된 연계의 한 유형으로 관계를 위한 약속 이행과 규범의 맥락이 된다. 분리를 강조하는 개별성(individuality)에 대한 이해와는 대조적으로, 인간의 환경은 소속감의 일종이다. 소속감은 보이거나 보이지 않는 자아의 일부인 타인과의 끊임없는 상호작용을 나타내며 이는 현재의 경험과 기억 속에 존재한다(Falck, 1988, p. 30). 개인의 소속감은 많은 규범적인 맥락들,

즉 원가족, 현재의 가족, 확대가족, 직장 동료, 우정, 이웃과의 고리, 종교, 문화, 인종 등과 관련된다(Carlton, 1984). 사회복지사들은 개인이 이러한 복합적인 소속감을 다루는 데 전문적인 도움을 준다(Falck, 1988, p. 56). 한 집단의 구성원이 되는 것은 타인의 존재 없이는 불가능하다. 구성원들의 행동은 사회적 유대에서 비롯되며 역으로 사회적 유대에도 기여하게 된다. 구성원들의 정체감은 다른 이들의 정체감과 결합되며 개인차에 의해 분리된다. 구성원들 간의 차이는 성장, 집단 응집성뿐만 아니라 집단 갈등을 일으키는 긴장을 만들어 낸다. 개인의 자유는 제약이 없는 상태를 말하는 것이 아니라 자신과 타인을 동시에 배려하는 유대 관계에 기초한다(Falck, 1976).

가족 구성원의 각기 다른 생애주기 단계에서 체계상의 변화들이 나타난다. 가족 구조는 구성원들이 성장함에 따라 함께 발전하고 변화한다. 더불어 구조적인 변화와 가족 구성원들의 개인적인 발달은 서로를 고무시킨다. 즉, 구조적 변화와 개인적인 변화는 각 단계별로 가족들에게 필요한 과업을 만들어 간다. 이러한 과업은 관계나 개인 모두에 관계된 것이다. 사회복지사는 이러한 과업과 관련되는 가족 구조 내에서 가족들을 중재해 나간다. 가족 발달의 어느 단계에서든지 특정 가족 단위나 개별 구성원들 사이에서 작업해 간다면, 사회복지사는 그들이 위기에 처했을 때 과업의 완수를 돕는 정신적인 조력자가 될 것이다. 이러한 개념의 과업은 가족 구성원들 간에 그리고 구조로서의 가족에게 동시에 일어나는 변화과정들이 서로 연결되도록 돕는다.

5. 가족 생애주기 단계에서의 관계적 과업

오늘날 가족들 사이에서는 의사소통과 전통을 혼합하는 것이 관계의 발달과 확립에 점점 더 중요한 요소가 되고 있다. 가족들이 의사소통과 계승해 온 전통을 적절히 활용해 나갈 때, 구성원들은 상호 간의 교류를 통해 공동의 기대에 대한 이해를 상호 교환해 간다. 이러한 의사소통을 통해 관계의 행동양식, 지속되는 구조 그리고 궁극적으로 더 큰 관계의 단위를 발달시킨다. 또한 각 단계마다 새롭게 요구되는 욕구에 부합하기 위한 새로운 가족 구조가 형성된다. 가족 단위와 개인들 간의 연결은 관계적 과업에 의해 형성된다. 〈표 2-2〉는 이러한 연결에 대해 설명하고 있다. 표에 제시한 이차적 변화는 관계적 과업들을 의미한다.

◎◎ 〈표 2-2〉 가족 생애주기 단계 ◎◎◎◎◎◎◎◎◎◎◎◎◎◎◎◎◎◎◎◎◎◎◎◎◎◎

가족 생애 주기 단계	전환의 정서적 과정: 주요 원리	발달에 필요한 가족의 이차적 변화
혼인 전기: 미혼 성인	자신에 대한 정서적·재정적 책임감 수용하기	• 원가족으로부터 자기분화하기 • 친근한 동료 관계 만들어 가기 • 일과 재정적인 독립 측면에서 자아 확립하기
결혼 적응기: 신혼부부	새로운 체계에 대한 개입	• 부부 관계 형성하기 • 배우자를 포함하는 확대가족과 친구 관계의 재정비
유아 자녀 가족	새로운 가족 구성원 수용하기	• 부부 체계 내에 자녀를 위한 공간 만들기 • 육아와 금전 문제, 가사 함께하기 • 부모와 조부모 역할을 포함하는 확대가족과 친구 관계의 재정비
청소년 자녀 가족	자녀의 의존성과 조부모의 약해짐을 인정하는 가족 경계의 유연성 증가시키기	• 청소년기 자녀의 가족 체계 내 출입이 자유롭도록 부모와 자녀 관계를 변화시키기 • 중년기의 부부 문제와 직업 문제에 초점 맞추기 • 노인 세대를 보살피기 위한 준비하기
자녀 독립기	가족 구성원들의 체계 변화 수용하기	• 양자 관계로 부부 관계 재조정하기 • 성장한 자녀와 부모 관계를 성인 대 성인의 관계로 정립해 가기 • 시가와 처가, 손자녀들을 포함하는 관계로 재정비하기 • 부모나 조부모의 허약해짐과 죽음에 대처하기
노년기 가족	변화하는 세대 간 역할 수용하기	• 신체적 쇠퇴에 직면해 자신과 부부의 기능과 관심사 지켜 나가기: 새로운 가족과의 사회적인 역할 탐색하기 • 중년 세대의 핵심 역할 지지하기 • 노인들의 경험과 지혜가 체계 내에서 과부하 없이 활용될 수 있는 공간 마련하기 • 배우자, 형제, 친구의 죽음에 대처하고 자신의 죽음 준비하기

출처: Carter & McGoldrick(1999)

각 단계의 가족 발달은 고유한 개별과업와 관계적 과업을 포함한다. 이 과업을 통해 내외적인 행동양식들을 확립하고 다음 단계의 수행을 위한 준비를 한다. 관계적 과업을 수행하려면 타인과 대인관계 행동양식을 만들어 가는 상호작용을 해야 한다. 이것이 바로 〈표 2-2〉에 나타난 어렵고 복잡하고 불확실한 이차적 변화의 과업이다. 이는 타인과의 현재 관계에서 결합과 분리를 재경험하는 것을 포함한다. 우리는 과거의 수많은 경험을 통해 관계를 맺어 왔으며, 현재의 중요한 관계들 속에서 결합과 분리를 경험하면서 지금까지 맺어 온 정서 유대 관계를 탐색함으로써 정서 유대와 관계적 과업들 간의 연결을 재형성해 나간다. 하지만 각 단계의 관계적 구조물들은 가족 구성원들의 욕구와 이야기들 그리고 외부 환경에 반응하는 과정을 통해 많은 부분이 변화될 수 있다. 이러한 과업은 성인 발달을 두루 다룬다는 측면을 제외하면 개별 발달과업들과 유사하다. 가족 단위 내에서 다른 이들과 함께 이루어 가며, 구성원들의 욕구에 따라 다른 양상의 가족 구조의 발달을 목표로 한다. 또한 부부나 보다 큰 가족 단위는 특정한 발달단계와 특정한 상황 속에서 활성화되는 가족 구조를 계발하고자 관계적 과업들을 수행해 간다.

1) 개인적 과업

개인적 과업은 개인의 내면에서 과업에 대비해 미리 준비하고, 가족 생애주기 단계에 대한 내재적인 기대에 반응하는 것들과 함께해야 한다. 개인적 과업이란 개인과 관계되는 외부 세계와 소속된 단위, 기관, 기대와 잠재적 자원에 대한 우리의 지각과 연계되는 내적인 대화로부터 유래한다. 의미 있는 관계들, 미래에 대한 기대와 타인과의 상호작용에 대한 기억은 주체로서의 나(I)와 객체로서의 나(me), 그리고 자아와 그 부분들과의 내적인 대화로 연결된다. 개인은 'I'와 'me'와의 대화를 통해 반응을 지연하고, 타인의 시각에서 자신을 보려고 시도하며, 과거를 돌아보고, 미래를 예측해 본다. 이러한 능력은 창조적으로 활동하는 자아나 주체로서의 '나'가 여러 가지 대안과 직접적인 사고와 행동들 가운데 선택하도록 한다(Schwartz, 1995; Shibutani, 1961). 개인의 내면에서는 흔히 사이가 나쁜 가족 구성원들이 양립하는 듯한 양상을 보이기도 한다. 우리 내면의 일부는 우리가 어떤 것을 할 수 있고, 해야 한다고 믿으며, 또 다른 일부에서는 다른 과업를 해야 한다고 본다(Schwartz, 1995). 주체로서의 나는 이러한 부분을 중재하고 지지하기 위해 외부의 다른 이들과 함께한다. 사람들은 자신이 이 모든 것들을 다 해낼 수 있을지에 대해 회의감을 갖곤 한다. [사례연구 2-1]의 글로리아처럼 슬픔, 두려움, 불안이나 강박관념에 사로잡힌 사람들은 그것이 분명 가능하지 않다고 믿는다. 그러나 글로리아의 자신에 대한 반영적 이해는 다른 능력들을 강화시켰으며, 점차 그녀는 자신의 강박관념을 다루어 나가기 시작했다.

새로운 가족이나 기존의 가족 내에 다른 구조 등의 관계 구조가 만들어 낸 새로운 관계를 발달시키고, 각 개인은 다른 이와의 일련의 관계적 과업들을 시작하는 것이다. 이때 이해와 행동양식이 함께 병행되어야 하므로 과정 중에 자신뿐만 아니라 타인에게도 의존하게 된다. 이와 같이 부부로서의 역할을 수행하고 나아가 부부와 자녀들에게 영향을 미치는 관계적 과업들은 대인관계를 통해서만 수행될 수 있다. 그러므로 이러한 과업들은 시간을 필요로 하며, 성공 여부 역시 불확실하다.

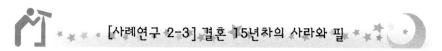

[사례연구 2-3] 결혼 15년차의 사라와 필

최근 아내 사라의 심한 허리 질환으로 부부는 가사와 네 자녀의 등하교 및 과외 활동에 대해 다시 논의해야만 했다. 사라는 청소년기 이래 고통받아 온 재발성우울의 초기 징후를 보이고 있었다. 사라의 허리 통증 발병으로 부부는 그동안 너무나 많은 것을 당연시해 왔다는 사실을 인식하게 되었다. 이모와 삼촌들에게 둘러싸여 외동아이로 애지중지 성장해 온 남편 필의 기대에 부응해, 부부는 집안에 티끌 하나 없이 늘 깔끔하게 정돈되어 있어야 한다고 생각해 왔다. 그들은 자녀들이 과외 활동을 하러 갈 때 그곳이 어디든지, 어떤 상황에서든지, 누군가가 데려다 주는 것을 당연하게 여겼다. 물론 자녀들도 이를 당연시 여겼다. 가족들이 자신들만의 행동양식을 계발하고 실제로 자신들이 가진 에너지와 시간 자원에 대한 기대를 조절하고자 했다면, 서로 의견을 교환하고 그 결과에 따라 문제를 해결해 나갈 필요가 있었다. 부부는 자녀들에게 도움을 청했어야 했고, 자녀들의 참여로 상황별 우선순위 문제들을 해결해 나가야 했다. 가족들은 이러한 문제들을 다루는 데 필요한 의미를 가진 언어나 의사소통 양식을 가지지 못했다. 이와 같은 익숙하지 않은 일들에 서로가 사용할 언어와 어휘를 찾는 것은 가족들에게 많은 노력을 필요로 했다. 그들은 공동의 양식을 개발해 나가는 과정에서, '필의 가족이 이해해 왔던 방식'에서 '주어진 욕구와 상황에서 우리가 하고자 하는 방식'으로의 구체적인 변동이 있었다. 그들은 시간이 흐르면서 기존에 해 왔던 대로 별도의 논의 없이 가족의 방식을 적용하기보다는 자신들만의 생활양식을 계발할 필요를 느끼게 되었다.

2) 가족의 복원력

앞의 [사례연구 2-3]의 시사점은 연구에서 확인되는 것처럼, 응집성, 유연성, 개방된 의사소통과 문제해결 기술 등과 같은 상호작용의 과정들이 기본적인 가족의 기능을 촉진하고 가족의 건강에 필수적이라는 것이다(Walsh, 1996). 사라의 허리 질환으로 비로소 부부가 관계상의 불균형을 발견하고 문제해결을 시도하기까지 15년이 걸렸다. 응집성, 유연성, 의사소통과 문제해결이 중요하므로 가족이 어려움에서 회복되는 데 오직 한 길만이 있다고 제시할 수 있는 문제가 있다는 것이다.

팰리코프(Celia Falicov, 1995)는 복원력이란 모든 가족들을 위한 모형이라기보다 가족 구성원들의 내부 적합성(internal fit)에 관련된 문제라고 보았다. 월시(Froma Walsh, 1996)는 이 연구를 돌아보면서, 관계적인 복원력을 키우는 방법에는 여러 가지가 있으며 복원력은 다양한 가족 형태, 심리사회적인 도전, 자원과 제약에 따라 달라진다고 주장했다. 응집성, 협동, 능력과 확신감을 키우는 서로

에 대한 신뢰와 대화는 대처 능력을 키우고 숙달되게 하는 데 결정적인 역할을
한다. 가족, 동료, 다른 사회적 집단의 상대적인 영향력의 균형뿐 아니라 복원력
을 키우는 민감하고 보호적인 과정을 유도하는 스트레스적인 사건 내의 변화들,
즉 각 가족 발달단계에서 확립되어 가는 균형이 존재하기 마련이다(Walsh, 2003,
p. 4). 제1장에서 제시한 〈표 1-3〉은 복원력이 있는 가족이 스트레스적인 사건
에 대응해 나가기 위해 각 가족이 발달단계별로 요구받는 개인적인 혹은 가족
단위의 자원을 나타낸다. 아폰테(Harry Aponte, 1994)에 따르면, 제도적이거나
사회적인 지지가 부족하고 인종차별, 빈곤, 위험과 비인간적인 환경에 둘러싸
인 가난한 지역사회에서의 복원력은 정신적인 문제에 해당한다. 이는 희망과
의미, 절망에 대한 자존감을 포기해 온 가족들에게서 존엄성과 목표, 미래에 대
한 비전을 키워 가는 문제다. 낙관주의와 희망은 복원력에서 핵심적인 요인이
다. 또한 가족이 자신들의 상황과 미래에 대해 낙관적인 전망을 하기 위해서는
가족의 요구에 민감한 사회와 지역공동체가 뒷받침되어야 한다.

6. 가족의 발달단계

가족의 발달단계에 대한 전체적인 양상은 관계 속에서 수행된 성인의 발달과
업들을 고려해 보면 알 수 있다. 발달상의 변화에 대한 요구들은 가족이 새로운
변화에 대응하기 위해 적절한 안전 기반을 만들 수 있는 새로운 단계들이 무엇
인지를 밝혀 나간다. 각 단계는 새로운 관계 구조를 형성해 가는 변화를 뜻한
다. 따라서 이전 단계로부터 다음 단계로 이동하는 데는 항상 어려움이 따른다.
가족 구성원들은 어떤 구조가 새롭게 나타날 것인지에 대해 분명한 심상을 가
지고 있지 않다. 초기 단계를 다루는 데 사용된 모든 양식들은 설령 그것이 성
공적이었다고 해도 새로운 단계에서는 쓸모없는 것처럼 보일 수 있다. 하지만
새로운 단계의 과업은 이전 단계에서 수행된 과업의 일부라도 포함하며, 새로
운 단계에서 이전 단계 과업들의 일부를 재경험하게 된다. 개인적인 관점과 이

후 부부의 관점에서 보면, 한 부부의 일생에서 가능한 단계들은 다음과 같은 관계적 과업들을 포함한다.

- 원가족과의 분화와 화합
- 결혼 계획하기와 결혼하기
- 아동기 자녀를 돌보는 가족 체계 발달시키기
- 청소년기 자녀를 돌보는 가족 체계 발달시키기/연로해지는 부모의 요구 다루기
- 자녀가 집을 떠나거나 돌아오는 것을 허용하는 가족 체계 발달시키기/빈둥지 시기에 접어드는 것에 차츰 적용하기
- 부부간, 성년의 자녀나 자녀의 배우자 그리고 손자녀들과 재화합하기/상실감과 질병 다루기

단계는 특정한 맥락의 문화적 의미를 갖는 가족들에 의해 구성된다. 이러한 단계는 반드시 직선적이지는 않다. 모든 가족 구성원이나 가족이 똑같은 방식으로, 같은 문화적 의미로 이러한 과정을 거치지는 않으며, 누구나 같은 방식으로 원가족과 분화하고 화합하는 것은 아니다. 누구나 결혼을 경험하는 것도 아니며, 가족 구성원들이 경험하는 결혼의 의미는 제각각 다르다. 모두가 청소년을 양육하고 노인을 부양하는 것은 아니며 그 방식도 다르다. 그러나 모두에게 공통되는 것은 정서 유대와 분화 그리고 발달을 위한 안전한 기반을 만드는 것이다. 다음에 소개되는 사례는 발달에 순응해 가는 방식을 보여 준다. 또한 제8장에서는 이러한 주제에 대한 여러 가지 다양한 조력과정의 예가 소개될 것이다. 이혼가족, 한부모가족, 혼합가족(blended families)을 경험한 가족들은 각자 자신들만의 방식으로 외부 환경에 대한 관계들을 재구성한다.

가족 발달의 각 단계는 새로운 관계적 구조물의 발달을 수반한다. 그러나 새로운 관계의 단위는 여기에 속하는 사람들의 의사소통과 상호작용을 통해서만 발현될 수 있다. 또한 각 단계에서 개인의 성장 초기와 이후의 성장기에 깊은

정서 유대 양상이 재현되고 타인의 변화하는 신체적·관계적 정서 유대 양상에 부합하게 된다. 어떤 면에서, 정서 유대 형태를 새로운 단위로 만드는 공동의 구조화 작업은 이러한 양상을 개정하는 데 훌륭한 기회를 제공한다. 이를 위해서, 사람들은 관계 속에서 실제로 이러한 양상을 초월할 수 있는 욕구들을 발전시켜 나간다. 사라와 필이 자신들의 실제 현실에 적응하기 위해 마주한 도전이 그러하였듯, 이는 아주 어려운 과제인 것이다. 아마 이것이 전통적인 종교에서 결혼을 지속적인 협상이 요구되는 계약으로 여겨 오지 않았던 이유 중 하나일 것이다. 많은 종교들이 결혼 서약에서의 책임과 정절을 소중히 여긴다. 결혼 서약이란 협상 가능한 계약과는 완전히 다른 협정으로서 개인적인 고려를 넘어서는 것이다. 역설적으로 안정된 관계 속에서 특정한 차이나 기능적인 형태들을 만들어 내기는 쉽다. 이미 결혼이란 잘 정의되고, 인정받아 온 사적인 것이며, 또한 내면을 더 발달시키고 세계를 탐색하기 위한 안전한 기반인 것이다.

1) 관계적 구조물: 개인적 의사소통으로의 변화

모든 가족들이 이러한 관계의 협정을 만들어 내기 위해 많은 시간을 소비하는 것은 아니다. 사라와 필은 상당히 유연하고 독립적이고 잘 교육받은 중간 계층의 부부이지만, 자신들의 결혼 생활에서 부부간이나 자녀들과 함께 논의했어야 했던 많은 부분을 그냥 지나쳐 버렸다는 사실을 깨달았다. 이들 부부는 15년 동안이나 결혼 생활을 지속해 왔지만 그러한 논의를 위한 언어나 의사소통 양식을 발달시키지 못했다. 많은 가족들은 관습에 의지하므로, 우정이나 효과적인 의사소통, 역할의 유연성에 기반을 두지 못한다. 이들의 문화는 아주 천천히 고정된 역할 기대에서 협의된 이해와 우호 관계로 변화해 감에 따라 다양한 생활양식의 조합이 생겨나게 된다. 이해의 결과 중 일부는 외적으로 문화에 의해 지속되며 일부는 가족 내에서 형성된다. 보트(Elizabeth Bott, 1971)는 영국 런던 동부의 노동계층 가족에 대한 연구에서 부부 관계가 그리 중요하지도 긴밀하지도 않음을 발견했다. 남편들이나 아내들은 각자 자신들만의 친구와 원가족을 가지고 있었다. 전통적인 믿음에서 기인한 이러한 관계는 당연한 것으로 여겨졌다. 이는 현대적이고 개인주의적인 중산층의 관점에서 보듯 그리 개인적인 것이 아니었다. 이러한 타협은 다양한 문화 속에서, 특히 노동계급의 가족들에서 지속되었다. 이 타협은 혈연이나 친구들의 지지 체계가 그 관계를 인정하는 한 안정적일 수 있었고 부부 관계는 도전받지 않았다. 부부 관계가 도전받은 경우, 구조는 도전을 수용하기 위해 변화해야 했다(Minuchin, 1974). 부부가 도전을 견디고 발전하기 위해서는 우정과 의사소통에 기반한 보다 균형 잡힌 구조가 요구되었다. 멕시코에서 태어나 북아메리카 대도시에서 사는 미구엘과 주아나는 차츰 가족에 대한 전통적인 이해에서 관계적인 이해로 변화해 가고 있었다.

 [사례연구 2-4] 결혼 12년차의 미구엘과 주아나 부부

미구엘은 아버지의 사업장에서 열심히 일하는 건설 노동자다. 그는 친구들과 함께할 때, 술을 굉장히 많이 마신다. 그의 어머니는 아들의 많은 부분에 관여하고 아들과 며느리와의 관계에 대해서도 많은 조언을 한다. 미구엘은 친구들을 만나는 데 많은 시간을 할애했고, 처리해야 할 것들이나 자녀의 양육은 모두 아내에게 떠넘겼다. 물론 주아나가 주로 가사를 담당한다. 미구엘은 아내에게 자주 거짓말을 하고 들통이 나면 그냥 웃어넘기거나 인정해 버렸다. 그는 '뭐 달리 할 말이 있겠어?' 하는 식이다. 또한 그는 아내가 자신을 용서하는 것을 당연시했으며, 주아나도 그렇게 생각해 왔다. 그는 아내가 요청할 때, 생활비를 주고 도움을 주면 충분하다고 생각해 왔다. 주아나의 부모는 아직 멕시코에서 살고 있다. 기능직 종사자인 주아나는 고립되어 있다고 느꼈다. 주아나는 자신에게 적대적인 시어머니와 거리감을 느꼈고, 시어머니에 의해 그들의 결혼 생활이 간섭받는다고 여겼다. 최근에 11세인 아들 조지가 주아나에게 도전해 왔는데, 그녀 생각에 조지는 미구엘이 그녀에게 하는 것과 같은 방식으로 자신에게 도전하고 무시했다. 게다가 미구엘은 조지의 행동을 지지하는 것처럼 보였다.

회사의 보험은 한정적으로 7회기까지만 부부상담을 지원했다. 그 이후에는 자비로 지불해야 했다. 처음에 미구엘은 아내와 자신과의 결혼 관계가 평행적인 관계라고 생각했다. 각자에게 맡겨진 역할이 있는 것이었다. 그러나 주아나의 생각은 달라서 여러 문제들을 다루는 데 부부 관계가 불안정하다고 느꼈다. 그녀는 거의 가능성이 없다고 보았지만, 두 사람은 서로가 신뢰할 수 있는 의사소통 방법을 계발하고, 미구엘은 자신의 음주 문제를 해결하기 위해 노력하기 시작했으며, 어머니와 관계된 문제들을 정리하고, 아들 조지에 대한 공통의 전략을 만들기 위해 함께 노력했다. 초기에 미구엘은 주아나의 변화에 대한 진지한 결정들을 받아들이지 않았지만 그녀가 물러서지 않자 미구엘도 반응하기 시작했다. 그들은 몇 달에 걸쳐 7회기의 상담을 하는 동안 빠르게 작업하고 큰 성과를 보였다. 미구엘은 조지에 대해 더 큰 책임감을 갖게 되었는데, 그것은 주아나와 협의한 직후에 한정되었다. 미구엘은 자신의 음주 문제를 다루는 프로그램에 참여했고, 종교와 일상생활에 조언과 도움을 주는 후견인을 갖게 되었다. 주아나는 미구엘을 신뢰하기 시작했고, 미구엘도 신뢰받는 것을 중요하게 여기게 되었다. 미구엘은 어머니가 그들의 결혼 생활에 관여하는 것에 대한 경계를 정하였고, 주아나는 시어머니와의 관계를 개선해 나가기 시작했다. 그들은 관계의 문제들을 과업으로 인식하면서 기꺼이 다루었고 그 과정을 즐기게 되었다. 마침내 부부는 가족 내에서 경험하게 된 변화들을 반기게 되었다. 공동의 행동양식을 계발하는 것은 미구엘이 가족의 일에 더 많이 관여해야 함을 의미하는 것이었고, 그는 더 이상 자신의 책임을 회피하지 않았다. 그들의 관계는 서서히 성숙되어 갔고 새로운 균형감이 생기게 되었다. 하지만 관계의 균형이 그들의 주요 관심사는 아니었다. 대부분의 경우에 그들은 자신들의 작업을 보험회사에서 할당한 회기 내에 완수해야 하는 과업으로 인식했다. 물론 그들이 더 발전하기 위해 만들어 왔던 변화들을 인정해 나갔다.

2) 잘 분화된 가족

프라모(James Framo)는 보웬의 자기분화와 자기결합의 개념을 건강한 가족 기능의 원칙들로 발전시켰다. 물론 이러한 기준에 부합하는 가족은 드문 편이다. 사실 대부분의 결혼 생활은 사라와 필의 경우와 같아서, 우리의 가족생활은 이러한 기준에 근접하기 위해 변화해 가는 과정 속에 있다고 볼 수 있다. 프라모는 가족 발달이 지향하는 공통된 경험들로부터 중요한 요소들을 가려냈다. 그의 기준들은 제시된 목표의 달성 여부를 파악하는 데 유용하다. 일상생활에서 다음과 같은 목표를 달성하는 가족은 보다 쉽게 자기분화와 자기결합의 상위에 도달할 가능성이 높다.

- 잘 분화되고 원가족에게서 분리되기 이전에 자아의식을 발달시켜 온 부모
- 명확하게 분리된 가족의 세대 간의 경계: 자녀들은 부모나 부모의 결혼을 구제하는 역할에서 자유롭다.
- 서로의 부모나 자녀들에 대한 기대와 지각
- 결혼과 출산으로 새롭게 형성된 가족에 대한 충성도가 원가족에 비해 크다.
- 부부는 자녀를 비롯한 그 누구보다 서로를 우선시해야 하지만 결혼은 자녀를 배제하고 존재하는 공생적인 것이 아니다. 부모 중 한쪽이 상대 배우자를 멀리하는 경우, 자녀들은 그 한쪽 부모와 가까워질 수 없다. 즉, 한쪽 부모와 가까워지고자 다른 부모를 멀리해야 한다고 생각하지 않는다.
- 가족 구성원 모두의 정체성 확립과 자율성이 장려된다. 아동의 성공적 발달은 가족을 구성해야 할 시기에 접어들면 스스로 집을 떠나는 것을 의미한다.
- 소유욕을 바탕으로 하지 않는 애정과 따뜻함이 부부간이나 부모와 자녀 간에 또는 형제자매 간에 표현된다.
- 개방적이고 정직하며 명확한 의사소통 능력과 문제를 함께 다루는 능력을 가진다.
- 부모가 자신의 부모나 형제들과 현실적이고도, 성인 대 성인으로서의 보호관계를 가진다.
- 확대가족과 친구들을 포함한 가족 외부의 타인들과의 관계에서 개방적인 가족이 된다. 외부인들이 가족 내로 들어오는 것을 허용한다(Framo, 1981, pp. 139-149).

프라모는 또 건강한 부부 관계에 대해서도 이와 유사한 특성들을 밝혔다. 이

는 오랜 기간의 정상적인 발달과정에 대한 도전을 통해서만 이룰 수 있는 것들이다. 15년 후에는 필과 사라도 다음과 같은 방식으로 관계를 맺게 될 것이다.

- 부부는 더 개인적으로 분화되고, 서로에 대한 의존 정도는 자유의사로 이루어진다.
- 결혼에 대한 비이성적인 기대를 하지 않고 원가족에서 유래된 배우자의 모습에 대해 불평하지 않는다.
- 배우자에 대한 공감적 이해를 발달시킨다.
- 서로의 다른 면모 속에서도 현실적인 욕구들을 충족시킬 수 있다.
- 서로 간에 더 명확하고 개방적인 의사소통이 가능하다.
- 전보다 더 서로를 좋아하고 함께 성생활을 즐긴다.
- 상호 간에 발생하는 문제를 다루는 방법을 배워 나간다.
- 삶을 더 즐기고 일과 자녀들로부터 기쁨을 얻는다.
- 상황에 따른 스트레스와 위기를 다루는 데 유연성을 발전시킨다.
- 낭만적 사랑의 마법에서 벗어나고 이상화되지 않은 성숙된 사랑의 변화들에 더 현실적인 평가를 한다(Framo, 1981, pp. 139-149).

3) 과정과 구조상의 개인적인 구성요소

[사례연구 2-4]의 미구엘과 주아나는 자신들의 작업이 문제를 해결하고 과업을 수행해 나가는 과정이라고 보았다. 그들이 관계에서 변화하기 시작한 것은 상담과정의 후기에 이르러서였다. [사례연구 2-3]의 필과 사라는 그들이 원했던 대로 관계를 변화시키려고 하지 않았다. 변화에 대한 필요성은 사라의 허리 질환이 생겼을 때 비로소 다가왔다.

가족 구성원들은 각 발달단계마다 개인적인 구조를 이루는 구성요소들을 정의할 수 있는 기회가 있다. 자율성과 독립성, 민감성과 의무 그리고 성 역할 관계들이 바로 여기에 포함된다. 내재된 문제들은 정서 유대와 결속, 결합과 분리 그리고 이것들이 재정의되어 결속 관계가 구체화되거나 변화의 필요성이 절실해짐에 따라 발열하는 빛과 열기다. 이는 가족을 강화시키는 폭넓은 사회적 의미와 사회제도 안에서 항상 발생한다. 여기서 정의되는 것은 단순한 구조뿐만이 아닌 관계를 좌우하는 가치와 규범을 아우른다. 그렇다면 일단 정의된 것들은 당연한 것으로 받아들여지는가? 종교, 법률, 사회 정의 및 건강관리 체계와 같은 사회제도들은 신생된 구조들을 강화하거나 도전을 받아들여 새롭게 만들어 갈 것이다. 가족 구성원들은 각각의 발달단계들을 전혀 해내지 못하거나 완전하게 완수하지 못함으로써 수행에 도움을 필요로 하는 위기를 겪게 된다. 이전 단계들이 잘 수행되지 않았거나, 가족 구조가 유연하지 않아 변화에 적응하는 것이 쉽지 않은 경우, 이전 세대들이 특정 단계에서 어려움을 겪는 경우에 이러한 위기를 맞닥뜨리게 된다.

또한 가족의 죽음이나 이혼에 따른 상실, 재혼가족(step-family), 미성숙한 부모 관계, 혼외 관계, 정신질환, 중독, 장애아 출산과 같은 상황들이 위험과 잠재적인 위기를 가져온다. 이러한 관계적인 구조 속에서는 가족과의 사회복지실천적 개입이 빈번히 요구된다. 고착된 관계의 경우, 모든 구성원들의 발달적 요구를 충족시키면서 가족의 기능을 촉진시키는 방식으로의 수행이 목표가 된다.

가족 형성의 초기 단계는 두 가지로 구분될 수 있다. 첫째, 미혼 성인이 원가족과 분화하고 재화합하는 것이다. 둘째, 결혼을 준비하고 부부가 되는 것과 관계되는 과정이다. 이 책에서는 여러 가족들이 서로 다른 생애 단계를 밟는 가운데, 사회복지사들이 가족의 각 단계에 관련되는 관계적 작업의 초기와 중간 단계에서 도움을 주는 사례들을 살펴보고자 한다.

7. 원가족으로부터의 분화와 재화합

이 책에서는 가족 말달의 첫 단계를 20대 청년의 원가족으로부터의 분화와 재화합으로 간주해 왔다. 그들의 개인적인 과업은 이전의 부모와 자녀의 관계로부터 보다 독립적이고 스스로에 대해 강한 책임을 부여하는 관계로의 변화를 준비하는 것이다. 이러한 준비 과업은 이 단계에 접어든 성인들에게 어떤 측면에서는 강박관념이 될 수도 있다. 성인들이 항상 자신을 효율적으로 관리할 수 있는 상황에 있는 것은 아니므로 개인의 역할을 완벽하게 해내는 것은 사실상 어려운 일이다. 실제로 청년들이 교육과정을 완수하고 직업적으로나 경제적으로 그리고 어떤 나라에서는 독립된 주택을 확보하기까지 여러 면에서 청년기가 연장되는 양상이 나타나기도 한다. 이 단계의 대인관계 과업들은 다음과 같다.

- 원가족의 관계로부터 자신을 분화시키기
- 학업 마치기
- 직업적인 기반 마련하기
- 경제적인 기반 마련하기
- 친밀한 동료 관계 확립하기
- 원가족과의 의존적이거나 독립적인 수준과는 다른 차원에서 원가족에 재개입하기

　어떤 사회에서는 대부분의 청년들에게 이 개인적이고 관계적인 과정의 상징적 부분이 실제로 가정에서 독립하는 것이다. 따로 주거를 마련하기 어려운 많은 청년들에게 이 단계는 가정 내에서 이루어질 수도 있다. 가족은 청년들이 발달시킨 새로운 경계를 존중하고 다른 방식으로 청년들에게 기대를 걸게 된다. 이 단계가 제대로 완수되지 못하면 다음 단계로의 진행은 더 어려워지는데, 이는 이전 단계의 관계적 과업들이 더 복합적인 개인적 · 관계적 과업들 속에 내포되고 암묵적으로 이해되기 때문이다.

1) 원가족 작업

　원가족 작업(family-of-origin work)은 모든 발달단계에서 이루어질 수 있

다. 그중에서도 원가족 작업이 가장 중요한 영향을 미치는 단계는 발달과정에서 급격한 변화가 일어나는 시기다. 특히 초기 성인기나 새로운 가족이 형성되는 단계, 가족 구성원의 상실을 겪는 시기에서 두드러진다. 평상시에는 부부 관계에 문제가 있는 경우에 이 작업이 권유된다. 프라모(1981)에 따르면, 원가족 내에서 과거와 현재의 문제들에 초점이 맞추어질 때, 흔히 부부간의 문제들은 밀려나게 된다. 이러한 문제는 부모나 형제들과의 친밀감이나 고립감으로 인한 죄책감과 관련하여 무엇인가 할 수 있음을 깨달아 가는 것으로 해결되어 간다. 원가족과 더 나은 관계를 형성하는 것은 그 자체로서 목표가 된다.

2) 결혼하기

가능한 다음 단계는 결혼을 계획하고 결혼에 이르는 단계다. 원가족과의 분화와 재화합의 단계 이후에 개인이 가족을 이루게 되는, 즉 타인과 부부가 되기로 결정하고 준비하기까지 여러 해가 걸릴 수 있다. 결혼 전의 많은 개별과업들이 결혼을 준비하는 관계적 과업들 속에 포함된다. 이것은 적절한 자기 지향성(self-orientation)의 특징을 지니는 이전 단계로부터 적절한 경계를 가지는 상호성의 수준으로의 변이다. 즉 남편이나 아내로서의 역할 수행을 준비하는 것(이후에는 점차 함께해 나갈 것이다.)이 그 예다. 이때는 제도와 역할의 원칙들이 아직 모호할 수도 있다. 이 시기의 관계적 과업들은 다음과 같다.

- 새로운 부부 관계로의 개입에 방해가 되는 가까운 관계로부터 벗어나거나 대안적인 관계로 전환하기
- 결혼 전 생활에 만족이나 기쁨을 주던 행동양식들을 새로운 부부 관계 속으로 조율하기
- 부부 정체감 확립하기
- 부부간에 활성화되고 만족스러운 의사소통 체계 만들기
- 상호 실용적이고 만족스러운 의사결정 양식 발달시키기

- 친척들과의 관계에서 서로 만족스러운 행동양식 발달시키기
- 친구들과의 관계에서 서로 만족스러운 행동양식 발달시키기
- 동료들과의 관계에서 서로 만족스러운 행동양식 발달시키기
- 결혼과 자녀에 대해 서로 만족스러운 기대 발달시키기
- 종교적인 관습, 각자의 윤리적 가치와 자녀 교육에 관한 만족할 만한 행동 양식과 기대 발달시키기
- 결혼, 신혼여행, 신혼 기간에 대해 구체적으로 계획하기(Rapoport, 1963)

이러한 과업들은 이후 단계들로 연결된다. 미구엘과 주아나의 경우, 이러한 과업들은 다음 단계에서 시어머니의 기대와 이에 대한 남편의 미약한 저항으로부터 분리된 형태의 부부 관계를 만들어 가고자 하는 주아나의 욕구 속에 잠재되어 있었다.

이는 복합적이고도 어려운 작업이다. 가족 구성원들이 서로에게 기대하는 것은 저마다 다를 수 있다. 그러나 이러한 차이에 대한 의사 교류는 실제로 이루어지지 않는 경우가 많으며, 가족 구성원 중 한 사람이 이러한 차이들을 인식함으로써 이는 개인적인 위기로 불편한 것이 된다. 대개 변화는 서서히 진행된다. 특정 관계를 원할 수 있는 주체로서의 나는 자신의 다른 측면인 객체로서의 나와 대화한다. 자아의 여러 부분이 각각 다른 입장을 취하는 것이다. 새로운 사람과의 새로운 관계에서 특히 이전에 다른 사람과 관계를 맺었던 사람의 경우에는 이전의 행동양식이 충분하지 않다. 개인은 저마다 다르고 누구도 다른 사람의 대체물이 될 수 없다. 따라서 관계는 두 사람이 서로에 대한 기대와 욕구들에 대해 나누고, 서로에게 적응하기 위해 노력해 가는 과정에 따라 다르게 진행된다. 이와 동시에 다른 의미 있는 관계들과 거리를 두거나 재회하는 과정이 함께 진행된다.

원가족과의 친밀감—심지어 부정적인 친밀감까지도—은 새로운 부부 관계에 적응해 나가기 위해 변화해야 한다. 그러나 이러한 행동양식들이 미해결된 채로 결혼 생활이 진행되는 경우가 많다. 미구엘과 주아나는 12년, 필과 사라는

15년이 걸렸다. 많은 부부들이 자신들이 이전에 유지해 온 개인적인 행동양식들을 바꾸지 않으며, 새로운 관계를 형성하기 위한 노력을 게을리 한다.

8. 사랑은 모든 것을 극복하는가

유럽 문화권과 현대화되어 가는 세계에서 점차 결혼에 이르는 관계의 발달 과정은 낭만적 사랑과 결혼에 대한 왜곡된 사회적 신념들에 의해 더욱 복잡해진다. 부부 상담가들은 사랑에 빠진 이들이 사랑만으로도 두 사람이 함께할 수 있고 그 외의 것은 아무것도 문제가 되지 않는다고 믿는 이들을 자주 만나게 된다(Barley, 2003). 자아, 욕망과 타인에 대한 몰두에 의한 낭만적인 탐색과는 대조적으로, 사랑과 충절(배우자에 대한 정절)은 타인에 대한 현실적인 발견을 의미한다. 이는 일생 동안 계속되는 상호 간의 헌신 속에서 서서히 나타나게 된다. 부부는 서로의 관계를 풀어 나가는 실제 경험들이 자신들의 신념과 맞지 않는다는 것을 빨리 알아차리고는 서로에게 실망하고 그들의 관계가 뭔가 잘못되었을지도 모른다고 생각하게 된다. 낭만적인 신념들은 자신들이 영혼의 친구라고 말한다. 그렇지 않다면, 그들이 진정으로 사랑에 빠진 것이 아님을 나타내는 신호가 된다. 결혼에 대해 자주 언급되는 신화들을 정리해 보면 다음과 같다.

- 나는 사랑에 빠졌고 그것으로 충분하다. 시시콜콜한 것들로 나를 괴롭히지 말라. 의사소통이나 문제해결, 차이를 이해하는 것들을 배우는 것은 내게 중요하지 않다. 내가 정말로 사랑에 빠졌다면 그것으로 충분하다.
- 우리가 갈등을 겪거나, 당신이나 내가 서로에게 화가 난다면 우리는 사랑에 빠진 것이 아니다. 내가 무엇을 생각하고 있는지 당신이 모르거나, 당신이 나를 이해하지 못한다면 당신은 정말로 나를 사랑하는 게 아니다.
- 성공적인 결혼이란 나의 모든 욕구를 만족시켜야만 한다. 그렇게 해 줄 수

있는 '바로 그 사람'이 어딘가에는 있을 것이다.

이러한 신화는 사랑의 신념에 고착되어 문화적으로 수용이 가능한 자기애를 지지하면서, 좋은 관계를 유지하고 발달시켜 가는 일상의 고된 작업은 거부하게 만든다. 때문에 부부가 이러한 신화와 자신들의 현실적인 관계에 대한 기대를 검증해 나가는 과정에서, 문제를 해결하고 서로를 현실에 근거한 사람으로 봄으로써 현실의 관계를 인정하기 위해 자주 전문적인 도움을 필요로 하게 된다. 그러나 이를 위해 참고할 수 있는 틀이 거의 없으므로 과정을 이끌어 줄 전문가의 도움이 필요한 것이다.

다음 사례연구는 현실에서 이러한 신화를 걸러내는 과정을 보여 준다.

 [사례연구 2-5] 20대 후반의 약혼 커플, 브라이언과 리사

브라이언은 외동아이로 그를 애지중지 키운 부모와 매우 친밀한 관계를 맺고 있다. 그는 스트레스가 많고 경쟁적인 광고 분야에서 이제 막 일을 시작하였다. 그의 행동양식을 대표적으로 보여 주는 한 사례는 그가 힘들게 일을 마친 뒤에도 밤새도록 파티를 즐기는 것이다. 그에게는 친한 동성 친구들이 많았고 많은 시간을 그들과 함께 즐겼다. 브라이언은 리사를 만나기 전에 보니와 가까운 사이였으나 결혼으로 발전하지는 못했다. 그러나 브라이언은 슬픔을 느낄 때마다 보니와의 예전 관계로 다시 돌아가곤 했다.

리사는 여섯 남매 중에 맏이였다. 그래서인지 그녀는 책임을 지거나 통제받는 것에 익숙했다. 리사는 변호사 일을 이제 막 시작했으나 지역 법률 사무소에서 일하는 것에 만족하지 못했다. 브라이언과 리사가 약혼을 발표했을 때, 아무도 브라이언이 진지하다고 생각하지 않았다. 심지어 리사까지도 브라이언의 진정성에 대해 끊임없는 의구심을 가졌다. 그들은 결혼 계획과 관련된 자잘한 일들을 처리해야 했으며, 브라이언은 그녀가 하고 싶은 대로 두었다. 두 사람은 결혼을 원했고 상대가 배우자로서의 요건을 갖추었다고 생각했지만, 예상치 못했던 상대의 모습에 계속 놀라고 있었다. 이것은 자연스러운 학습의 과정이었으나, 결혼이 가까워질수록 이런 것들에 대한 의구심은 커져만 갔다.

브라이언은 리사가 자신이 원하는 것을 명확히 알고 스스로를 잘 통제하는 면을 특히 좋아했다. 브라이언 자신의 격정과는 매우 다른 것이었다. 브라이언은 자신의 많은 부분들이 결혼에 준비되었다고 느꼈지만 리사의 가치관에 역행하는 자신과 기분 전환을 위해 무분별하게 옛 친구들을 찾는 자신을 발견했다. 그는 음주를 계속했고 주말에는 친구들과 보냈으며 여전히 보니에게 여러 일들을 상의했다. 리사는 모든 것이 정리되어 있다고 느꼈지만, 브라이언은 리사가 예견하지 못하는 일들로 혼란스러웠다.

리사는 유머가 있지만 예측이 불가능하고 음주 문제까지 있던 아버지가 떠올랐다. 그녀가 너무 잘 알고 있는 이러한 행동양식들이 브라이언에게서 계속 반복될 수 있다는 사실에 겁이 났다. 상담에 오기 전에 그들은 이미 여러 차례 약혼에 대한 약속을 파기했었다. 상담이 진행되는 동안 브라이언은 금주에 동의했고 더 이상 술을 마시지 않았다. 그는 자신의 생활 태도에 지쳐 있었고 리사를 잃고 싶지 않았다. 사회복지사는 두 사람이 보다 의사소통을 잘하고 함께 계획을 세워 나가도록 도왔다. 서로에게 더 많이 노력해야 하는 이 관계를 지속해 나갈 것인지에 관해 현실적인 의사소통을 바탕으로 평가를 내려야 했다. 리사에게 두 사람 간의 관계와 헌신에 대한 브라이언의 진실성을 느끼게 하려면 브라이언은 보니와의 관계를 정리해야 했다. 리사 역시 소소한 일들을 결정할 때조차도 브라이언과 상의해야 했다. 브라이언은 이 관계에 더 적극적일 필요가 있었고 두 사람 모두 변화하고 서로의 변화를 지지해 주어야 했다. 그들은 브라이언이 음주에 대한 압박을 느끼지 않고도 함께 즐길 수 있는 공동의 친구들을 찾아냈다.

결혼 준비를 위한 계획을 서로 함께 상의하면서 두 사람의 원가족을 지배해 온 서로 다른 행동양식들이 드러났다. 두 사람 모두 새로운 제3의 행동양식을 형성할 필요가 있었고, 그 과정에서 자신들이 보였던 예전의 행동양식과 관계들을 변화시켜 나가야 했다. 서로에 대한 우정을 쌓고 이와 동시에 각자의 부모와의 관계는 물론, 리사의 경우는 형제들과도 새로운 관계를 형성해야 했다.

브라이언과 리사는 미래에 일상적인 관계들을 꾸려 나갈 새로운 행동양식들을 만들어 가고 있었다. 이것은 자신들만의 행동양식을 만들어 가며, 원가족이나 친구들과의 다른 행동양식을 형성하는 과정에서 두 사람이 함께 어우러지는 춤판에 비유될 수 있다. 브라이언과 리사가 가족들과 친구들로부터 받는 지지는 두 사람이 관계를 확립해 가는 데 도움이 된다는 측면에서뿐 아니라 여러 가지 의미에서 중요한 것이다. 두 사람의 관계는 내부적으로 문제가 생길 수도 있고 매우 왜곡된 의사소통 양식을 만들어 갈 수도 있다. 예를 들어, 브라이언은 폭음을 조절하지 못하고 리사는 심각한 우울증에 빠질 수 있다. 두 사람은 더 깊고 포괄적이고 지속적인 헌신이 요구되는 다음 단계로 발전하지 못할 수도 있다. 한편 전쟁, 실직, 부모의 사망이나 임신과 같은 외적 요인들이 관계를 변화시킬 수도 있다. 이러한 예상치 못한 상황들이 다음 단계로의 전이를 촉진하거나 지연시킬 수 있는 것이다. 이러한 상황들이 두 사람에게 너무 큰 압박으로 다가와 자신들이 세운 계획대로 진행해 나가는 데 장애가 될 수도 있다.

브라이언과 리사의 세계를 파악하는 데는 여러 가지 방법이 있고 많은 부분이 고려되어야 한다. 첫 번째는 그들의 관계가 선형적이거나 기계적이지 않다는 점이다. 그보다는 반복적이고 체계론적 시각에서 조망되어야 한다. 두 번째는 서로의 세계를 하나로 조화시키기 위해 그들의 보편적인 관계적 작업이 서서히 진행되어야 한다는 점이다. 그들이 아무리 신속하고 유연하게 잘 적응해 나가더라도 서로 조정하면서 다시 시작해야 한다. 이러한 작업은 개인적으로나 체계적으로 두 가지 수준에서 진행되어야 하기 때문이다. 이 과정은 사회복지사가 가족과 함께 작업을 하든 그렇지 않은 간에 계속된다. 부부나 가족은 한두 회기의 작업에 참여한 이후에 갑자기 작업을 그만두는 경우가 많은데, 한 달이나 일 년 후에 다시 나타나서 초기 계약에서 밝혀진 과업들과 관심사들에 대한 작업을 때로는 꽤 성공적으로 진행해 가기도 한다. 다음에서는 가족 관계들로 이루어진 구조물들을 살펴보고자 한다.

9. 가족 내 개인에게 적용되는 체계적 관점

과정과 구조를 이해하기 위한 체계적 관점은 과정과 구조를 이해하고 그로부터 가족의 상호작용을 이해하기 위한 풍부하고 강력한 도구임이 증명되었다. 체계적 관점의 적용은 가족 연구 영역에서 공통된 정의를 만들어 내고 활용하는 데 기여하였다(Walsh, 1982, 1993). 기능 체계(systems functioning)의 근본적 원칙은 다음과 같다.

- 순환적 과정　이 용어는 모든 가족 체계에 내재하는 반복적인 조직들을 정의한다. 어떤 체계 내에서 한 구성원의 변화는 다른 구성원과 집단 전체에 영향을 미친다. 이는 영향의 순환적인 고리 속에서 연결된 다음번의 첫 구성원에게 영향을 준다. 이러한 연속선상에서의 모든 활동은 또한 반작용적이다. 인과성은 근본적으로 선형적이라기보다 순환적이다(Everett, Russell, & Keller, 1992).

- 의사소통　이는 서로가 의미를 나누는 것으로, 언어적 · 비언어적 행동과 관련된다(Bateson, 1936). 모든 의사소통은 두 가지 기능을 가지는데, 첫 번째는 사실적인 정보, 의견이나 느낌을 전달하는 '내용' 보고적인 측면이고, 두 번째는 정보가 어떻게 수용되는지를 전달하는 데 관계의 본질을 정의하는 '관계' 조망적인 측면이다(Watzlawick, Beavin, & Jackson, 1967).

- 항상성　체계는 내부적으로 역동적인 균형을 유지해 나간다. 모든 체계의 구성원들은 상호적인 강화를 제공하는 피드백을 통해 균형에 기여한다. 체계의 규준에서 지나치게 일탈한 경우, 부정적인 피드백 과정이 긴장을 관리하고 가족 내 평정을 회복하고자 노력한다(Walsh, 1982). 예를 들어, 환경이 변화한다면(효과적인 치료자를 통해) 가족의 안정된 기능은 필연적으로 혼란스러워질 것이다(Dell, 1982; Everett, Russell, & Keller, 1992).

- 가족 규칙   이는 공유되는 규범과 가치, 관계를 정의하는 상호 간의 합의다 (Everett, Russell, & Keller, 1992). 규칙은 제한될 수밖에 없고 가족 체계는 정형화되고 구성원들에게 예측 가능한 것이 된다. 이러한 규칙이 은연중에 내포되건 명쾌하건 간에 안정성 유지를 위해 체계의 상호작용과 기능을 조직한다. 이러한 것들이 조직의 일생과 상호작용을 이끄는 역할과 행동 및 결과에 대한 기대를 제공한다(Walsh, 1982).

- 동일 결과성   살아 있는 체계는 기계적인 체계와는 다르며 특정한 생물학적 목적에 의해 나아간다(Sinnott, 1961). 씨가 어떻게 뿌려지든지 간에 식물의 일부는 태양을 향해 자라고 뿌리는 흙 속으로 뻗는다. 초기 조건들이 각기 달라도 유사한 결과가 초래될 수도 있다(Von Bertalanffy, 1969; Everett, Russell, & Keller, 1992). 잘 기능하는 두 개의 가족 체계는 각기 다른 초기 조건들에서 비롯될 수 있으며 동일한 원인이 다른 결과들을 낳을 수도 있다. 예를 들면, 비슷한 스트레스 상황에서도 한 가족 체계는 해체되는 반면, 다른 가족 체계는 합심하여 대처할 수도 있다. 결국 스트레스에 대한 체계의 지속적인 상호작용 행동양식과 반응들이 차이를 만들어 낸다(Walsh, 1982).

- 불가산성   전체로서의 체계는 부분의 합보다 크며 단지 개인들의 특성을 합한 것으로 설명될 수 없다. 체계의 조직과 상호작용은 각 구성원들의 행동양식이 서로 맞물리는 것을 포함하며 그 행동양식은 구성원 간에 서로를 연결한다(Walsh, 1982).

사회적 상호작용에 대한 이러한 모든 개념들은 브라이언과 리사의 관계에도 적용된다. 관계의 역동적 합의는 관계가 발전하고 성장하기 위해 나아가야 할 방향으로서, 개인적이고 관계적인 과업들로 설명될 수 있다. 브라이언과 리사가 다루는 문제는 가족 발달의 모든 단계에서 다른 방식으로 반복될 것이므로 그들에게 매우 친숙한 주제가 될 것이다. 어떤 면에서 그 과업들은 결혼을 준비하는 단계에서 보이는 매우 전형적인 것이다. 때때로 유사한 과업들을 매우 다른 방식으로 수행해 가는 것처럼 보인다. 아동과 청소년들을 준비시키고 적응시키거나 아동이 성숙되고 자신들의 관계를 발달시켜 나가거나, 브라이언과 리사가 빈둥지 시기를 맞이하게 되는 것과 같이 다양하게 나타난다.

이러한 발달적 변화과정에 따른 정상적인 스트레스와 불확실성 외에도 브라이언과 리사의 관계에는 각자에게 개인적인 과업을 더해 주는 스트레스 요인들도 있다. 브라이언에게는 반드시 다루어야 할 음주 문제가 있다. 리사의 개인사는 자신의 세계에 대해 특별히 어려움을 겪게끔 만들었다. 그녀는 스스로 통제하는 세계에 대해 질서를 부여해야 했으며, 브라이언이 얼마만큼은 통제에 관여하는 것을 허락해야 했다.

이러한 개별과업들은 관계적 변화를 더 위태롭고 어렵게 만들곤 했다. 브라이언은 자신의 음주 문제에 대해 더욱더 책임감을 가져야 한다. 만일 브라이언이 음주 문제를 해결하지 못한다면 그들은 서로 간에 현실적인 관계를 형성하는 데 어려움을 겪을 것이다. 리사는 자신의 불안과 문제를 통제하려는 욕구 때문에 상황을 더 어렵게 만들었다. 그녀는 이것이 브라이언의 영역이라고 주장하기보다는 그들이 함께 꿈을 이루기 위한 변화를 원했다. 그녀는 자신이 원하는 대로 통제되지 않는 욕구 또는 불안과 같은 정서를 다루어 나갈 필요가 있었다. 또한 두 사람이 앞으로 나아가기 위해 함께 다루어야 할 문제들도 있다. 더불어 그들은 서로에 대한 신뢰와 정절을 지키면서 관계를 안정화해 나가야 한다. 이러한 부가적인 스트레스들을 극복하는 것은 관계적 작업의 일부다.

10. 언어와 의사소통: 신혼부부

브라이언과 리사가 결혼 전에 부딪힌 문제들은 결혼 생활 초기에 더 중요한 문제가 될 수도 있다. 그들은 현재 일반적인 차이를 해결할 수 있는 방법은 물론, 서로에 대한 이해와 현실적이고 활용 가능한 관계를 정립해야 한다. 즉, 그들은 조화로운 관계를 위해 공동의 행동양식을 계발해야 한다. 그들은 서로에게 진정한 헌신을 해야 하며, 이때는 자기 자신이 아닌, 자신의 욕구와 기대에 대한 반영이 아닌, 하늘에서 내린 쌍둥이가 아닌, 즉 인간으로서 타인을 대상으로 해야 한다. 거기에는 서로 다른 욕구를 가진, 관계적인 측면에서 무엇인가 기여할 수 있는 타인이 존재하는 것이다. 낭만적인 기분으로 가득한 신혼부부들은 결국에는 자신들의 욕망이나 환상과 결혼했다고 볼 수 있다. 이런 측면에서 보면, 그들은 자신과 결혼한 것이다. 그들은 개인적인 경험과 성숙도에 근거해 배우자가 자신이 기대했던 이미지와 다른 모습을 보이는 경우 자주 실망하게 된다. 그리고 일정 시간이 지난 후에야 비로소 배우자의 '다른 모습들'을 발견하고 받아들이기 시작한다. 그들은 '타자'로서 타인을 발견하고 이에 대한 헌신이 가능해질 때, 언젠가 나타날 '우리'에게도 헌신할 수 있게 되는 것이다 (Hargrave, 2000). 그 과정에는 시간이 소요되고 때로는 그 같은 과정으로 발전되지 않을 수도 있다.

언어와 의사소통은 공동의 생활과 '우리'라는 관계를 함께하는 데 필수적인 공통의 행동양식들을 발달시키는 주요한 도구가 된다. 이는 모든 단계에서 그러하지만 초기 단계에서는 특히 더 중요하다. 관계적 과업들을 수행하기 위해, 부부는 관계적 언어의 의미들을 발달시켜야 하고 서로 의사소통해야 한다. 사회화와 가족 경험들 및 문화적 의미들을 다루어야 하는 이유로 이는 남녀 모두에게 어려운 일이 된다. 사회는 경쟁과 일, 세계화된 경제 등으로 지배당하며, 관계적인 친밀감은 중요시되지 않기 때문이다. 이러한 과업은 특히 남성에게 쉽지 않은데, 그들의 목표와 생활양식은 흔히 성취, 경쟁과 직업 세계 그리고 감정의 부인에 의해 조정되기 때문이다. 각 개인의 경험, 언어, 의미와 의사소통 기술들은 원가족 내에서의 경험으로 형성된다. 부부간에 언어와 의사소통이 없다면 낯선 사람과 결혼한 것처럼 느껴질 것이다. 이때는 오히려 친밀감이 이용당했다고 느껴질 수도 있다. 사회복지사가 신혼부부와 작업하는 초기의 언어와 의미, 의사소통 기술의 발달은 모든 단계의 부부들이 관계를 형성하고 재구성하는 과정에 도움을 주는 통로가 된다. 사회복지사인 사티어(Virginia Satir, 1988)는 언어와 의사소통은 관계 변화의 주요 도구라고 강조했다. 부부가 이 도구들을 잘 다룬다면, 그 효과는 놀라운 것이 된다. 훌륭한 의사소통은 급격한 변화의 계기가 된다. 한편 조력 관계에서 정직한 의사소통이 이루어지지 않는 다면 관계는 후퇴될 수도 있다. 어느 한쪽 배우자가 정직하지 않아 발생하는, 솔직한 의사소통에 대한 기대와 그에 대한 실망은 관계를 가로막고 급격한 정서적 이혼의 계기가 될 수 있다.

　의사소통을 잘하는 것은 매우 어려운 일이다. 이는 학습된 기술이며 관계의 일부로서 사회적으로 구성되는 것이다. 대부분의 사람들은 사실적으로 의사소통하기보다 다른 이들 앞에서 그저 자신에게 이야기할 뿐이다. 이로 인해 진실한 의사소통의 시작이 때때로 위기를 겪게 된다. 상호 간의 의사소통 과정은 항상 두 가지 방식으로 이루어진다. 먼저 대화를 시작한 사람(선도자)의 감정과 사고의 표현이 이루어지고 그 표현에 대한 수용자의 반영적인 반응이 있게 된다. 그 후 상반되는 과정, 즉 상대(수용자)가 표현을 하면 대화를 시작한 사람이 다시 반응한다. 이 과정은 어떤 결론에 도달할 때까지 계속된다. 일상의 대화 속에서 이 과정들은 몇 가지 이유로 자주 경로를 이탈하기도 한다. 첫 번째는 표현하는 이가 자신이 무엇을 느끼고 생각하는지에 대해 정확히 표현할 수 있는 언어를 가지지 못한 경우다. 두 번째는 표현하는 이가 충분히 의사소통하고자 하는 의지가 없는 경우다. 즉, 적당한 언어를 가지지 못해 표현이 애매모호하거나 타인과의 진정한 의사소통을 위한 시도라기보다 자신을 정당화하려는 표현인 것이다.

　의사소통 과정에서 수용은 표현보다 더 어려운 일이다. 수용은 타인에 대한 경청을 포함하며 자신의 느낌이나 그에 따른 선입견 없이 반응하는 능력을 필요로 하기 때문이다. 타인의 입장에 서 보고 타인의 언어를 통해 타인에게 반응하는 공감적인 능력을 발달시킬 때 진정한 의사소통이 가능하다. 대부분의 대화들은 너무 빨리 진행되어 무엇인가가 동반되기가 어렵다. 표현이나 언어가 수용자가 받아들이기에 너무 빠른 것이다. 수용자는 상대방의 말을 그저 듣기보다는 선도자의 말에 대한 자신의 생각을 정리하고 반응을 준비해야 한다. 진실한 의사소통을 하기에는 감정이 너무 많고, 사고와 정서의 병합이 너무 크고,

심지어는 외부로부터의 소음이 너무 많다. '외부로부터의 소음'은 여러 형태를 취하는데, 자동차 소리 같은 실제적인 소음부터 어린이들의 소리나 전화 같은 방해물들 그리고 부모의 기대와 같은 일반적인 사회의 압력 등이 포함된다.

관계를 발전시키기 위한 언어, 표현 및 반응의 영역과 실제적인 의사소통에서 상당히 많은 작업이 진행되어 왔다. 외상 후 스트레스나 성적 학대를 격었거나 암과 투쟁하고 있거나 통제하는 데만 언어를 사용해 온 가정에서 성장한 경우에는 감정이나 사고의 표현을 위한 언어를 찾는 것이 매우 어려운 일이 된다. 이러한 장애는 그 영향권 내에서 관계를 차단할 것이다.

바인가르텐(Kathy Weingarten, 2000), 펜(Peggy Penn, 2001)과 애커먼 가족연구소(Ackerman Institute for the Family)의 학자들은 이 영역에서 훌륭한 일들을 해왔다. 예를 들면, 암 말기 투병 환자들은 자신들의 감정과 사고를 정확히 반영할 수 있는 다른 소리와 언어를 찾아내야 할 필요가 있다는 것이 인정되고 있다. 투병 초기의 환자들은 자신들의 고통을 표현할 만한 언어를 갖고 있지 못할 수 있다. 고통을 더욱 고통스럽게 하는 것은 불공정성에 대한 지각이 다른 모든 고려 사항들을 휘감아 버리는 것이다. 조력자가 고통에 대해 이야기하는 사람에게 반응하는 것은 어려운 일이다. 그나마 이들의 첫 반응치고 괜찮은 것은 공허한 말들보다는 침묵일 것이다. 조력자는 환자가 고통을 표현하고 반영할 수 있게끔 언어와 소리를 찾는 것을 도와야 한다. 이는 조력자가 고통받는 이와 함께 성장하는 과정이다(Reich, 1989). 또한 이것은 모든 사회복지사가 사고를 표현할 수 있는 언어가 없는 상황에서 효과적으로 이끌기 위해 경험해야 하는 과정인 것이다. 대화에 더해지는 공감은 반영을 요구하며 습관들을 중재하지만, 그 과정의 보상은 대화 이상의 것이다.

1) 언어와 의사소통 계발하기

게니(Bernard Guerney, 1977, 1982)는 거의 반세기에 걸쳐 '관계 증진(relationship enhancement)'이라는 과정을 개발해 왔다. 이것은 부부들에게 가르칠 수 있는 표현과 공감적 반응에 대한 통제된 과정으로서 큰 도움이 될 것이다. 선도자는 그들이 논의하게 될 주제에 대한 긍정적인 반영으로 대화를 시작하고 다른 사람과 함께 무엇인가를 하는 것이 자신에게 어떤 영향을 미치는가를 비판적이지 않은 방식으로 묘사하는 나-전달법(Gordon, 1970)을 사용하게 된다. 타인을 비난하는 것에 초점을 둔 너-전달법은 거의 사용되지 않는다. 수용자와 반응자는 이야기된 것에 대한 자신의 반작용을 보류하고 말하는 이의 생각이나 소망, 욕망, 의도, 동기와 내적인 정서 경험(예: 두려움, 슬픔, 기쁨, 초조 등의 감정)을 이해하는 데 집중해야 한다. 어떤 면에서 반응자는 상대방의 입장에 서서 상대방에 대한 깊은 이해를 표현해야 한다. 자신의 개인적인 반응, 사고, 느낌들은 자신이 말할 차례가 되어 상대로부터 동일한 수준의 깊은 공감을 받을 때까지 유보한다(Santana-Grace, 2002). 이러한 대화가 이루어질 때, 그 효과로 양측의 긴장감이 해소되고 논의에 대한 전체적인 맥락이 재구조화된다. 때때로 어느 한쪽이 표현이나 반응하는 데 어려움을 겪는다면, 사회복지사는 말하는 이나 반응자의 역할을 취해 직접 그 인물이 되어 표현하고 반응하면서 그가 이러한 표현에 동의하는지의 여부를 확인한다. 이러한 사회복지사의 역할과 표현이 정확한 경우, 각각 부부의 동의를 얻을 수 있다. 이러한 과정은 공감적인 정확성을 키우고 학습시키는 강력한 도구가 된다(Snyder, 1995). 타인이 보여 주는 표현에 대해 반응하게 함으로써 의사소통 과정을 진행시키고 실재하는 곤경에 처할 가능성을 점차 줄여 나가는 것이다.

다음 사례는 이러한 과정을 잘 보여 준다.

 [사례연구 2-6] 결혼한 지 5개월 된 21세 동갑내기 부부 짐과 셰릴

동갑내기 부부 짐과 셰릴은 논쟁 중에 이미 여러 차례 언어 및 신체 폭력을 겪었다. 짐은 어린 시절 어머니로부터 언어적·신체적 학대를 경험했다. 오직 아버지와의 관계만이 그를 보호해 주었다. 셰릴도 결혼해서 집을 떠날 때까지 언니들과 함께 부모로부터 지속적으로 신체적·언어적 학대를 경험했다. 서로 간의 대화에서 짐은 셰릴을 무시하는 경향을 보였다. 셰릴은 자신을 표현하는 데 어려움을 겪었으며 순환적 논의(circular discussion)에 빠져드는 경향이 있었다. 그녀는 어쩔 수 없이 잘못하게 되는 상황에서도 자신에게 모든 '잘못'이 있다고 보면서도 이러한 상황에 대해 화를 냈다. 그녀는 자신이 '여러모로 부족하다.'며 여러 방식으로 직접적인 표현을 했다. 짐은 이러한 그녀의 강한 신념을 파악하는 데 어려움이 있었다. 부부간의 대화에서 그녀는 외면하는 듯한 자세를 취하는 반면, 짐은 그녀를 바로 보지 않고 빗겨 보았다. 두 사람은 서로 통하지 않았고 이것이 그들을 좌절시켰다. 사회복지사는 그들에게 자신들이 필요로 하는 관계상의 변화가 무엇이며, 그들이 변화시킬 수 있다고 느꼈던 것이 무엇인지에 대해 서로 이야기하도록 하면서 회기를 시작했다. 발언을 시작하는 '화자'는 발언권을 가지는 반면, 상대방은 그 화자를 반영했다. 짐은 대화를 주도했다. 사회복지사는 짐이 셰릴의 이야기를 귀담아듣고, 나-전달법을 사용하며, 부드럽고 긍정적으로 시작하도록 도왔다. 그러자 짐은 셰릴에게 집중하고 그녀를 비난하지 않으면서 진지하게 대화하기 시작했다. 짐은 그녀가 자신에게 반응할 언어를 찾도록 도와야 했다. 셰릴은 그동안 짐이 말하는 모든 것을 비난으로 받아들여 왔다. 사회복지사는 셰릴이 그에게서 무엇을 듣고 무엇을 부족하다고 생각하는지에 대해 도전하도록 도왔다. 마침내 셰릴이 사회복지사의 도움으로 짐에게 정확히 반응했을 때, 그녀는 발언권을 가지게 되었다. 짐도 점차 그녀의 표현에 대해 반영하는 것을 배우게 되었다. 회기 중에 셰릴의 긴장이 풀리는 것이 확연했고 짐을 향한 태도도 변화되어 그에게 집중하고 있었다. 그녀는 짐의 손을 잡으면서 21년 만에 상황이 변화될 수 있고 자신의 관계에 대해 무엇인가를 할 수 있다는 것을 문득 깨닫게 되었다고 이야기했다. 결코 절망적인 상황이 아니었으며, 가능성이 있어 보였다. 그들의 관계는 그녀에게 '공예 과제'로 여겨졌다. 한 번도 느껴 보지 못한 경험이었다. 그녀는 기뻤다. 이 부부는 이러한 기반 위에서 상담을 통해 관계를 만들어 갔으며 원가족 작업을 지속했다. 이것은 매우 어려운 과정이었다. 셰릴은 개인 심리치료도 병행했다. 이혼 위기에 있던 그들이 결혼 생활을 견고히 하는 데 성공한 것은 물론, 이제는 그들과 같은 어려움을 겪는 친구들에게 부부상담을 권하게 되었다.

2) 부가적인 상황: 스트레스와 관계적 과업

(1) 상황적 스트레스

가족 발달의 스트레스와 복합성은 자주 상황적인 스트레스와 혼용된다. 상황적인 스트레스는 가족의 발달과업 완수를 지연하거나 방해할 수 있다. 사회복지사는 가족 생애 과업의 수행을 복잡하게 만드는 다른 요인이 있을 때 가족과 함께하게 된다. [사례연구 2-5]의 브라이언과 리사의 경우, 원가족들과의 문제나 브라이언의 폭음이 그 예가 될 수 있으며, 다른 경우에서는 현재의 과업에 영향을 미치는 상실 등이 있을 수 있다. 이 외에도 입원과 질병, 학대나 이혼, 자살, 수감, 가난과 관련된 것 등 관계과업에 압력을 주는 모든 것들이 여기에 해당된다.

가족 구성원의 상실은 이러한 스트레스의 한 예다. 상실이란 죽음, 특히 자살이나 살인을 포함하며 전쟁이나 교도소 수감, 실직과 관련된 이혼, 질병, 입원이나 별거에 따른 상실도 포함된다. 가족 구성원들은 잃어버린 기능과 관계들을 대체하기 위해 노력한다. 어떤 면에서는 모호한 상실, 즉 상황에 따라 가능하거나 미래를 예측할 수 없는 실종 등이 사망이라는 확정된 상황보다 더 힘들게 느껴질 수도 있다.

이것은 변화와 관련된 한 측면으로 그 자체가 상실처럼 느껴질 수 있다. 가족 구성원이 교도소나 전장에서 언제 집으로 돌아올지를 예측할 수 없는 상황이나, 재혼에 따른 가족의 재편성, 심지어 어려운 시기에 돌아오는 자녀도 가족 구성원들에게 관계과업은 물론, 스트레스를 유발시킬 수 있다. 이러한 경우, 가족 구성원은 학교 문제, 건강관리의 부재, 보호관찰, 가석방, 법정감독이나 지역사회 상황들과 같은 외적 스트레스에 대처해야 한다. 가족 구성원에 대한 내적인 압력은 그들의 정신적 · 신체적 질병이나 알코올중독, 부부간이나 부모와 자녀 간의 내적인 갈등으로부터 기인할 수 있다(Janzon & Harris, 1997). 이러한 스트레스와 압력들이 존재할 때, 사회복지사는 가족뿐만 아니라 학교, 병원, 법정, 아동복지 기관과 함께 가족의 부가적인 스트레스를 다루고 필요 시에는 가족 내 다양한 자원들을 재조직할 수 있도록 돕는다. 이 작업들은 제9장에서 자세히 설명할 것이다.

그 밖에 더 심한 스트레스는 타인과 진정한 의사소통을 하고, 신뢰와 친밀감으로 관계를 맺고, 상호 간에 호혜적인 역할을 하는 능력들에 특히 치명적일 수 있다. 혼외 관계는 부부의 믿음과 친밀감에 유해하다. 이 경우 사회복지사는 부부의 상처를 살피고 신뢰와 친밀감, 균형 잡힌 조력 관계를 회복하도록 그들이 개인적이고 관계적인 과업들을 할 수 있도록 도와야 한다. 알코올중독을 비롯한 여러 가지 중독의 경우, 당사자는 어떤 측면에서 중독 자체와 결혼한 셈이다. 사회복지사는 중독자가 중독(addiction)과 결별하고 배우자와 함께 신뢰와 친밀감, 균형 있는 조력 관계의 회복을 통해 배우자와 재결합하도록 도와야 한다. 이와 유사하게 우울증이나 그 밖의 정신질환 경험이 있는 배우자와의 관계를 회복하고 발달시키도록 도와야 한다. 장애를 가진 자녀의 출산은 부부를 예기치 못한 상황에 처하게 하므로, 부부는 돌보는 역할과 원가족이나 다른 자녀들과의 관계를 조화롭게 변화시켜 나가야 한다. 이는 평생 동안 지속된다. 그들은 기대했던 자녀가 아닌 것에 대한 상실을 애통해 한다. 이와 유사한 다른 모든 상황들이 낳는 새로운 과업은 부부가 살아가기 위해 반드시 다루어야 할 것들이다. 이러한 과업들은 일차적으로 부부의 결속에 스트레스로 작용하며, 이차적으로는 다른 가족들에게도 적용된다. 이에 대한 좋은 예가 리타와 그린 부부가 출산한 다운증후군의 자녀에 대해 사회복지사와 함께 다루어 가는 사례(제6장)에 제시되어 있다.

부부가 같은 수준과 강도로 느끼고 경험하는 스트레스 중에는 다른 가족 구성원들도 경험하는 것이 존재한다. 이처럼 미해결된 문제들이 잔존하는 경우, 구성원들의 관계적인 궤도는 거기서 멈추게 될지도 모른다. 가족의 예기치 못한 사망의 상황이 그 예가 될 것이다. 모든 가족 구성원들은 망자에 대한 상실과 대체될 수 없는 정서 유대, 그와의 관계들, 그의 삶이 자신들에게 주었던 의미들을 애도해야 한다. 또한 모든 가족 구성원들은 그의 죽음에 대한 개인적이고도 관계적인 의미를 고려해야 한다. 그들의 애도 작업은 모든 가족 구성원들과의 관계 속에서 어우러진 가운데 수행되고 성취되어야 한다.

특히 자살은 개인적인 것으로, 가족 관계 속에서 다루어지기에 매우 어려운 것이다. 이혼 역시 모든 가족 구성원들의 지속적인 관계상의 변화를 가져오고 개인적으로는 애도의 과업를 던져 준다. 재혼가족의 형성 또한 가족 구성원의 상실에서 오는 관계 변화의 한 예가 될 것이다. 흔히 재혼가족은 상실된 가족 구성원에 대한 미완의 애도와 새로운 가족 구성원의 적응과 관련된 새로운 관계의 발달 사이에 머물게 된다. 위기는 과업 수행이 잘 안 되거나 문제해결을 위한 조정이 어려운 경우 발생할 수 있다. 이러한 경우에, 가족 구성원들은 미해결된 문제에 대한 지속적인 부담감을 일상과 직업 장면으로 고스란히 가져갈 수 있다. 이러한 부담감은 드러나지 않은 채로 가족들 내부의 가능한 지지 관계들을 단절시켜 버린다. 이 상태가 지속된다면 가족 내부의 관계들은 의례적이고 공허한 것이 될 뿐이다.

(2) 가난과 차별

가족의 삶에 많은 영향을 미치는 또 하나의 요인은 가난과 차별이다. 아폰테는 차별을 겪는 가난한 가족들과 함께 앞서 언급한 미조직화된(underorganized) 가족들에 대해 다음과 같이 기술하고 있다. 미조직화된 가족들 모두가 가난한 것은 아니지만 가난과 차별이라는 환경은 가족의 조직과 구조에 영향을 줄 수 있다. 미조직화된 가족은 문제해결에 대한 제한된 구조들을 지니고 있기 때문에 그 구성원들은 자신들이 지닌 구조를 사용하는 방식이 완고하거나 일관성이 부족하다(Aponte & Van Deusen, 1981; Aponte, 1986, 1994). 따라서 미조직화된 가족들은 더욱 복합적인 구조를 개발해야 할 필요가 있으며, 이전에는 가지지 못했던 구조의 개발이 요구될 수 있다. 가족은 지지적인 외부 환경 없이는 생존할 수 없다. 가족 구성원들은 안전하고, 자녀들이 잘 지도되며, 건강하고 살기에 적당한 곳에 거주하고, 적절한 직업을 가지며, 쾌적한 환경과 함께 외부 사회에 대해 어느 정도 통제력을 가질 수 있는 자원 등을 필요로 한다. 이러한 기반 중 어느 하나라도 가족에게 결핍되거나 환경이 차별된다면 다양한 환경에 대해 개인의 내적 과정들을 다루는 데 여러 방법을 사용할 수 있는 본질적인 구조를 만들기 어렵다. 가난과 차별을 경험하는 가족은 자원이 부족하며, 주인의식과 유대감을 느끼기 어렵고, 주변의 제도적 환경에 의존하거나 신뢰할 수 없다. 또한 가족 구성원 누구라도 경찰, 사법 체계, 학교, 의료 체계나 고용 체계 내에서 효과적인 관계를 맺는 것이 어려울 수 있다. 이러한 외부 체계에 의해 사람들과의 긍정적인 상호작용 통로가 결핍된다면 가족은 효율적인 내적 기능까지도 위협받게 된다(Aponte, 1986).

11. 사 정

사정(assessment)은 가족에게 영향을 미치는 것과 필요한 것이 무엇인지 이해하기 위해 필요한 과정이다. 관계과업의 가족 역동, 외부 사건들과 가족사가 가족 구성원들에게 주는 부가적인 스트레스를 이해하는 것이 중요하다. 관계과업들은 관계 속의 모든 이들에게 개인적이고 관계적인 행동을 하도록 이끈다. 사회복지사는 이러한 협력적인 사정과 개입과정에 누구를 포함시켜야 하는지를 결정해야 한다. 브라이언과 리사는 그들이 개별적으로 혹은 공동으로 무엇을 필요로 하는지 깨달았을 때, 무엇인가를 할 수 있었다. 브라이언이 음주를 중단했을 때 그리고 결혼 전에 맺었던 관계와 행동양식들을 버렸을 때, 리사는 안정감을 느꼈다. 두 사람 모두 현실적으로 상호 간에 의사소통하는 새로운 방식을 배우기 시작한 것이다. 서로에 대한 헌신은 다른 문제들을 초월했고, 이것은 두 사람 모두에게 변화의 기회였다. 결점은 여전히 남아 있으며 어느 시점에서 다시 드러날 수도 있지만, 그들이 함께하는 행동과 개별적 작업은 개인의 행동양식을 변화시키고 그들이 관계를 잘해 나갈 수 있다는 자신감을 가지게 했다. 역설적인 것은, 새로운 관계 체계를 개발하기 위해서 양측 모두가 실제적인 행동을 할 때 수행된 관계적 작업을 통해 개인적인 문제들의 일부를 극복하는 능력이 생긴다는 것이다. 브라이언과 리사는 서로를 위해, 새로운 관계를 위해, 이

전에는 결코 서로를 위해 하지 않았던 무언가를 시도했다. 브라이언은 스스로를 폭음으로 이끌던 개인적인 공허감을 떨쳐 버릴 수 있었으며, 리사도 강한 통제력을 요했던 불안에서 벗어날 수 있었다. 개별과업과 관계과업 모두를 평가하는 것은 사회복지사에게 중요한 일이다. 한 가지를 중재하는 것은 또 다른 것을 중재하는 일이 된다. 사회복지사는 조력 관계와 그 결과까지 관리할 필요는 없으며 그들을 개인적으로 판단하지 않고 결과를 보장하지도 않는다. 초점은 그들이 자신이나 관계의 잠재력을 깨닫고 그 잠재력을 변화 시점에서 경험할 수 있도록 돕는 것에 있다.

가족 발달 관점에서 또 하나의 매우 강력한 기제는 문제가 표준화될 수 있다는 개념이다. 사회복지사는 부부가 경험하고 그 경험들에 대해 무언가를 하기 원하는 것들에 대해 정상 상태로 돌아가도록 도울 수 있다. 문제는 지속적인 관계를 위한 정상적인 발달과 관계과업이라는 측면에서 이해될 때 해명될 것이다. 전쟁과 같은 극단적인 경우에서도 표준화된(normalized) 문제는 주어진 환경에서 기대할 수 있는 어떤 것이 된다. 표준화된 문제에는 무비판적인 언어, 즉 개인적이고 관계적인 과업으로 보다 쉽게 전환할 수 있는 용어가 사용되어야 한다. 이러한 표준화를 위한 구조물들은 공동이나 개인적인 자산들을 통해 문제에 대처하고 관리해 나가거나 문제와 함께 살아갈 수 있으리라는 기대를 가능하게 한다. 통제 불가에 대한 공포와 불확실성은 대처를 어렵게 한다. 이러한 논의들에 대해 브라이언의 반응은 단순했다. 그는 '폭음을 그만둬야겠어.'라고 결단을 내린다. 그에게는 리사가 중요한 존재였으므로 이러한 결심을 바로 실천에 옮겼다. 리사는 자신의 통제에 대한 불안 욕구를 버리려 했고, 동시에 브라이언에게도 무엇인가를 바랐다. 두 사람은 서로 의사소통하는 방법을 깨닫고, 서로에 대한 인간적인 이해의 폭을 넓혀 나가고, 서로를 안심시키고 불안감을 낮추는 등 서로 돕는 것을 배워 나갔다. 브라이언과 리사는 잘 해낼 수 있었다. 왜냐하면 거기에는 다른 한 사람, 즉 전문가가 그들을 위해 있었기 때문이다.

12. 요 약

관계적 과업은 이전 장에서 언급된, 가족생활을 만족시키는 욕구들에 의해 힘을 얻는다. 사회복지사는 이러한 과업들을 함께 수행하는 가족들과 일하고, 적절한 사회 기관들과 함께 유용한 관계 구조들을 재창조해 나간다. 관계적 과업을 수행하기 위한 지름길이나 쉬운 길은 없다. 사실 이 과업은 다른 이들과 함께하지 않고는 이루어질 수 없다. 이전 과업들은 항상 새로운 과업으로 연결된다. 놀라운 것은 그들이 기대한 만큼 관계 과업을 수행해 왔다는 것이다. 그들이 함께해 왔듯이 행동양식을 규명하고, 수행할 다음 단계를 예견하고, 가족들이 이러한 단계를 잘 밟아 갈 수 있도록 서로 도와야 한다. 관계를 위한 시간과 공간은 가족과의 과정의 차원이 된다. 이 장에서는 가족 내의 체계적인 생애주기 변화과정과 의사소통에 사용되는 의사 전달 수단에 대해 탐색했다. 다음 장에서는 가족 내에서 관계적 구조를 발달시키기 위한 사회적 상호작용에 대해 살펴보고자 한다.

📖 참고문헌

Ainsworth, M. D. S., Bleher, M. C., Waters, E., & Wall, S. (1978). *Patterns of Attachment: A psychological study of the strange situation.* Hillsdale, NJ: Erlbaum.

Allen, F. (1942). *Psychotherapy with children.* New York: Norton.

Anderson, D. A., & Worthen, D. (1997). Exploring a fourth dimension: Spirituality as a resource for the couple therapist. *Journal of Marital and Family Therapy, 23*(11), 3-12.

Assagioli, R. (1975). *Psychosynthesis: A manual of principles and techniques.* London:

Turnstone Press.

Aponte, H. J. (1986). "If I don't get simple, I cry." *Family Process, 25*(4), 531-548.

Aponte, H. J. (1994). *Bread and Spirit: Therapy with the new poor.* New York: Norton.

Aponte, H. J., & Van Deusen, J. M. (1981). Structural family therapy. In A. S. Gurman & D. P. Knishkern (Eds.), *Handbook of family therapy* (pp. 310-360). New York: Brunner-Mazel.

Augustine. (1960). *The confessions of St. Augustine.* Garden City, NY: Image Books.

Baldwin, M. W., Keelan, J. P. R., Fehr, B., Enns, V., & Koo-Rangarajoo, E. (1996). Social cognitive conceptualization of attachment working models: Availability and accessability of effects. *Journal of Personality and Social Psychology, 71*, 94-109.

Bateson, G. (1936). *Navan.* Cambridge, UK: Cambridge University Press.

Bayley, M. (2003, April 7). Ten point marriage test. *London Daily Mail*, reprinted in smartmarriages.com, 7 April 2003.

Boszormenyi-Nagy, I., & Spark, G. (1973). *Invisible loyalties: Reciprocity in intergenerational family therapy.* New York: Harper & Row.

Boszormenyi-Nagy, I., Grunebaum, A., & Ulrich, D. (1991). Contextual therapy. In A. S. Gurman & D. P. Kniskern, *Handbook of family therapy II* (pp. 200-238), New York: Brunner-Mazel.

Bott, E. (1971). *Family and social network: Norms and external social relationships in ordinary urban families.* London: Tavistock.

Bowen, M. (1978). *Family therapy in clinical practice.* New York: Jason Aronson.

Bowlby, J. (1969). *Attachment and loss: Vol. 1, Attachment.* NewYork: Basic Books.

Buber, M. (1958). *I and thou.* New York: Scribners.

Buber, M. (1965). *The knowledge of man.* New York: Harper-Collins.

Burr, W., Hill, R., Nye, F. I., & Reiss, I. L. (1979). *Contemporary theories about the family.* New York: Free Press.

Byng-Hall, J. (1995). Creating a secure family base. *Family Process, 34*(1), 45.

Canda, E. (1986). *A conceptualization of spirituality for social work: Its issues and implications.* Unpublished doctoral dissertation, Ohio State University.

Carlton, T. O. (1984). *Clinical social work in health settings: A guide to professional practice with exemplars.* New York: Springer.

Carter, E. A., & McGoldrick, M. (1999). *The expanded family life cycle: Individual, family and social perspectives* (3rd ed.). New York: Allyn & Bacon.

Dell, P. (1982). Beyond homeostasis: Toward a concept of coherence. *Family Process, 21*(1), 21-41.

Donley, M. (1993). Attachment and the emotional unit. *Family Process, 32*(1).

Everett, C. A., Russell, C. S., & Keller, J. (1992). *Family therapy glossary.* Washington, DC: American Association for Marriage and Family Therapy.

Falck, H. S. (1976). Individualism and communalism: Two or one? *Social Thought, 2*(3), 27-44.

Falck, H. S. (1988). *Social Work: The membership perspective.* New York: Springer.

Falicov, C. (1995). Training to think culturally: A multidimensional comparative framework. *Family Process, 34,* 373-388.

Fishbane, M. D. (2001). Relational narratives of the self. *Family Process, 40*(3), 273-293.

Framo, J. L. (1981). The integration of marital therapy with sessions with family of origin. In A. E. Gurman & D. P. Kniskern, (Eds.), *Handbook of family therapy,* New York: Brunner-Mazel.

Gazzaniga, M. (1985). *The social brain.* New York: Basic Books.

Goldenberg, I., & Goldenberg, H. (1996). *Family therapy: An overview.* Pacific Grove, CA: Brooks-Cole.

Goldstein, E. (1995). Psychosocial approach. In J. G. Hopps (Ed.), *Encyclopedia of social work* (19th ed., pp. 1948-1954). Washington, DC: National Association of Social Workers.

Gordon, T. (1970). *Parent effectiveness training.* New York: P. H. Wyden.

Goodrich, T. J. (1991). Women, power and family therapy: What's wrong with this picture? In T. J. Goodrich, (Ed.), *Women and Power: Perspectives for family therapy.* New York: Norton.

Grisez, G., (n.d.). *Fidelity today.* Privately printed document.

Guerney, B. G., Jr. (1977). *Relationship enhancement: Skill training program for therapy, problem prevention and enrichment.* San Francisco: Jossey-Bass.

Guerney, B. G., Jr. (1982). Relationship enhancement. In E. K. Marshall & P. D. Kurtz (Eds.), *Interpersonal helping skills* (pp. 482-518). San Francisco: Jossey-Bass.

Hanh, T. N. (1987). *Being peace.* Berkeley, CA: Parallax.

Hanh, T. N. (1991). *Peace in every step: The path of mindfulness in everyday life.* New York: Bantam.

Hargrave, T. (2000). *The essential humility of marriage: Honoring the third identity in couple therapy.* Phoenix, AZ: Zeig, Tucker & Theisen.

Hazan, C., & Shaver, P. (1987). Romantic love conceptualized as an attribution process. *Journal of personality and social psychology, 52,* 511-524.

Hollis, F. (1972). *Casework: A psychosocial therapy.* New York: Random House.

Hughes, D. (1997). *Facilitating developmental attachment: The road to emotional recovery and behavioral change in foster and adopted children.* Northvale, NJ: Jason Aronson.

Janzen, C., & Harris, O. (1997). *Family treatment in social work practice.* (3rd ed.). Itasca, IL: Peacock.

Josselson, R. (1992). *The space between us: Exploring the dimensions of human relationships.* San Francisco: Jossey Bass.

Ladnier, R. D., Massanari, A. E. (2000). Treating ADHD as attachment deficit hyperactivity disorder. In T. M. Levy (Ed.), *Handbook of attachment interventions.* San Diego: Academic Press.

Lewis, J. M., & Gossett, J. T. (1999). *Disarming the past: How an intimate relationship can heal old wounds.* Phoenix, AZ: Zeig & Tucker.

Mikulincer, M., & Florian, V. (1999a). The association between parental reports of attachment style and family dynamics and offspring's reports of adult attachment style. *Family Process, 38*(2), 243-257.

Mikulincer, M., & Florian, V. (1999b). The association between spouses' self-reports of attachment styles and representations of family dynamics. *Family Process, 38*(1), 69-84.

Mikulincer, M., Florian, V., Cowan, P. A., & Cowan, C. P. (2002). Attachment security in couple relationships: A systemic model and its implications for family dynamics. *Family Process, 41*(3), 405-434.

Minuchin, S. (1974). *Families and family therapy.* Cambridge, MA: Harvard University Press.

Nicholas, M. P., & Schwartz, R. C. (2001). *Family therapy: Concepts and methods.*

Boston: Allyn & Bacon.

Parad, H. (1958). *Ego psychology and dynamic casework*. New York: Family Service Association of America.

Penn, P. (2001). Chronic illness, trauma, language and writing: Breaking the silence. *Family Process, 40*(1), 33-51.

Rapoport, R. (1963). Normal crises, family structure and mental health. *Family Process, 2*(1), 76.

Reich, W. (1989). Speaking of suffering: A moral account of compassion. *Soundings: An Interdisciplinary Journal, 72*(1), 83-108.

Santana-Grace, E. (2002). Correspondance on e-responding between Santana-Grace and Guerney. In http://www.smartmarriages.com 11 June 2002.

Satir, V. (1988). *The new peoplemaking*. Palo Alto, CA: Science and Behavior Books.

Schwartz, R. (1995). *Internal family systems therapy*. New York: Guilford.

Shibutani, T. (1961*). Society and personality*. Englewood Cliffs, NJ: Prentice-Hall.

Shivanandan, M. (2001). Subjectivity and the order of love. *Fides quaerens intellectum, 1*(2), 251-274.

Simon, B. (1960). Ego supportive casework treatment. In *Relationship between theory and practice in social work* (pp. 26-55). New York: NASW.

Sinnott, E. (1961). *Cell and psyche: The biology of purpose*. New York: Harper.

Smalley, R. (1967). *Theory for social work practice*. New York: Columbia.

Snyder, M. (1995). "Becoming": A method for expanding systemic thinking and deepening empathic accuracy. *Family Process, 35*(2), 241-253.

Sullivan, H. S. (1938-1939). A note on formulating the relationship of the individual and the group. *American Journal of Sociology, 4*, 932-937.

Tamura, T., & Lau, A. (1992). Connectedness vs. separateness: Applicability of family therapy to Japanese-families. *Family Process, 31.*

Von Bertalanffy, L. (1969). *General systems theory*. New York: Braziller.

Walsh, F. (1982). Conceptualizations of normal family functioning. In F. Walsh (Ed.), *Normal family processes* (pp. 3-44). New York: Guilford.

Walsh, F. (1993). *Normal family processes* (2nd ed.). New York: Guilford.

Walsh, F. (1996). The concept of family resilience. *Family Process, 35*(4).

Walsh, F. (2003). Family resilience: A framework for current practice. *Family Process,*

    42(1), 4.

Watzlawick, P., Beavin, J., & Jackson, D. (1967). *The pragmatics of human communication.* New York: Norton.

Weingarten, K. (2000). Witnessing, wonder and hope. *Family Process, 39*(4), 389-402.

가족 상호작용과 가족 개입

제3장 가족 상호작용과 가족 개입

이 장에서는 가족 내에서 경험하는 개인과 환경 간의 관계를 탐색해 본다. 가족은 생애주기의 변화를 겪으면서 자신들이 가진 신념, 지각, 의사소통 과정들을 자기 강화적인 행동양식을 통해 지속시키는 관계의 구조물(가족 구조)을 만들어 간다. 여기에 나오는 주제들은 상징적 상호주의(symbolic-interactionist) 사회심리학, 구조주의 가족치료 그리고 가족 의사소통과 결속에 관한 행동주의 연구에 기초한 것이다.

1. 가족 구조의 탄생: 지각과 상호작용

사회복지실천과 가족치료 운동은 인간이 자신이나 타인을 인식하는 방식에 정직성과 타당성이 있다고 가정한다. 이러한 지각은 상호작용의 맥락과 관계의 행동양식 속에 깃들어 있다. 사회적 환경과 개인의 지각은 분리될 수 없는 심리사회적 현상을 구성한다(Hoffman, 1981). 미누친(Salvador Minuchin, 1981)은 "환자들이 병원에 오는 이유는 현실이 그들이 해석하는 대로 움직여 주지 않기 때문이다."라고 하였다. 이는 가족치료에서 무엇이 새로운 패러다임이 될 것인가에 대해 알려 준다. 그것은 인간의 주관적인 경험의 타당성, 외부 세계와의 관계 그리고 흔히 관계 속에 내재하는 긴장을 인식하는 것이다.

상징적 상호주의 사회심리학에서는(Burr, Hill, Nye, & Reiss, 1979; Cooley, 1922; Mead, 1934; Shibutani, 1961; Blumer, 1969) 한 세기가 넘게 같은 문제로 고민해 왔다. 사회적 관계들은 인간의 경험과 상호작용에 의해 창조되었다. 즉, 사람들이 현실을 지각하거나 행동하는 방식, 행위의 패턴은 그들이 만들어 낸 관계 구조와 관련성을 지닌다. 이러한 구조는 복잡하고 반복적인 관계 속에서 개인의 행동양식과 지각을 안정화시켜 나간다. 이는 다음과 같은 세 가지 기본 가정으로 정리된다.

- 인간은 사물이 인간에게서 부여받은 의미에 기초하여 행동한다.
- 의미는 사회적 상호작용을 통해 발현된다.
- 의미는 해석 과정을 통해 다루어진다.[1]

사람들의 행동양식과 그들이 구조화한 세계 간의 관계가 항상 그들의 행동을 일차원적으로나 기계적인 방식으로 예견하는 것은 아니다. 반대로 우리의 지각이 다양화되는 경우, 행동은 다소 불확실해 보인다. 이처럼 불확실한 사회는 상호 간의 의사소통과 행위를 통해 재구성의 기회를 열어 두고 있다. 실제 세계에서 치료자는 개인들 간의 상호교환과 상호작용, 즉 행동양식과 그 결과, 의사소통, 타인과의 관계 맺는 방식, 행위에 익숙해지는 과정 등에 개입한다. 치료자는 이처럼 인간의 상호작용에 대한 개입을 통해 개인이 지각하는 세계를 변화시켜 나간다. 치료자가 가족의 의사소통을 적절하고 창의적으로 돕는다는 것은 가족들이 관계를 유지하고, 자신의 세계를 재구조화하고, 서로에 대해 어떻게

---

1) 보다 자세한 이론의 발달과정과 설명은 Blumer(1971, p. 163), Burr, Hill, Nye, & Reiss(1979) 및 Shibutani(1961, 1979)를 참조하시오.

반응하는지 그리고 서로에 대해 재구조화하는 과정에서 핵심적인 역할을 담당하는 것을 뜻한다.

2. 사회적 상호작용에 대한 일반 개념

1) 사회적 과정

인간의 자의식(self-consciousness), 반응성(responsiveness), 행위 및 상호작용은 자기 자신과 주변인, 의미 있는 타인에 의한 평가에 의해 형성된다. 이러한 평가는 각각 다른 방식으로 지각되고 의사소통되며, 이를 통해 사회적 합의가 형성되고 성숙해 간다. 토머스(Thomas & Thomas, 1928)는 "사람들이 실제로 지각하는 것이 결과적으로 현실이 된다"라는 격언을 통해 사회적 상호작용에서 사회 구조와 인성의 상호 의존적인 현실에 대해 여실히 보여 준다. 사회적 상호작용, 의사소통 그리고 사회적 합의의 발달이 그 과정인 것이다. 이러한 과정은 방해받거나 다소 불확실한 순서로 진행되는데, 결정적인 사건과 고비를 겪으면서 각자의 방향을 찾아 나서는 것이다(Turner, 1970, p. 12). 다시 말하면, 각 사건들이 갖는 즉각적 효과보다 발달과정에서의 기여 정도가 더 중요하다고 할 수 있다(Turner, 1970, p. 8). 상호작용의 일화는 개인의 태도와 기억 속에 잔재를 남기고, 결국 이것이 차이를 만들게 된다. 부부의 입장에서 보면 시간이 경과함에 따라 이러한 일화들이 누적된 결과 계속 함께할 것인지 헤어질 것인지를 결정하게 된다(Turner, 1970, p. 20).

2) 활동적이고 건설적인 자아

사회복지실천에서 활동적이고 건설적인 자아, 사회적 상호작용, 과정, 성장의 개념과 사회의 상대적인 모호성 그리고 마음의 사회적 특성이라는 개념들은 이 분야에서 암묵적으로 오랫동안 인정되어 왔다. 많은 선도적 사회복지사들은 초기 사회심리학자들의 사회적 현실에 관한 보다 복합적인 개념들에 익숙해 있었다. 하지만 실증주의 시기에는 더 복합적인 개념들과 사회적 현실의 기계론적 개념들, 즉 보다 쉽게 경험에 귀인되고 측정이 가능한 것들 간에 갈등이 생겨났고, 후자가 더 과학적인 중요성을 가지는 것으로 여겨졌다.

인간은 활동적이고 문제에 대처해 나가며 적응적이고 어느 정도는 자율적으로 규제해 나간다. 활동적인 인간의 개념은 현재의 발달심리학 영역으로 수용되어(Rank, 1964; Angyal, 1940; Hartmann, 1958; White, 1959; Coelho, Hamburg, & Adams, 1974; Stern, 1985; Brazelton & Cramer, 1990) 오랜 역사를 지니게 된다.

선도적 사회복지실천 이론가인 태프트(Taft, 1926)는 활동적이고 건설적인 자아와 마음에 대한 사회적 특성을 논하면서 자신의 정신적 지주인 미드(Mead)의 '의식의 자아는 자신의 사회적 반응들을 통해 생겨나고…… 사회적 과정, 즉 변화하는 관계들의 지표로서 그 존재를 유지해 나간다.'(p. 10) 라는 문구를 인용하였다. 이러한 인용구는 현장의 임상가들이 경험하는 것들을 나타내고 설명하는 동시에 사회심리학적 이론이 얼마나 유용한지를 증명하고 있다. 태프트는 사람들이 환경에 적극적으로 반응하는 것은 물론, 결정론적인 측면에서 인간이 환경에 의해 영향을 받는 존재라는 단순한 생각을 거부하였다. 인간은 단순히 자신의 역할을 받아들이는 것이 아니라 역할 안에서 그리고 때로는 현재의 사회적 기대들이 가진 한계를 넘어서서 스스로를 만들어 간다.

스멀리(Smalley)는 사회복지실천에 대한 태프트의 개념을 반추하면서, 인간이란 한계 속에서도 자기 발달의 주체일 수 있고, 제약과 가능성으로 이루어진 현실 속에서 인격을 만들어 가는 잠재력을 지녔다고 보았다. 스멀리에 따르면, 인간은 삶의 의지는 물론, 성장하고 문제를 해결해 나가려는 생물학적인 의지를 가진다. 또한 인간은 전체적인 존재가 되려고 하며 자아의 일관성을 바라는 심리적 충동이 있다. 그리고 인간은 개인적 특질을 형성하기 위한 경험을 외부로부터 얻고 활용하는 능력도 가지고 있다(Smalley, 연도 미상). 따라서 사회사업의 목적은 인간으로 하여금, 본인과 그 주변의 한계 내에서 주도와 친교를 위한 스스로의 능력을 발견하고 적극적으로 참여해 활용하도록 하는 데 있다.

3. 부부 관계에 대한 행동주의적 연구

지난 30년 동안 부부가 서로에게 어떻게 반응하고 행동하는지에 관한 많은 연구들이 진행되어 왔다. 부부간의 상호작용에 대한 기존의 가정은 가족들과의 치료적 경험에서 형성되어 왔으며, 평범한 가족들의 상호작용에 대한 관찰에 기초하지는 않았다. 또한 관계 속의 개인에게 가져 온 관심에 비해, 관계 그 자체에는 별다른 관심을 기울이지 않았다(Gottman & Notarius, 2002). 고트먼(John M. Gottman)과 많은 연구자들은 오랫동안 부부들의 상호작용을 관찰했고, 그것에 기초하여 부부들의 관계에 대한 또 다른 가설들을 세우기 시작하였다. 그들은 주로 부부간의 상호작용에 초점을 두었으므로, 그들의 가설은 상징적 상호주의 사회심리학이 제공하는 상호작용에 대한 설명과 흥미 있는 대비를 보였다. 이 장에서는 고트먼의 결론을 상징적 상호주의 이론과 애착 이론에 연결시켜 볼 것이다. 이러한 이론적 기초들은 연구 결과와 임상 사회복지실천 이론 모두에 설명력을 부여한다.

고트먼의 연구의 초점은 부부의 내적인 차이를 문제로 보고 다루는 것에서부터 부부가 서로 간의 차이를 어떻게 다루어 나가는지에 대한 연구 범위로 확장해 나갔다. 그는 어느 정도의 차이와 갈등은 관계 속에서 지극히 정상적이라는 것을 밝혀냈다(1999). 대부분(69%)의 부부들은 여러 해 동안 해결책이 없는 문제들을 경험하고 다루게 된다. 그들이 당장 경험하는 문제의 맥락이 무엇이든지 간에, 이는 첫째, 배우자와의 기본적인 성격 차이, 둘째, 인간으로서 가지는 중요한 욕구에 대한 기본적인 차이 등을 포함하게 된다. 그러나 이러한 차이와 빈번히 되풀이되는 문제들이 부부가 불행하다는 것을 의미하지는 않는다. 특히 놀라운 것은 행복한 부부나 그렇지 않은 부부 모두 비슷한 수준의 차이점들을 지니고 있다는 점이다. 그들을 구분 짓는 것은 이러한 차이점들을 만족스럽게 극복하는 능력이었으며 낭만적인 기운과도 상관이 있었다. 행복한 부부들은 서로에 대해 긍정적인 감정을 가지고 있었으며 이는 부정적인 상호작용에 따른 우발적인 사건들을 압도했다. 부부간에 부정적인 사건이 거의 없어도 상대에 대한 긍정적인 감정이 거의 없는 경우, 북미 문화권에서는 이혼을 예측할 수 있는 사유가 되었다(Gottman & Levenson, 2000). 고트먼은 이러한 연구 결과를 통해 부부 생활의 질과 안정성을 위해서는 긍정적인 경청과 표현적인 행동이 부정적인 반응에 비해 5배 이상 되어야 한다고 결론을 내렸다. 부부간에 부정적인 행동과 기억들이 많아질수록 새로운 의사소통과 행위들은 안 좋은 방향으로 해석되기 때문이다. 즉, 서로 간에 거리감과 고립감이 증가하여 결국 결혼이 파경으로 치닫게 된다(Gottman, 1999).

4. 의사소통 과정과 사회적 상호작용

고트먼의 부부 상호작용에 대한 연구는 가족의 의사소통 과정과 사회적 상호작용을 설명하는 이론들을 개발할 필요가 있음을 지적하고 있다. 의사소통과 관련된 다음의 사례에서 이 두 가지를 구체적으로 살펴보고자 한다(Turner, 1970). [사례연구 3-1]은 40대의 마크와 레슬리 부부, 그들의 딸인 앰버와 그녀의 대학 친구 줄리가 함께하는 대화를 제시한 것이다. 그들은 함께 저녁식사를 하고 있으며, 줄리가 앰버 가족들과 함께 식사하는 것은 이날이 처음이다. 그 전날, 가족 모두가 알고 있는 친구, 앤드리아가 심장발작이 일어나서 병원에 갔던 일이 있었다. 마크는 저녁식사 전에 이 상황에 대해 들었으나, 레슬리는 식사 자리에서 처음 듣는 것이었다.

[사례연구 3-1] 40대 마크와 레슬리 부부의 의사소통 사례

마　크: 존이 오늘 전화했는데…….

레슬리: 이번엔 야채 파스타 소스를 만들었어요. 괜찮아요?

마　크: (숨을 들이키며) 좋지…… 그런데 잠깐, 레슬리. 존이 그러는데 앤드리
　　　아가 심장마비를 일으켰다고 하네. 병원에서 의식을 되찾긴 했는데 아
　　　직 마비 증세가 있다고 하는군.

레슬리: 뭐라고요? 정말 마비가 왔대요? 어느 정도래요?

마　크: 음, 말은 못하지만…….

레슬리: 정말 안 좋은가 보군요……. 회복될까요? 전문의에게 진료를 받으면
　　　비용이 모두 얼마나 들까요?

마　크: 글쎄…… 그건…….

레슬리: 병원에 오래 있어야 할까요? 상태가 좋아져야 할 텐데……. 회복될 수
　　　도 있지만 잘못되어서 사망할 수도 있나요? 마비 증상이 얼마나 갈지
　　　담당의사가 알고 있어요? 식사는 할 수 있고요?

마　크: 음식을 삼킬 수가 없어서 정맥 주사로 주입하고 있다고 하네.

레슬리: 그런 상태가 얼마나 지속된다고 하나요? 왜 음식을 삼킬 수가 없대요?

마　크: (화가 나서) 제발, 제발, 레슬리. 생각 없이 조잘거리는 것 좀 멈춰. 그
　　　많은 질문들에 대체 어떻게 답을 하나! 말할 시간도 안 주면서 말이야!

앰　버: (웃으며) 두 분 다 이상해요. 그렇게 엄마만 계속 말을 하면 아빠가 어
　　　떻게 이야기를 해요?

줄　리: (웃으며) 무슨 일이었는지 이야기 좀 해 주세요. 너무 궁금해요.

마크는 조용히 있다가 마치 고통스러운 뭔가를 삼킨 것처럼 잠시 얼굴을 찡그
렸다. 그러다 갑자기 경직된 표정을 풀면서 미소를 지었다. 앰버와 줄리는 웃음을
터뜨리기 시작했는데, 특히 마크가 분통을 터뜨릴 때 보였던 행동 때문이었다. 마
크가 지껄이는 것을 멈추라고 이야기했을 때, 매우 긴장했던 레슬리도 아이들과
남편을 바라보면서 반쯤 미소를 띠고 머리를 흔들며 웃기 시작했다.

> 레슬리: 줄리, 난 무엇인가를 걱정하기 시작하면 항상 이런 식이야. 마크도 익
> 숙하단다. 미안해요, 마크. 말을 빨리하긴 했지만 내가 마구 조잘거렸
> 다고는 생각하지 않아요.
>
> 마　크: 그래, 감정을 상하게 해서 미안해. 하지만 레슬리, 당신은 때때로 아이
> 들 앞에서 질문을 계속하면서 말을 멈추지 않아. 당신이 그럴 때, 난 말
> 할 기회가 없지. 내게 말할 틈을 주지 않는다고.
>
> 레슬리: (몸을 굽혀 가볍게 남편을 포옹하며) 그래요, 내가 그럴 때마다 당신이
> 어떨지 알아요. 하지만 난 앤드리아가 많이 걱정돼서 그랬어요. 가능
> 한 한 빨리 모든 것을 알고 싶었으니까요.

앤드리아에 대한 대화가 편안하게 계속된다.

이 일화는 마크와 레슬리 부부에게 오래 지속되어 온 상황들 중 하나다. 이 부부에게도 위기의 순간들은 있었지만, 그들은 결혼 생활을 지속해 왔고 이러한 상황을 다루는 데 익숙해 있었다. 마크는 몸짓을 해 가며 존의 전화에 대한 이야기를 시작했다. 그러나 레슬리는 딸과 그녀의 친구를 배제시키는 주제의 대화는 하고 싶지 않았다. 그녀의 첫 반응은 마크가 시작하는 몸짓을 무시하고 주제를 채식주의자를 위한 파스타 소스로 돌리는 것이었다. 그녀는 소스를 만들었고 그 결과에 만족하고 있었다. 손님으로 온 딸의 친구 줄리는 채식주의자였다. 그녀는 마크가 줄리와 앰버를 무시하는 듯한 태도에 마음이 쓰였고, 자신의 대화 주제가 딸과 친구 그리고 자신이 만든 요리까지 포괄할 수 있는 적당한 것이라고 생각했다. 또한 그녀는 남편이 주변에 주의를 기울이지도 않고 손짓을 해 가며 대화를 시작하는 것이 못마땅하게 느껴졌다. 반면 마크는 이 소식이 중요하다고 생각했으므로 상황을 수습해 가며 이야기를 계속했다. 레슬리도 이 소식이 중요한 것임을 알았을 때, 함께 걱정해 주었다. 그러나 그녀는 마크의 말을 여러 차례 중단시켰다. 이러한 그녀의 행동에 마크는 좌절했고, 화가 나기 직전이었다. 앰버는 부모의 이러한 상호작용을 부드럽게 했고 줄리도 일조했

다. 마크는 화가 나서 괴로웠고, 레슬리는 남편의 '생각 없이 조잘거린다.'는 말에 상처받고 당황스러워하며 괴로워했다. 두 사람 모두 이 말이 레슬리에게 상처가 된다는 것을 안다. 앰버와 줄리는 부부가 지닌 상대의 반응과 몸짓에 대한 해석을 완화해 주는 역할을 한다.

이 부부는 과거에 부정적인 상호작용 경험보다는 긍정적인 상호작용 경험이 더 많았다. 그 결과, 두 사람 모두 개인을 빗댄 것으로 받아들일 수도 있는 상대의 반응에 대해 과도하게 경계하지는 않는다(Gottman, 1999). 앰버와 줄리의 존재도 이 상황을 악화시키는 것을 막았다. 그러지 않았다면 부부는 과거의 관계들을 들추어내면서 상대방에 대해 비난하고 자신의 입장을 방어했을 것이다(Gottman, 1999). 이 상황을 수습하려는 서로의 노력이 단시간에 성공을 거둔 것이다. 상황은 재해석되었고 대화 속에서 저녁식사가 진행되었다.

이후에도 두 사람은 그 상황에서 비롯된 감정의 잔재를 해소해야 할 필요가 있다. 그래야만 앞으로의 의사소통 양식에서나 궁극적으로는 서로의 관계로 전이되어 문제를 일으키지 않을 것이다. 레슬리는 마크가 그녀에 대해 '생각 없이 조잘거린다.'고 말한 것을 기억하고 있다. 그녀는 그것에 대해 생각하고 적절한 때 마크와 이야기할 것이다. 마크는 레슬리가 자기와의 대화에서 항상 경청하지 않고 종종 여러 방식으로 말을 중단시킨다는 것을 기억한다. 그러나 마크 역시 경청하지 않는다. 두 사람 모두 서로 간에 대체로 좋은 관계를 맺어 왔음을 알고 있다. 그들이 원하는 것은 상대방에게 이해받는 것이다. 두 사람의 대화는 상식적인 선을 넘지 않았고, 이러한 약간의 곤란한 상황도 서로에 대한 긍정적인 감정을 방해하지는 않는다. 서로 농담을 할 수도 있다. 그러나 여기에는 숨겨진 의미가 있다.

이들의 일화는 몇 가지 이유로 주요한 이론적 의미를 지닌다. 먼저 가족들이 관계를 형성하고 허물어 가는 것이 바로 이러한 상호작용을 통해서라는 점이다. 이 부부는 현재의 의사소통 방식과 과거의 기억들 간에 싸우고 있다. 두 사람은 차이점들을 가지고 있다. 그러나 연구에서는 그 차이를 극복하기 위해서 서로 노력하는 것보다 중요한 것은 없다는 사실을 보여 준다(Gottman, 1999). 간단히 말하면, 마크와 레슬리는 대부분의 경우에는 서로를 인정해 주고 진정한 인격체로 의사소통하고 있다는 것이다. 핵심은 의사소통이다. 의사소통은 스스로의 모습과 관계에서의 서로에 대한 역할을 변화시킨다. 그러나 만약 자기 자신이나 본인의 역할에 근거한 의사소통을 그만두기로 결정한다면 자신이나 다른 사람의 이미지와 이야기하는 것이 될 뿐이다. 더 나은 관계에 대한 욕구와 모든 것들과의 의사소통이 필요하다는 오늘날의 요구들이 부부가 의사소통함으로써 자신들 혹은 그 역할에 대한 상을 바꾸도록 강요할 것이다.

물론 또 다른 선택이 있을 수 있다. 보트(Bott, 1971)는 영국 동부 지역의 기혼자의 결혼 관계를 통해 부부의 평행 관계에 대해 발견했다. 이 부부 역시 보트가 밝혀낸 것과 같은 평행 관계로 발전될 수 있다. 필수적인 것들에 대해 의사소통을 하고 문화적 영향력과 가족 경험이 그들의 역할 개념을 규정해 나가도록 하는 것이다. 이러한 상황에서, 남성은 다른 남성과, 여성은 다른 여성과 친밀해진다. 이는 매우 안정적인 상황이기는 하지만, 역할 개념에 혼란이 생기거나 그들이 관계하는 주변 환경이 부부간의 의사소통을 요구할 때 불편할 수도 있다. 사회복지사는 상황이 안정적일 때, 그러한 평행 관계를 지지하거나 혹은 의사소통 기술을 개발하여 부부가 서로 간의 관계를 수정하도록 개입할 수도 있다.

마크와 레슬리의 일화에서 마크는 레슬리에 대한 '생각 없이 조잘거린다.' 는 생각으로부터 한 발자국 뒤로 물러나서 보게끔 한다. 그리고 레슬리는 남편의 몸짓에 대해 원래 가지고 있던 부정적인 생각을 수정해야 한다. 이는 서로에 대한 이해와 상호작용을 수정하는 매우 중요한 일이지만, 모든 부부들이 이러한 과정을 언제라도 즉시 진행할 수 있는 것은 아니다. 마크와 레슬리가 서로의 이야기를 경청함으로써 의사소통은 발전적인 과정 안에서 확립되어 간다. 이 일화에서 마크와 레슬리는 실제의 레슬리나 마크를 무시하고 각자 자신이 만든 이미지의 레슬리 혹은 마크에게 말하고 있는 것이다. 앞서 지적한 것처럼, 마크와 레슬리는 서로에 대한 부정적인 일화보다는 긍정적인 경험을 더 많이 쌓아 왔기 때문에 부정적인 것들에 대해 웃으며 넘길 수 있었다. 이것이 이 부부가 만들어 가는 의사소통의 음률이다.

1) 고트먼의 '네 기수'

만약 마크와 레슬리가 서로에 대해 상처 입은 채로 상황이 종료되었다면, 둘의 사이는 역기능적인 패턴으로 급물살을 타게 될 수도 있다. 고트먼의 연구(1999, pp. 41-47)는 네 가지 부정적인 행동양식, 즉 비난, 방어, 무시와 비협조성이 지속된다면 대개의 경우 확실히 파경으로 이어질 것이라고 지적한다. 한편 이러한 네 가지 부정적인 지표가 아니더라도 유리된 정서는 파경을 부를 수 있다(Gottman, Driver, & Tabares, 2002). 마크가 앤드리아에 대한 이야기를 굳이 레슬리에게 하려고 애쓰지 않을 수도 있고 레슬리의 반응에 개의치 않을 수도 있었다. 레슬리도 그 소식에 대해 아무런 의견이나 감정 없이 받아들였을 수도 있는 것이다.

(1) 비 난

비난(criticism)은 상대방과 관련된 어떤 부분이 총체적인 문제를 가진다는 것, 즉 상대방의 성격적인 부분에서 영구적으로 문제가 있음을 암시하는 표현 방법이다. 예를 들면, '당신은 항상 그렇게 지껄이면서 내 말을 방해하지.' 와 같은 표현은 불만의 건설적인 표현 방법이라기보다는 비생산적인 비난일 뿐이다. 상대방에 대한 태도를 언급할 때는 '나-전달법' 이 더 효과적이다. 나-전달법은 상대에 대한 공격이 아니며 비난을 바로잡을 수 있는 방법이다. 마크는 '잠깐, 레슬리. 내가 존에 대해 이야기했을 때, 잠시 혼란이 있었어. 내가 미처 이야기를 하기도 전에 당신이 자기 관심사에만 열을 올리면서 소란스럽게 구는 것처럼 느꼈지.' 라는 식으로 나-전달법을 이용해 비난하지 않고 자신의 의사를 표현했다. 실제로 부부들이 일상생활에서 이처럼 전략적으로 표현하는 것이 어려울 수 있다. 그러나 그렇게 하지 않으면 나중에 수습하기가 어려워지거나 안 좋은 기억을 남기고, 되돌릴 수 없는 지경에 이를 수도 있다. 다시 한번 강조하지만 비난에 대한 교정 수단은 나-전달법과 같이 비난하지 않는 방식으로 문제를 진술하고 표현하는 것이다(Gottman, Driver, & Tabares, 2002, p. 393).

(2) 방 어

방어(defensiveness)는 상대방이 지각한 것에 대한 공격으로부터 자신을 보호하기 위한 시도다. 방어 태도는 부부간의 상호작용에서 '왜 날 괴롭혀요? 난 잘못한 것이 없어요.' 와 같이 죄 없는 피해자의 자세를 취하도록 한다.

> 마　크: 당신은 항상 날 방해해. 난 당신한테 뭔가를 이야기하려고 했는데…….
> 레슬리: 그러지 그랬어요! 당신은 항상 내게 이런 식이에요.

방어를 위한 교정 수단은 문제의 아주 작은 부분에 대해서라도 자신의 책임을 인정하는 것이다(Gottman, Driver, & Tabares, 2002, p. 393). 이렇게 한다면 부부는 다시 원래의 대화로 돌아가서 관계를 회복할 수 있다.

(3) 무 시

고트먼은 무시(contempt)는 결혼 생활에서 독약과 같다고 했다. 무시는 상대방보다 자신을 더 높은 위치에 두고 행동하는 비언어적인 표현이다. 일상에서 흔히 볼 수 있는 업신여기는 얼굴 표정의 비웃음 같은 것으로, 상대를 향한 직접적인 표현이므로 긍정적인 의사소통을 방해한다. 고트먼의 연구에 따르면, 안정적이고 행복한 결혼 생활에서 상대방에 대한 무시는 근본적으로 있을 수 없다(Gottman, 1999, p. 47).

> 레슬리: 이번엔 야채 파스타 소스를 만들었어요. 괜찮아요?
> 마　크: 또 시작이군, 수다쟁이 아줌마! 앰버, 네 엄마는 내가 하는 말에는 도통 관심도 없단다. 내게는 말할 시간도 안 준다고.
> 레슬리: (약간 긴장해서 씁쓸하게 미소 지으며) 그래요. 근데, 아는 체하는 아저씨, 그렇게 잘났으면 여기 앉아 있는 딸아이의 손님에게도 주의를 기울이셨어야죠.

무시에 대한 교정 수단은 결혼 생활에서 서로를 이해하는 문화를 만들어 가는 것이다(Gottman, Driver, & Tabares, 2002, p. 393). 무시에 따른 상처는 변화된 관계 속에서 서로의 입장을 배려하는 오랜 기간의 긍정적인 작업을 통해 회복될 수 있다. 이 사례에서 마크는 재빨리 딸과 동맹을 맺으려 했고, 딸은 아버지와 어머니가 그녀와의 동맹을 위해 경쟁을 하는 삼각관계의 갈등 상황에 놓이게 된다. 부부가 이 시점에 이르면 평행 상태로 되돌리기 어려우며 세 사람, 즉 마크와 레슬리, 앰버가 얽혀 돌아가는 춤판이 된다. 다음에서 보게 되는 것과 같이 이러한 동맹은 역기능적인 부부 관계를 고착화시키고 동시에 자녀에게도 심각한 문제들을 유발한다.

(4) 비협조성

비협조성(stonewalling)은 대화에서 듣는 이가 상호작용을 철수하거나, 말을 하지 않거나, 배우자와의 상호작용에서 의지를 보이지 않는 것이 만성화된 상태를 말한다.

> 마　크: (화가 나서) 제발, 제발, 레슬리. 생각 없이 조잘거리는 것 좀 멈춰. 그 많은 질문들에 대체 어떻게 답을 하나! 말할 시간도 안 주면서 말이야!
>
> 레슬리: (차갑게 웃으며) 수다쟁이는 입이나 다물고 자기에게나 무슨 일이 있는지 알아봐야겠군요. (잠시 쉬고) 앰버, 오늘 영어 수업은 어땠니? 줄리도 함께 있었니?
>
> 마　크: 당신이 원하는 대로 해. 난 내 할 말 다 했으니까.

레슬리는 남편과의 대화를 중단하고 갑자기 주제를 바꿔 딸과 그녀의 친구에게 집중한다. 그렇게 함으로써 앰버와의 암묵적인 동맹을 강화하고, 나아가 마크를 고립시키는 것이다. 마크의 불만은 그 표현이 좋지 않았으나, 단지 아내의 질문들이 한꺼번에 다룰 수 없고 그리 중요하지 않다는 것이었다. 결국에는 마크 역시 비협조적으로 대응하여 대화를 단절하고 서로를 고립시키는 것에 대해 경쟁하고 있다. 일반적으로 비협조성은 의식적으로 무엇인가를 숨기는 사람이 무엇을 하는지 알 수 없는 숨겨진 행동양식과 같은 것이다. 이를 위한 교정 수단은 자기 위로와 생산적인 휴식 취하기, 연결 유지 등이 있다(Gottman, Driver, & Tabares, 2002, p. 393). 비협조적인 태도를 교정하려면 오랫동안 반복적인 관계를 통한 작업이 이루어져야 한다. 그래야만 관계가 진정으로 개선될 수 있다(Gottman, 1999).

북미 문화권 부부들의 부정적인 의사소통 사례에서 성별에 따른 다른 상관관계를 볼 수 있다. 연구에 따르면, 갈등 상황에서 여성은 비난을 하는 경향이 있고 남성은 방어와 비협조적인 경향을 보인다. 고트먼은 이러한 연계 속에서 행복한 결혼 생활을 유지하는 남성들은 여성들의 이야기를 경청한다는 사실을 밝혀냈다. 모든 것은 우리가 사랑하는 상대에 대한 긍정적인 감정에서 에너지를 얻는다. 관계의 회복은 본래의 문제보다 더 중요하며, 이를 통해 부부는 부정적인 의사소통 방식을 어떻게 변화시켜 가는지에 관해 배울 수 있다. 부정적인 의사소통 방식이 많았던 신혼부부들조차도 효과적인 회복 과정에 대해 학습한 후 약 6년 뒤 조사에서 약 85%가 더 행복하고 안정적인 결혼 생활을 하고 있었다 (Gottman, Driver, & Tabares, 2002).

앞서 소개된 두 가지 문제적인 대화 방식에서 마크와 레슬리 간의 역기능적인 의사소통은 상대방 배우자에게 대항하기 위한 딸과의 제휴를 통해 강화된다. 헤일리(Jay Haley)가 세대 간 연합(cross-generational coalition)으로 부른 자녀와 한 부모와의 제휴는 많은 경우, 자녀들의 연령과는 관계없이 자녀들의 문제와 깊이 연관되면서 결혼 생활의 토대를 허물어뜨린다(Haley & Hoffman, 1968; Haley, 1980). 이때 부부간의 제휴를 회복하여 합의점을 찾으면 자녀들의 정상적인 사회화도 가능해진다.

2) 의사소통: 회복을 위한 행동양식과 변화

마크와 레슬리는 비교적 건강한 의사소통 양식을 가지고 있었고, 대부분의 경우 성공적으로 회복하고 관계를 재구성할 수 있었다. [사례연구 3-1]에서 그들의 딸과 그녀의 친구는 부부가 문제 상황에 직면하는 것을 어렵게 만들었다.
이는 부부가 바로 관계를 회복할 수 있는 기회를 빼앗는 것으로, 부부는 추후에
이 문제를 다시 다루어야 했다. 사회복지사는 부부상담에서 다루어야 할 문제
들을 희석하거나 덮어버리기보다는 부부가 자신들의 자연스러운 의사소통 방
식을 이용하여 문제를 해결해 가도록 도와야 한다. 이때의 초점은 의사소통 양
식을 회복하고 안정시키는 데 두어야 한다. 이러한 의사소통의 회복을 통해 부
부의 의사결정과 결속의 과정은 보다 더 장기적이고 결정적인 과정 속에서 강
화되어 갈 것이다.

　이러한 관계의 재구조화를 위해서는 작업을 위한 코치로서의 전문가와 상담
시간 내외에서의 진정한 상호작용이 요구된다. 개입의 기술에 대한 열쇠는 상
호작용 과정에 대한 이해이고, 이는 관계를 회복하고 재구조화하기 위해 필요
한 것이다. 또 다른 열쇠는 사회복지사가 대면하는 이러한 과정들 속에서 어떻
게, 어느 시점에 개입해야 하는가에 대한 이해에 있다. 사회복지사는 과정을 파
악하고 부부와 가족이 과정을 재구조화하는 데 무엇이 필요한지를 파악해야 한
다. 부부에게는 재구조화를 위한 책임이 주어진다. 그리고 사회복지사는 코치
로서, 마치 예술가가 자신이 사용 가능한 매체들 중에서 선택하는 것과 같이,
부부가 서로의 관계를 재구조화하기 위해 사용해 온 여러 방법들 가운데서 선
택할 수 있다. 사회복지사는 부부의 문제에 대해 당사자 두 사람과 작업할 수도
있고 혹은 가족 전체에 해당되는 문제에 대해서는 가족과 함께 다룰 수도 있다.

　마크와 레슬리는 매우 순조롭게 의사소통하는 편이다. 다른 부부들의 경우,
이전에 그와 같은 상호작용을 했던 사람이 아닌데도 불구하고 이전의 상호작용
에 대한 특정한 기억이 현재의 상호작용을 궁지에 빠뜨리기도 한다. 심지어 서
로 간에 실재하는 인간으로서의 현실적인 의사소통이 전혀 없는 경우도 있다.
자아는 자신의 기억이나 또 다른의 자신(분신, alter)의 이미지와 의사소통할 뿐
이다. 대화란 자아가 상대와 함께 이야기하는 것이지, 분신과 이야기하는 것이
아니다. 분신도 대화를 하지만, 이 경우에는 상대가 하는 말을 듣지 않고 그들
의 인상에 대해 서로 반응할 뿐이다. 그렇게 되면 어느 쪽도 이해받지 못했다고

느끼며 진실한 관계로 발전될 수 없다. 또한 그들은 대부분의 경우에 자신과 의사소통함으로써 그 상황에 대해 그들이 가지고 있던 신념만을 강화시킬 뿐이다. 이러한 상황을 바꾸려면 서로 진정한 의사소통을 위한 방안을 찾고 이를 통해 함께 작업하면서 관계를 재구조화해야 한다. 사회복지사는 이처럼 어려운 과정을 조력할 수 있어야 한다.

5. 사회적 상호작용

사회적 상호작용이란 현재 혹은 과거에 관계를 맺었던 타인과의 또는 그들에 대한 의사소통 내지 행위를 말한다. 인간은 사회적 상호작용을 통해 의사소통하고, 타인과의 결속과 연결 관계를 발달시키고, 갈등을 경험하며, 역할에 대해 배우고 발전시킨다. 그리고 타인의 역할에 대해 기대하고 결정하고 과업을 수행해 간다. 모든 부부들이 이러한 모든 상호작용을 가능하게 하는 충분한 언어적 상호작용을 하는 것은 아니다. 그들은 일상의 소소한 것들에 대해서는 주로 언어적으로 상호작용할 수 있다. 부부는 자신들이 가진 상호작용 방식의 적절성에 따라 긍정적인 상호작용을 할 수도 있고 그렇지 못할 수도 있다. 두 사람 모두에게 부부 관계가 부모, 형제, 자녀, 친구들과의 관계보다 덜 중요한 경우에는 배우자와의 갈등이 주된 문제로 인식되지 않을 수도 있다.

사회복지사가 미발달된 관계를 지지하느냐 아니냐를 결정해야 하는 상황에서 사회적 상호작용이 의사소통을 통해 수정될 수 있는가를 아는 것은 매우 중요하다. 왜냐하면 사회적 상호작용이 수정될 수 있는 만큼 관계 역시 변화될 수 있기 때문이다. 사회복지사는 사회적 상호작용 과정을 피할 수 없는 사건으로 인식하기보다는 방해가 존재할 가능성이 있는 것으로 이해해야 한다. 개인은 이러한 거래 과정들의 총합, 즉 사회적 동의라는 연결망들을 집단과 가족 내, 직장에서나 시합에서 가지는 소속감을 통해 경험하게 된다. 이것이 사회적 상호작용의 작업이며 사회복지사는 이러한 사회적 상호작용이 이루어지는 현장에서 일부 관계를 재형성하기 위해 개입한다.

6. 결속과정과 취약성

유대(bonds)는 강력하다. 소속감과 애착은 유대 형성을 위한 상호작용 과정이라 할 수 있다. 결속과정의 단계는 가족 형성의 또 다른 단계에 해당한다. 마크와 레슬리의 사례([사례연구3-1] 참조)에서 나타난 대로 결속과정은 과거와 현재에 있었던 상호작용의 반영이다. 이는 상호작용에 의해 형성된 것이므로 끊임없이 변화한다. 마크와 레슬리는 점차 변화했고, 주변 환경들도 변했으므로 그들은 자신들의 유대 관계를 안정시키기 위해 지속적으로 노력해야 한다. 이 부부에게 제시된 대안적인 대화의 예에서 보았듯이, 유대는 미성숙한 문제해결 방식에 의해 약화될 수도 있다. 그러나 과거의 미숙함은 대개 어느 정도까지는 개선될 수 있다. 부부의 유대는 필연적으로 그들의 과거의 상호작용과 원가족에서 행했던 결속에 대한 관습을 반영한다. 때문에 내외적인 변화들이 일어나고 부부가 새로운 환경에 처하면 현재 관계에 의해 과거를 재구조화해야 한다. 그들은 이러한 유대 형성 과정에서 지속적이고 적극적이어야 하며, 이러한 노력을 중단할 경우에 유대 관계가 악화될 수도 있다.

마크와 레슬리의 경우, 이미 서로에 대한 복잡한 유대 관계를 형성하고 있다. 어느 한 유대 관계의 취약성과 악화가 반드시 다른 유대 관계를 어렵게 하는 것은 아니다. 마크와 레슬리가 가지는 다른 유형의 유대를 살펴봄으로써 이들의 관계를 보다 쉽게 이해할 수 있을 것이다.

정체성 유대(identity bonds)는 인간관계를 통해서만 실현될 수 있다. 이러한 유대 관계가 진정한 것이 되려면 우정과 사랑의 복합적인 감정들이 수반되어야 한다. 또한 모든 유대가 다 인간적인 것은 아니다. 예를 들어, 매우 강력한 유대 가운데 하나는 직업이나 과업에 대한 것일 수 있다. 이러한 지위 유대(status bonds)와 과업 유대(task bonds)는 정체성 유대로 연결될 수 있다. 정체성 유대에 대해 설명하기 이전에 지위 유대와 과업 유대에 대해 좀 더 살펴보도록 하자.

1) 지위 유대

　지위 유대는 사회 구성원으로서 가지는 고유한 것이다. 즉, 지위 유대는 결혼이나 가족의 일원 등의 지위로부터 비롯된다. 한 가족의 구성원으로 태어난 아이는 지위를 갖게 되며, 그런 이후에야 비로소 상호작용을 통해 개인적 경향의 유대를 발달시켜 나갈 수 있다. 그럼에도 불구하고 부모에 대한 자녀의, 혹은 자녀에 대한 부모의 지위 유대는 그 관계가 아직 인격적인 것이 아닌 시기에도 매우 강력한 것이다.

　서구사회에서 가족 유대, 특히 부부간의 유대는 사랑에 기반해야 한다는 기대가 있다. 때문에 지위나 신분에 기반하거나 사랑 없는 결혼은 비극으로 여겨진다. 결혼은 많은 집단 내에서 일정한 수준의 성숙도, 명성과 완성도를 암시하며 바람직한 상태로 인정되었다. 기혼인 경우, 미혼에 비해 사회 활동이나 재정적인 면에서의 이점들이 존재했다. 이 유대의 특징은 다른 사람과 결혼한다는 사실보다, 단순히 결혼을 위한 결혼을 할 수 있다는 것이다. 전통적인 사회에서 (중매결혼이 있는) 역시 어느 정도의 지위 유대가 있기는 했지만, 타인과 관련되는 다른 유대들은 추후에 발달되는 것으로 기대되었다. 이러한 의미에서 지위 유대는 더 개인 지향적인 유대의 추후 발달을 위한 경로가 될 수 있다. 이 유대가 가지는 힘에 대한 예를 들면, 서구사회에서는 사랑이 없는 경우에도 결혼을 유지하는 것이 고려할 만한 상당한 유인가가 됨을 볼 수 있다. 또는 입양의 경우, 아이에 대한 친부모의 유대가 단절되고 입양 부모의 유대가 그 관계를 대체하게 되는 것이다.

2) 과업 유대

　과업 유대란 공통 혹은 분담 과업을 해 나가는 데서의 협력을 뜻한다. 과업 유대는 과업이 완수되면 소멸되지만, 더 심오한 결속과정으로 가기 위해 효과적으로 활용되는 경로이기도 하다. 과업에는 일상의 여러 측면들이 포함되어 있다. 학급이나 조직의 일원이 되는 것, 어려운 시험을 함께 치루어 나가는 것, 힘든 훈련을 받고 여름 캠프에 함께 참여하는 것과 같은 경험들은 더욱 돈독한 우정을 쌓도록 하며 이러한 유대는 오랫동안 지속된다. 가족 구성원 사이에서는 과업의 역할이 맞물림으로써 구성원 간에 상호 의존적인 관계를 형성한다.

학교 졸업과 같이 이정표가 되는 일들과 개인적인 발달과업은 과업 유대로서 중요한 의미를 지니며 가족에게 축하받을 만한 일이 되곤 한다. 그리고 미완성의 행위는 또 다른 유형의 과업 유대로 볼 수 있다. 분담된 과업과 미래에 대한 목표, 심지어 그것이 채무와 관련된 유대이더라도 하나를 성취하면 그다음 목표를 향해 끝없이 나아가면서 미완성의 행위라는 강력한 유대를 통해 가족들이 함께해 나가도록 서로를 독려한다(Turner, 1970).

3) 반응 유대

개인과 자아(ego)가 분신(alter)에 습관적으로 반응하는 것처럼, 분신인 타자(the other)가 자기(the self)인 자아에 습관적으로 반응하는 방식은 반응 유대를 만들어 낸다. 자아와 또 하나의 자아가 함께하는 방식인 반응 유대는 관계를 유지시키는 기억을 구성하는 주요 요인이다. 반응은 자아 속에서 호의적인 자아상(self-image)과 '우리'라는 동일시를 일으킨다. 이러한 경우, 상호작용은 계속적인 긍정적 반응과 치유를 기대하는 관계 속에서 지속된다. 마크와 레슬리의 상호작용은 서로 간의 반응성과 회복 정도를 지속적으로 시험해 나가는 과정을 보여 주었다. 이로써 관계의 의미, 자아개념이나 타인에 대한 개념 그리고 관계 그 자체, 즉 '우리'를 강화시켰다. 만일 관계가 사망으로 중단되는 경우에는 모든 유대가 다 손실되는 것으로 여겨질 수 있으며 그중 '우리'라는 의식을 잃는 것, 즉 손실된 반응 유대가 가장 안타깝게 느껴질 것이다. '우리'를 알던 타인과 관계하면서 그에 대한 상실감을 느낄 때, 사람들은 남겨진 사람들과 다른 방식으로 관계하려고 한다.

4) 정체성 유대

서구사회에서의 가족의 유대는 사랑이라는 복합적인 감정에 기반한다는 기대 때문에 정체성 유대는 매우 중요시된다. 정체성 유대는 타인의 경험을 마치 자신의 것처럼 느끼고 이해하려는 인간 특유의 유대이다.

마크와 레슬리의 복합적인 의사소통은 상대방의 경험 및 상대방을 이해하고 수용해 나가려는 모든 노력과 관계된다. 레슬리가 남편의 말을 가로막아 상처를 주는 것이나 남편의 말을 듣지 않는 것은 마크가 그녀에게 '생각 없이 조잘거린다.'고 했을 때 받은 상처에 대항하는 것이다. 양쪽의 태도 모두 고의성이 있는 것으로 받아들여졌고, 그래서 앤드리아의 입원이 갖는 외적인 의미 이상으로 대화 양상이 치닫게 되었다. 다행히 두 사람 모두 이 상황을 수습하려고 했기 때문에 정체성 유대가 유지될 수 있었고, 순조롭게 다루어졌다. 그러나 만약 이들이 이 사소한 언쟁을 수습하려는 의도가 없었다면 관계는 각자의 민감한 정체성으로 인해 충돌하고, 결국에는 비난, 방어, 무시, 비협조적인 태도가 지배하는 관계로 악화되었을 가능성이 높다. 이러한 의미에서 정체성 유대는 매우 상처받기 쉽고 애정이나 헌신을 위한 변함없는 관계적 작업을 요구한다. 사회복지사는 이러한 관계 작업에 코치로서 기능한다.

정체성 유대는 타인의 경험을 자신의 것처럼 이해하는 공감을 바탕으로 한다. 이러한 유대는 매우 공격받기 쉬우며, 개인들에게 취약한 영역이기도 하다. 사람들은 자신의 경험과 타인과의 경험을 통해 변화한다. 성(gender)이라는 경계와 사회화(한 세대가 다른 이들의 행동에 대한 책임을 지니는) 과정에 내재한 세대 간의 긴장은 장애를 만들고 정체성 유대를 약화시킬 수 있다. 전환과 긴장의 시기에 지위 유대와 과업 유대는 기존의 정체성 유대가 회복되거나 새로운 유대가 형성되기까지 관계를 안정화할 수 있는 일종의 안전망이 된다.

공감적인 이해란 타인이 무엇을 느끼는지 알거나 짐작하거나 또는 그 감정에 빠져서 조망을 잃지 않은 채 상대방을 안타깝게 여기는 능력을 뜻한다. 이는 강력한 유대를 위한 기반이 되고, 인간으로서의 존엄에 대한 상호 이해를 강화함으로써 변화의 원동력이 된다. 더불어 관계를 안정시켜 나갈 수 있다. 타인에 대한 공감적 이해는 관계 회복에 매우 중요한 도구가 될 수 있다. 사회복지사는 공감적 이해의 범위 안에서, 자신들의 임상 기술을 활용하고 가족들이 상호 간에 가능한 유대를 발달시켜 나가도록 지속적으로 작업해야 한다.

5) 정체성 유대의 분열

정체성 유대는 연계와 분리 모두를 나타내며 한쪽에 대한 연민이나 다른 쪽에 대한 유리의 극단으로 치달을 수 있다. 공감(sympathy)은 의견 차이 없이 다른 사람이 느끼는 대로 자신도 느끼는 것을 말한다. 공감한다는 것은 동일한 감정을 나누고, 동일한 관심사를 확인하며, 동일한 태도를 취하고, 동일한 것을 좋아하거나 싫어하게 된다는 것을 의미한다. 밀착된(enmeshed) 가족은 서로 간에 지나치게 얽매여 있다. 이러한 가족은 가족 구성원들이 관계 속에 너무 단단히 얽매여 있기 때문에 여러 가지 경계들, 특히 세대 간의 경계가 제대로 기능하지 못하며 동맹은 세대 내에서보다도 세대 간에 존재할 가능성이 크다. 이들 가족에게는 어떤 갈등이나, 심지어 차이들조차도 위협적이고 억압적일 수 있는데, 이러한 구조가 부정적으로 작용하는 경우에는 가족 구성원들의 성장과 개성이 억압될 수 있다.

또 다른 극단적인 경우는, 앞서 언급한 경우와는 반대로 서로 관련이 없어 보이는 격리된(disengaged) 가족이다. 이러한 가족은 마치 상호 간의 대화나 요구에 개의치 않는 별개의 독립된 개인들에 가깝다. 격리된 가족은 가족 구성원들의 대처를 위한 노력에 대해 지지하거나 언급하는 것을 거의 하지 않는다(Minuchin, 1974). 격리는 실패한 정체성 유대가 고립된 정서로 표출되는 것을 뜻한다. 이 경우에는 낯선 사람에게 가질 수 있는 감정에 비해 더 강력한 감정을 수반한다. 이러한 의미에서 격리 역시 서로를 피하고 거리를 두어 온 사람들이 맺어 가는 정서 유대인 것이다. 이와는 반대로 공감적인 정체성 유대는 건강한 결속과 분리를 차별화해 나가고 허용한다. 건강한 유대를 형성시키기 위하여 사회복지사는 가족 구성원들에게 서로 다른 상황에 대한 차이를 이해시키고, 가족 단위 내에서 융통성 있는 역할을 발전시켜 나가도록 도와야 한다.

현재의 상호작용을 통해 형성된 유대라는 개념은 과거의 유대, 빚, 유산들이 빚어낸 보이지 않는 헌신적인 애정과 애착에 대한 이해로 풍요로워지고 다음 세대로 전수된다(Boszormenyi-Nagy, Grunebaum, & Ulrich, 1991). 부부 관계에서 서로를 방해하지 않는 관계를 만들어 가려면 각자가 현재의 상태에 영향을 미치는 이전의 관계에서 비롯된 관계적인 유산을 다루어야 할 필요가 있다. 개인의 현재 관계는 과거 관계와 유사한 것으로 여겨지고 그에 따라 반응하게 된다. 과거에 경험한 관계에 대한 개인적인 작업은 현재의 관계라는 맥락 안에서 수행될 수 있으며, 현재의 관계 역시 과거에 맺었던 관계 맥락 내에서 다루어져야 한다.

6) 세대 간 연합

가족 내에는 많은 양자 관계(dyadic units)가 있으므로 다양한 질적 수준의 정체성 유대가 발달될 수 있다. 잠정적으로 이는 다른 관계들의 안팎에서 개인의 관계를 삼각관계로 이끌 수 있음을 의미한다. 삼각관계란 세 사람 간의 불안정한 관계를 의미한다. 두 사람은 제삼자를 멀리하거나 제삼자를 공동의 관심 대상으로 삼아 가까운 관계를 유지할 수 있다. 부모와 자녀 관계에서 한 부모를 제외한 다른 한 부모와 자녀 간의 긴밀한 유대는 가족 내 세대 간의 정상적인 위계를 허무는 것이다. 이는 부부간의 유대에도 영향을 미칠 수 있으며, 자녀가 타인과의 건설적인 관계를 맺는 잠정적인 대인관계 능력에도 영향을 미친다. 부모와 자녀 간에 삼각관계에 놓인 경우, 자녀는 한 부모에게 밀착된다. 마찬가지로 중재 역할을 하는 자녀 역시 부부 사이에 끼어듦으로써 자신과 부모의 거리가 부부 사이보다 더 밀착된다(Bell, Bell, & Nakata, 2001, p. 176; Vogel &

Bell, 1960).

또 다른 양상은 부부가 증상을 보이는 자녀에게 가지는 공동의 초점의 이면
에는 부부 관계의 긴장을 의식하지 않거나 부부 문제에 대한 해결을 지연시키
려는 의도가 숨겨진 경우이다. 일부 연구자들은 이러한 삼각관계가 부모가 자
녀의 욕구를 정확히 지각하거나 반응하는 것을 방해함으로써 자녀에게 좋지 않
은 영향을 미칠 수 있다고 본다(Bell, Bell & Nakata, 2001, p. 177). 어느 정도의 삼
각관계는 자녀가 있는 가정에서는 자연스러운 것일 수 있다. 특히 성 역할 동일
시 과정은 고유한 것이다. 이때 사회복지사는 부자간이나 모녀간의 관계 밖에
서 부모를 도와주어야 한다. 예를 들면, 발달적으로 건강한 관계에서 부모가 불
필요하게 도전하지 않도록 제지하면서 진행해야 한다.

7. 역할 발달과정

역할은 도달해야 하고 사회적 상호작용을 통해 학습되도록 기대되는 일련의
행동들이다. 역할은 지위라는 보다 정적인 개념과 자주 혼동되지만(Linton,
1936), 역할이라는 용어를 사용함으로써 더 역동적이고 관계적인 개념을 표현할
수 있는 것은 물론, 상호작용의 산물이 된다. 개인이 역할을 얼마만큼 적극적으
로 수행하느냐에 따라서 일정 한도 내에서 많은 변화의 가능성을 가진다. 현존
하는 가족과업은 복합적으로 얽혀 있어서, 역할은 또 다른 이와의 관계에서 그
랬던 것처럼 관습에 의해 규정되지 않는다. 즉, 나의 역할을 받아들이기 위해 나
(ego)는 다른 나(분신, alter)와의 관계 속에서 역할을 이해해야 하고 나와 관계된
또 다른 나(the other)를 이해해야 한다. 이는 내가 스스로의 역할을 배우고 이행
할 뿐 아니라 나의 역할과 관련된 또 다른 역할을 이행할 수 있다는, 즉 나의 역
할과 관련된 다른 이들의 호혜적인 역할도 이해할 것을 요구한다. 제2장의 [사
례연구 2-3]에서 소개된 필과 사라의 상황에서 사라의 악화된 건강 상태는 서
로 간의 욕구와 상황에 적용시켜야 하는 것으로 고정화된 역할의 개념을 변화

시키고 개정할 것을 요구한다. 이를 위해서는 부부간에 그리고 부모와 자녀 간의 의사소통을 발달시켜 나가야 한다. 부부는 역할에 대한 내재적인 이해로부터 의사소통에 기반한, 보다 외현적인 것으로 변화시켜 나가야 한다. 상호작용은 역할의 발달과 더불어 진행된다.

미드는 공을 주고받는 자아와 자기 분신의 예를 든다. 공을 던지는 행위는 공을 받는 사람의 움직임을 기대하는 것이며, 공을 잡는 행위는 공을 던지는 이의 움직임을 기대하는 것이다(Mead, 1934). 사라의 건강 악화에 의해 생긴 그들의 역할에 대한 논란을 해결하기 위해 필은 사라를 이해한 상태에서 의사소통을 해야 하며 사라 역시 마찬가지다. 이러한 상황에서 필수적인 가족의 발달적 변화는 적절한 의사소통을 통해 가능해진다.

필과 사라의 경우에서처럼 타인의 역할을 인식하는 것은 자신의 습관적인 역할 기대와 타인의 욕구 간에 갈등을 인식하도록 이끈다. 가족 구성원들은 흔히 자신의 역할을 수정하려 하거나 다른 구성원들의 욕구에 더 만족스럽게 부응하고자 새로운 방식을 도입하기도 한다. 아버지는 역할에 대한 자신의 기대가 아들이 가진 욕구와 불일치할 때, 자신의 역할을 수정해야 할 수도 있다. 이러한 수정은 상당한 어려움을 야기할 수 있으므로 아버지는 아들이 자신에 대해 가지는 역할 기대를 바꾸도록 돕거나 모두에게 만족스러운 제3의 해결책을 고안해 내야 한다.

역할에 대한 암묵적인 이해가 수정될 수 있다는 가정하에 역할 학습과 역할 형성 과정은 호혜적으로 자아와 분신을 포함하면서 진행되며, 호혜성의 원리(principle of reciprocity)—나의 책임은 다른 이들의 역할 수행을 조건으로 함—하에서 공동의 의무와 규칙 체계가 형성된다.

이러한 규칙들은 자아와 분신을 호혜적인 관계에 놓이게 하며, 이 같은 이해를 위반하는 경우, 위반에 상응하는 책무로부터 자아를 벗어나게끔 한다. 어느 경우라도 이러한 역할 수정에 대한 공동의 합의는 진공상태에서 일어나지는 않는다. 어머니에 대한 아버지의 관계와 그의 형제에 대해 아들이 갖는 관계처럼 모든 변화와 관계는 영향을 주고받는다. 가족 내에서의 상호작용은 비교적 순조롭게 이루어지므로 일반적으로 개인의 많은 가능한 역할들은 군집화되거나 분할되며, 각 가족 구성원들은 일련의 행위들을 자신의 것으로 확립해 나간다. 이러한 활동들은 흔히 가계부 기록, 세금 계산, 공과금 납부 등과 같이 서로에게 관련된 것이다. 가족 구성원들은 일반적으로 자신의 역할 내에 머무르도록 기대되며 다른 역할에 해당하는 행동을 시도해 보지 않는다(Turner, 1970). 구성원들은 필요에 따라 다른 사람들의 역할을 수행하기도 하지만, 본래 그 역할을 수행해 온 구성원과의 협상 과정이 동반되어야 한다.

역할 경계는 오랫동안 빈번한 상호작용에 의해 발달된다. 이러한 경계는 한 구성원이 융통성 없고 부적응적인 방식으로 역할에 접근하면, 다른 구성원도 부적응하여 두 사람 모두 실현 가능성이 부족한 체계를 지지함으로써 심각하게 왜곡될 수 있다. 혹은 개인이 독특성이 없거나 연결망의 기대인 객체로서의 나(me)로부터 분리된 주체로서의 나(I)도 없을 것이라는 암묵적인 역할 기대에 빠지게되는 경우도 있다. 이러한 경우, 잠정적으로 가족 구성원 간에 충돌이 생기거나 위기를 겪으면서 그들은 개인적인 행동을 멈추게 되는데, 이때 가정은 인간으로 성장할 수 있는 장소가 된다. 만약 한 구성원이 인간으로 발전할 수 없는 경우, 가족의 다른 모든 구성원들까지 여러 면에서 영향을 받게 된다.

일단 역할 체계가 발달하면 가족 내 과정들은 형성된 균형 관계를 지속하고 가족 구성원들이 다른 역할을 수행할 가능성을 배제시켜 나간다. 만일 한 구성원이 가족에게 발생한 갈등에 대해 중재자의 역할을 한다면 다른 구성원들은 그가 안정적이고 편안한 균형을 회복하도록 중재해 주기를 기대하면서 갈등을 덜 일으키게 된다.

마크와 레슬리의 일화([사례연구 3-1] 참조)에서 딸 앰버는 아버지와의 동맹 경향을 보이기도 했으나 빠르게 부모들을 중재했다. 중재자로 전환하는 속도와 거기서 느껴지는 능숙함은 이전부터 그녀가 이 역할을 해 왔음을 보여 준다. 하지만 앰버가 이런 식으로 체계의 균형을 유지했기 때문에 오히려 부부가 서로 간의 갈등을 표면적으로 다루는 기회를 방해해 왔을 것이라는 추측도 가능하다. 이런 식의 앰버의 중재 역할은 오랫동안 유지할 수 있는 안정성을 대가로 치르면서 당장의 현상 유지와 안정을 가져왔을 수 있다. 그러나 가족 내에서 그녀의 영향력과 입지는 중재자로서의 역할에 제한되어 있을 수 있으며, 그녀의 역할은 다른 구성원들이 반복하지 않는 한 그 중요성이 감소될 수도 있다. 앰버의 역할 변화는 정상적인 가족의 기능을 약화시킬 것이며, 당연히 일어나야 할 과업 완수의 실패에 대한 그녀의 책임을 유보시키기도 한다. 앰버가 없었다면 관계가 교착 상태에 빠졌을지도 모를 부부 사이에서 그녀가 매우 중요한 역할을 해 왔다면 그녀 역시 삼각관계에 개입된 것이다. 때문에 그녀가 다른 이들과의 관계를 형성하기 위해 단단하게 맺어진 삼각관계 속에서 벗어나는 것은 매우 어려운 일이다. 즉, 경직된 관계 체계 내에서 새로운 이들과 관계를 맺는다는 것은 이전 체계를 완전히 벗어나지 않는 한 결코 쉬운 일이 아니다. 하지만 그녀는 중재자 역할 속에서 진정한 자기 자신을 잃어버릴 수도 있다. 따라서 앰버가 변화하려면 가족이 혼란 상태와 오해를 견디고 그 결과로 역할에 대한 새로운 합의를 발달시키고 이를 실행에 옮겨 가야 한다.

8. 가족 구조와 의사소통

　가족이 이행해 온 역할 양식은 영속성을 지니는 것이며 기억과 의사소통을 통해 가족 구조로 통합되어 간다. 가족 구조는 합의로 이루어진 관계망인데, 일단 형성되고 나면 가족의 기능에 필수적인 조직이 된다. 이렇게 각기 다른 수준의 의사소통을 가족 구조에 대한 조직과 관계의 도표화(sociogram)를 위해 나누어 볼 수 있다. 이 작업을 통해 서로 얽혀 있거나 갈등 관계에 있는 3인 또는 2인의 하위 집단(two-person subgroups)을 그려 볼 수 있다. 이러한 구조에서는 역할의 특수화에 따라, 특정한 의사결정에서 안정적인 권력이 자주 관찰된다. 이러한 하위 집단이 내적인 합의를 도출한다면, 동맹과 제휴를 발달시키고 중요시되는 분야의 의사결정 과정에서 힘을 얻을 수 있다.

　이러한 합의는 행위자의 상대적인 고정성과 기대되는 행위를 포함하므로 그들이 변화하는 것은 어렵다. 이러한 구조에서 특정 구성원의 변화를 시도하는 개인은 그들의 저항에 필연적으로 맞닥뜨리게 된다. 가족의 어떤 구성원들은 변화를 시도하는 개인들을 미묘하게 혹은 강력하게 원래의 역할로 되돌리려고 할 수도 있다. 이것은 비록 이전의 역할이 그 가족에게 이롭지 못하다고 해도 가족이 보유해 온 행복과 일체성(wholeness)을 기존 가족 구조의 유지라는 면에 의존해 왔으므로 이전의 익숙한 역할을 계속 수행하려는 것이다.

　우리는 흔히 가족의 의사결정 과정에서 강력한 영향력을 행사하는 사람을 가족의 권력자(dominant)라고 생각한다. 의사결정에 대한 영향력은 의사소통 능력과도 밀접한 관련이 있다. 흔히 권력자는 가족의 특정한 문제와 관련해서만 지배적일 수도 있다. 이러한 지배력은 의사결정에서 더 큰 힘을 발휘하며, 권력자가 보다 중요한 능력을 지니고 있다는 신념을 유지하려는 가족 구성원들에 의해 지속되기도 한다. 대부분의 가족들에게서 권력은 가족의 하위 집단 간에 의사소통과 동맹 관계를 발달시키는 능력과 같이 고유한 것으로부터가 아니라 보다 기능적인 면에서 비롯된다. 또한 가족 하위 집단 간의 의사소통 능력이 향상될수록 의사결정에 미치는 영향력도 커진다. 이때 가족의 의사소통 중심에서 '교환수' 역할을 하는 구성원은 다른 구성원들의 협조를 이끌거나 의견을 조정하기 위해 말을 과장하거나 검열하기도 한다. 제2장에서 제시된 미구엘과 주아나([사례연구 2-4] 참조) 그리고 사라와 필([사례연구 2-3] 참조)도 외적인 기준보다 자신들의 관계에 대한 개인적인 차원들에 더 민감한 경향이 있었으므로, 그들의 행동양식들을 비교 평가했던 권력과 중요성에 대해 재평가하고 조화를 이루어야만 했다.

　문화적 가치와 가족 고유의 보수적인 특성은 변화하는 자아 개념과 가족 구성원의 행위에 참조의 틀과 안정성을 제공한다. 구조란 과거에 이루어진 합의와 권력의 균형을 반영하므로 가족 구조는 가족 구성원들의 변화하는 정체성에 크게 뒤처지게 된다. 의사소통으로 유지되는 가족 구조는 자신들의 역할에 대해 새로운 해석을 하려는 구성원과 변화되지 않은 구조를 유지하려는 구성원 간의 갈등으로 위기를 겪게 된다. 이러한 세대 간의 갈등은 각자 자신이 가진

정의를 변화시키고 생애 단계의 요구에 대처해 감으로써 마침내 가족 구조에 새로운 변화를 만들어 낸다. 가족 외부에 다른 자아 개념을 지지하는 힘들이 존재한다면 이러한 갈등은 변화의 가능성을 더욱 높여 갈 것이다.

9. 사회화: 의미 구조의 획득

사회화는 가족 구성원들이 사회에 대처하는 방식을 학습해 가는 수단이다. 사람들은 의미 있는 타인들과의 지속적이고 다차원적인 상호작용을 통해 현실과 가치, 납득할 만한 동기 및 감정 또는 사람들의 행동에 내재된 의미를 해석하기 위한 하나의 조직을 만들어 간다. 이러한 의미 구조는 개인 경험을 통한 다양한 행위자의 관점에서 혹은 사람들의 행동과 역할을 인식해 가는 과정 속에서 습득된다.

발달심리학자들은 타인의 역할을 이해하는 능력이 성숙도의 중요한 척도가 될 수 있다고 보았다(Kohlberg, 1969; Selman, 1976). 특히 가족 구성원 가운데 발전하는 개인의 경우에 더욱 그러하다. 이러한 조직은 자아, 타인 그리고 지속적인 대처 양식으로 일반화되어 가는 역할들을 포함하며, 모든 부모-자녀 관계에 고루 영향을 미치고, 역할 분화나 의사결정과 같은 가족 상호작용의 다른 측면에도 영향을 준다. 이는 가족 내 긴장과 만족의 특별한 근원으로 더해지기도 한다. 사회화는 부모와 자녀 간의 동등하지 않은 권위에 기반하여 이루어진다(Turner, 1970). 한쪽 부모와 자녀 간의 세대를 초월한 연합을 다른 한쪽 부모의 사회화를 위한 노력과 가족 내 위계를 허물어 버린다. 가족치료사는 부모와 자녀 관계의 적절한 경계의 분열에서 연상되는 것, 사회화에 대한 부부의 합의 부족, 심각한 가족 갈등과 사회화의 분열을 가져오는 자녀와 한 부모 간의 미묘한 동맹을 주의 깊게 관찰해야 한다. 하지만 부모는 자녀에 대한 모든 사회화와 관련된 영향력들을 다 통제하지 않는다. 이것은 현대사회의 부모의 지위와 관련해 예상치 못한 결과다. 부모는 자녀에게 사회적 경험의 대리자이며, 친척이나 법 체계 그리고 자녀의 사회화 결과에 대한 책임을 갖는다. 사회화에 대한 책임을 벗어나 아동을 만족시키고 함께 즐길 수 있는 조부모와 친척에 대한 서투른 모방은 가족 내에서 자주 삼각관계를 양산한다. 실제로 가족 내에 갈등이 있거나 모순되거나 성취가 불가능한 것들에 대해 부모들이 해결사로서의 압력을 받는 일들이 발생하곤 한다.

10. 가족치료에서의 구조주의적 시각

가족 구조는 한번 형성되면 공동의 행동양식이 되고, 결국 가족 기능에 필수적인 합의가 내재적이거나 외현적으로 이루어지는 조직이다. 가족 구조라는 개념은 1960~1970년대에 구조주의 가족치료 학파가 가족 내에서 구성원들이 행동하는 방식을 관장하는 내재된 이해와 유대, 관계의 유형을 나타내고 명료화하기 위해 도입한 것이다(Minuchin, 1974; Minuchin & Fishman, 1981). 이러한 개념들은 구조주의 가족치료 이론의 기반이 되었으며, 특히 구조주의 가족치료 학파의 지도자이면서 사회복지사이기도 했던 아폰테와 반도슨(Aponte & Van Deusen, 1981)에 의해 더욱 발전할 수 있었다.[2]

가족 구조란 가족 구성원들 간에 서로 어떻게 관계해야 하는지, 어떤 역할을 해야 하는지 등을 규정하는 무언의 이해와 합의다. 이러한 구조는 가족이 경험하는 복합적이고 변화하는 내외적인 세계들을 다루어 나간다. 가족은 그들 자신의 관계, 즉 발달과정에서 형성된 개별 구성원들의 변화를 다루어야 하고, 이와 동시에 변화하고 요구되는 환경들에 대해서도 적극적으로 대처해야 한다. 이와 같이 변화하는 내외적인 과업에 의해 가족 구성원들은 일시적인 부재나 무력의 상황에서 다양한 기능들을 수행해야 하며 다른 가족 구성원의 역할을 해야 하는

---

2) 가족치료에서의 이러한 접근에 대한 더 자세하고 광범위한 논의는 Goldenberg & Goldenberg(1996)의 9장, Nicholas & Schwartz(2001)의 8장 그리고 Aponte & Van Deusen(1981)을 참조하시오.

하는 경우도 생기게 된다. 따라서 모든 가족은 이처럼 복잡한 내외적인 환경 변화에 부응하고 이를 통합하기 위해 구조 안에 여러 세부 항목들을 보유할 필요가 있다. 어떤 구조들은 아주 뛰어나며 대부분의 가족 기능은 특정한 관계 구조에 기반하는 반면 다른 구조들은 덜 요구되므로 부차적인 것이 된다. 가족의 기능은 가족 구조가 얼마나 잘 정의되고 구성되며 융통성이 있고 응집력이 있는지 등과 관련된다. 정의에 따르면, 가족 구성원들이 자신이 가진 구조를 활용하는 방식에서 유연성이 없고, 가족 구조 활용 시 일관성이 없거나, 문제해결을 위한 구조가 제한된 경우에 제대로 조직화되지 않은 것이다(Aponte, 1986). 이는 가족 구조의 중요한 특징이다. 다소 역기능적인 지배 구조를 처리해 가는 필과 사라 가족의 경우([사례연구 2-3] 참조), 문제를 다루기 위해 구조를 수정하거나 보다 덜 사용되지만 가능한 부차적인 구조들을 필요로 할 수 있다. 한편 어떤 가족의 경우에는 더 복잡한 구조의 계발을 필요로 할 수도 있다. 이러한 가족은 조직화 이전 단계에 머물러 있으므로, 이전에 전혀 갖지 못했던 구조들을 계발해야 하는 것이다.

가족에서 이루어지는 작업 과정은 구조를 정의하고, 구조는 경계, 제휴 그리고 권력을 포함하는 것이다.

1) 경 계

경계(boundaries)는 가족과의 작업 과정에서 누가 참여하는지, 즉 누가 이 과정의 내부에 있고 외부에 있는지를 정의하는 규칙이다. 이러한 작업 과정에 들어가면서 가족 경계는 분화되고 상대적으로 융통성이 있고 자연스럽게 융화되어야 한다. 경계 형성의 과도한 경우로는 ① 밀착(enmeshment), 즉 경계가 너무 느슨해서 제대로 작용하지 못하는 경우와 ② 격리(disengagement), 즉 경계가 너무 확고하여 제대로 기능하지 못하는 경우가 있다. 또한 가족 구성원들이 다른 구성원이 기능하는 영역 안에 부적절하게 침입하는 기능적 경계의 위반도 있다(Aponte & Van Deusen, 1981).

2) 제 휴

제휴(alignment)란 기능을 수행하는 과정에서 체계 내의 한 구성원과 다른 구성원 간의 합류(joining)나 반목을 뜻한다. 예를 들면, 아버지는 어머니와 함께 이번 휴가를 어디서 보낼 것인지에 대해 의견을 같이할 수도 있고 그렇지 않을 수도 있다. 만약 두 사람의 의견이 다르다면, 아버지는 아들과 연합하려 할 것이다. 이처럼 제휴란 제삼자에게 대항하기 위해 두 사람이 일시적으로 연합(coalition)하는 것이다(Aponte & Van Deusen, 1981). 제휴는 두 사람의 공동 관심사에 따른다. 아버지와 아들이 모두 낚시를 좋아하는 공동의 관심사에 의해 연합했다면, 가족 내에서 '낚시 애호가'라는 제휴를 이룬 것이다.

제휴는 반드시 제삼자에 대한 저항을 통해 힘을 얻는 것은 아니다. 제휴는 ① 두 가족 구성원이 다른 구성원에 대항해 결합함으로써 행동양식이 지배적이고 완고한 관계적 특성을 갖게 되는 안정된 연합, ② 두 구성원 사이의 스트레스의 원인을 제삼자로 지목하고 그 사람에 대해 공격적이거나 염려하는 태도를 취함으로써 스트레스가 확산되는 경우에 발생하는 우회적인 연합, ③ 반목하는 두 구성원이 상대방에게 대항하고자 동일한 제삼자와 협력하고, 이 반목 구조 내에서 협력하는 것이 필요하다는 것을 아는 제삼자들과 지금은 이 사람과, 다음에는 다른 이와 결합하려 할 때 생기는 삼각관계 등을 통해 무력화될 수 있다 (Aponte & Van Deusen, 1981).

3) 권 력

가족의 기능과 관계 깊은 권력(power)은 가족 구성원이 행위의 결과에 미치는 영향력을 말한다. 권력은 권위를 가진 개인이 궁극적으로 특정 결과를 가져오지 못하도록 만들 수 있다는 점에서 권위와 다르다. 아기는 가족 구성원들의 수면과 식사 시간에 지대한 영향을 미치는 힘을 가지지만 권위는 낮다. 그러나 아동은 흔히 가족 기능에 상당한 권력을 가진다. 부모 각각의 권력은 둘 사이에 의견이 불일치할 때, 누가 우세한지 또는 어떤 부모가 자녀에게 합의된 규칙을 부과할 수 있는지 등을 판가름함으로써 확인할 수 있기 때문이다.

체계 내에서 권력의 분열은 경계와 제휴의 문제를 반영하며 부조화와 혼란에서 비롯될 수 있다. 가족의 사회화 작업을 하는 데 있어서 자녀에 대한 부모의 권력에는 적절한 위계가 있어야 한다. 부모의 집행력이 약한 경우에는 가족 내부의 기능적인 힘을 약화시킨다. 마크와 레슬리, 앰버와 줄리에 관한 [사례연구 3-1]은 이전 장에서 다룬 체계 개념과 여기서 언급하는 상호작용과 구조라는 개념에 대한 간단한 예가 될 수 있다. 이 사례에서 나타난 상호작용은 한 구성원의 것이 아니라 모든 구성원들이 함께 만들어 낸 결과물인 것이다. 상호작용의 인과성과 결과는 직선적이라기보다는 순환적이라 할 수 있다. 게다가 전체 의사소통의 일화는 관련된 구성원들에게만 초점화되어서는 이해될 수 없다. 왜냐하면 가족은 모든 구성원들이 함께하는 가운데 어떤 고유한 것(불가변성)을 창조해 내기 때문이다. 이것이 마크와 레슬리 간에 일관성 있는 그들만의 특정한 행동양식을 만들어 낸 것이다. 그들은 서로 다르고 각기 다른 배경을 가졌지만 상호작용을 통해 차이점을 극복하고 치유하고 회복해 나가는 것을 학습했다. 한편 이러한 회복을 위한 행동을 그만둔다면 앞서 언급된 네 가지 파국으로 치닫게 될 것이다(동일 결과성). 발생하는 모든 일들은 과거의 의사소통에 대한 기억과 의사소통을 매개로 하며 그 기억과 의사소통 과정을 통해 이루어진다. 거기에는 이러한 의사소통을 지속해 나가는 것에 대한 내재된 이해가 있는 상호작용을 이루어 가는 규칙들이 있다. 이것은 마치 예측이 가능한 춤판을 보는 것과 같다. 이 부부는 서로의 차이를 언급하는 대화의 어느 지점에 이르고 난 뒤 서로의 의견을 조율했다. 이처럼 가족 체계는 이 같은 방식으로 균형이나 일정한 상태 혹은 항상성을 유지하게 된다.

4) 체계 규칙

가족은 너무 복합적인 성격을 가지기 때문에 매 순간마다 완전히 새로운 실존적인 사건인 것처럼 작업할 수는 없다. 관계 속에는 일관성과 예측 가능성에 대한 욕구가 있고 가족 내에는 관계의 결과가 존재한다. 사람들은 그 예측이 불리한 것이더라도 예측 가능한 관계를 요구한다. 가족의 복합적인 기능들은 자녀의 사회화와 같은 문제들 내에서 가족이 서로 간의 관계를 통해 행동양식들을 발달시켜 나가기를 요구한다. 이러한 행동양식들은 체계의 규칙으로 확립되어 간다. 이와 같은 명쾌하고 암묵적인 관계적 규칙들은 구성원의 행동을 미리 규정하고 제한함으로써 가족의 상호작용을 조직화하고 안정된 체계를 유지한다. 문제는 구성원들이 때때로 개인적인 발달적 욕구에 의해 자신의 발달단계에 이러한 행동양식들이 부적절하다고 판단하는 상황에 처한다는 데 있다. 필과 사라([사례연구 2-3] 참조), 브라이언과 리사([사례연구 2-5] 참조), 짐과 셰릴([사례연구 2-6] 참조), 마크와 레슬리([사례연구 3-1] 참조)의 경우와 같이 이러한 대치 상태(juxtaposition)는 변화의 중심에서 가족 구성원들의 중요한 유대를 보존하고 새로운 우호 관계를 만들어 가기 위해 가족을 자극함으로써 끊임없이 발생한다. 가족은 일반적으로 가족 구성원들의 주요한 유대 속에 일정한 상태를 유지하고자 하는 항상성의 기제를 이용한다. 흔히 가족 구성원의 사망에 따른 상실과 같은 경우, 이러한 항상성을 유지하려는 기제들이 효력을 잃게 된다. 이렇게 되면 가족의 가치와 기능을 보존하기 위해 새로운 가족 구조가 요구된다. 자녀가 집을 떠날 때 부부는 빈둥지 시기로 진입함에 따라 다른 방식으로 관계를 계발하여 새로운 기반을 마련할 것을 요구받는다. 그들은 집에서 함께 살지 않는 자녀와의 관계도 발달시켜 나가야 한다. 이러한 부부 관계는 상호 의존적인 것이며 새로운 가족의 형태가 성립된 것이다.

5) 자기 강화적 행동양식

행동양식과 구조가 일상의 상호작용과 역기능적으로 통합될 때, 관계는 비현실적인 책략이 되어 가는 것처럼 보일 수 있다. 이 행동양식은 실제로 의사소통과 상호작용을 관리해 나가게 된다. 제2장에서 소개된 마리사와 부모와의 관계

([사례연구 2-2] 참조)는 쥐와 고양이 게임 정도의 수준으로 마리사가 관계적으로 성숙해 가는 과정에서 겪는 현실적인 문제들을 회피하고자 하는 것이다. 마리사와 부모 모두가 주도권을 잡기 위해 기회를 노리는 게임을 하고 있었다. 이 게임의 행동양식은 자기 강화적인데, 각자의 입장에서 보면 각자의 행동은 상대방의 행동에 대한 합리적인 반응이기 때문이다. 마리사의 종잡을 수 없는 행동은 부모로 하여금 높은 경계심을 갖게 하고, 부모의 높은 경계심은 다시 마리사가 책임을 회피하도록 만든다. 이러한 관계 유형은 한 개인의 행동이 상대방의 행동을 강화시키고, 결과적으로 한쪽이 달아나서 다른 한쪽이 일방적인 승리를 얻는 일화(runaway episode) 속에서 상호작용의 통제력을 잃게 된다. 게임에 빠진 이들은 상대방의 에너지로부터 대립적인 에너지를 얻고 그 행동양식들은 고유의 생명을 획득함으로써 상대가 계속해서 게임을 지속하기를 바란다. 게임이 멈추지 않으면 경계가 만들어지거나, 선수들이 경기장에서 그냥 철수함으로써, 일방적 승리의 일화가 필연적으로 일어난다. 이러한 일화들은 각 개인의 입장에서 본 상대에 대한 상황과 극단적인 행동들에 대한 이유를 설명해 준다. 해결책은 승부를 가리는 방향으로 가서는 안 된다. 복구를 위한, 그리고 안정화시키는 작업은 승부를 가리지 않도록 하는 적대 관계의 일시적 중지 기간에 이루어질 수 있다. 가족 구성원들(부모와 성인 초기 자녀)은 마리사가 자신에 대한 적절한 책임감을 기를 수 있도록 이끌고, 부모는 이러한 과정에서 딸을 보조해 나가는 식으로 진행함으로써 가족 관계의 여러 문제들을 해결할 수 있다. 그러면 상대방에 대한 주도권을 잡거나 빠져나가기 위한 기회를 엿볼 필요가 없어지고 관계는 활성화되면서 안정될 것이다.

다양한 형태의 자기 강화적 행동양식들이 있다. 사실 이러한 많은 행동양식들은 가족 구조를 완전히 장악하지 않고, 구성원들을 극단적인 위치로 몰거나, 효과적인 발달과 관계적 작업의 진행을 막거나, 일반적인 가족 관계 구조의 유리한 기능들을 무력화시키지 않는다면 가족 상호작용에서 극히 정상적일 수 있다. 가족치료 발달의 초기 단계부터 각기 조금 다른 언어를 활용해 온 다양한 학파의 가족치료사—정신분석, 보웬, 구조주의, 의사소통과 행동주의—들은 신속히 광범위한 자기강화 유형을 규명해 왔다. 이러한 행동양식들이 일단 구체화되면 교정 작업의 목표 대상이 되었다. 부부와의 작업에서 나타나는 특별히 중요한 자기강화 양식들은 과잉 기능/결핍 기능(혹은 과잉 적응/부적응) 행동양식과 의존하려는 자/거리를 두려는 자(요구/철수)의 행동양식들이다(Christenson, 1990). 과잉 기능/결핍 기능 행동양식에서 일반적으로 한 가족 구성원에게 할당된 영역에 대해 다른 구성원이 과잉 기능하면 그 구성원은 제대로 된 기능을 하지 못하게 된다. 물론 반대의 경우도 있다. 한 가지 단순한 예는 한 가족 구성원이 다른 구성원을 변호하는 것이다. 다른 구성원에 대한 변호는 변호받는 이를 침묵시키거나 강렬한 저항과 갈등을 가져올 수 있다. 이때 침묵하는 경우라면 변호의 필요성을 더 강화한다. 이렇게 되면 두 사람 모두 극단적인 위치로 가게 된다. 변호하는 이는 상대를 자기의 세계로 끌어들여 혼란스럽게 만들고 정작 상대의 진정한 모습은 접하기 어려워진다. 변호받는 이는 그 상대의 세계에 사로잡혀서 자기표현 능력을 잃게 된다. 이들은 의사소통을 통해 바로잡을 기회도 없이 인위적이고 분노와 실망으로 가득한 관계가 될 수 있다. 이와 유사한 행동양식들은 가족 구조의 모든 영역으로 확장될 수 있다. 특히 한 구성원이 취약하고 다른 구성원이 그를 대행하며 어떤 면에서 그의 현실을 통제할 준비가 되어 있을 때 그러하다. 과잉 기능하는 구성원은 역기능하게 되고, 결핍 기능하는 구성원은 이런 상황이 아니었다면 소유하거나 발달시킬지 모를 능력들을 상실하게 된다. 즉, 관계 속에서의 자기 목소리를 잃는 것이다.

11. 상호작용과 의사소통을 통한 관계 변화

의존하려는 자(요구)와 거리를 두려는 자(철수)의 행동양식들은 과잉 기능하거나 결핍 기능하는 행동양식들의 역동과 다소 유사하다. 이러한 행동양식들이 의사소통 과정에서 이루어질 때, 한 구성원은 문제를 만들어 내고 다른 구성원은 그 문제를 최소화하고 논의를 중단하거나 한 구성원이 활동을 시작할 때 다른 구성원을 무능하게 하거나 약화시키는 경우가 발생하기도 한다. 다른 사람을 무능하게 하는 반응은 그 사람을 의존하는 입장으로 몰아간다. 이에 따라 요구도 효과를 잃게 되고 양쪽 모두 극단적인 입장에 놓이게 된다. 또는 부부들 중에 그 행동양식들이 갑자기 반대가 되기도 한다. 거리를 두려는 자는 의존하기 시작하고 의존하려는 자는 거리를 두기 시작하는 것이다. 마리사의 경우([사례연구 2-2] 참조)에서와 같이 해결책은 게임을 그만두게 하는 것이다. 그 반응들은 게임을 원상태로 돌아가게 하는 극적인 시도들이 될 것이다. 하지만 게임을 그만두게 하는 것이 곧 문제해결을 의미하지는 않는다. 게임으로 무력해지지 않은 관련 영역들로부터 시작하고, 다른 이가 승부 겨루기를 거부하고, 게임이 영향력을 잃게 되는 혼란스러운 시간들 속에서 내재된 문제들을 다루어 나가기 위한 노력이 요구된다.

다음 사례는 회복의 과정을 잘 보여 주고 있다.

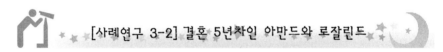

[사례연구 3-2] 결혼 5년차인 아만드와 로잘린드

아만드는 친구들과 테니스, 사이클 등의 취미를 즐기는 동인도 출신의 정보기술 전문가이며, 의료계 전문직업을 가진 그리스 대가족 출신의 로잘린드와 가정을 꾸려 현재 결혼 5년차. 부부에게는 아만드가 애지중지하는 네 살 난 딸이 있다. 그들은 딸을 보살피거나 서로 간에 휴가를 즐기는 일과 같은 경우에는 다른 측면에서의 소란에도 불구하고 매우 잘해 나가고 있었다. 물론 결혼 초기에 부부 간의 개인적인 관계에 대한 정의는 시도되지 않았다. 이는 마치 그들이 서로 간의 고유한 차이점을 불인정하도록 합의하는 공동의 정체성을 이룬 듯이 보였다. 그러나 차이점이 드러났을 때, 이는 바로 문제를 일으키고 심각한 갈등을 낳았다. 로잘린드의 격렬한 감정에 자극된 아만드는 '이성적'인 입장을 취하곤 했다. 결국 이들의 갈등이 만성화되었을 때, 아만드는 외도를 하게 되었으나, 그는 시인하지 않았다. 로잘린드는 이전과는 다른 아만드의 냉담함에 그를 의심하거나, 자신이 양가감정을 가지고 있다는 것을 느끼면서 계속 그를 추궁했다. 그들은 밤새 싸

우기도 했다. 로잘린드가 아만드의 외도에 대한 명백한 증거를 발견했을 때, 그녀
는 극도의 분노감과 심한 우울감, 자살 위협과 관계로부터의 철수로 반응했다. 결
국에는 그녀도 외도를 하게 되었다. 그러자 이번에는 아만드가 추궁하기 시작했
고 로잘린드가 물러났다. 두 사람 모두 불안정한 관계 속에 머물러 있었다. 그들
의 일상적인 상호작용의 절반 정도는 통제되지 않았고, 나머지 절반은 전진과 후
진을 왕복하는 심문, 철수 행동양식의 반영을 반복했다. 금전이나 감정적인 격렬
함을 수반하는 논쟁들은 동일한 지배적 행동양식을 고착시켰다. 부부의 갈등 관
계로 인해 그들은 너무나 고통스러웠지만 해결책은 보이지 않았다. 로잘린드는
아만드에게 별거를 요구했고 아만드는 이에 응했다. 아만드가 사회복지사와 상
담을 시작하자고 했을 때, 로잘린드는 뿌리 깊은 분노로 참여를 거부했다. 그러나
그녀는 자신의 우울을 치료하기 위해 개인상담을 받았다. 그녀는 아직 부부치료
를 시작할 준비가 안 되었기 때문에 나중에 하겠다고 했다. 아만드는 혼외 관계를
중단하고 사회복지사에게 도움을 청했다. 얼마 후 로잘린드는 집에서 별거 상태
를 유지하는 조건으로 그에게 집에 돌아오기를 청했다. 사회복지사의 도움으로
그는 돌아왔고 부부 관계를 재개하지 않는다는 로잘린드의 조건을 잘 따랐다. 그
는 거실에서 잠을 잤고 로잘린의 간헐적인 친밀감에 대한 욕구에 기꺼이 응해 주
었다. 그는 그녀의 분노에 같은 방식으로 반응하지 않았으며 이것이 두 사람을 다
시 친밀해지도록 만들었다.

　그들의 관계가 일종의 게임이라는 것을 점차 의식하게 된 아만드는 새로운 관계
를 만들기 위해 사회복지사와 작업을 해 나갔다. 그는 이들의 일련의 상호작용에
대해 구체적으로 정리하기 시작했다. 예를 들면, 로잘린드는 친밀한 행동을 한 이
후에 화를 내거나 약을 올렸는데, 이러한 반응은 잘못된 행동양식이었다. 그는 자
신의 외도로 아내에게 남긴 상처에 대해 유감스럽게 생각해 왔으므로 그녀에게 보
상하려고 의식적으로 애를 썼다. 첫 번째 노력은 가정에서 서로를 위해 건강한 경
계를 만드는 것이었다. 이로 인해 별거의 요구는 한동안 덜 압박되었으나 그들의
관계에서는 어느 정도의 별거가 필요했고 두 사람 모두 이러한 상황을 편하게 받아
들였다. 아만드는 로잘린드의 결정을 존중하는 건강한 경계를 세웠으며 서로 경쟁
하는 관계가 아닌, 새로운 관계를 맺도록 유도했다. 그는 일기에 자신의 목표를 적

었다. 로잘린드가 준비되었을 때 그도 준비가 되었지만, 일부러 그녀를 조르지는 않았다. 그는 아내가 마음의 결정을 하기를 바랐다. 로잘린드가 그를 필요로 했을 때, 그는 그녀를 위해 '거기' 있었지만 강요하지는 않았다. 그는 격렬한 직면은 피했으며('나는 그녀가 나의 분노를 이용하도록 하지 않겠다.') 분노가 생겼을 때 그는 문제해결을 위한 더 침착한 방법을 배우게 되었다. 사회복지사는 힌두교의 지도자 같은 유형을 고수하면서 그와 함께했다. 사회복지사는 그들의 관계를 지배해 왔던 게임에 대해 알려 주고 그가 아내에게 시도하는 긍정적이고 건설적이며 자유로운 상호작용을 지지했다. 로잘린드의 반응은 아만드를 시험하는 것이었는데, 그를 친숙한 오락에 초청하다가도 이내 그를 맹렬히 공격하거나 다시 그로부터 물러났다. 진정한 의사소통을 위한 관계가 시작되었을 때, 아만드는 최선을 다했다. 그러자 서로 게임을 포기하는 게 점차 가능해졌고 그들은 관계를 위해 더 건설적으로 함께 노력할 수 있었다. 두 사람 모두 상처와 고통을 받아 온 만큼 서로에 대한 신뢰를 다시 쌓아 나가야 했다. 로잘린드가 아만드에게 그녀의 양가감정과 상처에 대해 이야기했을 때, 결정적인 변화가 일어났다. 아만드는 로잘린드의 말을 경청했고 그녀의 분노와 상처를 인정하면서 말없이 그녀의 손을 잡았다. 로잘린드는 "당신과 함께할 수 있을 거라고 생각해요."라고 말했다. 그러나 이러한 관계의 비약적인 진전에도 불구하고, 그들의 관계를 재구조화하는 작업은 수년이 걸릴 수도 있다.

이 사례는 아만드와 로잘린드 부부의 긴급한 상황 속에서 자기 강화적 행동양식을 지속해 나가는 것을 보여 주며, 그 의미를 맥락적으로 해석하고 있다. 즉 사회복지사가 관계적인 문제를 다루기 위해서 한 내담자와 작업하는 과정을 개략적으로 보여 준다. 이 사례에서는 관계에 초점이 주어졌으며, 사용된 방법은 글로리아의 경우([사례연구 2-1] 참조)에서 사용된 것과 다소 비슷하지만, 이번 사례는 가족 체계라는 기본틀 속에서 진행되었다. 이 사례에서의 가족 체계의 기본틀은 어떤 이론적인 예측 가능성을 제공하고, 사회복지사가 초점을 확대하고 아만드에게 정신적 지도자로 행동하도록 허용해 준다. 아만드는 보다 효과적인 의사소통 기술을 습득하고 활용함으로써 로잘린드로 하여금 이전과 다르게 반응하도록 했다. 이로써 두 사람은 점점 효율적인 의사소통과 상호작용 행동양식들을 반복적으로 계발해 나갔다. 이 과정은 상담 과정에서 함께 치료받는 것보다는 다소 느리게 진행되었지만 마침내 서로를 화나게 하던 대면 상황들이 줄어들면서 호전되기 시작했다. 그러나 로잘린드는 여전히 상처를 받았고 두려워했다. 그녀는 부부상담의 필요성을 느꼈으므로 분노와 상처를 너무 서둘러 처리하지는 않았다. 아만드는 이를 존중했고 상담 형식은 그 상황에 맞추어 적당한 속도로 진행되었다. 게임을 그만두는 것에서 현실적인 치료적 관계로 발전하기 위해 시간을 갖는 것은 매우 중요했다. 이러한 과정에서 로잘린드는 자신의 양가감정과 상처받은 마음을 털어놓고 싶어 했다. 남편이 로잘린드의 말을 경청하고 그녀의 감정을 있는 그대로 받아 주었을 때, 그녀는 남편에게 반응하고 두 사람의 관계는 안정적인 단계로 접어들 수 있었다.

12. 가족 기능 수준과 가족치료에 대한 접근

여기서 우리는 제1장에서 언급했던 가족의 기능 수준과 이 책의 전반에 걸쳐 논의되는 다양한 가족치료 접근 간에 연계를 시도해 보고자 한다. 〈표 3-1〉에는 이러한 연계를 간략히 요약하여 제시하였다. 각 접근들에 대한 설명은 가족 내 개인들이 가지는 사회적 기능들의 모든 측면과 복합성까지 고려하여 충분히 전체적으로 묘사함으로써 도출된 것들이다. 실제 상황에서 사회복지실천은 가족 기능에 대한 추상적인 방법론이나 부분적인 묘사에 그쳐서는 안 된다. 인간의 사회적인 기능의 모든 측면들에 관계하는 전체론적인 입장은 항상 사회복지실천의 특징이 되어 왔다. 이 책은 가족과 함께하는 사회복지실천의 내용과 과정에 대한 여러 가족치료 학파의 이론에 관한 것이다. 하지만 각 학파의 이론을 포괄적으로 모두 설명할 수는 없다. 독자들은 더 포괄적인 방식으로 광범위한 영역을 다루는 원서나 교과서를 참조할 수 있을 것이다(참고문헌 참조).[3]

◎◎ 〈표 3-1〉 가족치료에 대한 가족 기능 수준과 접근 ◎◎◎◎◎◎◎◎◎◎◎

개인적인 발달과 대인관계 과정	가족 의사소통과 의미	대인관계와 정신적 이야기들	개인적인 발달과정	가족 구조	가족 환경 체계
정신역동적 이론	버나드 게니	미셀 화이트	보웬 가족 체계	구조주의 가족치료	생태 체계 접근
애착 이론	MRI 상호작용적 가족치료	프로마 월시			
대상관계 이론	전략적 가족치료	맥락주의 치료			
인지행동 이론	경험적 가족치료 버지니아 시티어				

출처: Gottman(1999), Bruenlin et al. (1992), Pinsoff(1995)

이 책의 나머지 부분에서 고려될 주요 문제들은 가족 구성원으로서의 개인적이고 관계적 과업들을 무엇으로 보는가에 관해서다. 사회복지사는 아만드와 로잘린드 부부의 역기능적인 관계와 의사소통 양식을 해결하고, 서로를 신뢰할 수 있는 견고한 정서 유대를 형성해 나가도록 도왔다. 두 사람이 관계적 과업들을 다루어 나갈 때, 그들의 부부 관계에서 의사소통, 정서 유대, 대화와 관련해 구조적 변화로 이끄는 것은 사소해 보이는 작은 영역들이며, 사회적 기능의 각 영역에서 실제로 발생하는 사건들 전체에 대한 정확한 묘사는 아니다.

13. 요 약

제2~3장에서는 개인과 가족 수준에서의 관계적 과업을 통한 가족 발달과정에 대해 설명했다. 개인과 가족 수준 모두에서 수행되어 온 과업들은 가족 구조, 즉 공간적 자산을 만들어 왔다. 가족은 가족을 이루는 모든 다양한 요소들에 적응해 온 현재까지의 항상성이나 균형에 대한 열정이 있기 때문에 변화는 대개 천천히 진행되기 마련이다. 그러나 적절한 시기가 되면 변화는 매우 빨리 일어날 수도 있다. 사회복지사는 역동적인 가족, 즉 변화를 위한 잠재력, 가족 과정, 관계적 구조와 개인적인 구성요소 등을 평가한다. 사회복지사는 이러한 평가와 주요 가족 구성원과의 합의에 기초하여 가족 구성원들의 이익을 위해 가족 구조를 발달시켜 나가는 촉진자의 역할을 하기도 한다. 이러한 과정은 안전한 기반을 약속해 주는 것들, 즉 안전감, 소속감, 의사소통, 선택 능력 그리고 자신과 타인을 위해 성장하고 상호작용하고 보살피는 능력을 지속적으로 키워 나감으로써 가능하다. 이러한 개입들은 다음 장들에서 살펴보게 되는 것과 같이 여러 가지 문화적 의미를 지니는 기본 구조 내에서 그리고 가족들의 여러 생애주기 단계를 통해 이루어진다.

참고문헌

Ainsworth, M. D. S., Blehar, M. C., Waters, E., & Wall, S. (1978). *Patterns of Attachment: A psychological study of the strange situation*. Hillsdale, NJ: Erlbaum.

Angyal, A. (1940). *Foundations for a science of personality*. New York: Common wealth Fund.

Aponte, H. J. (1986). "If I don't get simple, I cry." *Family Process, 25*(4), 531-548.

Aponte, H. J., & Van Deusen, J. M. (1981). Structural family therapy. In A. S. Gurman & D. P. Knishkern (Eds.), *Handbook of family therapy* (pp. 310-360). New York: Brunner-Mazel.

Bell, L. G., Bell, D. C., & Nakata, Y. (2001). Triangulation and adolescent development in the U.S. and Japan. *Family Process, 40*(2), 173-186.

Blumer, H. (1969). *Symbolic interactionism: Perspective and method.* Englewood Cliffs, NJ: Prentice Hall.

Boszormenyi-Nagy, I., Grunebaum, J., & Ulrich, D. (1991). Contextual therapy, In A. S. Gurman, & D. P. Kniskern (Eds.), *Handbook of family therapy* (pp. 200-238). (Vol. II), New York: Brunner-Mazel.

Bott, E. (1971). *Family and social network: Norms and external social relationships in ordinary urban families.* London: Tavistock.

Bowlby, J. (1969). *Attachment and loss(Vol. 1): Attachment.* New York: Basic Books.

Brazelton, T. B., & Cramer, B. G. (1990). *Earliest relationship: Parents, infants and the dawn of early attachment.* Reading, MA: Addison-Wesley.

Burr, W., Hill, R., Nye, F. I., & Reiss, I. L. (1979). *Contemporary theories about the family.* New York: Free Press.

Christenson, A. (1990). Gender and social structure in the demand-withdraw pattern in marital interaction. *Journal of Personality and Social Psychology, 59,* 73-82.

Coelho, G. B., Hamburg, D., & Adams, J. (1974). *Coping and adaptation.* New York: Basic Books.

Cooley, C. H. (1922). *Human nature and the social order.* New York: Scribner.

Constable, R. T. (1984). Phenomenological foundations for the understanding of family interaction. *Social Service Review, 58*(1), 117-132.

Goldenberg, I., & Goldenberg, H. (1996). *Family therapy: An overview.* Pacific Grove, CA: Brooks-Cole.

Gottman, J. M. (1999). *The marriage clinic.* New York: Norton.

Gottman, J. M., Driver, J., & Tabares, A. (2002). Building the sound marital house: An empirically derived couple therapy. In A. S. Gurman & N. S. Jacobson (Eds.), *Clinical handbook of couple therapy* (3rd ed., pp. 373-399). New York: Guilford.

Gottman, J. M., & Notarius, C. I. (2002). Marital research in the 20th century and a research agenda for the 21st century. *Family Process, 41*(2), 159-198.

Gottman, J. M., & Levenson, R. W. (2000). The timing of divorce: Predicting when a couple will divorce over a 14-year period. *Journal of Marriage and the Family, 62,* 737-745.

Haley, J. (1980). *Leaving home: The therapy of disturbed young people.* New York: McGraw-Hill.

Haley, J., & Hoffman, L. (1968). *Techniques of family therapy.* New York: Basic Books.

Hartmann, H. (1958). *Ego psychology and the problem of adaptation.* New York: International University Press.

Hoffman, L. (1981). *Foundations of family therapy.* New York: Basic Books.

Kohlberg, L. (1969). Stage and sequence: The cognitive-developmental approach to socialization. In D. Goslin (Ed.), *Handbook of socialization theory and research* (pp. 347-480). Chicago: Rand McNally.

Linton, R. (1936*). The study of man.* New York: Appleton-Century-Crofts.

Mead, G. H. (1934). *Mind, self and society: From the standpoint of a social behaviorist.* Chicago: University of Chicago Press.

Minuchin, S. (1974). *Families and family therapy.* Cambridge, MA: Harvard University Press.

Minuchin, S., & Fishman, C. (1981). *Family therapy techniques.* Cambridge, MA: Harvard University Press.

Nicholas, M. B., & Schwartz, R. C. (2001*). Family Therapy: Concepts and methods.* Boston: Allyn & Bacon.

Rank, O. (1964). *Will therapy and truth and reality.* New York: Knopf.

Schwartz, R. (1995). *Internal family systems therapy.* New York: Guilford.

Selman, R. L. (1976). Social-cognitive understanding: A guide to educational and clinical practice. In T. Likona (Ed.), *Moral development and behavior* (pp. 299-316). New York: Holt Rinehart & Winston.

Shibutani, T. (1961). *Society and personality.* Englewood Cliffs, NJ: Prentice-Hall.

Smalley, R. (n.d.). *Mobilization of resources in the individual.* Philadelphia: University of Pennsylvania School of Social Work.

Stern, D. N. (1985). *The interpersonal world of the infant: A view from psychoanalysis and developmental psychology.* New York: Basic Books.

Taft, J. (1926). The effect of an unsatisfactory mother-daughter relationship upon the development of a personality. *The Family, 7,* 10-17.

Thomas, W. I., & Thomas, D. S. (1928). *The child in America.* New York: Knopf.

Turner, R. (1970). *Family interaction.* New York: Wiley.

Vogel, E. F., & Bell, N. (1960). The emotionally disturbed child as the family scapegoat.

In N. F. Bell, & E. F. Vogel (Eds.), *A modern introduction to the family*. New York: The Free Press.

White, R. D. (1959). Motivation reconsidered: The concept of competence. *Psychological Review, 66,* 297-333.

다문화사회에서의
가족에 대한 사정과 개입

제4장 다문화사회에서의 가족에 대한 사정과 개입

이전의 장들에서는 가족에 대한 사회복지실천을 위한 포괄적 참고의 틀을 발전시키는 것에 대해 살펴보았다(제1장). 이는 가족 내부 및 외부의 실제 상호작용에 근거한 것으로 먼저 가족의 발달과정에 대한 이론적 구조를 전개하고(제2장), 가족 관계 구조에 대해 살펴보았다(제3장). 이번 장에서 소개되는 사례들은 서로 다른 문화 사이를 오가는 초문화적 상황에서의 사회복지실천 현장의 실례들로 가족 진단과 개입에 대한 장에서도 계속 논의될 것이다(제5장).

1. 문화의 중요성

가족 내의 관계 발달과 구성 체계는 그 문화적 맥락 안에서 이루어진다. 이 장에서는 사회복지실천 틀의 형성과 관련하여, 다양한 인종이 모여 사는 사회에서의 문화적 복합성을 부가적으로 논하고자 한다. 다양하고 복잡한 사회적 환경 내에서 가족의 상호작용은 가족 구성원들이 어떻게 의사소통하며 문제를 해결해 나가는지에 지대한 영향을 미치게 된다. 이 장에서는 사회복지실천 교육에서 기본이 되어야 할 다문화에 대한 이해에 근거하여, 초문화적 관점에 의한 가족 진단과 개입에 대해 알아보기로 한다. 초문화적 관점(transcultural perspective)은 문화 내와 문화 간의 교류 및 상호작용에서 여러 가지 존재의 다양성을 인정하는 것을 의미한다. 동시에 바람직한 가족 환경을 발전시켜 나가는 데 여러 가지 방향이 있을 수 있음을 의미하기도 한다. 그 다양한 방향에 대한 문화적 의미를 이해하는 것은 사회복지사가 가족 구성원들 모두를 위해 가장 유용하고 효과적인 환경을 개발시키는 것과 관련하여 중요한 의미를 가진다. 다음의 사례는 복잡한 다문화사회 안에서의 문제점과 그에 대한 해결책을 제시한다.

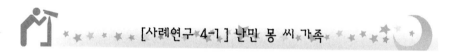

[사례연구 4-1] 난민 몽 씨 가족

몽 씨 가족은 라오스의 산간 지방에서 미국 오하이오 주 콜럼버스로 이주해 온 난민이다. 이 가족은 자녀의 눈에 안암이 발생하여 미국 병원에 입원시키게 되었는데, 안암이 더 번지는 것을 막기 위한 안구 적출 수술을 해야 한다는 사실을 통보받았다. 그러나 가족은 수술을 결정 하는 과정에서 결정된 사항을 이해하지 못했으며, 결정 과정에도 참여하지 못했다. 병원 측의 일방적인 결정에 대해 환자의 아버지는 병원에서 몰래 자녀를 데리고 나와 도망쳤다. 병원 측은 이러한 아버지의 행동에 대해 아동보호법을 내걸고, 환자 가족을 찾기에 이르렀고 이 사건은 신문에 보도되었다. 그러나 안타깝게도 이 상황에 관계된 어느 전문가도 가족이 그러한 결정을 할 수밖에 없던 배경이나 두려움, 정신적 충격 등을 문화적 차원에서 이해하고 접근한 이가 없었다. 서양의 의학 기준에서는 적절한 절차일 수 있는 안구 적출 수술이, 전혀 다른 문화권에서 살다 온 이 가족에게는 사형선고와 같이 느껴졌던 것이기에 극단의 방법인 병원에서의 도주를 선택한 것이다. 병원 측의 현대 의학 시술과 더불어 몽 씨 가족의 지도자에 의한 중재, 종교적인 위로 의식, 가족에 대한 심리교육적인 접근 등이 신중하게 병행된 문화 간 접근이 시도되었다면 이러한 불미스러운 상황은 예방될 수 있었을 것이다.

★∗ [사례연구 4-2] 태평양 군도에서 온 사모안 가족 ★★

　하와이의 어느 병원에 질병으로 입원한 사모안 가족이 있었는데, 이들은 자신들의 종교적 제례를 하기 위한 공간의 필요성을 병원 측에 토로하였다. 그들에게는 모든 가족들 및 친척들의 모임을 통해 환자가 치료된다는 문화적 믿음과 관례가 있었기 때문이다. 그러나 시간과 공간 그리고 방문객 수를 제한하는 등 미국 병원의 철저한 규칙에 의해 그들이 원하는 종교적 치유 모임은 당연히 금지되었다. 다행히도 시간이 조금 걸리기는 했지만, 초문화적 관점에 근거한 사태 파악 및 그들 문화에 접근하고자 하는 적절한 조치가 이루어졌고, 방문객에 대한 규칙 변경뿐만 아니라 환자에 대한 집단 방문 및 종교적 의식을 행할 수 있는 공간까지 병원에서 마련해 주는 등 획기적인 변화를 가져온 계기가 되었다.

2. 하나의 바다를 향해 흘러가는 수많은 강줄기

　복잡하고 다양한 문화를 가진 사회에서의 가족치료는 마치 여러 다른 근원을 가진 강줄기들이 하나의 바다를 향해 흘러드는 것에 비유할 수 있다. 가족의 관계 체계에서 진단과 개입은 복잡한 문화적 구조라는 맥락 내에서의 개입이라고 볼 수 있다. 앞서 언급한 사례들이나, 이번 장에서 소개된 사례들은 서로 다른 문화 배경을 가진 사람들을 대상으로 한다. 하지만 이처럼 다양한 배경과 문화에도 불구하고, 인간의 공통적인 측면을 부인할 수 없는 것 또한 자명한 사실이다. 인간은 자신은 물론 자신과 관계된 그 누구라도 이해할 수 있는 일을 할 것이라는 믿음을 기본적으로 가지고 있다. 각각의 사례에서 가족 구성원들은 그들의 가족 관계들을 명확히 하는 데 고심하고 애썼다. 그러한 몸부림은 넘쳐나는 보도 매체와 자본주의 체제인 북아메리카 사회, 즉 엄청나게 다양한 하위 문화 구조들을 가진 사회 맥락 안에서 현재 일어나고 있는 현실인 것이다. [사례연구 4-1]은 서양의학이 가지는 역할과 기능이 다양한 문화적 의미와 인식에 대한 필요성과 조화를 이루어 기능한다면 더욱 효과적일 수 있음을 보여 주는 좋은 예다. [사례연구 4-2]에서는 미국 병원이 절차 운용에서 융통성 있는 변화를 보여 준 것이 사모안 가족들의 문화적 욕구에 잘 부응하여 상호 바람직한 결과를 가져왔음을 보여 준다.

3. 기능적 가족 사정

복잡하고 다양해진 현대사회에서 가족 문제에 대한 사정은 가족 기능에 대한 사정을 필요로 한다. 이는 제1장에서 이미 살펴보았던 욕구들, 즉 안전감, 의사소통과 소속감, 적절한 선택과 가족 문화적 맥락에서 성장에 도움이 될 만한 여건들에 대해 가족이 어떻게 적절하게 대응해야 하는지 혹은 그에 대한 가능성이 있는지와 관련된 사정이라 할 수 있다. 이러한 영역들이 고려되지 않는다면 가족은 온갖 차이점의 미로 속에서 방향성을 잃을 수 있기 때문이다. 가족 사정은 가족 관계 구조가 어떻게 기능하는지, 가족 구성원들이 서로 간의 관계를 어떻게 구축하는지에 대한 고려로부터 시작된다. 가족의 관계 구성은 가족 발달의 특정한 단계들에서 발현된다. 그러한 관계 구성은 문화와 그 문화에 관련된 다른 요소들을 반영하면서 지극히 다양한 모습으로 나타난다. 이러한 다양성에도 불구하고, 최적의 인간 발달을 위한 선행 조건인 기능은 여전히 같은 방식으로 유지되고 있다. 가족 내에서의 바람직한 관계 구축을 위해 가족은 가족 구성원 간에 또는 사회로부터의 지지를 필요로 하며, 이러한 외부 요소들 역시 중요한 의미를 가지고 있다. 사회복지사는 가족 내부의 관계와 외부 상황들과의 접합점에서 주로 일하게 된다. 즉 사회복지사는 가족 구성원들이 그들의 방식 안에서 기본적 기능과 관계적 본질을 구축해 갈 수 있도록 내부적 관계 구조와 외부적 사회 자원의 활용 사이에서 일하게 된다. 이러한 역할을 수행하는 데 대상 가족이 오랫동안 습득해 온 문화 패턴을 참고하여 일해야 한다는 것은 아무리 강조해도 지나치지 않다.

우리가 가정해야 할 것 중 하나는, 현대 다문화사회의 정치경제 구조에서는 어느 특정 계층이 그 밖의 다른 집단에 비해 많은 혜택을 받고 있다는 사실이다. 또한 이에 따라 불가피한 갈등과 차별이 존재하게 된다는 점이다. 사회복지실천은 주요 사회제도와 가족들 사이에서 연결하는 역할을 하기 때문에, 다른 조력 전문가들보다 더 자주 다문화 상황이 초래하는 문제점들을 접하게 된다. 결국 사회복지사들은 아픔과 차별이 있는, 바로 그곳, 즉 가장 일선에서 문제 및 문제가 초래하는 상황들을 다루게 되곤 한다.

 가족 구성원들 간의 차이나 가족 외부 환경의 차이 그리고 가족 내부에서의 문화적 차이 역시 개입에 커다란 영향을 미친다. 여러 문화의 복합체인 사회 상황을 놓고 보면, 가족 구성원에 대한 초문화적 실천은 이미 그들 간의 내부 관계 또한 사회제도와의 상호작용 맥락 안에 있다고 할 수 있으며, 다만 적절한 인식과 지지를 기대하고 있을 뿐이다. 가족 내부에 관계된 실천은 가족의 발달과업과 연계되어야 하며, 이는 서로 다른 문화에 대한 고찰과 고려를 포함한다. 가족 외적인 상황에 대한 개입은 복잡한 사회제도와의 교류를 포함하는데, 이러한 사회제도는 종종 가족의 입장과 상충되기 마련이다. 이러한 사회복지실천은 주로 다양하고 규모가 큰 정치경제적 구조인 지역사회와 연관되어 있다. 초문화적 관점은 다양한 문화 집단들의 경험과 생활 방식에 대한 개별 문화의 입장에 대한 고려를 사회복지실천 과정으로 통합하는 것이다. 북아메리카에서는 이미 개별 가족 문화와 어우러지는 사회복지실천이 진행되고 있으며, 이는 단지 문화의 차이와 서로 다른 인종 집단의 생활 방식에 대한 존중의 문제를 넘어선 것이라 볼 수 있다. 강점과 잠재력의 복원이라는 견지에서 가족을 이해하는 데 있어서의 관건은 그들이 가진 원문화와의 연관성을 유지하면서 현재 문화와의 차이에서 오는 갈등을 어떻게 효과적으로 다루는가에 있다. 어느 발달단계에 있든지 가족 간의 의사소통의 열쇠는 바로 차이점과 접합점의 여러 다른 형태를 이해하는 것이다. 그것이 꼭 문화 차이에서 비롯된 문제가 아니더라도, 어떠한 차이점을 이해하는 데 특정 가족에서의 유용한 방법은 타 문화와의 갈등이라는 다른 쟁점에도 효과적으로 적용될 수 있기 때문이다.

부부나 가족 사정 과정은 실무 상황의 본질상 개인에 대한 사정과는 본질적인 차이가 있다. 이미 앞 장에서 언급한 것처럼, 부부 및 가족의 발달과업과 구조에 대한 개념은 개별적 · 가족적 · 제도적 · 지역사회적인 과업을 동반한다. 개인이 살아온 경험이나 의미상 차이와 더불어 우울증, 불안감, 정신심리적 상처 후의 스트레스, 약물 남용 등의 현재 상황은 사정에서의 어려움을 초래한다. 또한 구성원 간의 차이점에서 오는 가족의 갈등과 고난, 합리화하고 통제하고 싶은 가족 구성원들의 욕구, 관계 구조가 초래할 수 있는 가족의 불안 요소들이 근심거리를 만들어 낸다. 이러한 문제들은 가족을 당혹스럽게 하고, 이해할 수 없는 상황으로 만들며, 어떤 개인이나 가족을 통제할 수 없는 상황으로 몰고 간다. 이러한 상황에서 사회복지사가 방향성 없이 접근하면 갖가지 세부적이고도 시시콜콜한 것들 속에 함몰되어 헤매게 될 수도 있다. 한편 사회복지사가 기관을 대표하는 역할로 접근할 때, 해결하기 어려운 복잡한 문제들에 대해 사회적 제도라는 권위를 남용하여 '해결이라는 명목상의 통제'를 가하는 오류를 범할 수도 있다. 몽 씨 가족의 사례에서처럼, 자기 부족이 아닌 외부의 힘이(이 사례에서는 병원) 상황을 주도하는 경우, 가족과 그 부족 집단은 역기능적 반응으로서 어쩔 수 없이 물러서거나 반대로 반항하게 된다. 그렇게 된다면 생산적인 부부 및 가족치료의 가능성은 점점 더 희박해진다.

사정은 목적을 수반해야 한다. 가족 구성원들과 함께 조력과정 전체를 통틀어 지속적으로 수행되어야 하는 사정 과정은, 기능적이고 효과적인 현재 시점의 치료 목표를 가족 구성원과 함께 결정하는 것에서 시작된다. 가족 구성원들은 자신들이 할 수 있는 것, 가족 내외부의 현실을 감안하여 원하는 것을 결정하는 데 있어 적극적이어야 한다. 이러한 과정에서 과거사를 기본으로 하되 현재에 초점을 맞추어야 함은 물론이다. 사정에서 가장 중요한 부분은 그들이 맞닥뜨린 현재 상황과 과업, 즉 '문제점에 대해 무엇인가 일익을 담당할 수 있는지' '기꺼이 하고 싶어 하는지' '어떻게 할 수 있는지' 등을 복합적으로 고려하여 통합적 진단을 하는 것이다. 사회복지사는 개별적이거나, 가족 자체의 과업들이 어떻게 조화를 이루어야 하며, 바람직한 변화를 가져오기 위해 어떻게 가족 내외부의 필요한 도움을 이끌어 내고 관심을 유도할 것인지 등을 고려해야 한다.

가족의 구성과 그에 따른 욕구는 매우 다양하므로 사정을 통해 가족이 다시 균형을 되찾고 유지하기 위해 필요로 하는 것들에 대한 구체적 구상을 제시해야 한다. 그렇다면 어떤 단위나 수준의 주의력과 고려가 가족 내외부 상황에서 가장 효과적으로 기능하는가에 있어서는 다양한 방식이 있을 것이다. 아만드([사례연구 3-2] 참조)의 사례처럼 개별적인 작업, 미구엘과 주아나([사례연구 2-4] 참조)와 같은 부부상담 혹은 브라이언과 리사([사례연구 2-5] 참조)와 같은 부모와 자녀 간 상담, 마리오와 레나타([사례연구 7-4] 참조)처럼 모든 가족이 함께하는 상담 그리고 [사례연구 4-7]에서 보여 주는 서로 다른 조합의 가족 구성인 J씨 가족, 홍 씨 가족([사례연구 4-5] 참조)처럼 법원이나 학교와 같은 외부 제도와 교류하거나 아니면 제9장에서 제시한 사례연구들이 그 예이다. 또한 잭과 정([사례연구 4-6] 참조)의 사례와 같이 잭의 본가 식구들 및 종교 지원 단체와 함께 만나 진행되는 부부치료도 있을 수 있다. 어떠한 과업이 그 가족이 필요로 하는 것을 달성하기 위해 가장 우선적인 것인가? 어디서부터 시작하고 무엇을 지향할 것인가에 대한 결정 역시 뒤따른다.

안전감(safety) 구축 역시 개인적 · 가족적인 과업에서 수반되어야 한다. 예를 들면, 사람들은 효과적인 의사소통을 위해 자신의 불안이나 노여움, 무능력 등에 대처해야 하며, 부부간에는 적절한 경계와 이해심, 의사소통 방법, 화를 다스리는 기제들이 있어야 하고, 결정적인 사안이 해결될 때까지 기다리는 것 등에 대한 동의가 있어야 한다. 의사소통이나 과거사에 대해 나누고 그들이 어떻게 변화해야 된다고 무언의 부담을 주기보다는 그들이 문제로 여기는 것에 대해 생각하거나, 그들이 얼마만큼 노력할 수 있으며, 얼마나 기꺼이 해낼 수 있는지에 대해 서로의 의견을 교환하고 각자의 영역을 발전시켜 나가고, 구체적 논의 가능성을 시도해 보도록 돕는 것에서 사회복지사의 역할이 시작된다고 할 수 있다. 사회복지사는 우선 가족 내 가장 권위 있는 구성원에서 시작하여 다양한 다른 구성원들로 초점을 이동시키면서 전체적인 맥락이 드러날 때까지 진행해야 한다. 이러한 과정을 거치는 동안 가족사가 공유되고 사정 단계가 제자리를 찾아가게 된다. 이러한 맥락에서 사정이 이루어지기만 한다면 그 어떤 사례에서라도 부부간, 가족 간에 큰 방해나 과다한 세력 다툼 없이 그들의 욕구에 대한 만족과 서로의 노력을 강화시켜 나가는 등의 책임감을 길러 나갈 수 있을 것이다.[1]

한편 사정의 마지막 분석 과정에서 가족들이 그들의 문제해결을 위해 감수해야 할 것들을 할 수 없다거나, 하지 않겠다는 등의 결정을 내릴 수도 있다. 하지만 이 역시 그들이 새로운 가족 구성원들의 변화를 필요로 한다는 것을 인식하는 데 도움을 주며, 이에 필요한 적절한 단계를 밟으면 된다는 여지를 남기기 때문에 여전히 의미 있는 과정이다. 그 어떤 실무에서도 섣불리 전체 과정을 예견하기는 어렵다. 이러한 의미에서 볼 때, 어떠한 부분이 근절되거나 제거되어야 한다는 등의 고정관념으로 가득 찬 대화보다는 앞으로 함께해 나가야 할 과업들에 대해 미래의 가능성을 시도하는 장으로 만들어 가는 것이 보다 바람직할 것이다. 그러한 의미에서 사회복지사는 가족이 할 수 있는 것과 할 수 없는 것, 하고 싶어 하는 것과 하고 싶어 하지 않는 것들을 발굴해 내는 과정을 돕는 코치 역할을 한다. 때로 사례 계획의 방향을 설정하기 위해 단시간 내에 심도 깊은 사정이 이루어져야 할 때도 있겠지만, 어느 누구도 다음에 전개될 단계들을 처음부터 완벽하게 예견하는 것은 쉽지 않다. 단시간의 탐색으로 문제를 모두 해결하겠다는 시도는 초점이 잘못 맞추어진 것이다. 이것은 가족 구성원들에게 지금까지의 그들의 과오에만 초점을 맞추게 하여 부담을 느끼게 하고, 사회복지사가 가족을 통제하는 경향으로 흐를 수 있기 때문이다. 이러한 상황에서 가족 구성원들에게 가장 필요한 것은 그들로 하여금 상호작용을 통해 발생하는 그들의 결정, 즉 어디서부터 시작할 것인지, 무엇을 할 수 있는지, 발전을

---

1) 저자들은 실무 현장에서 가능하다면 2시간 정도의 첫 면담이 보다 효과적이며, 가족이 현실을 직시할 때 책임감을 기르는 데 더욱 도움이 된다는 사실을 발견했다. 이는 첫 면접 시간에 다루어야 할 것들이 많기 때문이기도 하다.

위한 실현 가능한 기대들은 무엇인지를 고민하게 하는 것이다. 이러한 논의들이 면담 과정에서 행해지면 다음 단계는 그들이 일상생활에서 서로 간에 맞닥뜨리는 일상사들에 대해 이야기를 나누는 것이다.

이 과정에서 사회복지사는 적극적으로 사정 과정을 구조화하고 참조의 틀을 제시해야 한다. 그리하여 그들이 현재 가진 부정적 의사소통, 자기 학대, 타인 학대 등의 문제에 대한 현실적인 안목을 가지고 각자의 영역을 설정해 가면서 어떤 상황이 일어나고 있는지에 대해 스스로의 이해를 증진시키도록 도와야 한다. 이러한 구조화 작업은 과다하거나 역기능적인 상호작용이 반드시 동반되는 것을 의미하지는 않는다. 부부나 가족은 서로에 대한 상호작용의 틀을 유지하면서 그들이 생각하는 문제점과 그것의 의미에 대한 진단에 참여함으로써 그 상황에서 무엇인가 함께해 나갈 수 있다는 가능성에 대한 예측을 하게 된다.

4. 다문화적 관점

이미 너무나도 다문화적이고 초문화적인 접근 틀을 발전시키고자 노력하는 현대사회에서 경쟁력 있는 사회복지실천을 위해 사회복지사가 알아야 할 것들은 무엇일까? 지금까지 다양한 가족치료 접근법들이 인정되어 왔고 또한 각각의 문화적 특성에 맞게 자리 매김되어 왔다(Fong & Furuto, 2001; Ho, 1987; McGoldrick, Giordano, & Pearce, 1996; Lee, 1995). 호(Ho, 1987)는 다양한 문화를 가진 가족을 대상으로 일하는 가족치료사는 무엇보다도 대상 집단에 대한 일반적인 이해와 지식을 갖추어야 한다고 주장했다. 특정 문화 내에서의 개인에 대한 이해와, 또 다른 한편 문화적 맥락 내에서의 양식에 대한 인지는 모든 사회복지사에게 기본이 되는 교육 내용이다. 어느 특정 맥락 내의 가족에 대한 비교 분석에서 공통되는 기본적 문화 양식과 쟁점은 있기 마련이다. 이것은 역동적인 사회 변화에 따라 변화하기도 하지만 그 가운데 변하지 않는 공통된 쟁점들로는 배우자 선택, 결혼, 성과 가족 구성원의 역할, 자녀 양육 방식, 문화 적응, 환경에

의 적응, 성장 그리고 종교 생활과 의식 등을 꼽을 수 있을 것이다(Ingoldsby & Smith, 1995; Locke, 1992; Mindel, Habenstein, & Wright, 1998). 호(1987)는 이 모든 영역들을 어느 문화에나 적용이 가능한 9가지 영역으로 확장시켜 정리했다. 이 것은 확대가족에서의 연대감, 부부 관계, 부모와 자식 간의 관계, 형제 관계, 타 인종과의 결혼, 이혼과 재혼, 이민, 문화 적응, 전문적 도움의 요청 등이다. 사회 복지사는 여러 다양한 문화 집단에 대해 어떠한 문화를 대상으로 일하게 되더 라도 심중한 이해력을 가지고 실무에 적용하도록 노력해야 한다.

그럼에도 불구하고, 복잡 다양한 포스트모더니즘 사회에 직면하여 가족들의 상호작용 및 관계 형성의 형태는 항상 변화하고 있다. 가족 구성원들은 그들의 본래 문화 규범과 상충되는 새로운 역할에 직면하기도 하고, 실무자들 역시 어 떤 면에 더 비중을 두어야 할 것인지를 놓고 어려움을 겪는다. 어떤 점이 지지 되어야 하는가에 대한 대답은 특정 대상 가족들이 현재 보유한 강점과 자원의 기반에서 출발해야 한다. 그렇다면 이러한 과정은 역동적인 다문화사회에서 어 떻게 가능할 수 있을 것인가? 다시 한번 강조하지만, 가족 자체가 그들 스스로 어려움을 해결해 나갈 수 있다는 믿음을 가져야 한다. 사회복지사의 도움으로 가족 구성원들은 자신들의 최적의 균형을 위한 시도를 통해 목적 달성에 이르 게 된다. 그러나 이때 반드시 염두에 두어야 할 것은 사회복지사가 미리 설정된 단순화된 접근법을 통해 대상을 통제하려 한다거나(Ho, 1987; Lee, 1989), 대상들 과의 협의나 확인이 결여된 채 어림짐작으로 목적을 달성하는 것은 바람직하지 못하다는 것이다.

가족치료 영역은 오랫동안 수많은 다양한 접근법들로 이루어져 왔다. 이러한 접근법들이 강조하는 것은 제3장의 마지막 절에서 논의했던 것처럼, 가족 기능 의 단계 및 수준들과 관련되어 있다. 가족치료에 대한 많은 전통적 접근법들에 함축된 어느 특정 가족 기능에 관한 초점 및 그에 관계된 방법론은(〈표 3-1〉 참 조) 초점 영역을 과다하게 축소시키며, 종종 가족 스스로 문제를 해결해 보려는 시도조차 하기 전에 사회복지사가 방법론에서 최고의 전문가인 양 행세하게 하 는 경향이 있다. 호(Ho, 1987)는 전통적인 가족치료를 연구하는 데서 이러한 많은 접근법들은 특히 대상이 가진 고유한 문화적 가치와 소수 인종으로서의 고유한 가족 구조 자체에 대해 적절히 대응하지 못한다고 지적하였다. 가족 기능들이 지나치게 세분화된 가족치료 방법 틀은 진단의 초점을 단순화할 수도 있으며, 어떤 가족치료사들은 개인적 발달과정에만 주요 초점을 두어 진단 과정에서 이러한 면들에만 치중하기도 한다. 또 다른 이들은 의사소통, 이야기, 가족 구조 등으로 제한하여 그들의 사정 단계에 적용하기도 한다(Cocozzelli & Constable, 1985). 바람직한 접근은 역동적이고 포괄적인 형태로서 문제에 초점을 맞춘 개입과 함께, 가족 기능에 대한 측면을 총망라하는 것이어야 한다. 브루엔린, 슈워츠 그리고 맥쿤 카러(Bruenlin, Schwartz, & Mackune-Karrer, 1992)와 핀소프(Pinsoff, 1995)의 통합적인 틀은 앞서 언급한 역동적이고 포괄적인 형태를 명확하고 간결히 설명하고 있다. 이러한 틀은 가족치료에 있어 전진을 가능하게 하는 주요 요소가 된다.

사회복지실천 영역에서 개인, 가족, 가족 간의 유대, 이웃, 기관이나 조직, 제도 등을 다루는 방법론의 이론적 집대성의 근간으로 체계 이론을 들 수 있으며(Hearn, 1969; Von Bertalanffy, 1968), 개인에 대한 가족의 관계 및 외부 환경과의 연관성을 통하여 그 복잡성을 설명하려는 생태학적 관점 역시 1970년대 초부터 발전해 왔다(Auerswald, 1971; Gordon, 1969; Germain, 1973; Hartman & Laird, 1983; Stein, 1974). 제2장에서 상세히 설명한 이러한 가정은 가족사회복지실천에 대한 우리의 논의에서도 역시 체계적으로 설명되어 왔다.

어느 특정 문화에 대한 초점으로부터 벗어나, 문화 변이에 대해 논하는 것 역시 더욱더 다양화되어 가는 북아메리카 사회와 같은 상황에서 의미 있는 일일 것이다. 리(Evelyn Lee, 1996)는 특히 아시아계 미국인 가족을 예로 들어, 특정 인종 내에서도 수많은 다양성이 존재한다는 것을 의식하여 〈표 4-1〉에 요약된 것과 같은 문화 변이의 유형학을 계발했다.

표에 예시된 가족 사례는 안정과 가족 유대(개인적 선호가 배제된)를 강조하는 양식에서 좀 더 개인적인 견해에 비중을 두는 양식으로 변화된 사례를 보여 준다. 가족 내의 유대를 강조하고 개별적인 성향을 덜 중요시 여기는 가족은 외부 체계로부터 도움을 구하는 것을 주저하는 경향이 큰데, 그 이유는 색안경을 낀 시각으로 자신들을 바라볼 것에 대한 염려와, 사적인 문제들에 대해 다른 사람들이 왈가왈부하는 것을 꺼리기 때문이다. 그들은 때때로 외부의 도움이 그들의 문제해결에 긍정적인 영향을 가져올 수 있다는 사실 자체를 거부하기도 한다. 이 장의 후반부에 나올 J씨 가족의 사례(사례연구 4-7 참조)는 이에 해당되는 딜레마를 잘 보여 준다. 관계적 과업을 형성하고 실행해 가는 데서 외부 구조나 자원은 문제에 직면한 가족들이 진정한 변화를 경험할 수 있는 필수 요소다.

북아메리카 사회 여건에서 문화적 역량을 기반으로 하는 실천(culturally competent practice)에 대한 논의는 실무에 필수적인 다음 네 가지의 기본 가정을 지지한다.

- 더 이상 특정하고 획일적인 북아메리카 문화는 존재하지 않는다.
- 다양성의 가치는 인정되어야 한다.
- 각 문화 집단 내의 구성원 역시 제각각 다르다.
- 문화 적응은 역동적인 과정을 내포한다(Caple, Salcido, & di Cecco, 1995).

또한 가족에 초점을 둔 두 가지 부가적인 가정은 다음과 같다.

- 가족은(그리고 가족의 모든 구성원들은) 그들 자신의 내적 관계뿐만 아니라 가족 전체의 맥락 및 외부 환경에 대해서도 적응해 간다(Ho, 1987).
- 문화적 복잡성이라는 입장에서 즉, 다양한 문화의 혼재 속에서 하나의 가족치료 모델로는 가족 기능에 대한 적합한 해석이 불가능하다. 또한 어느 특정한 한 가지 모델로는 가족의 복잡한 상호작용의 내용을 충분히 설명하거나 다룰 수 없다(Bruenlin, Schwartz, & MacKune-Karrer, 1992).

가족 형태	공통적 특성
전통적 가정	• 가족 모두가 본국에서 태어나 자란 구성원들로 구성 • 가족 구성원들이 전통적 가치에 대한 강한 신념을 가짐 • 모국어나 자국 사투리를 구사함 • 전통 의식이나 관습 등을 준수함
갈등적 가정	• 미국 태생의 자녀들이 있음 • 자녀들이 아직 어릴 때인 10여 년 전에 이민 옴 • 세대 간의 갈등이나 역할 혼동이 주된 문제임 • 가장이 몇 년 동안 먼저 미국에서 살다가 고국으로 가서 미국 문화에 익숙하지 않은 부인을 동반하여 다시 미국으로 온 경우도 있음
양 문화적 가정	• 아시아 국가의 대도시에서 자라 도시화, 산업화, 서구문화의 영향에 익숙하며 문화 적응이 잘된 부모로 이루어진 가족 • 일부는 미국 태생들도 있으나 본 문화의 전통적인 가정에서 자라남 • 주로 중상류층 이상의 가정 배경에서 자랐으며 전문직을 가짐 • 가정의 권위 체계가 가부장적 구조에서 부부간의 평등 구조로 이전됨 • 부모 자녀 간의 논의가 허용되는 분위기
미국화된 가정	• 부모와 자녀들 모두 미국에서 나서 자람 • 대부분 미국화된 생활양식을 가짐 • 전통적 아시아 문화의 근원은 서서히 사라져 감 • 영어로 의사소통하며 보다 개인적·평등적인 사상에 적응함
타민족 간 결혼 가정	• 현재 모든 결혼의 10~15%를 차지하고 있으며 급격히 늘어가는 추세임 • 일본계 미국인들이 이러한 추세를 주도해 반 이상이 외부 민족과의 결혼, 다음으로는 필리핀, 중국, 베트남 그리고 한국인 순임 • 일부는 상당히 성공적으로 두 가지 문화를 잘 수용하며 살아감 • 또 다른 일부는 역시 가치관, 종교적 신념, 의사소통 양식, 자녀 양육 방식, 시댁 문제 등에서 갈등을 경험함

◎◎ 〈표 4-1〉 아시아계 미국인 가족들의 다섯 가지 유형 ◎◎◎◎◎◎◎◎◎◎◎◎◎◎

출처: Lee, E.(1996, pp. 231-233)

5. 초문화적 관점

다양한 사회의 문화 적응 현실 및 복잡성을 이해하는 데는 초문화적 관점이 요구된다. 가족의 역동적인 전체적 맥락이 아닌, 특정 소외된 양식에만 초점을 두고 살펴보는 것은 사회복지사들이 변화하는 맥락에서 기능해야 한다는 사실을 묵과한 것이다. 문화적 가치는 그 자체가 변화의 과정에 있다. 그러한 의미에서 초문화적 관점은 변화를 초래하기 위한 목적하에 가족 구성원을 돕는 효과적인 방안으로서의 행동과 관계적 과업들을 활용한다.

체계적 관점에서는 어느 하나의 작은 부분이 변화하는 것만으로도 전체에 영향을 미치는 것으로 본다. 한 예로, 이 장에서 소개될 잭과 정의 사례에서처럼 크리스마스트리를 사고 싶은 욕구는 자녀를 위해 분유를 더 사고 싶은 욕구와는 비교될 수 없는 다른 차원의 욕구라는 것을 알아야만 한다. 같은 맥락으로 J씨의 사례에서 그는 무례한 청소년 자녀를 폭력이나 위협으로는 다룰 수 없으며, 다른 적절한 방법으로 자녀를 훈육해야 한다는 사실을 인식해야 했다. J씨 부인이 자신의 무의식적인 남성 우월성에 대한 순응이 그녀 자신의 존엄 및 가치 그리고 가족과 사회에 대해 그녀가 할 수 있는 잠재력을 계발하는 데 방해가 된다는 사실을 발견해야 하는 것과 같은 맥락이다.

점차 세계화되어 가는 사회의 역동적이고 피할 수 없는 필연성에 부응하여 특정 인종 우월의식이나 지역주의 혹은 특정 국가의 집권 등의 쟁점들이 재고되어야 한다. 이러한 국제화 정세는 현대사회에서 불가피한데, 이는 기술, 무역, 미디어, 산업화, 인간의 영성 등이 인류 모두가 공유하는 문화의 공통분모가 되고 있기 때문이다. 이민자들이 국경과 인종 그리고 종교적 경계를 넘는 일들은 이미 종종 일어나고 있다. 이러한 추세라면, 어느 특정 문화 집단에서도 이후에 어떠한 일이 벌어질지에 대해서는 예측이 불가능하다. 하지만 일반적인 경향은 가족들이 각 가족 구성원들의 발전 가능성이 있는, 보다 풍요로운 관계적·지역사회적 여건을 찾아 이동하고자 한다는 것이며, 이를 다르게 표현하자면 하나의 큰 대양으로 흘러 들어가는 강줄기들의 움직임과 같은 현상이라고 할 수 있다. 세계인권선언(Universal Declaration of Human Rights)에서 명시한 정신과 원칙들은 이러한 문화적 적응 과정에 있어 표준을 규정하고 있다.[2]

초문화적 관점은 다양한 문화 경험 및 사회경제적 배경을 가진 가족 구성원들 간이나 외부 간의 유대 관계를 증진시키는 것에 초점을 맞추고 있다. 또한 이 접근은 각 문화들 간에 무엇이 공통적이고 무엇에 차이가 있는지, 그리고 이러한 차이점을 잘 조정하기 위한 의사소통까지 다룬다. 이는 모든 사람들이 비슷한 욕구의 충족과 관계 지향적인 인간관계를 추구한다는 것을 가정한다. 그러나 개인들은 서로 다르게 이해하며 다른 방식으로 상호작용할 수도 있다는 사실 역시 배제하지 않는다. 초문화적 관점은 또한 가족 구성원들 스스로가 변화될 수 있는지, 어느 정도로 사적이고 감정 중심적인 의사소통 방법을 원하는지에 대해 스스로 결정할 수 있다고 가정한다. 예를 들어, 로잘린드([사례연구 3-2] 참조)는 상처받기 쉬운 자신의 내면에 대해서 드러내는 것을 원치 않았으며, 아만드는 로잘린드가 그들의 관계에 대해 그에게 말할 수 있게 될 때까지 아내의 감정을 존중했다. 이러한 시점이 조력과정에서의 절묘하고 중대한 순간이 된다. 아만드가 아내의 이야기를 경청했을 때, 그들은 잠시나마 그들 스스로 문제를 해결한 것이라고 볼 수 있다.

초문화적 관점에 있어 핵심은 조력과정 자체에서 찾아볼 수 있다. 조력과정은 이미 알고 있는 여러 가지 장벽에도 불구하고, 서로가 함께한다는 데 의미를 두는 실제적이고 존재론적인 의미를 가진다. 이러한 초문화적 관점은 이미 여러 장벽과 차이점들이 존재한다는 것을 가정한다. 가정을 지탱하는 가치, 인간이기 때문에 추구하는 가족 구성원들의 목표, 그리고 그 목표를 달성하기 위해 필요한 관계적인 과업들은 불가피하게도 쉽지 않은 과감한 결단과 선택들을 수

---

2) 이러한 면에서 세계인권선언은 사회복지사에게 엄청난 자원이 되는 지지 체계다. 1948년 9월 10일에 채택되고 공포된 유엔총회결의안(General Assembly Resolution 217 (111)), www.un.org/nghts/50/decla/htm (2003년 7월 19일)을 참조하시오.

반하기도 한다. 예를 들어, 받아들이고 싶지 않은 차이를 인정해야 하는 시점에 봉착하거나, 문제를 해결해야 하거나, 아니면 적절하게 변화되어야 한다는 것이다. 그렇지 않으면 기능적인 의사소통, 유대감, 적절한 개별성의 유지 등을 방해받는 국면에 직면하게 되기 때문이다. 변화 과정과 차이점들에 대한 문제를 다루는 사회복지사는 인간 가치의 초월적이고 승화된 관계 체계의 맥락 안에서 가족 구성원들의 변화 과정이 필수적이라는 것을 모두가 이해하도록 이끌어야 한다. 가족치료는 가족의 존재를 통해 서로 나눌 수 있는 공통된 의미가 있으며, 그러한 공통된 의미 안에서 상호 치유되어야 한다는 것을 인식하기 시작하도록 돕는 것이다. 모순적이게도 이러한 인식은 어쩔 수 없이 서로 간의 차이에 직면하고 어느 정도의 의사소통이 바탕이 되어야 생성된다. 문화적 차이를 비롯한 여러 가지 차이점들을 해결하려면 가족 구성원들의 긍정적인 성장이 필요하다. 가족의 결속과정에서 드러나는 서로 간의 예상치 못한 차이점들에 대해 잘 다루어 나가는 것 역시 조력과정에서 이루어지는 현상이다. 사회복지사는 가족 구성원 각자가 서로를 배려하고 성장하며 선택하고 변화하여 전체 관계가 바람직하게 변화할 수 있는 능력을 최대화하는 것을 목표로 상호 치유 과정을 창출해 내는 데 일익을 담당해야 한다.

1) 초문화적 관점에서의 실천

많은 부부들은 주변 여건 때문에 문화적 차이를 경험할 수 있으며, 사실상 서로 다른 문화적 배경을 갖고 있을 수도 있다. 하지만 두 가지 경우 모두 그 과업은 비슷하다. 이들의 과업은 주변 상황과는 별개의 공통된 가족 문화를 새로이 창조해 내는 것이다. 이러한 점에서 신혼부부의 일반적 · 관계적 과업은 동시에 새로운 문화에 적응하는 것도 수반하게 된다. 아만드와 로잘린드([사례연구 3-2] 참조)의 사례에서는 가족 내에 동인도와 그리스 미국계의 문화 배경이 공존하고 있지만 두 사람 모두 개인적인 문화 양식들을 공통적이고도 공유 가능한 문화로 재결합함으로써 그들의 관계를 새롭게 정립해 나가는 모범적인 예를 보여 주었다.

　계층 간의 차이 역시 문화적 차이만큼이나 심각한 영향을 미칠 수 있다. 다음의 사례를 보면 캐서린은 중산층 출신인 반면, 드웨인은 노동자 계층 출신이다. 이들은 같은 인종이기는 하나 생활양식에서의 차이점들은 결국 원가족의 사회 계층과 문화 차이에서 기인한 것임을 보여 준다.

 [사례연구 4-3] 아프리카계 미국인 캐서린과 드웨인 부부

　캐서린과 드웨인은 결혼 첫해부터 서로 간의 차이를 극복하지 못해 힘들어하던 흑인 부부다. 캐서린은 의사 부부의 딸이었는데, 자신의 심리 기복을 설명할 때 의료 용어를 쓰곤 했다. 반면, 드웨인은 자유분방하게 거리에서 유년 시절을 보낸 사람으로, 아내 캐서린이 나약하다고 생각했다. 남편의 입장에서 볼 때 아내는 다분히 비판적이라고 생각되는 개념들을 일상적으로 사용했다. 드웨인은 이러한 개념들을 이해하기는 했지만, 캐서린의 오만함이 꼴도 보기 싫어서 그녀를 괴롭혔다. 그는 부인의 추상적인 말에 대놓고 반응하거나 농담을 하며 놀리곤 했다. 그럴 때마다 그녀는 그의 농담을 알아듣지 못하고 실망과 적대감으로 반응했다. 드웨인에게는 '당신 조금씩 통통해지고 있어.' 라는 표현은 장난기 어린 칭찬인데, 캐서린은 그런 말이 남편이 자기에 대해 불만족한다는 표현이라고 생각했다. 두 사람 모두 의사소통의 양극단을 조절하는 데 어려움을 겪고 있었다. 한 사람의 추상적이고 모호한 표현이 상대방에게는 현저한 현실적 상처로 받아들여지기도 했다. 이러한 현상들이 계속되자 부부는 둘 사이의 거리감을 좁히지 못하고 결혼 생활에서 단절감을 느끼기 시작했다. 그들은 서로 간의 공통된 의사소통 양식 및 언어를 창출해야 할 필요가 있었다. 그들은 사회복지사의 도움으로 그들 부부만의 고유한 공통 이해의 영역을 만들기 시작했다.

(1) 세대 간의 양식들

관계과업은 어느 한 세대 차원에서만 경험되는 것은 아니다. 다음의 사례에

서 보여 주듯이 관계과업에는 명백한 세대 간의 양식들과 선재한 요건들이 존재한다.

[사례연구 4-4] 중국과 태국계 부모를 둔 드와잇의 가족

전쟁과 그에 따른 재수용 과정에서 가족이 모두 분산된 중국 북부의 중산층 가톨릭 난민 여성이, 태국의 가족 지지 체계가 투철한 불교 신자이자 소작농 출신인 남자와 태국에서 결혼식을 올렸다. 부인의 지지 덕분에 남편은 고급 교육을 받아 전문직 종사자가 될 수 있었다. 이 부부는 태국에서 미국으로 이주해 옴으로써 결혼 생활 내내 엄청난 변화들을 경험하게 되었다. 큰아들 드와잇은 청소년 초기부터 박사 과정에 이르기까지 미국에서 교육을 받았다. 그의 성장과정에는 중국계 미국인 청소년으로서 시애틀 학교에서 출중한 인물이 되기까지 혼자서 겪어야 했던 가슴 아픈 경험들이 너무나 많았다. 드와잇은 베키라는 아일랜드 및 독일계 혼혈인 북아메리카 가톨릭 여성을 만나 결혼했다. 그녀 역시 박사학위를 가지고 있었다. 그녀는 대가족 출신으로 교양이 있었고, 그녀 가족의 구성 배경은 문화적 다양성을 가지고 있었다. 그들은 서로 인종이 달랐지만 비슷한 학력으로 말미암아 비슷한 사고방식 및 배경을 공유할 수 있었다. 베키는 국제결혼을 한 부모 밑에서 양질의 교육을 받고 다양한 시각을 키우면서 도시에서 성장했다. 아동기에 그녀는 책벌레였으며 청소년기에는 자주 여행을 다니고 국제 학생 교류에 참여하는 등 적극적인 활동을 통해 많은 경험을 쌓아 왔다. 대학 시절의 그녀는 다양한 국적을 가진 친구들이 많았다. 현재 그들은 첫 아이와 함께 다양한 문화적 차이에 대한 문제들을 다루는 데 그들 자신의 고유하고 공통적인 가족 문화와 함께 새로운 그들만의 문화를 조화롭게 발전시키며 살고 있다.

(2) 초문화적 관점에서의 관계 증진을 위한 과업

관계적 과업이 기존 가족 내에서 제대로 수행되지 않을 경우, 사회복지사는 적절한 도움을 주어 가족을 재구성하고 강화시킬 수 있다. 사회복지사는 지역사회의 후원 기관(학교, 법원, 가족치료 센터, 병원 등)들로 하여금 서로 다른 문화에 대해 조화로운 기능을 하도록 중재할 수 있다. 동시에 개인의 경험과 인종에 대한 견해를 실천에 직접 적용할 수도 있다. 이러한 문화 간 가족치료의 당면 과업은 인간으로서의 스스로에 대한 더 깊은 경험과 '우리 의식'을 발전시켜 나가는 방향으로 부부나 가족의 에너지를 집중시킬 수 있는 접근법이 중요시되어야 한다.

2) 초문화적 사정

초문화적 사정과정에서 사회복지사는 우선 그들 개인이 보유한 고유성 및 당면한 다양성의 사회에서 동화되어 가는 각 문화 집단의 경험에 대한 통찰이 있어야 한다. 특정 문화 집단에 대한 선입견이나 편견은 배제되어야 한다. 문화와 개인 간의 상호작용은 매우 난해하고 차별화하기 힘든 복잡한 문제이기 때문이다. 따라서 사회복지사는 어떠한 행동을 설명할 때 단순한 문화적 분류에 제한하여 해석하는 것은 피해야 한다. 다음에 제시되는 전략들은 사회복지실천 경험 및 연구 결과 자료가 적절히 조화된 것이다.[3] 이 전략이 문화 간의 차이점과 공통점을 구분하기 위한 이정표가 될 수 있을 것이다.

- 모든 내담자들은 일단 개별적인 개인으로 간주된다. 이후 소수 민족의 일원으로, 그다음에는 한 인종 집단의 일원으로 간주하는 순서를 밟아 간다.
- 개인의 인종적 정체성이 그의 문화적 가치관이나 행동양식에 관한 모든 것을 설명해 줄 것이라고 가정하지 않는다.
- 당신이 들었거나 읽었던 문화적 가치관이나 특색들은 가정으로 간주하라. 그것들은 각 내담자와 새롭게 겪어 나가면서 추이를 지켜봐야 할 가정일 뿐이므로, 무엇이든 사실이라고 단정 지어 왔던 것들을 다시금 질문으로

---

3) 이 전략들은 Helen Brown Miller(1995)에 의해서 개발된 것이며, 그 외에는 출판되지 않았다.

바꾸어 실천에 임하라.
- 모든 소수 인종 집단의 개인들은 적어도 두 개 이상의 문화를 공유하고 있 다고 여겨라. 그들은 상충될 수도 있는 두 개의 서로 다른 가치 체계를 통 합해야 하는 과정을 거쳤으며 그러한 갈등으로 인해 어느 한쪽의 문화가 무시되는 경험도 갖고 있을 것이다.
- 내담자의 문화적 과거사, 가치관, 생활양식의 특정 측면들은 그와 함께 일 하는 당신의 일과도 관계된다. 어떤 내담자들은 단지 전문인으로서 사회복 지사인 당신의 일에 관심을 보일 수도 있다. 어떤 영역이 연관될지에 관해 섣불리 판단할 필요는 없다.
- 내담자의 문화적 요소에서 도움이 되는 강점들을 파악하라. 양 문화 간의 갈등에서 비롯되는 사회적 · 심리적 어려움들을 유발하는 영역을 규명해 내도록 내담자를 도우라. 그러한 영역 내에서 불협화음을 최소화하도록 노 력하라.
- 사회복지사 자신이 지배적인 사회 가치관에 편향되어 있는지, 아니면 전통 적인 문화 신념과 적용을 선호하는지 등에 대한 스스로의 성향을 미리 파 악하도록 하라.
- 어떠한 문화적 맥락이 고려되어야 하는지를 배우는 과정에서 내담자가 적 극적으로 참여하도록 도우라.
- 효과적인 임상 기술, 공감하기, 보살피기, 유머 감각 발휘하기 등은 매우 효 과적이다. 이보다 더 효과적인 전략은 없다는 것을 항상 명심하라.

3) 초문화적 개입

사회복지실천 조력과정은 이미 알고 있는 여러 가지 어려움에도 불구하고, 서로가 함께한다는 존재론적 의미를 찾기 위한 여정이라고 할 수 있다. 그래서 문화 간의 이해를 돕기 위한 주요 관건 역시 그러한 조력과정 자체 내에서 발견 될 수밖에 없는 요소 중의 하나다. '돕는다는 것'은 그들 스스로가 변화를 위한 원동력을 발견할 수 있도록 상황을 조성해 주는 과정을 의미하기도 한다. 상담에서의 의사소통 과정을 통해 현실의 어려움에 직면한 부부간이나 가족 간의 에너지를 관계 체계 내에서 긍정적으로 변형시켜 나가는 방법을 배우게 되는 것이다. 부부나 가족들은 선입견, 무의식의 지배, 인종 우월주의, 남녀 차별주의, 권위 남용, 소외 계층에 대한 제도적 착취 등 현재 직면한 어려움에 대해 사회복지사의 도움으로 새롭게 다짐하고 도전하게 된다. 이를 위한 초문화적 적용 실천에 관한 네 가지 기본 원칙을 살펴보면 다음과 같다.

(1) 상대방의 입장이 되어 보기

타인과 상호작용하는 주체로서의 개개인에 대한 기본적 이해는 가족과 함께 일하는 데 기초가 되며, 특히 초문화적 관점에서는 더욱더 그러하다. 실제 관계 상황에서 개인차는 이미 존재하는 것이다.

사회복지사는 구성원들 간에 개인차가 있다는 것을 이해하고 이에 대해 함께 일해 나가기 위해서 먼저 스스로가 당사자의 입장에서 생각해 보고 구성원들 역시 그렇게 하도록 도와야 한다. 의사소통 과정에서 이러한 기술을 사용함으로써 상대방이 의미를 두는 것을 정확히 반영하고, 스스로의 반응과 타인의 입장이 되어 본 소감을 대화를 통해 명료하게 표현할 수 있다(제5장 참조). 의사소통과 상호 이해 방법은 상호 간의 동의하에 협조적인 분위기에서 활용되어야 한다. 사회복지사는 개개인이 스스로를 표현할 수 있도록 도우며 때로는 서로 간의 공백을 채워 주는 역할도 담당한다.

(2) 관계를 통해 치유력을 발견하고 활용하기

개인적인 삶의 문제에 대해 전문적인 도움을 요청하는 사람들 대부분은 주로 사회에서 차별이나 불평등의 부정적인 경험을 겪는 사람들이다. 그들은 스스로가 가치 있는 존재라거나 존엄성이 있다거나 평등하고 책임감을 가진 존재라는, 인간으로서 당연히 가져야 할 권리들을 자신의 삶 전반에 걸쳐 경험하지 못한 경우가 많다. 이러한 과거 경험들로 인해 그들은 자신이 한 인간으로서 대우

받거나 수용되는 것을 기대조차 하지 않는 경우도 있다. 불평등, 지배와 피지배, 거절로 얼룩진 경험들 역시 가족 내의 관계 및 심지어 사회복지사와의 치료적 관계에도 영향을 미친다. 기존의 지배하려는 성향은 대부분 지속되곤 한다. 거절이나 불평등, 착취와 같은 경험에 대한 치료법은 어떤 기술이나 수법이 아니라 관계적 과업들을 통한 보다 개별적인 접근이 더 효과적일 수 있다. 관계 정립은 대상을 하나의 인간으로서 존중하는 가치 안에서 발전되어야 하며, 관계 정립의 과정에서 적절한 과정과 개인적 특징들을 검토해야 한다. 이러한 접근에서 완전무결한 중립성을 찾는 것은 거의 불가능하다.

(3) 치유과정에서 언어와 의사소통은 중요한 매개체다

미성숙하거나 역기능적인 관계들을 살펴보면, 그 언어 사용과 의사소통에서부터 수월하지 않다는 것을 알 수 있다. 언어 사용의 제한, 피폐하거나 원활하지 못한 의사소통을 하는 경우라면 이에 따른 문화적 · 관계적인 차이가 개인 발달과 역할에 대한 이해를 방해하기 때문이다. 또한 의사소통의 수단인 일상 언어의 사용에서 어려움이 있을 수도 있다. 이것은 단지 언어 능력이 부족함을 의미하는 것이 아니다. 캐서린과 드웨인([사례연구 4-3] 참조)의 사례를 보면, 그들은 각각 모호하거나 서로 달리 해석되는 언어를 사용함으로써 상대방을 향해 담을 쌓아 왔던 것을 볼 수 있다. 원활한 의사소통을 위해 그들은 상대방의 언어나 비언어적인 사용 패턴과 내용에 대해 이해하고 배워 나가는 과정을 거쳐야 했다. 대부분 이러한 과정은 상대방의 의견을 경청하고, 상대방이 의미하는 것을 수용하고, 자신이 이해한 것을 정확히 표현하는 것 등을 포함한다. 또한 상대방이 귀 기울일 수 있고 이해할 수 있는 방식으로 표현하도록 연습하는 것도 해당된다.

(4) 관계 개선을 위한 합동 작업에서 자기 주도 혹은 상대방과의 교류는 문제해결을 촉진한다

부부 혹은 가족 단위, 즉 서로 간의 차이점을 바탕으로 형성된 '우리'는 의사소통과 관계적 작업을 통해 주체적으로 행동하고 이를 지지하는 것을 배우게 된다. 하지만 보다 우세하다고 여겨지는 개념이나 사고방식이 개인의 발전에 대한 자발적 행위 능력을 차단할 수도 있다. 내담자와 사회복지사와의 합동적 관계 작업은 개인을 지배하는 이러한 사고방식의 일부 세계를 치유하는 데 도움을 줄 수 있다. 사회복지사 혹은 현명한 조언가는 부부나 가족의 안팎에서 발생되는 이러한 문제점을 다루는 데 도움을 줄 것이다. 초문화적 관점에서의 조력과정은 가족 내부 및 외부 세계와의 문화적인 분절들을 넘나들면서 당사자들의 문화적 통합을 자연스럽게 포함하게 된다. 한 가지 사고방식의 틀에 묶인 사람은 타인을 돕는 데 어려움을 겪게 될 가능성이 높다. 사회복지사 역시 가족과 함께 겪게 되는 이러한 문화적 융화과정을 통해 보편적이고 공유할 수 있는 감정 체계를 획득하게 된다. 이렇게 해서 모두는 개인과 가족의 발달적 욕구의 해결을 위해 보다 높고 건설적인 과정을 향해 나아가게 된다. 서로 간에 진정한 유대감을 경험하면 과거의 피상적 관계 형태와 내재되었던 반사작용이나 감정 반응 등의 부정적 요소들이 자연스럽게 사라지게 된다. 긍정적인 대화를 통해 공유되는 에너지의 전이는 가족 내의 가치를 일일이 확인하는 과정을 거쳐 관계 체계 안으로 융합된다. 적절한 의사소통 과정은 서로를 지지해 주고, 가족의 기능을 재정립하며, 세대 간의 갈등을 다루는 긍정적인 방향으로 향한다. 이 모든 것이 통합될 때, 가족 체계는 그 자체 혹은 환경 내에서의 문제해결 능력이 발달하게 된다. 월시(Froma Walsh, 1999, p. 24)는 새로운 양식과 의미에의 도전은 영적인 여행과 비슷하다고 보았다. 증상의 완화나 문제해결 혹은 의사소통의 증진보다도 이를 통해 개인이 자신의 삶 속에 서로에 대한 의미와 유대감을 발견하게 되는 것이 더욱 값진 것이기 때문이다. 우리는 신체적 · 정서적 · 관계적 문제에 봉착했을 때 영적인 고난을 경험하기도 한다. 따라서 영성을 위한 공간을 마련해 두는 것—가족 및 지역사회에서 영적인 유대감을 증진시키는 것—은 조력과정에서 승화력을 배가하는 기회가 된다. 이러한 공간의 확보는 사회경제적, 언어 상징적, 인종차별적 정치 혹은 지배나 착취 문화와 같은 현실의 장애들을 치유하고 극복하도록 하는 첫걸음이 될 수 있다.

4) 자녀가 있는 가족과 일하기

자녀가 있는 가족 내에서는 부부 관계 이외의 부가적인 역동성이 있게 마련이다. 세대 차이가 바로 그것이다. 자녀들이 학교에 가서 또 다른 새로운 문화를 접하게 되면 그들은 두 세대의 문화 사이에서 갈등하게 된다. 문화 간 접근법의 초점은 학교나 특정 제도뿐만 아니라 가족 내의 서로 다른 세대 간의 욕구에도 맞추어져야 한다. 다음의 사례에서는 이러한 가족의 내외부 관계 체계에 대해 다루고 있다.

 [사례연구 4-5] 16세 아들 명을 둔 한국계 미국인 가족

16세의 명은 얼마 전 신흥 개발 도시인 디트로이트의 교외로 이주해 왔다. 명은 이사를 오기 전인 고등학교 2학년까지 성실한 학생이었다. 그의 부모는 자녀들이 좀 더 나은 교육 여건 속에서 자라기를 바라는 마음으로 이사를 왔다. 그러나 명이 이주한 곳에서 다니게 된 학교에서 그는 같은 인종의 친구들에게 갱 집단에 합류하라는 압력을 받게 되었고, 이후 갱에 소속되어 활동한다는 혐의를 받아 정학을 당하게 되었다. 그 학교는 명의 정학으로 이 가족에게 전문적인 도움을 줄 방법을 찾게 되었다. 그의 아버지는 한국계 미국인 1세대인 방사선과 의사로, 큰 아들이 받은 정학 처분에 대해 실망스러운 마음을 감추지 못하였으며, 어머니도 역시 많이 속상해했다. 어머니는 아들에 대해 염려했지만, 오랜 친구로 지내 온 그녀의 친구의 아들 존과 자신의 아들과의 우정을 신뢰해 왔고, 우정에 대한 신뢰가 이러한 문제들을 극복하도록 도울 수 있을 것이라 믿었다. 부모 역시 그들의 이주과정에서 어려움이 없었던 것은 아니었다. 그들이 한국인들이 많이 모여 사는 지역에서 한국인이 거의 없는 다민족 거주지로 이주해 왔기 때문에 명은 그 과정에서 오랜 친구들을 순식간에 잃은 셈이었다. 존과의 교류 역시 점점 줄어들게 되었음은 당연한 일이었다. 명에게는 12세의 남동생 훈과 9세의 여동생 선영이 있었는데, 동생들은 명에 비해 새로운 환경에 더 잘 적응하는 듯 보였다. 동생들

은 새 집을 좋아했고 지역 센터에서 만난 새 친구들과도 연락하며 지냈다. 부모는
한인 사회 및 교회에서 열심히 봉사를 했으며, 한국인들 사이에서도 좋은 관계를
유지하고 있었다. 예기치 못한 이번 사건은 그들에게 실로 엄청난 충격이 아닐 수
없었다. 사회복지사는 가정방문을 통한 부모와의 첫 만남 이후, 가족상담 시간,
명과의 개별면담을 통해 명의 문제에 대해 학교 사회복지사, 교무부장 그리고 부
모님이 함께하는 합동회의를 주최했다. 이러한 협동과정을 통해 명은 다시 학교
로 돌아갈 수 있게 되었고, 그의 자존감을 강화시켜 주고, 또래의 압력 및 소외에
대한 불안 수준을 줄일 수 있는 방안을 마련하여 적용하도록 했다. 명은 가족들과
함께하는 시간을 가짐으로써 가족은 하나라는 유대감을 통해 소속감을 회복하였
고, 학교 역시 그에게 성취감을 높일 수 있는 특별활동을 권장함으로써 좀 더 적
극적인 접근을 통해 돕도록 힘썼다.

이주한 지 얼마 되지 않은 이민가족의 자녀들이 미국 주류 사회의 학교 체계
를 곧바로 경험하게 되는 경우, 가족, 학교, 지역사회에서 적절한 관심과 지지,
유대감을 제공해 주지 않는 이상 그들에게 엄습하는 불안과 자존감의 하락이라
는 절대 위기를 겪을 수밖에 없다. 이러한 불안감과 염려는 풀리지 않은 정서적
반작용으로 이어지며, 가족이나 소속 집단에서의 관계에 영향을 미칠 만큼 확산
된다(Bowen, 1966). 명과의 상담 개입에서는 가족 체계 및 학교와의 협조하에 안
전한 환경, 관계적 공평성, 문화 간 접목, 가정과 학교 내에서의 문화 간 연계를
장려하는 동시에, 개인의 불안 감소 및 자존감 확립을 지향하는 치유과정을 보
여 주었다. 이러한 목표는 과업 수행을 통해 달성되었으며, 명을 돕기 위한 과업
은 가족과 학교가 이러한 관계를 보다 긍정적으로 꾸려 가도록 돕고자 고안된
것이었다. 이러한 맥락하에 명이 새로운 학교 환경을 자연스럽게 받아들이고
잘 적응하기 위해 학교에서 자신에게 기대하는 과업들에 대해 적절히 수행함으
로써 바람직한 결과를 가져온 것이다. 이제 다음의 두 사례를 통해 문화 간 이해
접근에 대해 좀 더 고찰해 보고자 한다. 첫 번째 사례는 객과 정 부부의 악화되
는 위기 상황을 다루었다. 이 위기는 이중 문화 간의 갈등 및 아동 방임이라는

문제를 초래할 가능성이 있는 것이었다.

[사례연구 4-6] 문화적 배경이 다른 잭과 정 부부

잭은 한국에서 미군 근무 당시 정과 결혼하였으며 모르몬교를 믿는 백인 남성이다. 한국에서 군복무를 마친 잭은 아내와 함께 그의 고향인 유타 주의 오그던으로 이주해 왔다. 대학에서 회계학을 전공한 그는 일하던 직장에서 권고퇴직을 당했다. 6개월 난 갓난아이가 있는 이 부부는 이후 심각한 재정난에 봉착하게 되었다. 날마다 생활비 조달로 전전긍긍하는 날들이 계속되었다. 그런데 이들 사이의 위기는 크리스마스트리를 살 것인지, 생계를 위한 음식을 살 것인지에 대한 갈등으로 더욱 첨예화되었다. 잭에게는 아무리 가난해도 크리스마스트리 없이 크리스마스를 보낸다는 것은 상상도 못할 일이었다. 그는 성장과정 내내 멋지게 장식된 크리스마스트리와 함께 연말을 보냈던 것이다. 그러나 정의 경우, 어린 시절 부모가 열심히 일해서 가족을 부양해야 했던 작은 시골 마을에서 성장했기 때문에 이들은 다른 성장 환경에서 오는 문화적 차이로 인해 거리감을 느꼈다. 그녀는 남편이 돈을 사용하는 방식은 가족의 기본적인 욕구를 충족시켜 주는 것을 경시하고 있다며 염려하고 있었다. 그녀로서는 남편의 크리스마스트리 장식에 대한 사치스러운 집착을 도무지 이해할 수 없었다. 남편 역시 아이의 분유를 사는 것에 대한 아내의 집요한 재촉을 이해할 수 없었다. 정은 한국전쟁 이후, 기아와 가난에 시달리던 칠흑 같던 그 세월이 상기되어 남편의 이러한 행동에 대한 불만은 더해만 갔다. 이러한 부부간의 좌절과 실망에 얽힌 문제점들이 폭발할 때마다 서로에 대한 언어적 학대가 도를 넘어서게 되었다. 잭의 부모는 이들 결혼에 반대했으며 아들 부부에게 매우 냉정했다. 그 역시 부모에게 아무것도 기대하지 않았다. 정은 처음부터 시댁에서 완전히 배제된 생활을 해 왔다. 잭은 이 모든 변화와 어려움을 겪어 나가면서 가족의 전통적인 신앙생활에서도 점점 멀어져 갔다. 정 역시 미국으로 이주해 온 뒤에 그녀의 원가족들과 정서적으로 소원한 상태였다. 그녀는 교회에서 활동해 보기도 하고 언어 습득을 위해 영어 수업을 들으며 노력했

지만, 아이의 출산과 시댁과의 불화는 그녀가 외부 환경에서 도움을 구하는 시도
와 노력을 번번이 좌절시켰다. 설상가상으로 정은 서툰 영어와 운전 미숙으로 생
활을 항상 남편에게 의존해야 했기 때문에 외부에서 필요한 조력과 자원을 추구
할 만한 여건을 만들기에는 역부족이었다.

사회복지사는 이 부부가 더욱 안정되고 효과적인 의사소통 방식을 발전시키
고, 문제해결 기술을 배우며, 부부로서 그들이 추구하는 목적을 발견해 내고,
궁극적으로 잭의 교회 및 원가족에게 지원받을 수 있도록 돕는 일을 함께 진행
해 나갔다. 잭이 자신의 원가족과 관계를 회복하는 과정이 이 사례에서 절대적
인 고비였다. 이는 두 체계들이 서로의 신념 및 사고 체계를 바꾸고 조화되도록
서로 적극적으로 개방해야 했기 때문이다. 그들이 이러한 사회복지실천적 개입
을 통해 가족이라는 이름으로 재결합할 수 있던 것은 엄청난 쾌거였다. 사회복
지사는 잭과 정 그리고 원가족과의 작업을 통해 정이 시댁의 새로운 구성원으
로 자리 매김하도록 도왔다. 또한 그동안 잭이 자신의 원가족에게 품었던 분노
가 희석되고 서로 화해함으로써 사회복지사의 기나긴 노력이 열매를 맺게 된
귀한 사례였다.

5) 추가적인 다섯 가지 실천 원칙

여기서는 지금까지 제시된 원칙들 이외에 더 심도 깊은 초문화적 실천 원칙을
이끌어 내고자 사례를 통한 조력과정을 살펴본다. 앞서 잭과 정의 사례는 외부
적 위기 상황이 이들의 결혼 생활에서 해결되어야 하는 문제들을 점검해 보는
계기가 되었다. 사회복지사는 그들로 하여금 그들이 어떤 경험을 가지고 있으
며, 그것을 어떻게 표현할 수 있는지에 대해 탐색하는 것부터 시작했다. 사회복
지사는 자신의 견해—누가 옳고 그른지에 대한 판단, 왜 그런 일이 일어나게 되
었는지에 대한 것 등—를 그들에게 강요하지 않았다. 단지 그들이 마음과 몸으
로 전달하는 목소리를 경청함으로써 부부는 남이 아니라 함께라는 것을 스스로

알도록 하는 데 초점을 맞추었다. 또한 부부가 서로 다른 방향으로 에너지를 낭비하는 대신에 한곳으로 모을 수 있도록 대화 창구를 만드는 촉진자의 역할을 했다. 둘 사이의 연결이 필요할 때 그러한 연결점을 어디서 찾을 수 있는지 알아보고 재구성하고 재방향을 설정하면서 다시 연결되도록 도왔다. 잭은 자신의 견해가 무엇이고 무엇을 선호하는지를 알게 되었고 정 역시 그러했다. 신기하게도 자신들이 어떠하고 어떤 것에 가치를 두는지에 대한 이해가 차차 대화의 일부분이 되면서 그들이 각자 가졌던 인종 우월주의나 견고한 자기 중심성으로부터 자유로워지는 경험을 하기 시작했다. 서로를 판단하고 평가하는 상황이 되풀이될 때마다 이러한 경직성이 관계에서의 에너지와 유대감을 상실케 했던 것이다. 이제껏 그들의 관계 양식은 이러한 악순환이 되풀이되었던 것이다.

(1) 내담자가 있는 바로 그 자리와 시점에서 시작하라

이는 가족을 다룰 때, 문화 간 이해 및 문화에 적절히 대응하는 접근의 출발점이다. 이러한 관점은 사회복지사가 '그 가족이 어떠할 것이다.'라는 스스로의 편협한 입장을 견제하도록 돕고 나아가 가족과 사회복지사 모두가 희생양만을 공격하게 되는 오류를 범하지 않게 해 준다. 이러한 출발을 하려면 열린 마음가짐과 태도가 필요하다. 열린 마음은 함께하는 내담자들에게 스스로의 정체성과 그들이 진정으로 원하거나 얻고 싶은 것에 대해 발견하도록 하며, 그들 자신과 문제를 해결하는 데 도움이 되는 외부 환경과 관련된 강점 및 자원들을 파악하도록 돕는다.

(2) 각 개인의 견해와 선택을 존중하라

이것은 내담자들이 공동의 견해를 발전시키는 데 도움이 된다. 사회복지사가 이 원칙을 [사례연구 4-6]에서와 같이 초기에 부부에게 적용했어도 무방한데, 이는 후의 화합과정에서 더욱더 중요성이 확대되므로 미리 적용해도 상관이 없다. 이 사례에서 부부는 정서적·신체적인 모든 욕구가 건강한 개인 및 가족 발달 그리고 사회 기능에서 필수적이라는 것을 깨달았다. 그들이 중요하게 여겼던 문제가 사실은 누가 옳고 그른지에 대한 것과 그다지 상관이 없으며, 그 대신 그들의 욕구를 충족시키지 못하는 상황에서의 자원의 결함이 문제라는 사실을 깨닫게 된 것이다. 이들 부부의 가시적인 문제는 크리스마스트리를 사느냐, 아기의 분유를 더 사느냐였다. 두 가지 모두 시기적으로나 필요성에 있어 타당한 일이었으며, 만약 이들에게 모든 것이 가능한 충분한 여유가 있었다면 이러한 문제는 아무 갈등 없이 해결되었을 것이다. 그들이 사회복지사와 만나는 과정을 통해 이러한 상황을 파악하게 되었을 때, 이들 부부는 자녀의 욕구와 권리에 대해 분명히 알게 되었다. 누가 옳고 그른지에 대한 논쟁은 일단 보류하고, 아기의 욕구가 우선순위로 떠오르게 되었고, 이러한 필요성이 그의 가족들 및 외부 사회복지 기관의 도움을 구하는 노력을 하도록 결정케 했다.

(3) 사회적 소속감 증진시키기: 소속감 없이는 살아남을 수 없다

　사회복지실천은 내담자의 소속감 증진을 도와야 한다는 사명이 있다. 소속감(belonging)은 개인이 집단에서 생존하기 위해 필요하다. 인종 간 통합 문제는 북아메리카 사회에서 끊이지 않는 긴장으로 존재해 왔고 잭과 정([사례연구 4-6] 참조) 역시 이러한 문제점을 느껴 왔다. 학령기 아동이나 청소년을 둔 이민 가족의 대부분은 백인이 주류인 지역에 정착하려고 할 때 늘 적대감을 경험해야만 했다. 이러한 상황을 비유하는 유명한 한국 속담으로 "물고기는 물에서 살아야 한다"는 것이 있다. 즉, 사람은 자신의 존재가 인정되고 용인되는 환경에서 살아야 한다는 것이다. 잭과 정은 연애와 결혼의 과정을 거치면서 사회적·문화적 소외감을 겪어야만 했다. 국제결혼에 대해 곱게 보지 않던 주변의 반응에 적절히 대처하지 못한 이들의 모습이 잭의 가족, 상호 간, 모든 외부와 이들 사이에 벽을 만드는 데 영향을 미친 것이다. 이러한 자기 스스로의 고립이 친구나 다른 친척들과의 의미 있는 교류 역시 방해했다. 잭과 정은 그들의 사회적·문화적 영역을 좀 더 확대할 필요가 있었다. 그러한 점에서 가능한 외부 자원의 예로는 국제결혼한 다른 부부들, 정과 같은 인종의 사람들, 잭의 친척들 그리고 다른 친교단체 등을 들 수 있다.

(4) 가족 개입의 궁극적 목적: 최적의 상태로 조화된 연합의 성취

초기에 잭과 정([사례연구 4-6] 참조)은 두 가지 서로 다른 욕구를 만족시키기 위한 자원에 대한 논쟁에 초점을 맞추는 듯 보였다. 그러나 문제는 생각보다 더 복잡했고 어느 한 개인의 영역을 넘어서는 문제였다. 이러한 상황은 오랜 세월 을 거쳐 그동안의 가족 체계의 여러 문제들이 모두 어우러져 생긴 일이었다. 크 리스마스트리를 사는 데 드는 비용이 사실상 아기의 배고픈 욕구를 채우는 데 소요되는 비용보다 더 많은 것은 아니었다. 아기에 대한 정의 고려가 그녀의 욕 구, 잭의 욕구, 그들의 아기에 대한 모든 고려와 책임성 문제를 더욱 복잡하게 만든 것도 아니었다. 다만 거시적 입장에서, 더 다양하고 현실적인 자원을 확보 하고 그들 핵가족의 영역을 더욱 확장하는 것이 요청되는 상황이었다. 개별적 인 욕구들을 충족시키기 위해 그들의 필요와 가능한 자원이 일치되는 적합한 균형을 얻으려면 가족의 경계 영역을 더욱 넓혀야 할 필요성이 있었다. 이 사례 에서 잭과 정 그리고 잭의 원가족은 서로 간의 유대감을 재확립하고 그들이 가 진 문화적·종교적 교류를 나눌 수 있는 지역사회 자원들을 탐색하게 되기까지 적지 않은 시간이 걸렸으며, 어려움도 많았지만 시간이 흐르면서 이를 잘 극복 하고 성취한 사례였다고 사료된다.

(5) 지속적인 과정으로서의 변화와 적응

[사례연구 4-6]에 등장하는 잭과 정 역시 각각 서로 다른 문화가 결합된 가족 이기에 장래 이들 자녀에게 미칠 영향 역시 고려되어야 한다. 정은 새로운 나라 로 이주해 옴으로써 법과 언어, 서로 다른 기대치 등에 적응해 나가야만 했다. 잭과 그의 가족은 양쪽 문화 간에 열린 마음을 갖고, 가능한 한 주변 환경을 변 화시키지 않으면서도 가족 내 분위기를 부드럽게 조성하고 정이 그들의 문화에 잘 적응할 수 있도록 도와야 한다. 부부는 그들의 자녀가 양쪽 문화 모두를 긍 정적으로 누리며 더욱 풍요롭게 자랄 수 있도록 주체성을 잘 발달시키도록 도 우며, 그들의 국제결혼이 그들 가족에게 가져다준 좋은 점들을 잘 받아들일 수 있도록 이끌어야 한다. 부부의 양쪽 원가족 역시 정서적인 거리감이나 사회적

차이를 뛰어넘어, 세대 간에 화합함으로써 상황에 유용한 지지 역할을 해낼 수 있어야 한다. 과거에 이 부부가 받은 상처를 치유하기 위해 사회복지사뿐만 아니라 지역사회, 종교단체의 도움을 받도록 한다. 사회복지사는 서로 다른 자원을 연계함과 동시에, 대상의 문화적 활동 영역을 넓히고 객의 원가족이나 종교단체 등 가족 외부 체계도 잘 관리함으로써 가족이 더 이상 비생산적이거나 부정적 경험을 하지 않도록 힘써야 한다.

6. 초문화적 사정과 개입: J씨 가족의 사례

올바른 사정은 실무자에게 상황의 복잡성에 대한 이해와 개입을 위한 틀을 제공한다. 이러한 도구들로는 가계도, 생태도, 목록, 가정방문, 계약 등이 있다. J씨 가족의 사례를 통해 사정과 개입의 관계에 대해 살펴보고자 한다.

싱가포르에서 태어난 중국계 가정의 J씨는 45세이며 현재 캘리포니아 주 버클리에 살고 있다. 상담은 J씨의 13세 아들에 대한 아동학대 가능성과 관련하여 그의 변호사를 통해 개별상담으로 의뢰되었다. 주민들의 제보에 의해 경찰과 아동보호 팀이 개입하게 된 것이 그가 아동학대 혐의를 받게 된 경위였다. 주 지방법원의 명령하에 공청회를 기다리는 동안, 사회복지사는 전문적인 도움을 받기 위해 사설 사회복지사에게 도움을 청했다. J씨 가족에게 필요한 것은 안전한 가정환경 구축, 의사소통 양식 및 청소년 자녀들과의 역기능적 상호작용에 대한 바람직한 변화, 부부 관계에서의 재구조화 등이었다. 가족 구성원들은 아버지의 보호관찰 신분과 이에 따른 영주권 획득 절차의 지연에서 오는 어려움을 해결해야만 하는 상황이었다. 진단을 위한 사정 기간에 J씨는 세 차례 걸쳐 사회복지사와 만났으며, 싱가포르 출신 중국계 부인과 함께 부부상담을 매주 받았다. 이러한 초기과정에 이어 사회복지사는 모든 가족을 대상(자녀들까지 포함)으로 하는 상담을 실시하였으며, 가족의 상황 및 치료과정에서 필요에 따라 개별상담, 부부상담, 가족상담을 병행하면서 진행했다. 부가적으로 회기 사이에 두 차례의 가정방문이 실시되었다. 첫 번째 가정방문의 목적은 생활환경과 가족 분위기를 파악하는 데 있었으며, 다음으로는 자연스러운 가정 분위기 내에서 사회복지사가 관심을 갖는 문제에 대해 공유하고 치료 관계를 형성하기 위해서였다. [사례연구 4-7]은 그들 자신을 재정리하며, 동시에 현재 상황에 대한 법원의 요구에도 부응하도록 가족들과 함께 정리하고 작업해 나가는 과정을 보여준다.

[사례연구 4-7] 아동학대로 소환된 싱가포르 출신의 J씨 가족

J씨 가족은 친부모와 두 명의 청소년 자녀들로 구성되어 있다. 첸은 16세 소녀이며 곽은 13세 소년이다. 그들은 캘리포니아 주 버클리에서 영주권을 신청하고, 영주권 발급을 기다리며 살고 있다. 부부는 싱가포르에서 대학을 졸업하였으며, 가장인 J씨는 이미 수년 전에 미국으로 건너와 일류 운송 회사의 해외 영업부 매니저로 일했다. 그는 미시건 주에서 가족들과 살다가 캘리포니아로 이사했고, 현재는 같은 회사의 지점을 담당하고 있다. J씨의 남동생 부부를 제외한 다른 모든 원가족은 여전히 싱가포르에 살고 있으며, 남동생 부부는 현재 J씨 가족과 가까이에 살고 있다. J씨 부인은 가족에 헌신하고 종종 미술 작품 활동을 하며 이웃을 돕는 평범한 가정주부였다. 첸은 기숙사가 딸린 사립 고등학교에 다니는 3학년 학생이며 학업 성적이 우수했다. 가족들과 학교의 지지를 통해 그녀는 미국에서 가장 우수한 대학들에서의 입학 및 장학금을 기대할 수 있는 수준까지 도달했다. 그녀는 주 중에 학교 기숙사에서 생활했으며 주말에는 집으로 돌아와 시간을 보냈다. 둘째인 곽은 8학년이었는데, 누나와는 달리 아버지의 체벌의 희생양이었다. 가족이 모일 때면 아버지는 항상 공부를 잘하는 딸 곁에 있었고 어머니는 외모상으로 자기를 더 많이 닮은 아들 곁에 있곤 했다. 가족 내의 이러한 삼각관계 안에서 J씨는 모자 간의 친밀한 관계에 끼지 못하는 제삼자였고, 한편 부녀 관계에서는 어머니가 상대적으로 똑같은 방관자가 되곤 했다. J씨는 이웃에 의한 아동학대 제보로 아동보호 팀 및 경찰에 의해 주아동보호법상 소환되었다. 아버지

가 아들이 말대꾸를 한다는 이유로 빗자루로 심한 체벌을 가했기 때문이었다. 결국 법원의 결정에 따라 이들 가족은 분리되어야 하는 상황이 되었다. J씨는 감금되어 법원의 명령이 해제되기 전까지 8개월여 동안 가족으로부터 격리될 수밖에 없었다. J씨 가족이 법적 문제에 연루되게 된 이 상황은 영주권 신청 절차에 대해서 치명적인 지연을 초래할 것은 불 보듯 뻔했다. 이전부터 J씨는 아들의 대학 진학에 대해 염려하고 있었다. 부모는 자녀의 교육에 지대한 관심과 염려를 표명했으며 특히 대학 지원 시기가 다가올수록 더욱 그러했다. J씨는 첸은 자신의 대학 지원을 미리부터 계획한 데 반해, 곽은 컴퓨터 게임에만 몰두하면서 노력은 덜하고 있다고 생각했다. 곽은 대부분의 가족 모임에서도 역시 조용한 편이었다. J씨는 어느 날 첸의 작문 공부 계획을 상의하기 위해 대학교수를 만나는 한 가족 모임에 일부러 아들을 동행시켰다. 아버지는 이러한 곳에 함께 데리고 다니는 것이 아들의 교육과 미래를 위해 좋은 동기가 될 것이라고 생각했으나 곽은 이 모임에 참석하기를 강요당하자 아버지에게 말대꾸를 했다. 한편 J씨 자신의 청소년 시절을 돌이켜 볼 때, 부모나 어른들에게 말대꾸를 한다는 것은 어느 상황에서도 용인될 수 없었고, 현재의 J씨 역시 아들의 불손한 행동에 대해서 참을 수가 없었다. J씨는 어린 시절 아버지로부터 심한 체벌을 받은 경험이 있었다. 이러한 이유로 그날 저녁 가족 식사 이후, 아들의 행동이 불손하다고 여겨지면 질책하고 처벌하기로 작정했다. J씨는 아들의 처벌과 관련해 언쟁이 심해질수록 감정을 조절할 수가 없었고, 손에 잡히는 빗자루로 아들을 때리기에 이르자 곽은 J씨에게 반항했다. 곽의 입장에서는 여태껏 미국에서 자라 오면서 복종이라는 문화적 규범을 중요시해 오지 않았고, 그의 생활 방식에서는 이해하기 힘든 것이었기 때문이다. 곽에게 아버지의 빗자루 체벌이란 그들의 새 나라인 미국 내에서는 용납되지 않는 일이었다. 한편 J씨는 자신의 분노와 아들의 행위에 대해 대처하는 방법에서 때리는 것 외에는 다른 방법을 생각할 수가 없었다. 미국의 아동보호법과 이민자들의 원문화 간에 자녀 문제에서의 대처 방식이 대립하는 상황은 아시아 국가에서 이주해 오는 이민자들의 삶에서 흔하게 나타나는 현상이다. 한편 아시아 국가에서는 신체적 처벌이 자녀를 바람직하게 지도하고 훈육하는 부모의 권리로서 여전히 널리 용인되고 있다. 이 사례의 경우, 사실 아버지에게 맞은 곽의 상처가 그다지 심한 것은 아니었다. 상처와 골절된 손가락뼈는 얼마 지나지 않아 회복되었다. 그러나 아버지와 남편으로서 J씨의 이미지는 가족 구성원들과 함께 새롭게 재정립되어야 했으며, 가족 역시 위협이나 폭력적인 방법이 아닌 지혜로써 문제를 해결하는 방식을 획득해야만 했다. 가슴 아픈 상처의 잔상은 가족 모두의 기억 속에 남게 마련이다. 이들의 죄책감이나 분노, 비밀과 모든 상처들은 그들의 기억에서 지워지고 치유되어야 한다. J씨 가정의 가족 체계 내외부 모두에 한동안 긴장 상태가 지속되었고 가족 모두 J씨의 법적 구속에 따르는 과정을 경험하게 되었다. 법원의 요구 사항은 가족에게는 물론, 외부 사람들이 보기에도 수치심을 느끼게 하기에 충분했다. 영주권 신청은 선임한 이민 변호사의 조언에 의해 잠시 보류된 상태였다. 가정법원은 가족 구성원들이 서로 간의 화합을 위해 노력하도록 요구했다. 이러한 맥락에서 법원은 가족 내에서의 상호작용 양식과 사회문화적 현실을 재구성하는 기회를 제공한 셈이다. 법원은 가족의 건강한 성장과 발전의 도모를 고려했다. 첸의 경우에 특히 미국 사회의 가치관에 일찌감치 적응하였으며 가정 내 체벌을 바라보는 인식의 수준이 높아졌다. 또한 아버지와의 친밀한 유대에 대해서도 새로운 각도로 되짚어 보는 계기가 되었다. 그녀는 다른 가족들에 비해 이 사건에 대해 좀 더 신중하게 반응하는 태도를 보였다.

1) 가계도를 통한 사정

가계도(genogram)란 가족 체계에 대해 세대를 아울러 살펴볼 수 있는 일종의 가족 지도다.[4] 사회복지사는 가족의 과거사와 변천을 살펴봄으로써 특정 가족의 발달 양식이나 맥락을 통해 문제점들을 발견할 수 있다. 가계도는 인생 주기와 관련된 가족사에서 마디마디가 되는 결정적 시점뿐만 아니라, 적어도 3세대의 역사를 포함하게 된다. 가족들은 이러한 가계도를 통해 이전 세대에 논제가

---

4) 가계도에 대한 더욱 상세한 논의는 McGoldrick, Gerson, & Shellenberger(1999)와 Nicholas & Schwartz(2001, pp. 160-162), Goldenberg & Goldenberg(1996, pp. 181-183) 그리고 Hartman & Laird(1983)를 참조하시오.

되었던 일들이나, 근거 없이 터부시되었던 통념과 규칙들 그리고 정서적으로 연루된 문제들에 대한 현재와의 연관성 등을 질문함으로써 가족을 탐색해 보게 된다. 이러한 과정을 거치면서 가족 내 반복되는 패턴들이 더욱 명확해지곤 한다. 가계도는 세대를 걸쳐 반복되는 가족사들 간의 연결성을 밝혀 주기도 한다. 가족 관계의 질병이나 지리적 이동 등의 패턴은 가족 구성에서 여러 가지 변화를 가져오며, 또 다른 결정적 삶의 변화들을 기록하게 한다. 가계도는 특정 가족에게서 현재의 위기를 가져온 요인에 대해 살펴볼 수 있는 전체적인 틀을 재구성하게 해 준다(McGoldrick, Gerson, & Shellenberger, 1999, p. 3).

[그림 4-1]에 제시된 J씨 가족의 가계도는 가족의 정서 체계 내에서의 사정과 개입을 위한 초문화적 접근을 보여 주기 위해 제작되었다. 이는 다른 다세대 가족 상황에도 일반화할 수 있는 모델을 제공한다. 여기서 원은 여성을, 사각형은 남성을 나타내며 각 도형에 X 표시가 있는 것은 사망한 가족을 나타낸다.

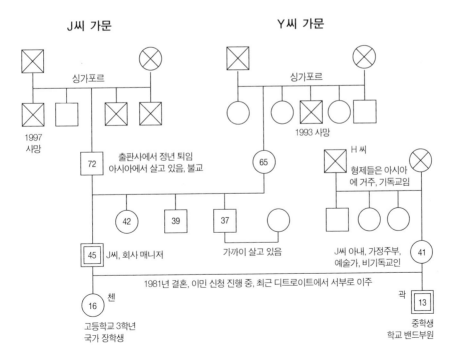

[그림 4-1] J씨 가족의 가계도

2) 생태도를 통한 사정

생태도(ecomap)는 가능한 외적 자원과의 상호작용 및 연계성에 있어 사회적 지지 수준을 사정하기 위해 널리 사용되는 도구이다. 하트먼과 레어드(Hartman & Laird, 1983)를 비롯한 많은 학자들은 의미 있는 타자를 포함한 환경적 자원, 사회제도, 가족들에게 영향력을 끼치는 종교적 자원들까지 모두를 포함한 사정에 있어 이를 임상적 용도에 사용하기 위한 노력을 거듭해 왔다. [그림 4-2]에는 J씨 가족 구조 외부에 있는 자원들과의 교류와 상호작용의 수준 및 질이 연결선으로 표시되어 있으며, 이 선들은 다양한 연결 방식을 상정한다.

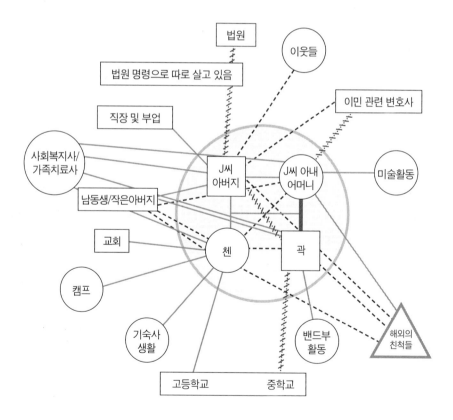

[그림 4-2] J씨 가족의 생태도를 통한 사정

초기 진단에 따르면, 곽은 아버지와의 갈등이 많았고 어머니와는 지나치게 밀착되어 있었다. 하지만 그는 작은아버지와 학교 밴드 내에서의 관계는 긍정적이었다. 곽은 학교와의 관계에서는 별 의미를 두지 않았고 이번 사태와 관련한 법원에 대한 현재의 감정은 긴장감으로 표시되었다. 첸의 경우, 아버지, 친구들, 학교, 캠프와는 좋은 관계를 유지하였고, 동생과 달리 작은아버지에 대해서는 별다른 친밀감이 없었으며, 학교에서 대학 입학을 지원하는 직원들과의 관계도 그다지 밀접하지 않았다. 그런 첸 역시 법원에 대해서는 스트레스를 받고 있었다. J씨는 직장 동료나 남동생과의 관계는 긍정적이었으나 주변 이웃들과는 별다른 교류가 없었고, 법원이나 가족에게서 격리된 상태로, 이민 관련 변호사에 대해 스트레스를 받는 상황이었다. J씨의 아내는 예술 창작 활동을 즐겨했고, 시동생 가족들과는 그다지 교류가 없었으며, 남편과 마찬가지로 법원이나 현재의 격리 상황, 이웃, 이민 관련 변호사 등과의 관계에서 스트레스를 받고 있었다. 그러나 모든 가족 구성원들이 사회복지사와는 긍정적인 관계를 형성하고 있었다. 법원이나 J씨가 가족과 함께 살 수 없는 상황, 영주권 획득 절차 등과 관련한 직접적인 요인들은 가족 구성원들이 받는 스트레스의 주된 환경적 요소들이었다. J씨 가족은 법률적인 문제에 수반된 긴장 상태에도 불구하고, 학교나 직장에서 동료들과 좋은 관계를 유지하는 등의 긍정적인 관계가 지속되었고, 딸의 대학 입학이나 아들의 학업 문제와 관련된 염려는 잠시 보류하는 등의 융통성을 보여 주었다. 친척 중에서는 J씨의 남동생이 상대적으로 가장 가까운 유용 자원이었다.

가족 구성원들의 개별적인 양상을 살펴보면, J씨의 아내는 미술 작품 활동 이외에 별다른 사회 활동이 없었다. 그녀의 친정 부모는 두 분 모두 최근에 사망하였는데, 그녀는 부모의 병중에 함께하지 못했으며, 장례식에도 참석하지 못했다. 그녀는 오랫동안 자신의 종교 생활을 포기한 채 남편의 말에 주로 복종하는 삶을 살아왔다. J씨는 지금까지 아내의 슬픈 감정에 대해 경시하는 경향이 있었다. 딸인 첸은 친구를 사귈 수 있는 캠프 자원봉사에 더할 나위 없이 만족해했다. 곽은 학교 밴드부에서 사귄 몇 명의 친구들과 관계를 맺고 있었다. J씨는 회사 동료들과의 친분 관계가 유일한 사회생활이었다. 이러한 양상에 비추어 보면, 아들과 아내는 상대적으로 사회생활의 폭이 좁고 빈약한 편이었다. 곽은 어머니를 이해하는 듯 보였고, 어머니 역시 아들과 더 가깝게 느끼며, 남편으로부터 아들을 방어했다. 이번 사건을 통해 이 두 사람의 체중은 평소 유지하고자 했던 것보다 더 늘어났다.

3) 개입 단계

J씨 가족상담은 가족 전체 상담으로 계획되었다. 초기 단계에서는 정기적인 만남을 보다 빈번히 가졌고 이후에는 빈도를 조금씩 줄여 나갔다. 이는 그들의 사정과정과 그동안의 면담을 토대로 가족의 상황 및 사회복지사의 판단에 의해 꼭 필요한 횟수로 조정되었기 때문이다.

대부분의 사회복지실천의 기본적 실천 절차들은 다문화가족에도 효과적일 수 있다. 그러나 더 중요한 것은 임상적인 개입을 시작하는 데 대한 가족 구성원들의 준비성, 자발성 등에 대해 사회복지사가 고무시키고 존중하는 것이다. 비서구권 국가들에서 이주해 온 이민자들에 대한 전문적인 심리 개입은 이민자들의 문화적 시각에서는 당사자들 간의 문제에 끼어들거나 주제넘게 방해하는 것처럼 여겨질 수도 있다. 그들 가운데는 가족들 중 이전에 전문적 치료를 받거나 외부 도움을 필요로 했던 경험이 있는지의 여부와 정도에 따라 종종 치료에 대한 의구심을 갖거나 불신하는 경우가 있다. 전문적인 도움의 요청과 이른 사례 종결에 관한 연구들은 개입의 초기 단계가 해당 사례의 향방을 결정짓는 가장 중대한 시기라고 주장한다. 실무자는 초문화적 관점을 가지고 신중하게 대상 가족들과 상호작용해야 한다. 교육적 · 심리적 접근이 도움된다고 판단되는 대상에 대해서는 모든 절차가 언어적, 시각적으로 잘 이해될 만한 방식으로 설명되어야 한다. 초기의 관계 형성 단계에서 신뢰감 형성을 위한 영적 · 상징적 비유 방식, 분위기를 화기애애하게 만드는 유머 그리고 유용성이 입증된 그 밖의 효과적인 방법을 사용하는 것도 도움이 될 것이다. 언제, 어떤 상황에서든지 상호 신뢰적인 인간관계는 유대감과 바람직한 계약 관계의 지속을 위한 완충적 · 중개적 역할로 활용된다. 예를 들면, 교회, 학교, 그 밖의 다른 신뢰할 만한 기관과의 협동이 조력과정에서 가족의 수용력에 긍정적인 변화를 줄 수 있다.

4) 목표 설정 및 개입 전략

사회복지사와 가족과의 조력과정이 시작됨과 동시에, 내담자들은 바라는 것을 얻기 위해 실시될 과업에 대해 적극적으로 대처해야 하는 책임이 주어진다. J씨 가족의 사례에서도 각각의 가족 구성원에게 구체적인 목표가 주어졌을 뿐만 아니라 동시에 가족 전체에 대한 일반적인 목표가 함께 추구되었다. 이러한 목표의 전체적 맥락은 바람직한 관계 형성의 일부분이 될 것이다. J씨 가족의 사례에서 J씨는 아들 곽이 본인에게 말대꾸한 것에 대해 체벌하였는데, 이는 결국 자신의 아버지가 본인에게 했던 것과 똑같은 잣대를 가지고 판단하고 적용한 것이다. 그러나 J씨의 그러한 행동은 그가 의도한 만큼의 교육적인 목적을 달성하지는 못했다. 아들에게 전혀 효과를 발휘하지 못한 것이다. 오히려 이 상황은 아들에게 불안감을 주고 다른 가족 구성원들 역시 염려하게 만드는 결과를 초래했다. 이러한 J씨의 성격은 그동안 아들의 분노를 부추기고 J씨와 다른 가족 구성원들과의 관계를 악화시켰을 뿐이다. 그가 자신의 행위를 옹호하고 정당화할수록 가족 내에서 더욱 심한 지배나 비능률적 의사소통 양식으로 발전되었을 가능성이 높으며, 그 결과 다른 구성원들이 아버지를 무서워하는 대상으로 받아들이게 된 것이다. 가족 내에서 종종 특정 현실을 둘러싼 의사소통 방식은 은밀히 드러나지 않게 축적되거나, 반대로 감당할 수 없는 수준으로 갑자기 폭발하기도 한다. 만일 J씨 가족의 의사소통이 이러한 양상으로 치달았다면 J씨의 아내와 남편과의 관계가 점점 더 소원해졌을 수도 있고, 첸은 관계적인 욕구를 충족시키기 위한 대상을 가정이 아닌 다른 곳에서 찾았을 수도 있다. 결과적으로 J씨 가족 전체가 역기능적 상황으로 치달을 수도 있는 것이다.

J씨 가족은 이 상황에서 가족 내의 안전감과 조화를 회복해야만 한다. 이러한

과정은 가족 구성원들의 서로 다른 욕구, 가능성, 적성 등을 잘 수용할 수 있는 방법과 양식을 개발해 나가는 것을 의미한다. 즉, 법원의 감독에서 해제된 후 지속적으로 기능할 수 있는 실제적인 적용과정을 만들어야 하는 것이다. J씨는 부인과 자녀들과의 손상된 관계 역시 회복해야 한다. 이것은 다른 가족 구성원들에게도 마찬가지로 해당되는 과정이다. 생태도 작업 이후 각 구성원들은 개별적으로 변화과정을 수행해 나갔다. 먼저 이미 제시된 정보들을 가지고 일련의 명확한 목적과 그 목적을 달성할 수 있는 과업들이 설정되었다.

　개입 전략은 조력과정에서 이러한 목적들을 달성하기 위한 명확한 수단을 이른다. 이미 가족의 문제해결에서 의사소통 기법 및 인지행동주의 전략들이 효과를 입증하고 있기는 하지만, 개입 방법론이나 기법들을 활용하는 데서도 기본적이고 일반적인 지침 노선으로 초문화적 실무 원칙들을 적용해야 한다.

　J씨 가족과 함께한 사회복지사는 이중 문화를 가진 이중 언어 구사자였으며 이러한 문제 상황의 전문가였다. J씨는 자신의 변호사를 통해 그가 신뢰하고 인정하는 사회복지사를 소개받은 것이다. J씨는 사회복지사와의 만남 초반에 긴장감 때문에 말을 많이 하지 않았다. 그는 자기 자신과 가족에 대한 생각치도 못했던 전문가적인 개입의 필요성에 직면해야 했다. 이 상황에서 조력를 받거나 법원의 감독을 받는 제한된 여건하에 있다고 해도, 사회복지사가 J씨 자신의 운명은 자신이 결정한다고 하는 문제에 집중하는 것은 중요한 일이었다. 이후 개별상담, 부부상담, 가족상담 계획의 구체적인 목표하에 치료 일정이 도표화되었다. 이렇게 함으로써 무력감과 비효율적이던 상태에서 벗어나 명확하고 새로운 수준의 사회적 가족 기능을 향한 목적이 정해지고, 그 목적을 향한 공동 작업이 매 회기마다 과업, 치료적 개선점에 대한 정기적 검토, 법원 청문회, 가정방문, 정보/의뢰 서비스, 가족 의뢰 등의 형태로 진행되었다. 가계도, 생태도, 에세이나 전문적 개선 보고서 등을 포함한 모든 진단 정보들이 초문화적 접근법을 근간으로 하여 가족 구성원들과 솔직하게 공유되었다.

　J씨 가족과의 조력과정에서의 목표들은 초문화적 실천 원칙들뿐만 아니라 임상적 절차 및 개입 전략들과도 밀접하게 연관되어 있었다. 목표들은 단지 기법

들을 통해서만 성취되는 것이 아니라 효과적인 삶과 자녀 양육이라는 새로운 현실을 함께 창출해 내는 상호 작업을 통해서도 달성할 수 있었다.

이를 통해 J씨는 그가 지금껏 해 왔던 가부장적인 행동양식들을 점검해 보고 가족 관계에서 바람직한 방향이 무엇인지 이해하게 되었다. 또한 성장과 발달에서 개별화와 자녀 양육의 전통적인 의미에 대해 보다 성숙한 이해를 할 수 있게 되었다. 그는 자신이 변화되었고 스트레스와 감정을 잘 조절하게 되었음을 알았다. J씨 자신을 위한 많은 가능한 선택들이 있음을 살펴보면서 삶의 도전을 다른 시각으로 받아들이는 데 더 여유가 생기게 되었다.

J씨 부인 역시 스스로 조금 더 자유로워지기 시작했다. 이전의 우울증에서 벗어나서 가족 화합을 위해 자신의 활동을 조정하였고, 불안 때문에 발생한 스트레스도 풀 수 있게 되었다. 서구문화의 입장에서 보면, 이러한 상황에서 더 높은 수준의 독립성과 자립성이 기대되겠지만, J씨의 아내에게는 이 정도의 변화만으로도 실로 엄청난 진척이었다. 첸은 대학 입시 준비에 좀 더 집중하면서도 자원봉사와 과외 활동에도 더욱 열심이었다. 그녀는 아버지와 남동생과의 관계를 새롭게 정립할 수 있게 되었다. 곽은 아버지의 처벌에서 비롯된 신체적·심리적·관계적 상처들을 치료하기 시작했으며, 자존감을 되찾고 아버지, 누나, 친구들을 향해 좀 더 다가갈 수 있었다. 두 남매 모두 사회복지사와의 만남을 긍정적이고 편안하게 받아들였다. 첸은 사회복지사에게 자신의 친한 친구들을 소개하기도 했다. 곽은 근래에도 사회복지사와 이메일로 자신의 감정들을 나누기도 한다. J씨 부부는 구속적인 명령 체계에서 벗어나 화합함으로써 그들 간의 균형을 되찾게 되었다. J씨는 아내의 감정에 귀를 기울이게 되었으며, 그녀의 종교 생활을 지지해 주었다. 그들은 서로를 격려하는 법을 배운 것이다. 이러한 부부간의 지지는 아버지의 학대에서 비롯된 자녀들의 상처를 치유하는 데도 도움이 되었다. 또한 법적 사태로 빚어진 가족 위기 상황을 잘 헤쳐 나갈 수 있는 밑거름이 될 것이다. 이 가족의 정서적 반응, 화, 불안, 스트레스 유발 패턴 역시 완화되었다. 세대 간 문화적 갈등—사회의 기대에 부응하기 위한 가족 구성원들의 행동 패턴에 따른 세대 간의 어려움—도 궁극적으로 완화되었다.

5) 은유 및 문화 공유적 접근법의 사용

문화적 차이 때문에 문제가 쉽게 명료화되지 못하는 현실에서는 은유나 격언 등을 활용하여 가족의 관심을 유발하고 지지할 수 있다. 가족치료사는 직접적인 언어적 표현이 초래할 수도 있는 위험 부담 대신에, 현 가족의 역동성에 대한 의사소통의 방법으로 은유법을 자주 사용한다. 동서고금에 걸쳐 현인들에 의해 전해 내려온 격언이나 은유는 인간의 문제해결에도 어김없이 그 효력을 발휘할 수 있기 때문이다. 전략적(모순적) 문제해결 단기치료자들은 이러한 개입 전략을 자주 사용한다. 초문화적 치료자들은 특정 문화나 보편적으로 전 세계에 통용되는 자원(예: 이솝 우화)을 통해 비유나 은유적 메시지를 발견하거나 활용할 수 있다. 이러한 우화들은 문화를 초월하는 생산적인 의미를 가진다. 이것을 잘 이용하면 치료적인 상호작용에 효과적으로 사용될 수 있다. 탈무드나 성경 그리고 다른 종교 문헌들은 이러한 이야기와 비유들로 가득 차 있다. 또한 세상에는 문화를 뛰어넘는 유사한 표현들이 많다는 것은 널리 알려진 사실이다. 예를 들어, 서구의 격언에 "등잔 밑이 어둡다"가 있다면 동양에는 "중이 자기 머리 못 깎는다"와 같이 비슷한 의미의 격언들이 있다. 이 두 격언은 모두 내담자나 치료자 각자에게 감당할 수 없는 부분들이 있게 마련이며 누구나 서로 다른 시기에 서로 다른 도움을 필요로 하며 살아가게 된다는 의미다. 랍비이자 가족치료사인 프리드먼(Edwin Friedman, 1990)은 수많은 은유적 이야기를 광범위하게 사용해 왔으며 위태커(Carl Whitaker) 역시 마찬가지다. 이러한 이야기들은 베일 속에 가려져 자물쇠로 채워진 것 같은 인지적 · 정서적 문제에 봉착한 가족들이 사면초가적인 시각에서 빠져나오게 하는 데 효과적으로 사용된다. 이러한 문제의 예로는 배우자의 외도, 근친상간에 대한 소문 등을 들 수 있다. 그 일례로, 하와이 사람들의 가족 질병 치료 방법으로 가족 회합을 통해 조상의 귀신이나 영혼을 불러 내어 감추어진 비밀을 드러나게 하는 것 등이 있다(Hurdle, 2002).

[사례연구 7-7]의 존, 메리 그리고 스테판 맥스웰의 사례에서는 스테판의 가출에 의한 정서 유대 문제를 다루기 위해 피노키오 이야기가 활용되었다. 또한

사례의 특정 측면이 비유적으로 사용되기도 한다. 사라의 척추 질환([사례연구 2-3] 참조)은 필과의 관계에서 문제해결을 위한 비유가 되었다. 잭과 정이 가족과 재결합되는 과정은 그들 문화에서 국제결혼이 수용될 수 있다는 또 하나의 선례가 되었다. 조셉과 폴라는 서로의 언어 학대로부터 자신들을 보호하기 위해 일시적인 '방어벽'을 구축했다. 에쉬포드와 루이즈([사례연구 6-6] 참조)는 서부로의 트레일러 여행을 택했는데, 이는 허전함을 느끼게 되는 인생의 빈둥지 시기에 서로에 대한 편안함의 증가를 은유적으로 의미하는 것이다.

J씨에게 사회복지사와의 만남을 통한 서로 간의 깊은 논의가 없었더라면, 그는 자신의 아버지에 대한 풀리지 않은 적대감을 아버지가 자신에게 해 왔던 것과 똑같은 태도로 무의식적으로 아들에게 투사하며, 이를 아들의 학업 부진을 핑계로 합리화하고 있다는 사실을 깨닫지 못했을 것이다. 그 자신의 과거사에 얽힌 투사적인 분노에 대해 잘 표현한 격언은 "빈대 잡으려다 초가삼간 태우는 격"이다. 이처럼 드러나지 않았던 분노가 표출되었을 때 그는 비로소 아들의 정서적 반응을 통해 표현되는 그의 욕구와 자신의 욕구를 구별할 수 있게 되었다. 그는 자신의 아버지로부터 기인한 자기의 투사적 행동양식을 개인적으로 다룰 수 있는 다른 방법들도 고려하기 시작했으며, 이후 효율적인 자녀 양육 기술들도 개발할 수 있었다. J씨와의 개별면담에서는 이러한 주제에 초점이 맞추어졌다. [사례연구 2-1]의 글로리아에 대한 자아 중심적 접근과 유사하게, 치료자는 그녀로 하여금 불안감을 처리하고 차별화를 유도하는 데 주력했다. 이는 보웬(Bowen, 1966)의 가족 체계적 관점에서 기인한 것이다. 동시에 가족 면담을 통해 구조적 경계선 조성 및 효과적인 의사소통을 강화하도록 하였는데, 이는 구조적 가족치료 및 서술적 관점을 이용한 것이다. 관련 목표를 달성하기 위해 서로 다른 기법들이 다양한 방식으로 사용된 것이다.

6) 가정방문

가족들과 함께 일했던 초기의 사회복지사들은 친절하고 자상한 방문자들이었다. 사회복지실천에서 가정방문은 가장 두드러지는 사회복지실천 현장 활동 중의 하나로 꼽힌다. 안전이나 다른 이유들의 문제로 어려움이 있긴 하지만, 여전히 가정방문은 다양한 치료적 이점을 가진다. 가족 구성원들은 자신의 본래 환경 내에서 보다 자연스러운 상호 관계를 보여 주기 때문에 내담자들의 주변 환경 및 거주 지역의 생태학적 맥락의 진단을 가능하게 할 뿐만 아니라 가정의 분위기나 생활 여건 등을 사회복지실천의 한 부분으로 여김으로써 임상적 관찰의 폭을 확대시킬 수 있다. 가정방문을 통해 관찰되는 내담자들은 보다 융통성 있게 행동하거나 때로는 더 지배적인 양상을 보이기도 한다. 가족사진이나 특정 문화에 관련된 소품들은 진단과 개입을 위한 좋은 통로가 된다. 이를 위해 사회복지사들도 인문지리학이나 초문화적 관점에서의 공간에 대해 인식해야 할 필요가 있다. 같은 맥락에서 청소년이나 아동에 대해서는 조금 더 창의적인 방법의 개입을 시도했을 때, 치료적 관계에 도움을 주어 더 열린 마음으로 접근해 오곤 한다.

J씨 가족의 사례에서는 사회복지사가 중간 단계의 과정에서 가정방문을 실시했다. 방문의 목적은 서로 간의 욕구에 어떻게 부응하는지에 대한 방식을 이해하고, 그들의 삶의 질이나 관계들을 현 수준까지 발전시켜 온 노고에 대해 칭찬해 주기 위해서였다. 사회복지사가 가정방문을 했을 당시 J씨의 가족은 버클리 시내의 여러 인종들이 모여 사는 동네에서 방 3개짜리 단출한 아파트에 살고 있었다. 이 가족의 삶의 목적은 확연히 자녀들의 교육에 치중되어 있었다. 그들은 그 동네가 자녀 교육에 최적이라고 믿어 온 듯했다. 두 자녀는 각자 자기 방을 가지고 있었고, 부부는 하나의 침실을 사용하고 있었다. 빌딩 구조와 주변의 교통 체증 때문에 생기는 소음이 그들의 평화를 방해하고 불안을 유발하는 요소로 작용하는 것으로 확인되었다. 그러나 그들은 언젠가는 꼭 단독주택을 마련하겠다는 꿈을 가지고 있었다.

가족 면담은 형식적이지 않고 편안한 방식으로 진행되었다. 이러한 편안함이 여러 가지 가족의 모습을 자유롭게 관찰하도록 하는 데 도움이 되었다. 관찰의 초점은 서로 간에 행해지는 각자의 역할, 즐겨 보는 텔레비전 프로그램, 소속감, 지배, 애정의 정도, 세대 간의 연계, 도덕적 지지 체계, 가족의 일정 등에 맞추어졌다. 이웃들의 태도나 공공기관, 교통 문제, 종교, 사회 활동, 의료, 식단, 문화적·가족적 전통 등에 대한 질문과 토론도 이어졌다. 가족 구성원들은 편안하게 상호작용하며 자신의 관심 분야에 대해 서로 나누려는 노력을 보이기도 했다. 이렇듯 가정방문에서 얻어지는 경험과 이해는 사회복지사가 가족의 화합을 증진하고 각자의 개인적·문화적 견해에서 비롯되는 개별 구성원들의 발달 과업에 초점을 맞추도록 돕는다. 그리하여 차후 가족 구성원들의 장점과 조정 능력이 강조될 수 있는 기회가 된다.

7) 회기 간 활동: 상담 기간 내에 내담자에게 부과되는 과제

대부분의 가족치료에서 변화의 노력을 위한 실제 작업들은 공식 면담 시간 외의 시간에 행해진다. 과업 및 면담 사이에 행할 활동들이 목표와 진행과정에 맞추어 가족들과 함께 협의되고 배정되는 것이다. 이러한 활동이야말로 자신들의 상황을 조정하고 치료적 관계 작업을 효과적으로 만드는 데 그들의 책임감이나 수행 능력 등을 가늠해 볼 수 있는 진정한 테스트다. 회기 간 활동에서는 다양한 종류의 과업이 부여될 수 있는데, 일기나 편지 쓰기, 목록 작성하기, 행동으로 실천하는 과업, 가계도 만들기, 그림 그리기, 의사소통 연습 등이 가장 빈번하게 쓰이는 방법들이며, 이 외의 다른 창조적인 활동도 가능하다. 이러한 활동은 사회복지사와 내담자들이 함께 작업하는 데서 목적을 수행하고, 그들의 초기 계약에 대해 동의한 것을 잘 이행하고 있음을 인지하고 확인하게 해 준다. 또한 치유적인 과정을 강화해 주기도 한다. 욕구에 부응하며 문제를 해결하고 갈등을 해결하도록 고안된 사회 기능적 기법들과 과업들을 완수함으로써 가족의 조정 능력이 개발되는 것이다. 각각의 과업들은 전체 가족치료 단계에 부응해야 하며 진단과 평가가 포함되어야 한다.

J씨 가족 사례에서는 여러 가지 회기 간 과업 및 각 개별 구성원들에게 서로 다른 과업이 주어졌다. 초기 단계에서는 J씨에게 가계도를 만들기 위한 기초 정

보들을 제공해 줄 것을 요구하였으며, 자신의 회상적 편지를 두 가지 언어로 기록하게 했다. 이 편지를 통해 그는 가정의 위기 상황에서 자신의 역할을 서술적으로 또는 문화 가치적인 시각으로 진단해 볼 수 있었다. 이 두 가지 과업은 가족의 세대 간 진단 자료로서 충분히 훌륭한 것이었다. 더욱 중요한 것은 그가 자신의 이야기를 서술하는 데 사용된 새로운 개념과 언어들에 대한 강화를 주는 것이었다. 이 활동들은 그의 주변에서 일어나는 변화에 대한 통합적 의미를 고찰하는 데 보다 도움을 주었다.

J씨 아내에게는 사물에 대한 자신의 생각과 감정에 초점을 둔 글을 작성해 보도록 했다. 그녀는 자신의 감정을 인식하고, 적절한 언어를 찾고, 자기 감정을 잘 다루고, 조화를 이루도록 하는 훈련을 받게 되었다. 그녀의 글은 그녀가 가진 사고와 감정, 반응에 있어 우울증적인 방식들을 인지하도록 고안된 것이다. 지금껏 구태의연했던 그녀의 사고방식에 부딪치게 함으로써 그녀의 무력감과 자기 비난적 의사소통 패턴을 변화시킬 수 있는 건설적인 연결고리를 찾도록 도왔다. 또한 그녀가 가진 강점을 발견하게 하였고 남편, 자녀들과의 관계에서 항상성을 유지하고 균형을 잡도록 하는 데 치중했다.

첸은 그녀의 대학 입시, 자원봉사 활동, 어머니와의 외출, 아버지와의 대화, 남동생과 함께 시간 보내기 등 여태껏 해 왔던 일들에 더욱더 집중하도록 하는 과업을 지시받았다. 또한 그녀가 두 언어 모두에 가장 익숙하기 때문에 법적 체계와 관련한 문제 처리에 보다 적극적인 역할을 수행하도록 지지했다. 법원과의 관계에 있어 가족 측의 입장을 최선을 다해 표명하고 더불어 장학생이 되기 위한 대학과의 연계에 있어 이중언어 구사가 자유로운 첸에게 적극적인 역할 수행이 요구되었다. 남동생이 자신감을 회복하고 자신의 강점을 찾는 동안 누나로서 학업 성취의 좋은 역할 모델이 되어 주도록 권면했다. 또한 첸은 법원에서 아버지와 가족과의 만남을 금지하는 명령을 해지해 주기를 바라는 편지를 판사에게 썼는데, 이 편지는 확신에 찬 설득력 있는 편지였다.

곽은 아버지의 처벌에 따른 현재 상황에서 내부의 고민과 죄책감, 분노, 혼란, 자존감 하락 등 혼합된 감정들을 표현하고 싶어질 때, 언제라도 사회복지사에게 이메일을 쓰도록 당부했다. 밴드부를 비롯한 학교의 특별 활동에 참여하고 가정에서는 자신의 식습관을 주의 깊게 관찰하도록 했다. 또한 그에게 가족 구성원들의 기대, 개인적 건강 상태, 여가 생활, 컴퓨터 게임 등과 학업을 조화시키고 우선순위를 정하도록 했다. 곽은 아버지와의 관계에서 말이나 글로 자신을 표현하도록 지지되었다. 또한 그는 누나가 삶을 위해 노력해 온 것들에 대한 가치를 인정하고 누나의 성공에서 교훈을 얻을 수 있게 되었다. 곽과 평소에 가깝게 지내던 작은아버지도 방문하여 그와의 친분을 두텁게 했다. 이러한 활동들은 대화나 전화 연락, 편지, 이메일 등을 통해 이루어졌다. 구성원들은 각자 사용한 방법들을 통해 갈등 해소책에 대한 목록을 작성했으며 그들 자신만의 진전 상황 보고서도 함께 작성해 보았다.

8) 문화적 · 영적 자원과의 연결

종교, 같은 인종끼리의 지지 체계, 인생사에서 문화 동화 및 적응 양상, 공식적 · 비공식적 사회봉사 체계 등을 포함한 내담자의 문화적 자원에 대한 통찰적인 이해를 하는 것은 사회복지사에게 중요한 일이다. 소수 인종 가족은 그들 본연의 문화적 · 영적 자원과 연결되는 것이 필요하다. 그러한 연결과 유대는 치유와 사회적 지지를 가져다주며 또한 문화 적응에서 오는 스트레스에 대한 완충 작용을 해 준다. 이는 가족의 문화적 적응에 의미를 부여함으로써 그들의 경험을 풍요롭게 하는 시너지 효과를 발휘한다. 이러한 의미는 특히 인종 간 국제 결혼을 하는 부부와 같은 상황에서 상당히 중요하다.

J씨 가족은 특별히 어떤 종교단체에 속해 있지는 않았지만, 첸은 아시아 태생의 입양아 가족을 돕는 동네의 한 중국 교회에서 여름 캠프 자원봉사자로 적극적으로 활동했다. J씨는 그의 가족을 중국 축제에 동반하여 싱가포르 운송회사 동료 직원들과 함께 만나는 자리를 갖기도 했다. 그는 전화나 편지 등으로 중국에 있는 원가족들과 꾸준히 연락을 했다. J씨의 아내 역시 싱가포르에 있는 친척들과 그녀의 작품 활동을 통해 연락을 했다. 곽은 학교에 중국인 친구들이 몇

명 있었다. 그들 가족이 그들의 문화적 뿌리를 연결해 줄 수 있는 이중 언어 구사자에게 가족치료를 받아 온 것도 문화적 연결의 예로 들 수 있다.

7. 종결 단계

다문화 상황에 있는 가족과 일을 하는 경우, 종결 단계에서도 예외 없이 정규 사회복지실천 절차대로 추진되어야 한다. 내담자가 목적을 달성한 경우에는 자신의 삶에 대한 주인의식과 성취감을 가지고 인생을 개척할 수 있는 독립성과 자율성을 확립하는 것이 중요하다. 피드백과 권한 부여는 종결을 준비하는 방향으로 향하게 되며, 이를 위한 체계적 도구로 평가를 위한 체크리스트가 유용할 것이다. 내담자가 이제 더 이상 사회복지사에게 찾아오지 않더라도 그들의 변화가 지속적으로 발전할 수 있도록 지지되어야 한다.

특정 문화에 따라서는 사례 종결 이후에도 관계를 유지하는 것이 바람직할 때도 있다. 아시아계 미국인들은 종종 '일단 사람과 좋은 관계를 맺게 되면 평생 동안 모든 영역에 대해서 신뢰 관계를 유지한다.' 라고 믿는 성향 때문에 치료 관계를 넘어서 지속적인 관계를 유지하려는 경향이 있다. 이것과는 별도로 종결에서 그들이 새롭게 변화된 현실을 잘 운영해 나갈 수 있다고 하는 자신감을 가지고 마무리하는 과정이 중요하다. 그들은 사회복지사가 여태껏 해 온 모든 것들에 대해 감사할 것이며, 가족 구성원들의 마음속에 사회복지사는 이미 가족과 같은 존재가 되는 경우도 있다. 제9장에서 다시 언급하겠지만, J씨 가족과의 치료적 종결은 서구적인 의미의 종결과는 다른 지속성을 보였는데, 이는 각 구성원들이 종결 이후에도 약 2년 동안 새롭게 성취했던 변화들을 어떻게 잘 유지하고 있는지 각기 다른 방식으로 사회복지사에게 알려 주고 간접적 치료 관계를 유지한 것에서 알 수 있다.

아시아계 가족들이 자신의 개인적이거나 가족의 문제들을 털어놓기를 꺼려하는 경향에도 불구하고, J씨 가족은 그들의 원문화 정체성을 잃지 않으면서도 괄목할 만한 개별적이고도 관계적인 변화들을 이루어 냈으며 이를 지속해 나갔다. 이 과정에서 주된 내용은 가족 구성원들의 관계적 변화를 이끌어 낸 과업과 적절한 의사소통이었다. 이 사례에서 이러한 과업과 의사소통이 필요했던 이유는 다음과 같다.

- 외적 상황상의 필요성 당시 해결되어야 할 어려운 외적인 상황이 있었다. 법원에서 기대하는 요구 사항들은 가족 구성원들만의 힘으로 혹은 외부의 전문적 도움 없이 해결하기 어려운 것이었기 때문이다. 또한 그들의 이민 신청 절차 역시 법원의 문제가 해결되지 않고서는 어려움을 겪을 것이 분명했다.

- 관계적 과업에의 집중 사회복지사가 주안점으로 두어야 할 것은 누가 보아도 확연한 현재 상황에서 필요한 욕구들을 다루어 나가는 데 도움이 되는 관계 향상을 위한 과업들이었다. 즉, 관계 향상을 위한 조언 및 과업 완수에 초점을 둔 작업이라는 의미다. 이러한 과정이 진행되면서 자신과 상대방에 대한 이해의 정도가 점차 변하게 되었고 서로 간의 대화가 어느 정도로 가능하게 되었다.

- 대상 가족의 문화와 일치되는 의미와의 연결 사회복지사가 문화적으로 일치되는 효과적인 비유를 사용함으로써 개별화되지 않은 대상 가족 전체에게 납득이 되는 의미의 구조틀을 사용하였다.

- 내적인 변화는 외적인 작업에 달려 있다 J씨, J씨의 아내, 딸, 아들 간의 불안정한 삼각관계라는 내적 압력들이 문제해결을 강요하는 상황이었다. 그러나 이 가족의 문화적 여건을 고려했을 때, 단지 이러한 내적 요소들만이 그 가족이 외부의 전문적인 도움을 구하도록 이끈 것은 아니었을 것이다.

가족치료는 가족 구성원 각자에게 그들의 잠재적인 가능성을 발휘할 수 있는 통로를 마련해 준다. 가족 관계라는 사회적 본질 자체가 구성원들로 하여금 자신이 가진 여건으로부터의 한계를 뛰어넘는 동시에, 외부로부터 내적으로 이끌어 오도록 한다. 서로 다른 인종과 문화라는 각기 다른 근원을 가진 강줄기가 하나의 바다를 향해 흘러가는 것처럼, 민족 중심주의적 세계관에서 벗어나 좀 더 넓은 시야를 갖게 되는 것이다. 다음의 불교 우화는 이러한 의미를 잘 반영해 주고 있다.

물이 담긴 컵에 소금을 한 수저 가득 넣고 저어 들이킨다면 소금 때문에 맛이 무척이나 짤 것이다. 그러나 같은 양의 소금을 커다란 호수 물에 넣고 젓는다고 그 물맛이 얼마나 짜겠는가?(Wolin et al., 1999, p. 26).

여기에서 호수는 살아 숨쉬는 우리의 외부 세계, 즉 문화적 환경을 의미한다. 이는 다양하고 풍요로운 갖가지 삶들, 각 개인들의 소중한 유산들로 이루어져 있다. 또한 서로 다른 차이점들의 생산적인 상호작용으로부터 생성된 공동의 이해와 의미들 그리고 기능적인 행동양식의 세계이기도 하다.

8. 요약

변화무쌍하고 다양한 문화가 공존하는 사회에서 개인과 가족들이 그들만의 문화적 고유성을 얼마나 유지하며 살 수 있는가? 초문화적 관점은 이러한 다양성과 변화하는 여건에서 개인적 의미와 차이점을 생산적으로 이끌어 나갈 수 있는 관계 향상을 위한 과업들을 제시한다. 이어지는 장들에서는 이러한 과업적 접근을 부부, 재혼가족 또한 여러 세대가 함께 사는 확대가족이 맞닥뜨린 가족 생애주기의 과업들에 적용해 보고자 한다.

참고문헌

Auerswald, E. (1971). Interdisciplinary versus ecological perspective. *Family Process, 10*, 202-215.

Bowen, M. (1966). The use of family theory in clinical practice. *Contemporary Psychiatry, 7*, 345-374.

Bruenlin, D., Schwartz, R., & MacKune-Karrer, B. (1992). *Metaframeworks: Transcending the models of family therapy*. San Francisco: Jossey-Bass.

Caple, F. S., Salcido, R. M., & di Cecco, J. (1995). Engaging effectively with culturally diverse families and children. *Social Work in Education, 17*, 159-170.

Cocozzelli, C., & Constable, R. T. (1985). An empirical analysis of the relation between theory and practice in social work. *Journal of Social Service Research, 9* (1), 47-64.

Fong, R., & Furuto, S. (Eds.). (2001). *Culturally competent practice: Skills, interventions, and evaluations*. Boston, MA: Person Custom Publishers.

Friedman, E. (1990). *Friedman's fables*. New York: Guilford.

Germain, C. (1973). An ecological perspective in casework practice. *Social Casework, 54*, 325-330.

Goldenberg, I., & Goldenberg, H. (1996). *Family therapy: An overview*. Pacific Grove, CA: Brooks Cole.

Gordon, W. (1969). Basic constructs for an integrative and generative conception of social work. In G. Hearn (Ed.), *The general systems approach: Contributions toward an holistic conception of social work*. Newbury Park, CA: Sage.

Hartman, A., & Laird, J. (1983). *Family-centered social work practice*. New York: Free Press.

Hearn, G. (Ed.). (1969). *The general systems approach: Contributions toward an holistic conception of social work*. Newbury Park, CA: Sage.

Hurdle, D. H. (2002). Native Hawaiian traditional healing: Culturally based interventions for social work practice. *Social Work, 47*(2), 183-192.

Ho, M. K. (1987). *Family therapy with ethnic minorities*. Newbury Park, CA: Sage.

Ingoldsby, B., & Smith, S. (1995). *Families in multicultural perspective*. New York:

Guilford.

Lee, D. (1989). Book review. [Review of the book *Family therapy with ethnic minori-ties*]. *Social Casework, 70,* 517-519.

Lee, D. (1995). The Korean perspective on death and dying. In J. Parry, A. Ryan (Eds.), *A cross-cultural look at death, dying, and religion* (pp. 193-214). Chicago: Nelson-Hall.

Lee, E. (1996). Asian-American families: An overview. In M. McGoldrick, J. Giordano, & J. Pearce (Eds.), *Ethnicity and family therapy* (pp. 227-248). New York: Guilford.

Locke, D. (1992). *Increasing multicultural understanding.* New York: Guilford.

Marlin, E. (1989). *Genograms.* Chicago, Contemporary Books.

McGoldrick, M., Gerson, R., & Shellenberger, S. (1999). *Genograms: Assessment and intervention* (2nd ed.). New York: Norton.

McGoldrick, M., Giordano, J., & Pearce, J. (Eds.). (1996). *Ethnicity and family therapy* (2nd ed.). New York: Guilford.

Miller, B. (1995). Personal communication.

Mindel, K., Habenstein, R., & Wright, R. (1998). *Ethnic families in America: Patterns and variations* (4th ed.). New York: Prentice Hall.

Pinsoff, W. (1995). *Integrative, problem-centered therapy.* New York: Basic Books.

Stein, I. (1974). *Systems, theory, science, and social work.* Metuchen, NJ: Scarecrow Press.

United Nations. (1948). *Universal Declaration of Human Rights.* Adopted and proclaimed by General assembly resolution 217 (111) of 10 December, 1948. See www.un.org/overview/rights/.

Von Bertalanffy, L. (1968). *General systems theory.* New York: George Braziller.

Walsh, F. (Ed.). (1999). *Spiritual resources in family therapy.* New York: Guilford.

Wolin, S. J., Muller, W., Taylor, F., & Wolin, S. (1999). Three spiritual perspectives on resilience-Buddhism, Christianity and Judaism. In F. Walsh (Ed.), *Spiritual resources in family therapy* (pp. 121-135). *New York: The Guilford Press.*

부부치료의 초기 단계:
과정 및 이론

제5장 부부치료의 초기 단계: 과정 및 이론

　부부치료의 초기 및 중기 단계를 논의하면서 가족 발달 이론, 가족치료 및 사회복지실천 이론과의 관련성을 고려해 보고자 한다. 이 장에서는 결혼 초기에 발달단계상 어려움이 있는 부부의 사례들을 살펴볼 것이다. 또한 의사소통을 통한 적절한 경계선 및 친밀감의 형성, 대상관계 가족치료사들에 의해 발전되어 온 부부간 투사적 동일시 개념 역시 고찰한다. 부부 관계에서의 책임, 성적 불평등과 관련된 문제들도 치료의 초기 단계에서 고려되어야 할 요소들이다.

　부부는 가족 형성의 모든 단계에서 중추적이며 실질적인 역할을 하는 하위행정 체계다. 이러한 이유로 부부치료에 대한 논의는 다음 장들에서 살펴볼 다른 가족 구성원들을 포함한 가족치료에도 역시 적용 가능하다. 사회복지사는 먼저 부부에 대한 고찰을 한 후에 자녀 및 손자녀, 시가, 처가와 같은 확대가족 체계들을 살펴보게 된다. 이때 다루게 되는 대상의 가족 관계가 확대되고 복잡해질수록 부부에게 부가되는 책임이 증가하고, 가족 체계에 변화가 생기면서 초기 관계적 과업들이 서로 다른 방식으로 되풀이되는 것을 보게 될 것이다.

1. 신혼부부

신혼부부 시기를 잘 이해하려면, 브라이언과 리사([사례연구 2-5] 참조)가 겪었던 것과 같은 관계 유지를 위한 공동의 행동양식 개발, 가사, 친밀감의 표현 등과 같은 쟁점들, 즉 매일의 의사 결정, 책임감과 헌신을 필요로 하는 관계에 대한 현실을 고찰해 보아야 한다. 약혼한 커플에게 적용되는 모든 과업들은 신혼부부에게도 똑같이 적용된다. 이들 역시 나름의 의사소통과 관계 양식을 성립해 나가야 한다. 약혼 시절에 간과하는 대다수의 문제들은, 일단 결혼을 하고 나면 더 이상 덮어놓고 살 수 없게 되는 경우가 많기 때문이다. 부부는 공동의 삶을 이끌어 가기 위한 방식들을 개발해야 하면서도, 여전히 각자의 개성과 선호하는 원칙들을 고수하고 싶어 한다. 결혼 전에는 개인적이던 문제들이 더 이상 사적인 것이 아니며 서로에게 영향을 미치게 된다. 그러나 바람직한 부부 공동 영역이 결혼 이후 즉시 형성되는 것은 아니기 때문에 이도 저도 아닌 혼란기를 겪게 되는 것이다.

이제 더 이상 원가족 소속이 아닌 개별적 단위가 된 신혼부부에게 가장 빈번히 닥치는 어려움은, 매일 배우자와 함께하는 일상에서 생기는 문제들에 대해 나름대로 조화로운 해결 방식을 발전시켜야 한다는 데 있다. 이러한 현실은 온갖 관계상의 문제들을 야기한다. 원가족에서의 가치관이나 사고방식 등에 거부감을 느꼈거나 저항심이 있었던 사람이라도 그러한 관계와 삶의 양식은 무의식적으로 그의 일상에 배어 있게 마련이다. 신혼부부는 그동안 각자가 익혀 왔고 익숙해진 양식과 관계에서 결혼이라는 새로운 삶의 형태로 인해 혼란을 겪지만, 이러한 상황에서 앞으로 어떤 일이 펼쳐질지, 어떻게 해결해 나가야 할지에 대해 예측 가능한 결과나 방식이 존재하지 않으므로 어려움을 겪게 된다.

서구 문화권에서는 부부 관계가 부모나 형제간의 관계보다 더 밀접한 것을 당연하게 여긴다. 하지만 이러한 일반성을 전제로 하더라도 부부가 서로에게 '가장 좋은 친구'가 되어 주고, 특정 행동양식들을 화합해 나가는 과정은 일생에

걸쳐 이루어야 할 작업이다. 동시에 원가족의 아들이자 딸인 부부 각자는 서로의 도움을 받아 그들의 원가족 및 배우자 가족과의 관계도 재정립해야 한다. 이는 신혼부부가 그들 부부 나름의 생활양식이 주인의식이 어느 정도 발전되었을 때만 가능한 일이다. 이러한 원가족과의 관계 재정립은 부부 관계의 형성과 증진을 동반하지만, 그 반대의 경우 역시 마찬가지다. 즉, 부부 관계가 성숙해질수록 원가족과의 관계 재정립 역시 순조롭게 이루어진다. 다시 말해, 부부 관계가 발전하려면 원가족과의 관계 재정립이 어느 정도 필연적으로 요구된다.

원가족에게서 학습된 행동양식들은 신혼부부가 경험하는 일상이나 사물을 보는 시각에 곧바로 적용된다. 어떠한 행동양식이 부부간에 문제만 되지 않는다면, 결혼 이전까지 자연스럽게 몸에 배어 왔던 방식은 그대로 적용될 수도 있다. 익숙한 행동방식이 부부 관계에서 문제가 되는 경우는 상호 간에 견해 차이가 있을 때다. 예를 들어, 필과 사라([사례연구 2-3] 참조)의 사례에서 집안일과 그 밖의 문제들에 대한 필 가족의 사고방식이나 신념에 대한 부부간의 사고방식 차이를 들 수 있다. 사라에게 척추 질환이 생기자, 그들은 집안일을 꾸려 나가고, 집안 살림이나 자원을 관리하는 새롭고 적절하며 조화로운 의사결정 방식을 찾아야만 했다. 아만드와 로잘린드([사례연구 3-2] 참조)의 사례에서는 친밀한 관계에 대하여 서로 다르게 해석하는 문화 및 가족적 사고방식이, 각자의 외도로 인해 멀어진 그들의 관계를 회복해야 한다는 압력과 동시에 그들의 관계에서 경계선과 친밀감에 대한 인식을 개선하는 데 노력하도록 작용했다. 미혼 시기에는 각자가 개인적으로 의사결정을 하거나 필요한 자원들을 관리했다. 그러나 결혼 이후 초기 성인기에 들어서면서부터는 각자 원가족과의 관계를 재정립해야 한다는 심리적 부담감 때문에 불안감과 우울감을 경험할 수 있다. 부부가 되어도 여전히 개인이 결정해야 하는 일정 영역이 남겨지기도 하지만, 공동으로 결정해야 하는 영역이 더 많아지기 때문에 상당수가 관계적인 과업이 되어 버린다. 문제의 일부는 어떤 일에 대해 나만의 일인지 공동의 일인지를 구분하는 것일 수도 있다. 별개의 두 가지 행동양식들이 새로운 제3의 양식을 조화롭게 형성하기 위한 변환과정을 필요로 하는 것이다. 또한 이때는 각자가 돈이나 경험,

원가족에 의해 습득된 행동양식을 조정하는 것과 관련된 감정들을 처리해야 한다. 부부간에 새롭게 조성되는 공동 접근법은 개인적인 결단이나 의사 결정 역시 수반하며 이러한 과업은 부부의 관계를 통해 지속된다.

이러한 모든 관계적 과업은 공동의 의사소통 양식을 발전시킬 것을 요구한다. 의사소통의 변환은 상당 부분 관계적 변환에 의존한다. 부부간의 의사소통은 주로 자신의 감정과 느낌을 표현하고 상대방은 들어 주거나 반응하는 식으로 이루어진다. 그다음에는 상대방이 표현한 것에 대해 경청하게 된다. 이러한 과정은 공동의 이해와 수용되는 의미에 대한 공통의 언어를 만들어 내는 것이다. 이는 단지 표현이나 상대방의 입장을 공감하는 기술을 터득하는 데서 그치는 것이 아니며, 상대를 나의 일부분이 아닌 엄연한 한 인간으로 인정하고 배려해 가는 것을 말한다.

서로에 대해 일생을 통해 맞닥뜨려야 할 모든 변화와 발달단계에서 부부가 인내해야 하는 것이라고 한다면 과연 우리는 무엇을 배워 나가야 하는가? 상대에 대한 자신의 입장, 욕구, 선입관들에 대한 낭만적인 탐색과는 대조적으로, 고트먼(Gottman, 1999)과 고트먼과 타바르(Gottman & Tabares, 2002)의 연구는 행복한 결혼 생활을 하는 신혼부부들은 개인적인 차이점에 대해 서로를 포용하고 살아간다는 것을 보여 준다. 인간은 변화하기 마련이다. 변화무쌍한 인생의 상황들에서 부부의 안전한 토대를 유지시키려면 어느 정도의 관계적인 노력이 필요하다. 부부가 서로의 욕구를 잘 조화시키기 위해 필요한 것은 무엇인가? 다음에서 살펴보기로 하자.

1) 사랑과 믿음: 안정된 관계 기반의 구축

존재론적 개인주의(Wojtyla, 1981)의 영향을 받은 최근 철학 발달의 동향에서는 현실적인 사랑과 믿음의 구축에 대한 질문들에 답을 제시하고 있다(Grisez, 연도 미상; Rousseau, 1995; Shivananden, 1999, 2001). 서구 문화권에서는 낭만으로 시작된 사랑의 감정이라고 해도 상대방을 하나의 타인으로서 지속적으로 발견하고 탐구해 가는 것을 게을리 하지 않는다. 이러한 탐구는 개인적인 맥락에서 사랑이 부부간의 신뢰가 되어 가듯 점차적으로 일생을 걸친 변화를 통해 펼쳐 나가는 여정이 된다. 서로에 대한 믿음은 불가피한 변화나 성장, 다른 인간관계에 내포된 불안정함에도 불구하고 안정, 소속감, 의사소통이나 다른 관계적 성과들 및 가족 유지에 탄탄한 토대를 제공해 준다. 이는 유대 과정(제3장 참조)의 중요한 기반인데, 이러한 유대과정이란 믿음을 구축하고 유지해 나가며 부부 관계의 성숙에 따라 함께 성장하는 개인적이고도 사회적인 과정이라고 할 수 있다. 이러한 점에서 믿음을 지켜 나간다는 것은 단순히 부정의 반대말이 아니다. 신뢰감은 학습되는 것이며 사회적으로 형성되는 정서다. 이는 상대방의 실체에 대한 개방성을 토대로 하며, 절대로 단번에 알아볼 수 없는 것이기도 하다. 상대방에 대한 신뢰는 세월을 통해 지속적으로 드러나며, 또한 변화하는 상대방의 진정한 자아를 수용하기 위한 의지다(Grisez, 연도 미상). 우리는 스스로도 진정한 나 자신에 대해 완전히 모를 때가 있다. 관계적인 단점들이 발견될 때 우리는 갑작스럽고 당황스러울 수 있지만, 이러한 상황일수록 상대방을 무비판적으로 수용하고 돌봐 줌으로써, 오히려 우리 내면에서 우러나오는 긍정적인 감정으로 기쁨을 느끼게 될 것이다.

부부간의 신뢰를 통해 두 사람 모두 변화하며 자신이 누구인지를 발견하고 자아의 바람직하지 못한 부분은 개선해 나가며, 동시에 상대방의 변화도 신뢰를 가지고 지켜보아야 한다. 관계에서 이러한 신뢰의 기반은 개인을 성장시키고 자아를 하나의 인간으로 존중되도록 돕는다. 상대방의 개인적 변화 안에서 믿음은 상대방이 선호하는 것에 대한 선택을 지속적으로 지지해주는 것이기도 하다. 각각의 선택 중에는 부부의 현재 관계에 더 이상 관련이 없는 부분이라 하더라도 각자의 자아에서 특정 부분을 변화시켜야 하는 경우도 있다. 사람은 누구나 사랑의 마음으로 상대방을 받아들이고 이를 지속하며 더욱 풍성하게 하기 위해 스스로를 변화시키고자 하는 욕구가 있다(Grisez, 연도 미상). 아만드와 로잘린드([사례연구 3-2] 참조)의 사례에서는 사회복지사와의 작업을 통해 서로의 외도 때문에 손상된 신뢰감을 회복하기 위한 토대를 마련하고 노력하는 과정을 겪어야 했다. 그 결과 서로에 대해 인간적인 신뢰감을 쌓을 수 있었다. 아만드는 아내가 겉으로는 분노하지만 사실상 내재해 있던 그나마의 긍정적인 감정을 발견해 낼 때까지, 그녀의 상처와 화를 인내하고 수용하는 과정을 겪어야 했다. 부부들이 직면하는 갖가지 상황들에서 이러한 과정이 다양한 방식으로 되풀이되는 것을 사회복지사들은 종종 볼 수 있다.

이처럼 상대에 대한 상호 배려로부터 초월적인 '우리'의 개념이 출현하게 된다(Hargrave, 2000). 이러한 초월성은 인간 본성의 영적인 측면과 밀접한 관련이 있다. '우리'는 진실로 차별화되고 발전된 자아여야 한다. 어느 한 사람만의 반영이 아닌, 사랑으로 엮인 '신성한 쌍둥이'와 같은 개념으로서의 부부 관계를 형성해 가야 한다. 부부가 한계를 극복하면서 '우리'의 관계는 각자 자신의 모습 그대로 머무르는 것과 동시에, 서로에게 그들의 본래 이상의 모습을 보여 주기도 한다(Rousseau, 1995, p. 152). 이러한 방향으로 시각을 좁혀 나감으로써 부부는 각자 개별적으로 가진 점들을 재편성하고 함께 그들 자신만의 발달적 주체가 되어 가는 노력을 하게 된다(Shivananden, 2001).

부부는 서로에 대한 투사라는 안개와 같은 상황을 겪으면서 평생 동안 서로에 대해 알기 위해 끊임없이 노력한다. 아무리 부부 관계가 성숙하고 발전해 나간다고 해도 그들은 일단 상황에 부적합하여 거부되는 자신을 발견하게 되면 이를 덮어 버리려 하고 나중에는 부인하기도 한다. 결론적으로 어떤 부부라 하더라도 상대에 대해 모든 것을 다 안다고 할 수는 없기 때문이다.

2) 대상관계

클레인(Melanie Klein)으로부터 유래한 정신역동적 기원에 토대를 두는 대상관계 가족치료사들[1]은 내적 동일시(introjective identification)와 투사적 동일시

---

[1] 가족치료 학파에 대한 보다 심도 깊은 논의는 Nicholas & Schwartz(1998, 제7장), Goldenberg & Goldenberg(1996, 제6장) 그리고 Scharff & Scharff(1991)를 참조하시오.

(projective identification)에 대한 개념 정립에 공헌했다. 내적 동일시는 다른 사람이나 상황 모두를 내적으로 투사하여 그 자아가 전체로 간주되는 것인데, 결국 타인의 성격적인 측면이나 일부를 자신의 전체로 동일시하는 것이다(Segal, 1973, p.126; Scharff & Scharff, 1991). 투사적 동일시는 부부가 서로 무의식적으로 분리되거나 자신이 원하지 않는 부분들을 상대방에게 투사하거나 외면화하며, 또한 배우자가 이러한 투사에 부응하는 식으로 작용한다. 결과적으로 두 사람은 각자 자신에게 부족하거나 거부되거나 원치 않는 부분들과의 관계를 재정립하기 위한 시도를 하게 된다(Dicks, 1967; Goldenberg & Goldenberg, 1996). 어떤 사람들은 이러한 과정에서 수용되거나 거절되기도 한다. 저명한 가족치료사인 위태커(Carl Whitaker)는 이혼을 앞둔 부부에게 "상대의 어떤 면과 이혼할 것인지를 찾아내십시오."라고 신랄하게 경고한다. 즉, 부부들은 배우자가 나와 다르다는 것은 인정하지 않은 채 상대방에게서 거부되는 본인의 측면과 자신이 싫어하는 배우자의 측면과 이혼하게 되는 것이다. 이러한 경우에는 결혼과 동시에 당사자들에게 연루되는 개별적·관계적 변화는 애당초 시도조차 해 보지 못한 것이라 볼 수 있다.

관계적 과업은, 결혼 초기에 일방적으로 또는 서로에 의해 기대되거나 부추겨진 미성숙한 초기 관계의 형성으로부터 현실에 발을 내딛도록 돕는다. 그러나 이 관계성이 자기 자신만을 반영한다면 이는 또 다른 덫이 될 수도 있다. 관계적 과업에서는 상대에 대한 인식이 어느 정도 뒷받침되어야 한다. 앞서 [사례연구 2-3]의 사라의 척추 질환과 관련해 보았듯이, 그녀의 신체적 고통에 대한 현실적 인식이 있었기에, 그녀와 남편 필 모두가 당연시했던 필의 가족의 행동양식에 변화를 가져오게 했던 것이다. 상대방과의 관계를 다른 타인들과의 관계처럼 형성하려면, 자신의 목소리만을 높일 것이 아니라 서로 간에 인간적으로 수용하고, 초기에 생겨날 수 있는 상대에 대한 기대감을 넘어서야 한다. 이렇게 될 때 관계는 더 이상 덫이 되지 않을 것이다. [사례연구 2-5]의 브라이언과 리사의 경우처럼 앞으로의 관계에서 자신이 변화될 필요가 없다고 여겼던 부분들이 변화될 수도 있다.

사회복지사와 함께하는 부부치료의 핵심은 부부간의 공동 작업이다. 사회복지사는 변화를 위한 중재자로서 부부간 의사소통을 사용함으로써 부부 각자에 대한 초점에서 벗어나 이제는 부부로서 자신들의 원가족, 직장 그리고 다른 사회적 제도들까지 포함하여 그들과 관계된 모든 관계 영역으로 확장함으로써 이러한 과정들이 서로 작용하게 되는 것을 볼 수 있다. 이처럼 부부는 그들의 의사소통을 재구성함으로써 점차적으로 서로의 관계상의 이해와 행동들을 재구성하게 된다. 사회복지사는 부부의 의사소통 양식의 개선과 부부가 서로에게 중요한 의미를 가지는 관계라는 사실을 재발견하도록 도와야 한다.

3) 개별과업과 부부과업

개별과업과 부부과업은 서로 간에 상호적이며 회귀적인 관계를 가진다. 가족 구성원들은 의사소통을 개선하고 조화로운 관계를 발전시키며, 보다 기능적인 부부나 가족이 되기 위해 공동으로 노력하면서 개별적인 과업을 동시에 수행하게 된다. 종종 부부과업에 대해 초점을 두는 것이 개별과업의 실행에 있어서도 효과적인 영향을 미치는 경우가 있다. 반면 [사례연구 3-2]의 아만드와 로잘린드의 경우에서처럼 한 배우자가 부부 관계 맥락에서의 개별과업을 실행해 나가는 것을 직접 도우면서 다른 배우자가 보조하도록 하는 방법도 가능하다.

개별과업과 관계적 과업을 위한 작업은 기본적으로 2단계 과정을 거친다. 첫 번째 초점은 개인의 문제나 염려에 대해 다루는 것이며, 두 번째로는 의사결정의 상호 관계적인 측면이 논의되어야 한다. 이러한 논의는 종종 개별과업이나 목표에 대한 수정을 요구하기도 하는데, 다음 두 사례에서 이러한 예를 찾아볼 수 있다.

[사례연구 5-1] 음주 문제가 있는 제리와 캐시 부부

제리는 자신의 음주 문제에 대한 결단을 내리고 결혼 생활을 지켜 나가기로 결심했다. 그는 이 문제에 책임감을 가지고 어떤 조치를 취해야만 했다. 그의 아내 캐시는 남편의 음주에 대해 염려했지만 이 문제에 개입하지 않았으며, 그녀가 맡아서 처리할 수 있는 상황도 아니었다. 제리는 아내의 역기능적 개입 없이 자신의 문제를 스스로 처리해 나가는 방법을 배워야만 했다. 지금까지 캐시는 남편이 실수할 때마다 잔소리를 해서 상황을 주도하거나, 남편이 저지른 문제에 대한 뒷감당을 하곤 했는데, 이제는 남편이 스스로에게 책임감 있는 사람이 되기 위해 노력하는 것에 대해 지지하는 법을 배워야 했다. 사회복지사는 이 부부와의 수차례의 만남을 통한 조력과정을 거치면서 제리가 아내와 함께 있는 자리에서 단호한 결심을 하고, 음주에 대한 확실한 계획을 세우며, 지지 집단이나 후견인을 찾도록 돕는 데 주력했다. 그리고 나서 제리에게, 그의 아내가 자신을 지배하지 않으면서도 잘 도울 수 있는 방법에 대해 함께 이야기하도록 북돋워 주었다. 이들 부부는 수차례의 회기를 통해 남편의 변화와 아내의 지지를 기반으로 의사소통이나 여러 다른 문제에 대해서도 함께 작업해 나갔다. 한편 캐시 역시 우울증에 시달리고 있었으므로 그녀 역시 이에 대한 치료를 계획하고 상담받고, 약을 처방받아 복용하는 등의 개인적 노력을 보였다. 그녀가 자신의 우울증에 대해서 현실적 조치를 취했을 때, 제리도 그녀를 지지해 주었다. 두 사람은 자신들의 부부 문제와 관련해 개인적인 변화가 가져오는 의미에 대해 지속적으로 다루어 나갔다.

[사례연구 5-2] 주의력 결핍장애를 겪어 온 빌과 제언 부부

빌은 일생 동안 주의력 결핍장애(Attention Deficit Disorder: ADD)를 겪어 왔다. 그는 성인이 되어서도 자신이 어떠한 일에 집중하거나, 일관성을 유지하고, 직업에서 무엇인가를 성취한다는 것이 매우 어려운 일임을 깨닫게 되었다. 그의 아내 제인 역시 모든 것이 완벽하지는 않았지만, 적어도 무엇인가를 계획하는 일에 있어서는 탁월한 소질이 있는 사람이었다. 그러나 그녀는 자기 비판적이고 자존감이 낮았으며 경미한 우울증까지 있었다. 그녀는 남편이 자신을 언제나 즐겁게 해 주고 끊임없이 그녀를 북돋워 주기를 기대하며 살아왔다. 하지만 남편의 비일관성이나 실패에 대해 실망할 때마다 그녀는 남편의 부모라도 된 듯 남편에 대한 모든 일을 좌지우지했다. 빌은 궁지에 몰리게 될 때면 위축되고 부적절한 행동을 하곤 했으며, 제인은 남편의 이러한 행동을 염려했다. 사회복지사는 빌과 제인의 부부치료를 통해 빌에게 자신의 행동양식을 확인하게 하고, 그가 이 같은 어려움들에 대해 과거의 학생 시절에는 어떻게 대처했고 처리했는지에 대해 물었다. 그러자 빌은 "언제든지 기준이 되는 것이 명확히 있을 때 모든 일을 더 잘 처리했어요."라고 말했다. 이러한 경험에 기반하여 빌이 자신의 행동양식에 대해 5점 척도 계획표를 개발하도록 도왔다. 사회복지사는 제인에게 빌이 과업들에 대해 책임감을 가지고 이행해야 할 때마다 그에게 참견하거나 지배하지 않고 그를 도와주도록 요청했다. 부부는 이에 대해 상세히 논의하고 동의했다. 회기에서는 여러 가지 쟁점들 중에서 그들 부부가 과업 수행을 잘해 나갈 수 있도록 돕는 데 초점이 맞추어졌는데, 빌은 자신의 개별적 과업에 대한 책임감을 확립하는 것에, 제인은 지금까지와는 다른 방법으로 개입하는 것에 초점을 맞추었다. 이로써 그들은 악순환되던 행동양식으로부터 변화되기 시작했다.

이 모든 작업들이 결코 쉽지는 않았다. 만약 이 사례들에서 제리의 음주 습관에만 치중했다거나 빌의 집중력 증진에만 주력했다면 이 과정들은 여전히 곤란을 겪거나 성공하지 못했을 수도 있다. 제리에게는 캐시의 지지가 필요했고, 빌 역시 아내 제인의 도움이 절실했다. 이러한 조력과정에서 개발되고 형성된 과업들은 그들의 평생에 걸쳐 지속되어야 할 것이다.

2. 원가족과 부부간의 의사소통 문제

다음의 사례를 통해 부부에 대한 조력과정의 개요를 살펴보고자 한다.

[사례연구 5-3] 원가족의 문화 차이로 어려움을 겪는 라파엘과 앤지 부부

아직 자녀가 없는 결혼 4년차 부부 라파엘과 앤지 사이에는 특별히 남편 라파엘의 집안으로부터 거부당했다고 느끼는 앤지의 감정이 언제나 화두였다. 라파엘은 멕시코계 미국인으로 떠들썩한 대가족 집안의 장남이었다. 그의 어머니는 가족의 모든 대소사에 라파엘이 결혼하기 이전과 마찬가지로 그를 해결사 역할로 끌어들이곤 했다. 라파엘은 주말이나 저녁 시간의 많은 부분을 이처럼 원가족의 일을 돌보는 데 쏟아 붓곤 했다. 또한 가족들이 모두 모이는 자리에서 그는 어머니와 남동생들 사이의 중추 역할을 해야만 했다. 앤지는 이러한 시가의 분위기에서 무시당하거나 외롭다고 느껴 왔다. 라파엘도 막연히 이러한 아내의 심정을 알고 있었으며 자신이 원가족과 아내의 관계 사이에 끼어 있는 느낌을 받아 왔다. 그러나 이러한 상황을 변화시키기에는 자신이 너무나 무기력하다고 여겨졌다. 앤지는 중산층 가정의 유일한 딸로, 삼 남매 중 막내로 자랐다. 상담 초반에 그녀는 자신의 원가족에 대해서 정확히 꼬집어 묘사하지는 못했지만 비교적 모두 잘 지내는 편이었으며, 어쨌든 간에 거친 라파엘의 식구들과는 분명히 다르다고 단언했다. 라파엘과 앤지는 서로 다른 의사소통 양식을 가지고 있었다. 한 사람이 요구하면 상대방은 위축되는 경향이 있었던 것이다. 즉, 앤지가 자신의 불만을 라파엘에게 토로하면 라파엘은 그저 수많은 말들을 늘어놓으며 일반론만을 내세웠다. 그는 자신의 감정과 사고에 초점을 맞추는 데 어려움을 겪고 있었다. 앤지는 남편에게 기대하는 것에 대한 일방적인 생각 이외에는 실제 관계에서 그다지 라파엘과 친밀하지 않았다. 그녀는 단지 '형식상의 결혼'을 한 것이지, 인간으로서 서로 함께하는 결혼을 한 것처럼 보지 않았다. 그녀는 남편에게 많은 말을 하지는 않았지만 화법은 주로 직설적이었다. 그녀의 신랄한 비판으로 남편은 황폐함을 느꼈다. 그녀 스스로도 자신이 요구가 많은 사람인 것은 알고 있었으며, 남편이 자기처럼 직설적이지는 않지만 아내의 감정을 헤아리는 것은 기피한다는 사실에 대해 좌절감을 느끼고 있었다.

그녀는 자신은 라파엘이라는 사람과 결혼했는데, 그가 결혼한 대상이 남편의 가족과 같은 묘한 상황에 놓여 이러지도 저러지도 못하는 상태였다. 그 외에도 그들의 논쟁거리 중 하나는 돈과도 관련이 있었다. 그들은 금전적인 문제에 대해서도 합의를 하지 못한 상태였다. 라파엘은 무엇보다도 빠른 집 장만을 원했고, 가능한 한 모든 것을 아끼고, 목적을 위해 저축하는 데 관심이 있었다. 앤지 역시 집 장만을 원하기는 했지만 행복한 생활을 희생하면서까지 그렇게 하고 싶지는 않았다. 앤지는 항상 직설적이고 언변이 있었기 때문에 라파엘과의 싸움에서 항상 승자가 되었다. 라파엘은 차츰 이러한 상황에 분노하기 시작했다. 그들의 결혼 생활은 이런 식으로 4년을 끌어 왔다. 이러한 불안정한 분위기에서 어느 하나 부부 둘만을 위한 계획을 세우는 일은 엄두도 내지 못했다. 여러 면으로 보아 이들은 '진정한 결혼'에 아직 발도 내딛지 못한 듯했다.

3. 관계적 과업

1) 개별과업

- 라파엘은 자신이 앤지와 결혼했으며 이 현실에 좀 더 적극적으로 대처할 필요가 있다는 사실에 직면해야 한다.
- 라파엘은 그동안 익숙했던 원가족과의 관계에 적절한 변화를 주어야 하며, 앤지와는 바람직한 결혼 생활을 정립해야 한다.
- 앤지는 라파엘과의 관계에 대한 경직성이나 추상적 기대 그리고 가족에 대한 자신의 견해에 빗대어 라파엘의 식구들과 비교하면서 실망하는 습관에서 벗어나야 한다.

2) 부부과업

- 라파엘과 앤지는 서로 간의 의사소통에서 경청, 의사 표현을 비롯한 여러 가지 양식을 발전시켜야 한다.

- 결혼 생활에 대한 각자의 기대를 서로 나누고 서로가 지지할 수 있는 결론에 이르도록 노력한다.
- 라파엘은 자신의 원가족에서 적절히 분리되어야 하며 앤지를 그의 '가장 좋은 친구'로서 가족에 합류시키는 새로운 관계 형성을 위해 노력해야 한다.
- 부부는 각자의 원가족과의 관계와는 다른 그들만의 고유한 관계를 개발해나가야 한다.
- 앤지는 이전과는 다른 방식으로 전체 체계에 자신을 투입함으로써 남편과 결합해야 한다. 그들만의 '제3의 방식'이 필요한 것이다.
- 공동의 합의하에 금전적인 문제를 결정하는 분위기를 만들도록 노력해야 한다.

라파엘과 앤지는 상담과정에서 이러한 과업을 달성하기 위해 노력했다. 이 과정은 6개월 동안 매주 만나면서 이루어졌다. 라파엘은 앤지의 염려에 대해 경청하고 수긍했다. 그는 앤지와 결혼한 것이며 모든 것에서 항상 아내가 우선순위가 되어야 한다고 생각하게 되었다. 그런데 이러한 그들의 노력을 증명할 수 있는 기회가 왔다. 라파엘의 남동생 결혼식에서 그가 신랑 들러리를 서게 되었는데, 공교롭게도 남동생의 결혼식 전 파티가 그들 부부가 짧은 여행을 가기로 계획한 날과 겹치게 되었다. 그는 그 파티에 참여해야 한다는 의무감을 느꼈지만, 그렇게 되면 아내를 우선순위로 하겠다는 약속을 저버리게 되는 난처한 상황이었다. 상담과정에서 라파엘은 이에 대해 앤지와 함께 논의한 다음에, 원가족들에게 시간을 조정해 주지 않으면 파티에 참가하기 어렵다고 통보할 것을 결정하고 이를 실행했다. 다행히 가족들은 이 부부를 위해 파티 일정을 조정해 주었다. 라파엘은 이어 그의 가족들과의 관계를 재정립해 나갔다. 라파엘과 그의 가족은 점차 시간이 지나면서 앤지를 수용하고 인정하게 되었다. 상담 회기에서는 라파엘이 아내의 말을 훨씬 더 경청하게 되었다는 사실을 확인할 수 있었다. 라파엘이 앤지에게 더욱더 많은 비중을 두는 것이 그들의 기존 생활양식을 바꾸어 놓았다. 그러자 반대로 앤지가 위축되기 시작했다. 앤지는 남편의 새로운 방향 제시에 처음에는 적절히 반응하지 못했다. 대신에 남편에 대한 기대만 자꾸 높이면서 과업들을 남편에게 떠넘기곤 했다. 이러한 과정에서 라파엘은 좌절감을 경험했으며 두 사람 모두 이 과정에 대해 가끔씩 회의감이 밀려오곤 했다.

그러나 시간이 지나면서 결국 앤지는 배우자의 역할에 대한 막연한 기대를 버리고 진정한 한 인간으로서의 라파엘을 받아들이기 시작했다. 라파엘도 마찬가지였다. 이렇게 상황이 진전되자, 그들은 비로소 이전과는 다른 서로 간에 조화로운 의사소통 양식을 만들어 낼 수 있었다. 그녀는 남편과의 관계에서 인간적인 확신을 경험한 이후, 이전에는 절대 드러내지 못했던 것들을 털어놓기 시작했다. 그녀는 친정아버지의 음주 때문에 심한 절망감을 느껴 왔다. 여러 면에서 그녀는 자신의 남편이 아버지가 그녀에게 해 주지 못했던 것을 해 줬으면 하고 바랐던 것이다. 그녀가 이러한 생각에서 해방되었을 때, 비로소 남편이 사랑스럽고, 한 인간으로서 실수도 할 수 있는, 자신을 사랑하는 남자라는 사실을 발견할 수 있었다. 이제 그녀는 남편에게 이전과는 다르게 반응하는 자신을 볼 수 있었으며, 친정아버지에 대한 실망을 자각하게 되었다. 그제야 그녀는 라파엘에게 향한 스스로의 짐을 벗어 버릴 수 있었다. 이들의 상담 종결 시점에 이르러 많은 다른 문제들도 제자리를 찾게 되었다. 그리고 그들은 이 시점에서 집을 장만하고 아이의 출산을 계획하는 과정에 도달하게 되었다.

라파엘과 앤지에게 그들의 신혼 시기는 서로 다른 과거 경험들과 각자의 삶의 방식에서 비롯된 이미지들로 얼룩진 나날들이었다. 하지만 이러한 관계가 부부의 차원으로 개별화되기 시작하면서 기존의 것들이 차차 소멸되어 갔다. 이 단계에 이르자 그들은 다음을 계획할 수 있게 된 것이다.

4. 부부치료의 초기 단계

사회복지사나 부부 모두에게 치료의 초기 단계는 조력과정의 모든 단계를 통틀어 협동 방법을 찾기 위해 어려움을 겪는 시기다. 초기 단계에 소요되는 회기 수는 다양한데, 한 회기부터 여러 회기에 이를 수 있다. 주로 그 과정이 사회복지사나 부부 모두에게 쉽지 않은데, 그 부분적인 이유는 아직은 그 무엇도 명확해 보이는 것이 없기 때문이라고 할 수 있다. 사회복지사는 적어도 전체적인 과정에 대한 어느 정도의 감각을 가지고 있어야 하는데, 예를 들면, 라파엘과 앤지 같은 부부의 경우, '무엇으로 이들을 도와 도입에 착수할 수 있도록 할 것인가?' 와 같은 것이다. 각각의 부부는 그들 나름대로 사회복지사에게 도움을 받는 방법이 다양하며 그 과정도 사례마다 다르다. 그러나 사회복지사에게는 부부의 무엇이 변화되어야 하는지, 약간의 도움과 방향 제시로 무엇을 해낼 수 있는지에 대한 감각이 요구된다. 상담을 요청하는 대부분의 부부들은 매우 좌절한 상태이기 때문에 그동안 축적된 자신들의 적대감 및 위축감을 유발하는 상황으로 자꾸 퇴보하곤 한다. 그들은 전문가만이 자신들의 '엉망진창인 삶' 을 정리해 줄 수 있다고 생각한다. 사회복지사는 점차적으로 그들의 '엉망진창인 삶' 에 대해, 그래도 모든 것이 구제 불능이지는 않다는 희망적인 시각을 기르도록 이끌어야 한다. 기본적으로 인간은 문제를 해결할 수 있는 능력을 가지고 있기 때문이다. 그 이후에 조금 더 분명하게 초기 단계나 이후의 회기에서 진행되는 문제에 대한 과업들이 부상하게 된다. 이러한 과업들은 의사소통을 필연적으로 수반하는데, 이는 의사소통 없이 다른 변화를 이끌어 내는 것은 불가능하기 때문이다.

부부치료에서 사정은 부부와 함께 이루어지며 문제들은 과업들로 세분화된다. 각 회기마다 목적이 설정되어야 하는데, 그렇지 않으면 부부들이 상담에 임할 때 자신들의 문제에 대한 통제력을 잃게 된다. 통제력의 상실은 은유적으로 어디로 가는지, 무엇을 얻기 위한 것인지, 아무런 생각이 없이 지도도 길도 없는 무섭고 익숙하지 않은 숲길을 걸어가는 듯한 느낌으로 표현될 수 있다. 통제력을 다시 회복하게 하려면 사회복지사가 문제를 표준화시켜 주는 것이 필요하다. 이것은 사회복지사가 이 문제와 관련하여 주어진 환경에서 현실적으로 기대될 수 있는 것에 대해 생각해 보도록 하는 것을 의미한다. 그러고 나서 문제를 개별적 · 관계적 과업의 준거틀에 근거해 과업들을 초기 계획표에 따라 작업하는 과정이기도 하다.

개별적 · 관계적 과업 및 부부간의 개인차에 대한 이해는 긍정적인 관계 성립에 도움이 된다. 과업은 목표를 구체화시키고, 각자가 무엇을 해야 하는지 분별하며, 이러한 목표 달성을 위해 서로 간에 무엇을 할 수 있는지를 명확히 한다. 목표는 부부가 초기 단계 및 각 회기 사이에 또는 이어지는 중기 단계까지의 모든 방향을 제시해 준다. 목표는 어디서부터 시작하고 앞으로의 작업이 어떻게 될 것인지에 대한 미래 방향을 제시해 주는 이정표와 같다. 이렇듯 부부는 과업에 대해 함께 작업하면서 의사소통의 변화에 대한 긍정적인 기대를 가지게 된다.

초기 단계에서의 부부들은 공동 작업에 대한 준비가 잘되어 있지 못한 경우가 대부분이다. 그동안 서로 너무 많은 상처를 주고받았기 때문이다. 그들은 행여 마음을 열었다가 또다시 상처받지 않을까 염려한다. 그들은 스스로 이 과정을 헤쳐 나가기로 결심하기 이전에 배우자가 자신의 기대를 채워 주기만을 바란다. 게다가 지금껏 그들의 의사소통 패턴은 역기능적이었을 가능성이 높다. 그들은 개별적이고 관계적인 작업을 기피하기 위해 서로의 짐을 배우자에게 떠넘기고, 누가 비난받아야 마땅한지에 대해서만 논쟁하면서 사회복지사가 판단해 주기를 기대한다. 사회복지사는 이러한 상황을 피하기 위해 일단 그들이 무엇을 할 수 있을지에 대해 논의하도록 도와야 하는데, 일단 그들이 의뢰한 문제를 포함하여 그들의 관계에서 어떠한 변화를 이뤄야 하는지에 대해 이야기해 보도록 하는 것이 가장 좋은 방법이다. 사회복지사는 그들 스스로가 배우자의 의견에 경청할 수 있는 의사소통 양식을 구조화시켜야 한다. 그리고 나면 사회복지사는 상대방에 대한 비난이 아닌, 무엇이 가능하고 어떻게 되어야 바람직한지에 대해 초점을 맞추는 방향으로 의사소통을 재구조화시킬 수 있다. 섣불리 문제를 이해하기 위한 시도에만 초점을 두면 부부가 지금 상황에서 할 수 있는 것과 이를 통해 달성해야 하는 것에 대한 우선적인 과업에서 멀어질 수도 있기 때문이다. 사회복지사에게도 역시 강점 기반의 개입 시작을 방해하는 상황이

올 수도 있다. 하지만 어떠한 경우라도 그들의 목표에 대한 질문은 진단과정의 핵심이 된다. 사회복지사는 그들의 의사소통을 관찰하면서, 또한 그들이 다루고 싶어 하는 것이 무엇인가에 집중하면서 과거사에 대한 정보를 신중히 얻어야 한다. 다음에 제시된 사례는 상담의 초기과정의 예를 보여 준다.

 [사례연구 5-4] 의사결정에 있어 갈등을 겪은 셰리와 빌 부부

성공적이고 영향력 있는 변호사 부부인 셰리와 빌은 재정과 집 장만 그리고 4개월 후에 탄생할 셋째 아이의 출산 문제에 대한 갈등으로 다투어 왔다. 그들은 마치 서로에게 자신의 법률 의뢰인에게 하듯이 '선택권들에 대해 점검'하곤 했다. 그들의 논의는 누구 하나가 폭발하거나 무너지기 전에는 전혀 감정이 개입되지 않은 것처럼 보였다. 임신 5개월인 셰리는 항상 피곤해 했으며, 그녀는 논쟁을 계속하고 싶었지만 금세 입을 다물어 버리곤 했다. 그러면서도 그녀는 암묵적으로 모든 권한을 빌에게 빼앗겨 버린 것에 대해 분노를 느꼈다. 빌 역시 아내에게 거부당했다는 느낌 때문에 딜레마에 갇혀 버린 느낌이었다. 집 장만에 관한 문제는 누군가가 전적으로 자금 조달에 대해 책임질 것을 요한다. 셰리의 동의 없이 빌이 통제하게 된다면 그는 실수를 할 수도 있다. 그는 늘어나는 식구를 위해 집을 늘리고 싶었지만, 그런 그의 바람과는 반대로 지금 상황이라면 앞으로 얼마나 기다려야 할지 확신이 서지 않았다. 셰리와 빌 부부의 상담에서 초기 단계를 진행하는 데는 2회기가 소요되었다. 두 사람 모두 서로에게 경청하는 연습을 하는 데 도움이 필요했다. 긴장을 풀고 서로에 대한 오해를 푼 이후에, 의사소통하는 것이 훨씬 수월해졌다는 것을 발견했다. 그리고 나서 재정 및 셋째 아이의 적응과 관련한 기본적인 문제들을 어떻게 다루어 갈 것인가에 대해 나아갈 수 있었다. 초기 단계 진행 후에 부부는 문제에 대한 공동의 이해를 발전시켜야 했다. 부부는 이 문제를 서로 간에 해결할 수 있는 것으로 보고, 협력하여 진행해 나가며, 가정과 상담실에서 동시에 구체화된 방법들로 함께 작업하는 것에 동의했다. 사회복지사의 역할은 이들 부부가 이러한 일들을 해 나가도록 돕는 것이며 여기에는 초기 단계부터 다음 작업 단계를 위해 계약을 맺는 것이 포함되었다. 물론 개인적인 과거사

또한 중요하고 필요한 만큼 명시되어야 했지만, 사정 단계의 출발점은 지금 여기에서 부부가 맞닥뜨린 과업들로부터 시작되었다.

어느 상담의 초기 단계에서든지 일단 사회복지사가 속한 기관의 정규 절차를 어느 정도 따라야 할 것이다. 사회복지사에게 이 과정은 종종 혼란스러울 수 있으며, 이것은 간접적으로 부부에게 영향을 미칠 수도 있다. 이 과정에 대한 통제는 개별 실천과는 다른 점이 있다. 사회복지사는 부부가 서로 동의하고 이해하며 과정을 도와 함께하는 것을 돕게 되지만, 동시에 한 기관 내에서의 행정 절차라는 제한된 맥락 속에서 활동해야 하는 한계를 지닌다. 때로 이러한 과정에 2회기 정도가 소요될 수도 있다. 이 책의 저자 중 한 명은 초기 면담에서 일정하게 2시간 정도를 할애하곤 했는데, 이 경우 대부분 효과적이었다. 이를 통해 부부나 가족들은 자신의 현재 상황에서 무엇을 해야 하고 유지해야 하는지에 대한 명확한 이해를 가지고 초기 상담을 마치게 된다.

초기 상담에서 라파엘과 앤지의 경우를 다시 한번 생각해 보자([사례연구 5-3] 참조).

1) 초기 단계

(1) 전화 상담

앤지는 남편의 가족 문제로 라파엘과 또 한 번의 실마리가 보이지 않는 언쟁이 있은 후에 가족치료 기관에 전화를 걸어왔다. 그녀는 이제 이런 문제로 서로 왈가왈부하는 것이 신물이 난다며 꼼짝없이 갇힌 듯한 느낌이 들고 아무런 희망도 없다고 했다. 그러나 그녀는 적어도, 자신의 문제를 해결해 보고자 하는 생각에 기관에 전화 상담을 시도한 것이다. 사회복지사 린은 다시 앤지에게 전화를 걸어 상황에 대한 간단한 설명을 들은 다음, 그녀의 상황에 대한 초기 사정에 착수했다. 이 내용은 그녀가 개인적인 문제들, 예를 들면 그녀의 불안이나 슬픔 등에 대한 도움을 요청하는 것이 아니라는 것이다. 이러한 경우는 부부상담의 형태로 진행되는 것이 가장 바람직하다. 앤지와 라파엘이 그들의 문제에 대해 함께 노력하기 위해 스스로 상담을 요청할 것인가? 앤지는 라파엘에게 함께 상담하기로 권유해 보는 문제와 그가 사회복지사와의 만남을 통한 관계 회복에 관심이 있는지를 확인해 보는 데 동의했다. 린은 첫 회기에서 앤지가 남편과 함께 오도록 요청하는 데 있어 세심한 주의를 기울였다. 왜냐하면 앤지만 먼저 올 경우, 늦게 도착한 라파엘이 사회복지사가 아내의 입장에 더 기울어져 있을 것이라고 오해한다면 상담 상황에서 거리감을 느낄 수 있기 때문이다. 린은 부부가 함께 상담을 시작하지 않는다면 이 작업에서 큰 성과를 거둘 수 없다는 사실을 알고 있었다. 이후에 개별상담이 필요해질 수도 있지만 일단 초기과정에서는 함께하면서 상황에 대한 공동의 이해 증진을 추구해야 하기 때문이다.

(2) 초기 개입의 시작

상담실은 두 개의 커다란 의자가 서로 마주 볼 수 있게 되어 있고, 회전의자도 하나 준비되어 있으며, 전등과 시계가 놓인 테이블로 꾸며져 편안한 분위기로 세팅되었다. 린은 라파엘과 앤지를 대기실에서 만나 인사를 나누고 자신을 소개하며 악수를 청했다. 이후에 린은 자신의 상담실로 안내하여 그들에게 의자에 앉도록 요청했으며 그들이 서로 마주 볼 수 있게 했다. 이러한 시점에서 어떤 사회복지사들은 부부가 편안함을 느낄 수 있도록 약간의 담소를 나누기도 한다. 린과 부부는 초면의 긴장이 어느 정도 해소된 상태에서 자신들의 문제를 드러내고 집중하여 논의할 수 있었다. 부부는 제법 편안해진 모습이었다. 린은 이전에 앤지와 전화상으로 나눈 정보에 대해 서류상의 점검을 했다. 초기 의뢰 시 전화상으로 상담료 등 서로 간에 논의가 되지 않은 부분이 있다면, 이 시점에서 상담료를 포함한 논의들이 행해져야 한다. 첫 회기가 끝나기 전에 그들은 과정에 대한 동의를 해야 한다. 앤지에게는 이미 승인을 얻었으므로 그녀는 라파엘에게 간략한 설명을 하고 두 사람 모두에게 자신들의 결혼 생활과 관련된 문제로 상담을 받은 경험이 있는지 물어보았다. 그녀는 마치 자신이 그들의 상황에 대해 전혀 알지 못하는 척하며 질문했다. 이 과정에서 성을 부를 것인지,

이름을 부를 것인지에 대한 호칭 문제와 관련해서도 합의했다.

(3) 착수 및 초기 사정

린은 앤지와 라파엘 부부가 이 상황에 대해 가능하면 빨리 조정할 수 있게 되고 서로 간에 의사소통이 가능해지기를 바랐다. 그녀는 여러 세부 사항들과 관련해 상담을 시작하지 않았다. 대신 그녀는 그들이 부부상담을 통해 성취하기 바라는 변화나 그들이 이 과정에서 무엇을 할 수 있는지에 대해 질문했다. 가능한 한 변화는 무엇인가에 대한 논의로 시작하는 것은 상당히 중요하다. 그들이 상황에 대해 이야기하는 동안 린은 이에 대해 질문하고 부부는 구체적으로 답하게 될 것이다. 라파엘은 앤지에게 먼저 이야기하도록 요구했다. 앤지는 먼저 라파엘의 식구들에 대해서 이야기했다. 린은 앤지의 이야기를 반영하고, 라파엘의 원가족 문제들을 표준화하고, 종종 그녀의 견해를 물어보면서 이야기에 귀를 기울였다. 라파엘도 자신의 이야기를 하면서 자신이 중간에 끼어 얼마나 힘든지, 아내와의 의사소통에 어떤 어려움이 있는지를 토로했다. 린은 라파엘의 문제에 대해 표준화하면서 몇 가지 질문을 했다. 린은 라파엘의 원가족에 대한 문제와 그들과의 의사소통에 대한 어려움의 맥락을 파악하기 시작했다. 그녀는 부부에게 이러한 것들을 명시해 주고 바로 이러한 점들이 함께 노력해 나가야 하는 실제적 측면이라는 것에 대한 동의를 구했다.

(4) 라파엘과 앤지의 의사소통에 대한 견본 추출

린은 부부가 서로 대화하도록 시도했으나 그들의 의사소통은 고전을 면치 못했다. 린은 이러한 어려움에 대해 긍정적인 의사소통을 지도하고 경청하는 기술 등을 사용하면서 직접적으로 이 문제에 대해 조력해 나갔다. 린은 자신이 쉽게 그들 부부가 적대적이 되거나 위축되는 악순환에 함께 빠져드는 것을 발견했지만, 그렇다고 그들 부부의 의사소통 내에서 거리를 두기란 역시 쉽지 않았다. 즉, 적절한 거리를 두고 조화를 이루기가 쉽지 않았다. 린은 부부 각자가 서로의 의견에 동의하는 것뿐 아니라 서로 다른 의견에 대해서도 자기 의사를 표현할 수 있는 분위기로 이끌어 가면서 적극적으로 개입하고자 노력했다. 그러자 부부는 점차 긍정적인 방향으로 나아가게 되었다.

(5) 개별과업과 관계적 과업: 동의 가능한 초점을 발견하기

린은 그들 부부가 의사소통할 때의 느낌이 어떠한지를 묻고 피드백을 주었다. 이를 통해 그들은 라파엘의 원가족이나 의사소통 문제에 대한 전반적인 목표를 규명해 낼 수 있었다. 부부는 이에 대해 노력할 의사가 있었으며 상담을 시작하기를 원했다.

(6) 계약, 다음 단계에 대한 동의와 종결

라파엘과 앤지는 그들의 의사소통 중 어떤 것은 효과가 있다는 것을 상기하면서 이에 대한 목표를 가지고 앞으로의 회기에 대한 계약을 했다. 그들은 앞으로 어떠한 것들이 이루어질 것인지에 대해 조금씩 예상하기 시작했다. 린은 그들이 첫 주에 시도하기를 바라는 의사소통 과업을 그들에게 과제로 내주었으며, 의사소통이 잘되지 않는 경우, 회복을 위한 다른 대안들 역시 가르쳐 주었다. 또한 처음 이 방법을 시도했을 때 어려움을 겪을 수도 있지만, 그렇다고 좌절할 필요는 없다고 일러 주었다. 이들은 다음 회기를 위한 약속을 정한 뒤, 악수를 하고 헤어졌다.

라파엘과 앤지의 사례는 특별히 복잡하지 않다. 이러한 이유로 부부의 초기 과정을 어렵지 않게 설명할 수 있었는지도 모른다. 이 사례에서 중요한 점은 라파엘과 앤지가 조력과정에 있어 서로 책임감을 가져야 하며 린이 그렇게 할 수 있도록 그들을 이끌었다는 것이다. 이들은 사정과정을 함께하였고, 그들이 변화시키고 싶은 것들에 대한 과업과 목표가 명시되었다. 사회복지사가 독자적으로 목표를 결정하는 대신에 그들 스스로 할 수 있는 것을 찾도록 돕고 시작을 부추긴 것이다. 초기 단계에서 사회복지사가 개별 내담자와 함께해 나가야 하는 작업이 있다. 그러나 이때의 초점은 사회복지사와의 작업이 아닌, 부부 서로 간의 작업에 맞추어져야 한다. 사회복지사는 촉진자로서 개입하는 것이며 이러한 맥락에서 부부상담이 개별상담보다 훨씬 더 빠르게 진척될 수 있다.

2) 사회복지사는 무엇을 해야 하는가: 구체적인 기술들

사회복지사가 전통적으로 개인과 함께 일할 때 사용하는 초기 개입 및 계약에 관한 항목[2]들을 참고하여(Shulman, 1992), 부부에게 적용하는 기술들을 재구성해 보고자 한다.

- 사회복지사의 목적과 역할 규명　목적과 역할을 명확히 하는 기술은 부부와의 작업에서 필수적이며, 이때 사회복지사는 주도적이지 않고 보다 객관적이어야 한다. 활동과 작업의 초점은 부부 서로에게 맞추어져야 하며 사회복지사는 코치의 역할을 해야 한다.

- 감정을 반영해 주기　초기 개입 및 진행과정에서 진전되지 않는 듯한 느낌이 들 때, 사회복지사는 부부간에 서로의 사고와 정서를 반영해 주어야 하며, 가능하면 빨리 부부 스스로가 서로에게 이러한 기능을 할 수 있도록 도와야 한다.

- 내담자의 정서를 언어로 바꾸어 주기　이것은 직적접이거나 간접적인 의사소통으로 드러나게 될 감정들을 명확히 하는 기술이다. 가족치료 사회복지사들은 부부간에 적극적인 역할을 담당함으로써 너무 지배적이거나 무기력해지지 않는 적절한 선에서 서로의 의견에 대한 함축적 의미를 발견하도록 돕는다.

- 침묵의 진정한 의미 파악하기　부부간의 침묵은 주로 그들의 문제와 관련해

---

2) 이러한 기술들은 Shulman(1992)에 상세히 전개되어 수록되었고, Hepworth, Mooney, & Larson(1997)에는 약간 다른 양식으로 소개되어 있다.

고통을 회피하는 매우 강력한 수단으로 작용할 수 있다. 한편 아메리카 원주민과 같은 특정 문화에서의 침묵은 개인적으로 깊은 단계의 내면 작업을 암시하는 것이기도 하다. 침묵하는 것이 부부에게 불편해 보일 경우, 사회복지사는 그들에게 침묵이 불편한 이유에 대해 이야기하게 하고 적극적으로 이에 응하도록 도울 수 있다.

• 문제 세분화하기 문제의 세분화는 가족치료에서 매우 중요하다. 이것의 핵심은 실타래같이 얽힌 문제 자체를 관계적인 과업과 구체적인 회기 간 목표를 세부적으로 구분하는 데 있다. 이와 관련해 효과적인 방법은 부부로 하여금 목표를 설정하고, 개별적이고 관계적인 과업을 구분하고, 구체적인 과업를 정하게 하는 것이다. 이러한 모든 것을 실천하기 위한 일차적인 수단은 사회복지사의 전문적 도움을 통해 확립되어 갈 부부간의 의사소통이다. 부부는 회기 내에서 관계 정립에 대해 주로 다루게 된다.

• 사 정 사정의 목적은 부부와 사회복지사가 공동으로 문제에 대한 이해를 높이고 목표를 설정하며 개입을 계획하는 데 있다(Johnson, 1981). 사정은 가능한 변화에 초점을 두어야지, 잘못되어 가는 모든 것들에 두어서는 안 된다. 초기 사정은 개별적 · 관계적 과업에 대한 부부의 생각이 드러나게 되는 과정이다. 과정은 부부가 서로에게 반영하는 의사소통으로 이루어지며 동시에 사회복지사는 부부 사이에서 적극적으로 의사소통을 촉진하는 역할을 하게 된다.

• 계 약 계약은 작업의 목적을 달성하기 위해 적절한 역할을 규명하고, 피드백을 받고, 사회복지사와 기관과 같은 권위 체계와의 입장 설정 등의 여러 과정에서 부부 모두가 노력하는 것을 그 내용으로 한다. 또한 초기의 사정 과정을 통해 서로 간의 동의가 이루어진다. 가족치료에서의 목적과 계약은 부부간이 최우선이며 그다음에 사회복지사와 기관과 이루어지게 된다. 이때 사회복지사의 역할은 신중하게 경청하고 반영해 주며 주저함이나 양면

성이 있을 때 부부가 현명한 선택을 하도록 돕는 것이다. 주저하는 대상이 무엇인지를 파악하는 것은 그들이 드러내기 힘든 문제—의심, 염려, 주저함 혹은 사회복지사에게 모든 책임을 떠넘기고 싶은 욕구 등—에 대해 마음을 열도록 이끌기도 한다. 부부들이 이러한 변화를 성취하기 위해 무엇을 할 수 있다고 생각하는가?

[사례연구 5-3]의 라파엘과 앤지의 상황은 부부 관계에 대한 초기 작업에 있어 명확하고 단순 명료한 예를 보여 주고 있다. 대부분의 다른 사례에서는 훨씬 더 복잡하기 때문이다. 사회복지사들은 많은 경우에 관계에 있어 스트레스에 직면해 있는 부부들을 만난다. 부모 중 한 명이 심각한 병중에 있거나, 새로 태어난 아기가 있는 경우, 남편의 약물 문제나 외도 혹은 부모가 별세한 경우도 있을 수 있다. 또한 부모가 십대인 관계로 무직 상태에 자신조차 책임지기 어려운 경우나, 자녀에 대한 책임을 상대방에게만 떠넘기는 상황에 처한 경우, 부모 중 한 사람이 심각한 우울증에 빠져 있거나, 정상아를 바란 부부에게서 태어난 아이가 장애아일 수도 있을 것이다. [사례연구 2-5]의 브라이언과 리사, [사례연구 5-3]의 라파엘과 앤지의 예들에서 나타나는 역동성의 정도를 정상치에 대한 경계선 정도라고 한다면 다른 예들에서는 훨씬 더 복잡하고 심각하다.

(1) 기적질문

동반되는 사정 및 계약에 못지않게 변화에 대한 강조 역시 중요한 부분이다. 문제는 가족이 바라는 '변화'라는 맥락하에서 드러난다. 초기과정이 쉽지 않은 경우, 몇몇의 문제해결 중심 기법이 이후의 과정을 순조롭게 하기 위한 방법으로 유용하게 사용되기도 한다(deShazer, 1985, 1988, 1991). 그중 한 가지 기법이 다양한 '기적질문'들이다. 기적질문의 예를 들면, '어느 날 저녁, 당신이 잠들었다고 가정하고 아침에 일어나 보니 기적이 일어나 그 문제가 해결되어 있었습니다. 당신은 그것을 어떻게 알 수 있으며 무엇이 달라져 있었나요?'와 같은 것이다. 이러한 질문을 함으로써 부부의 초점이 부정적인 시각에서 긍정적인 시각으로 변화될 수 있다. 또한 부부 각자에게 어떠한 변화가 일어났을 때 문제가 해결되었다고 볼 수 있는지에 대해서도 질문해 본다. 또 다른 유사한 접근법으로는 '예외적 질문'이 있다. 예외적 질문은 문제에 초점을 두기보다는 부부의 일상에서 문제가 없을 상황에 초점을 두고 생각해 보는 것이다. 이러한 과정을 통해 문제 상황과 일상적인 상황의 차이점을 탐색함으로써 긍정적인 예외 상황을 어떻게 증가시킬 수 있는지를 서로 논의하는 것이다. 이는 그들의 문제를 보다 덜 심각하게 보이게 하여 문제에 대해 함께 노력하기로 하는 초기 동의를 이끌어 내기도 한다. 다음 장에서 우리는 코왈스키([사례연구 6-5] 참조)의 사례를 통해 이러한 기법의 일부가 중기 단계에 활용되는 과정을 살펴볼 것이다.

(2) 인지되지 않은 성차별

효과적인 의사소통이란 상호적이고 평등한 서로 간의 인간적 인식을 발전시키는 것이라고 할 수 있다. 따라서 관계적 과업에 대한 의사소통 과정에서 불평등한 관계들의 내적 재정립이 종종 요구되곤 한다. 지금껏 소개된 예들 가운데 필과 사라([사례연구 2-3] 참조), 미구엘과 주아나([사례연구 2-4] 참조), 브라이언과 리사([사례연구 2-5] 참조) 그리고 라파엘과 앤지([사례연구 5-3] 참조) 부부들은 그들만의 균형 감각을 새롭게 발전시켜 나갔다. 종종 미구엘과 주아나의 경우나 필과 사라의 경우처럼 원가족이나 역할 혹은 다른 문제들에 대한 관계에 있어서 재조화를 이룬다면 성적 불평등에 대한 재구성 역시 그다지 많은 노력을 기울이지 않고도 자연스럽게 동반되어 해결될 수도 있다. 때때로 부부간의 불평등이 너무 심해 부부간의 관계적 과업에 영향을 미쳐 자연적인 재균형이 불가능해 보이는 경우에는, 사회복지사가 좀 더 적극적으로 개입할 필요가 있다. 니콜스와 슈워츠(Nicholas & Schwartz, 2002, p. 97)는 성적 불평등에 관한 가장 중요한 질문은 '각 배우자가 그들의 관계에서 공평성을 공유하는 것에 대해 어떻게 경험하고 있는가?'라고 보았다. 이러한 질문에 근거하여 모든 관계적 과업들이 부부의 인식이나 균형 잡힌 방식으로 재구성될 수 있다.

5. 책임감 형성에 관한 어려움

사회복지사의 개입은 주로 관계에 대한 책임감이나 헌신이 드러나지 않아 문제가 되는 경우, 무너져 가는 부부 관계 구조에서 버팀목의 역할을 수행하곤 한다. 다음의 사례는 개별적 과업이나 문제들의 비중이 너무 커서 부부 관계에서 사랑과 믿음을 구축해 나가는 능력으로 확대되기에는 아직 역부족인 경우의 예다.

[사례연구 5-5] 남편의 약물 남용으로 의뢰된 존과 에일린 부부

존과 에일린은 존의 약물 남용에 대한 법원의 감독에 의해 가족상담 기관으로 의뢰되었다. 3세의 자녀가 있는 결혼 4년차의 이 부부는 지난 일 년 동안 별거 중이었다. 그들의 결혼 생활에는 풍파가 많았다. 자기주장이 강한 어머니와 조용하고 무력한 아버지 사이에서 자란 '완벽한' 딸이었던 에일린은 단지 반항심으로 존과 결혼하여 타 주로 이주했다. 그들은 관계 초기부터 존의 음주 및 약물 사용이 현저했다. 문제가 진전되지도 않았으며 효과적으로 처리할 수도 없었다. 결혼 초기에도 여러 차례의 별거와 폭행이 있었으며 급기야 존이 에일린에게 칼을 던져 그녀의 팔에 상처를 입히기에 이르렀다. 존은 당시 일시적으로 실직 중이었다. 자신을 효과적으로 관리하지 못하는 성격인 에일린이 드디어 이런 '지옥' 같은 삶에서 탈출하기로 결정했을 때는 결혼한 지 3년째 되던 해였다. 그녀는 이제 동네 교회 및 일가족의 도움, 임시직으로 번 수입으로 독립적으로 혼자 살고 있으며, 소중하게 얻은 그녀의 독립을 잘 유지하고 있는 상태였다. 존은 두 달 전에 재결합의 희망을 안고 찾아왔다. 그는 두 달 전에 약물을 끊고 2주 전에 술도 끊었다고 했다. 그는 한 주에 12~20시간 정도로 공사장 일을 하고 있으며 그의 원가족들이 그를 계속 돌봐 왔다. 그는 현재 AA(알코올중독자 자조 모임)에 참여하고는 있지만 거부감이 있었기 때문에 프로그램의 적극적인 참여자나 지원자가 되기에는 아직 준비가 덜되어 있다고 했다. 그는 에일린이 자신과 재결합하는 것에 대해 왜 두려움과 불확신을 갖고 있는지 이해하지 못했다. 부부 합동 면담에서 그들은 각자에 대해 이야기했으나 서로 간의 상호 이해는 부족해 보였다. 에일린은 남편이 무엇인가 요구할 때마다 위축되곤 했고, '남편을 믿지 못한다.' 라는 말만 되풀이했다. 존은 에일린에게 왜 그렇게 나를 두려워하냐고 대놓고 질문했으나, 답은 자신이 더 잘 알고 있는 듯이 보였다.

이 사례에서 사회복지사는 에일린이 관계적인 문제들을 다루는 데 심한 불신과 불안을 느끼는 것을 보고, 그러한 염려들을 부부에게 알려 주고 반영해 주었다. 그들은 적어도 그들 자신을 짓누르는 개인적 문제들을 처리하기 전까지, 관계에 대해 작업하는 것을 보류하기로 합의했다. 에일린은 자신의 문제들에 대해 개별적으로 수행해 나가기로 했다. 존에게 자신의 문제들에 대한 부가적인 도움을 필요로 하는지 물어보자, 그는 생각해 보고 다시 연락을 준다고 했으나 이후로 감감무소식이었다.

때로 부부들 중에는 부부로서 서로에 대한 헌신이나 책임감이 형성되지 않은 경우도 있다. 이러한 부부들은 아직 진정으로 '결혼한 상태'에 도달했다고 보기 어렵다. 다음에 소개되는 사례에서는 부부 중 한 사람만이 조력과정에 참여했다. 부부가 함께 참여하는 것이 더 효과적이지만, 이 사례에서는 내담자가 의사소통이나 관계적인 변화의 가능성을 다루어 나가는 것에 대한 두려움을 보였으며, 남편이 이 조력과정에 동참할 가능성은 낮아 보였다. 그럼에도 불구하고, 그들 과업의 방향성은 관계에 대한 안정적인 토대를 구축하는 데 있었다. 사회복지사는 참여자인 아내가 스스로 최선을 다해 상황을 잘 다룰 수 있도록 도우면서 사례를 진행시켰다. [사례연구 5-6]의 샌디의 사례는 아만드와 로잘린드 ([사례연구 3-2] 참조)의 사례와 같은 경우로, 그녀의 체계적인 과업 수행과정은 셸던으로 하여금 책임감을 가지도록 이끌었다. 이를 통해 관계 발전을 위한 탄탄한 기반을 구축할 수 있게 되었다.

[사례연구 5-6] 결혼 서약을 확신하지 못하는 셸던과 샌디 부부

　엔지니어인 셸던은 그의 아내인 간호사 샌디에 대한 자신의 결혼 서약에 대해 결혼 이후에도 내내 확신을 가지지 못했다. 결혼 서약이 가지는 책임 등을 논할 때마다 그들은 언제나 갈등을 겪곤 했다. 셸던은 자신은 결혼식을 취소할 수 없다는 느낌이 들어 결혼한 것뿐이며 영원한 결혼 서약은 하지 않았다고 주장했다. 그는 자기가 지속적인 결혼 생활을 원하는지에 대해 분명치 않으며, 아이를 갖는 것에 대해서도 아무런 생각이 없었다. 그는 아내인 샌디가 대학 시절에 가볍게 약물을 복용한 적이 있다는 사실에 충격을 받았다. 그가 생각하기에 그녀는 '하자 있는 제품'이며 자신과의 결혼을 통해 '보호관찰' 중에 있다고 여겼다. 그는 이 상담을 통해 자신의 결혼 생활을 지속해야 하는지에 대한 결정을 내릴 것이다. 이외에도 그는 만성적인 양가감정에서 유발되는 강박 신경증과 우울증을 앓고 있었지만, 외부의 전문적인 도움을 받는 것을 차일피일 미루어 왔다. 2회기의 상담을 끝으로 그는 더 이상 상담에 나오지 않았는데, 이는 아내에게 자신의 감정을 들키거나 자신이 아내의 속마음을 듣는 것에 대한 큰 부담감을 느끼기 때문이었다. 한편 샌디는 상담에 지속적으로 참여했다. 그녀에게는 그들의 관계에서 6개월의 시간을 두고 영원한 결혼 서약 및 그에 따르는 부부의 책임을 수용하든지, 아니면 파경하든지의 결정을 하는, 관계에 대한 자신의 몫을 다하기로 결정했다. 다행히 그녀가 점점 스스로를 잘 관리하는 법을 익히게 되자, 갈등도 자연스럽게 줄어들었다. 결혼에 대한 서약이나 책임감에 대한 문제가 표면화되지 않으면 그들은 제법 잘 지냈다. 남편 역시 아내의 약물 복용에 대한 과거사에 대해서는 잊어 버리기로 했지만, 결혼 서약에 대해서는 여전히 불확실해 했다. 사회복지사는 샌디와의 개별 작업을 통해 셸던이 헌신이나 책임감 같은 단어 자체에 얽매이지 않도록 강요당하지 않는 분위기에서, 실제로 부인에 대한 남편의 책임감을 점검해 보도록 그를 도울 것을 조언했다. 이후 관계성의 차원에서 그들의 의사소통은 조금 더 구체적인 방식으로 이루어졌다. 샌디의 인내 덕분에 셸던은 궁극적으로 그의 양가감정을 치료할 수 있었다. 부부가 모두 남편의 정서적인 면, 특히 신뢰나 관계에서 긍정적인 변화가 있음을 인지했다. 또한 조촐한 의식을 가짐으로써 서로 간의 결혼 서약을 다시 한번 확인하기로 결정했다.

이 사례의 초기과정에서 셸던은 아내인 샌디와의 결혼 서약에 대해 확신이 없었고, 확신이 생기리라는 기대도 거의 없었다. 남편 스스로 개인적인 외부 도움을 청할 수도 있었겠지만, 그는 이러한 시도를 생각치도 못하는 일로 여기며 거부감을 갖고 있었다. 그는 의사소통에 상당한 어려움을 가지고 있었다. 그는 아내와 감정을 공유하거나 그들의 관계를 변화시키는 것에 대한 과업들을 너무나 부담스러워했다. [사례연구 3-2]의 아만드와 로잘린드에서와 유사하게, 샌디는 혼자서만 개별적으로 관계적 과업을 수행하기로 했다. 남편의 의사소통 문제나 변화에 대한 두려움으로, 사례 진행의 초점은 과업 및 그때그때 벌어지는 상황들에 대한 이해를 높이는 데 맞춰졌다.

참으로 역설적인 것은 최소한의 의사소통으로도 날마다 부딪치는 문제에 대해서는 효력을 발휘한다는 것이다. 샌디는 남편에게 6개월 정도의 기한을 주고 그녀와의 결혼 서약을 해 주기를 요청했다. 그녀는 남편에게 부담을 주지 않으면서 의사소통에 한계를 느끼는 남편을 언제나 받아들일 준비를 해 왔다. 결국 샌디의 노력이 그들이 본래 바라던 변화를 이루어 내도록 남편을 상황에 끌어들인 셈이 되었다. 셸던이 답할 수 있는 기한이 주어진 것이다. 샌디와의 작업에서는 모든 경우에 개별적이거나 관계적인 과업들을 다루었다. 그녀는 남편에 대해 언제라도 마음을 열어 두고 있었지만 그렇다고 남편이 서약하지 않는 것을 받아들이지는 않았다. 그녀는 그 이상의 무언가를 기대하고 있었다. 셸던이 진정한 결혼 서약에 대한 수용을 위한 단계를 밟아 나갈 때, 샌디는 남편을 비판하지 않으면서 지지할 수 있었다. 초기 단계에서 관계적인 과업들을 규명할 때, 여러 가지 방법의 과업들을 사용할 수 있는데, 이들의 궁극적인 목표는 결국 관계 개선에 있었다. 여러 가지 서로 다른 과업들을 통해 이루어지는 과정이지만 결국 관계 개선이라는 한 가지 목표를 향하는 현상을 '동일 결과성'이라고 한다. 목표를 달성하는 방법은 서로 다르지만 같은 목적을 향한다는 의미다.

6. 요약

부부에 대한 초기 개입은 그 관계가 워낙 복잡한 갈등들로 일관되어 왔기 때문에 문제에 대한 이해를 가지고 부부가 작업을 시작하도록 이끄는 것은 쉬운 일이 아니다. 그러나 상황이 아무리 어렵더라도 사회복지사는 부부가 초기과정을 잘 진행하고 극복하면서 중기 단계로 나아가도록 돕는 길잡이 역할을 해야 한다. 다음 장에서는 중기 단계를 살펴보고자 한다. 이는 부부의 발달적·개인적 문제들에 대한 사회복지실천 이론과도 연결된다.

참고문헌

Dicks, H. V. (1967). *Marital tensions*. New York: Basic Books.

deShazer, S. (1985). *Keys to a solution in brief therapy*. New York: Norton.

deShazer, S. (1988). *Clues: Investigating solutions in brief therapy*. New York: Norton.

deShazer, S. (1991). *Putting differences to work*. New York: Norton.

Goldenberg, I., & Goldenberg, H. (1996). *Family therapy: An overview* (4th ed.). Pacific Grove, CA: Brooks-Cole.

Gottman, J. M. (1999). *The marriage clinic*. New York: Norton.

Gottman, J. M., Driver, J., & Tabares, A. (2002). Building the sound marital house: An empirically derived couple therapy. In A. S. Gurman & N. S. Jacobson (Eds.), *Clinical handbook of couple therapy* (3rd ed., pp. 373-399). New York: Guilford.

Grisez, G. (n.d.). *Fidelity today*. Privately published.

Hargrave, T. (2000). *The essential humility of marriage: Honoring the third identity in couple therapy*. Phoenix, AZ: Zeig, Tucker & Theisen.

Hepworth, D. H., Mooney, R. H., & Larson, J. A. (1997). *Direct social work practice* (4th ed.). Belmont, CA: Brooks-Cole.

Johnson, L. (1981). *Social work practice: A generalist approach.* Boston: Allyn & Bacon.

Nicholas, M., & Schwartz, R. (2002). *Family therapy: Concepts and methods* (4th ed.). New York: Allyn & Bacon.

Rousseau, M. F. (1995). Fairest love: John Paul II on the family. *Anthropotes, 11*(2), 167-183.

Scharff, D. E., & Scharff, J. S. (1991). *Object relations family therapy.* New York: Jason Aronson.

Segal, H. (1973). *Introduction to the work of Melanie Klein.* London: Heinemann.

Shivananden, M. (1999). *Crossing the threshhold of love: A new vision of marriage.* Washington, DC: Catholic University of America Press.

Shivananden, M. (2001). Subjectivity and the order of love. *Fides Quaerens Intellectum, 1*(2), 251-274.

Shulman, L. (1992). *The skills of helping: Individuals, families and groups* (3rd ed.). Itasca, IL: Peacock.

Wojtyla, K. (Pope John Paul II). (1981). *Love and responsibility.* New York: Farrer, Strous, Giroux.

부부치료의 중기 단계

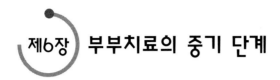

제6장 부부치료의 중기 단계

　제6장에서는 가족 발달상 중기 단계와 그 시기의 부부들이 가질 수 있는 문제들을 살펴본다. 또한 사회복지실천 이론들이 이들의 문제를 해결하는 과정과 부부치료를 통해 새롭게 관계를 맺는 과정에 대해 살펴본다. 특히 관심 있게 살펴볼 부분은 부부간의 친밀감, 애정, 정서적 경계선, 대화, 의사결정, 가족 내 규범(지시, 규칙) 등이며, 여섯 가지의 사례를 통해 이들 주제를 논의한다. 마지막으로 이 단계를 수행하기 위해 사회복지사에게 요구되는 자질들에 대해 설명하고자 한다.

1. 중기 단계에서의 과업

　어떤 사례들의 경우, 부부가 진전을 보일 때까지 초기 단계가 대체로 천천히 진행되기도 한다. 이러한 면에서 중기 단계를 '작업 국면, 일의 실행 단계' (Shulman, 1992)로 볼 수 있다. 이 단계야말로 부부가 가족치료를 시작하면서 합의한 내용들을 실제로 실행하는 단계다. 거듭 강조하지만, 초기 단계에서 내담자와 함께 다루어야 할 문제들이 무엇이 있는지 모두 살펴보아야 한다. 초기 단계가 탄탄할수록 중기 단계의 작업 역시 수월해지고 결과도 좋게 나타나기 때문이다. 저자들의 경험에 비추어 보아도 처음 한두 회기의 시작이 좋으면 실행 단계로 금세 진척이 되는 것을 볼 수 있었다. 이런 경우의 부부 내담자들을 보면, 상담과정을 스스로 주관하며 별다른 도움 없이도 자기들의 문제를 분석한다. 이때 사회복지사는 부부 내담자 간에 문제가 생길 경우를 대비해 '자문가(consultant)'로서의 역할을 한다.

2. 부부의 문제해결과 관계 능력의 계발

중기 단계에서는 부부간의 미해결된 문제들이 더 명확히 드러나고 이것들이 계속 반복되어 나타나는 것을 볼 수 있다. 사회복지사는 부부가 서로 이해하지 않고 자기 입장만 내세우는 것을 보면서 과연 상담을 계속 진행할 수 있을지 고심할 수 있다. 그러나 사회복지사는 부부간의 양극화(polarization) 현상이 영원히 지속될 것처럼 느껴질수록 좌절감에 빠지지 말고 부부로 하여금 문제들을 주관적으로 다루며 문제에 말려들지 않도록 하는 것이 중요하다. 이 단계가 지루하게 영원히 지속될 것처럼 느껴질지도 모르지만, 사실은 이때가 바로 가족치료가 실제로 되어 가는 시기다.

중기 단계에서 해야 할 첫 번째 과업은 부부간의 문제해결 능력과 관계 형성 능력에 대한 것이다. 코치의 역할을 하는 사회복지사와 부부가 함께 적극적으로 치료에 임하며 관계를 맺어 가는 영역에 대해 애쓰는 것이, 바로 가장 강력하고 효과적인 치료 도구다. 부부간의 대화는 주로 생활상의 문제들, 중요한 개인 관계들 그리고 이들에 관한 자신들의 감정을 나누는 것이다(Orlinsky, Grawe, & Parks, 1994, p. 359). 부부는 치료 중에 직접적이고 경험적으로 자신들의 관계를 변화시켜 나가게 된다. 치료자의 공감과 진실성(genuineness)에 대한 경험은 부부에게 매우 힘이 되고 기운을 북돋운다. 치료자는 부부로 하여금 이러한 반

응을 서로의 교류에 응용하도록 가르친다. 이때 부부는 대화를 통해 서로 다른
시각을 고려하도록 노력해야 한다. 즉, 부부는 자신들의 행동과 서로에 대한 반
응에 주의하고, 치료자의 지지를 받고, 두려움을 마주하며, 관계의 변화를 시험
해 보고, 문제들을 다루어 본다(Lambert & Bergin, 1994, p. 163). 사회복지사는 부
부의 관계 개선을 분명하게 치료 목적으로 삼고, 부부가 문제를 주도적으로 해
결하도록 배려해야 한다. 이 과정에서 부부로 하여금 치료의 목적을 달성하도
록 하는 데 여러 종류의 치료 방법들을 시도할 수 있으며, 어떤 특정한 방법에
국한시킬 필요는 없다. 사회복지사는 부부 각자에게 잠재된 여러 가지 자질들
을 발견하고 이들 부부가 함께 성취하도록 돕는 좋은 코치이기 때문에 어떤 특
정한 방법론에 국한할 필요가 없는 것이다(Lazarus, 1981).

1) 부부간의 친밀감, 경계선, 대화과정

[사례연구 6-1]을 통해 중점적으로 살펴보아야 하는 것은 대화를 통해 부부
가 서로의 영역을 지키면서도 관계가 얼마나 친밀해질 수 있는가 하는 것이다.
보통 결혼 초기에는 부부의 관계가 아주 친밀할 것으로 기대하지만, 이것은 말
처럼 쉽지 않다. 서로를 알아 가고, 상대방을 존중하고 또한 존중받으며, 신뢰
감을 기반으로 문제를 해결한다는 것은 어려운 일이다. 비록 부부가 성관계를
하며 사랑하지만 부부간의 친밀감이라는 것은 육체적인 사랑을 나누는 것 이
상이기 때문이다.

부부가 친밀감을 형성한다는 것은 무엇인가? 그것은 부부간의 관계가 어떻게
이루어지고 발전해 나가는가를 보는 것이다. 성인기의 친밀감에 대한 대개의
학설들에서는 개별성을 유지하는 동시에 친밀한 관계를 형성해 나가는 것에 관
해서는 거의 다루지 않고 있다. 부부치료에서 가장 중요한 것은 부부로 하여금
서로를 이해하고 공감할 수 있도록 돕는 일이다. 부부간에는 남편이 아내에게,
아내가 남편에게 보내는 무언의 메시지(예: '지금 혼자 있고 싶다.' '당신이 내 옆
에 있기를 원한다.')를 알아차릴 수 있을 정도로 서로를 이해해야 한다. 부부는

이러한 메시지를 효과적인 방식으로 나눌 수 있어야 하며, 필요한 경우 서로 거리를 두게 될 때도 어느 한쪽만 인내하는 역할을 맡거나 결혼 생활에 지장을 주지 않도록 해야 한다. 상호 간에 친밀감을 형성하려면, 부부가 서로를 어색해하거나 어려워하지 않고 대할 수 있어야 하며, 동시에 상대방에게 지나치게 몰두해서 자기만의 영역을 잃어버리지 않고 서로를 이해하고 받아들일 수 있어야 한다(Kheshgi-Genovese & Constable, 1995).

실제적으로는 이러한 관계의 형성은 다음의 두 경로로 나타난다. 먼저 상대방에게 속하면서도 자신을 유지할 수 있는 비결로는 대화를 나누고, 어떤 일들을 결정한다든지 부부간의 문제를 다룰 때는 배우자 간의 적절한 관여, 즉 개입 수준을 정하는 것이다. 그다음으로 서로를 제대로 공감하는 것을 알아 가는 것이다. 이를 돕기 위한 여러 가지 방법들이 개발되어 있다(Guerney, 1977; Snyder, 1995; Wile, 1992).[1] 부부가 대화를 나눌 때는 서로 '화자'와 '청자'의 역할을 번갈아 가며 이야기를 나누도록 한다. 예를 들어, 아내가 화자의 역할을 맡을 경우, 나-전달법을 이용하여 이야기하면 남편을 곤란하게 하거나 방어적으로 만들지 않고도 자신이 이 문제를 어떻게 생각하는지 충분히 전할 수 있다. 나-전달법으로 대화할 경우, 남편은 불편한 감정 없이 아내가 말하려는 것을 이해할 수 있다. 대화가 잘 진행되면 자연스럽게 남편이 화자의 역할을 취하고 아내는 청자의 역할을 수행하면서 상대의 말을 경청하게 된다(Guerney, 1977). 치료자는 부부의 대화 사이를 오가며 그들의 의사소통과 역할 바꾸기를 독려한다. 대화가 잘 안 풀릴 경우, 내담자의 동의를 구한 후 치료자가 나서서 남편에게 '부인이 하는 말의 의미는 이런 것이다.'라고 전달해 주거나 또는 남편을 대신해 부인에게 '남편은 아마 이렇게 생각하고 있는 듯하다.'라고 전해 줄 수 있다(Snyder, 1995).

그러나 이것은 단순히 대화하는 것을 연습하는 것이 아니다. 상대방의 의사

---

1) 대화 이론과 실존주의에 대해서는 Nicholas & Schwartz(2002, 6장), Goldenberg & Goldenberg (1996, 7장), Guerney(1977)와 Snyder(1995)를 참조하시오.

를 적극적으로 수용하며(Mead, 1932, 1934), 서로를 배려하는 것을 배워 나감으로써 상대방을 제대로 공감하는 지름길로 향하는 상호적인 일이다. 스나이더(Snyder, 1995)는 이러한 상호작용을 설명하기 위해 실존적인 가족치료에서의 개념들을 추출했다. 이것은 단순히 이해심과 자상함의 문제가 아니다. 타인을 그가 처한 사회심리적 맥락에서 이해하려는 것은 특별한 기술이며, 이것은 상대방이 무슨 말을 했는가를 숙고하는 것 이상이다(Grunebaum, 1990; Habermas, 1987). 사람 사이에 이 같은 공감이 없이는 진정한 관계의 형성을 기대하기 힘들다(Snyder, 1995, p. 318). 스나이더는 '두 사람 사이에 적절한 공감이 형성되면 이들은 바로 그 자리에서 동시에 같은 경험을 공유한다.' (1995, p. 242)라고 강조했다.

2) 대화, 제대로 공감하기, 새롭게 관계 맺기

다음의 사례에 등장하는 부부의 대화는 애이블스(Ables, 1977)의 저서에서 발췌하였는데, 여기에 소개되는 부분은 애이블스의 양해를 구하여 저자들이 각색했다.[2] 이 사례는 부부간에 제대로 공감하는 것이 관계의 재구성에 얼마나 중요한 역할을 하는가를 잘 보여 준다. 이 사례에서 서로 상처를 주고받는 방식과 이들이 문제를 다루는 것을 보면, 이 부부의 불화가 얼마나 깊은지를 이해하게 된다. 니콜라스는 상담을 시작하자마자 자신이 얼마나 가족에게서 소외당하며 쓸모없는 존재로 느껴지는지를 털어놨다. 다음의 기록은 부부치료 세 번째 회기에서 사회복지사와 부부가 나눈 대화를 기록한 것으로 니콜라스와 조안나 부부가 관계를 맺는 방식에 대해 알아본 것이다.

---

2) 이 부부의 대화의 예는 Ables(1977)의 저서에서 승인 후 수록하였다.

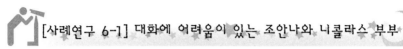

[사례연구 6-1] 대화에 어려움이 있는 조안나와 니콜라스 부부

사회복지사: (니콜라스에게) 조안나에게 말씀하신 것을 들어 보면 무슨 일이든 가족이 하는 일에서 제외된다고 여기시는 것 같습니다.

니콜라스: 조안나, 나는…… 나는…… 왜 무시하고…… 응? 그런 일에 포함시켜 주지 않느냐고…….

조 안 나: 당신…… 계속 그런 식으로 말하는데, 니콜라스, 당신이 그런 방식으로 얼마나 나를 화나게 하는지 아냐고요. 매번 당신한테 기회를 주는데, 당신이 안 하는 거잖아요. 누군가는 그 일을 해야 하잖아요. 당신이 안 하니까 내가 할 수밖에…… 이런, 나한테 불만이 있으면 사람도 아니지……. 내가 그렇게 살지 않았으면 우린 지금 빈털터리로 길가에 나앉았을 거라고.

사회복지사: 잠시만요, 닉과 조안나, 무슨 문제가 있을 때마다 보통 이런 식으로 반응하나요? (닉과 조안나는 서로를 쳐다보지 않은 채 고개를 끄덕인다.) 조안나, 할 일도 참 많고 얼마나 힘든지 알겠어요. 그리고 닉, 당신이 속상한 것도 이해해요. 그런데 닉, 조안나, 자신의 입장만 생각하지 말고 상대방의 이야기에 귀 기울여 보세요. 자, 닉, 한번 생각해 봅시다. 닉이 계속해서 본인이 무시당한다고 하니까 먼저 닉에게 물어보겠어요. 닉, 조안나가 당신한테 관심을 좀 더 쏟으면서 무슨 일이든 함께 의논하기를 바라는 건가요?

니콜라스: 별 소용없을걸요. 어차피 조안나는 그럴 리가 없으니까요.

사회복지사: 당신은 그걸 원하는데요?

니콜라스: 물론이죠. 그렇지만 한 100만 년 정도 기다리면 될까, 원…….

사회복지사: 조안나는 어떻게 생각하는지 한번 물어보지 그래요? 그리고 '나한테 기회를 한번 더 주겠냐?'고 물어보세요.

니콜라스: 물어볼 수는 있죠. 하지만 그럴 리가 없다니까 그러네요.

사회복지사: 그래도 다시 한번 시도해 보세요.

조 안 나: 그래, 당신이 하고 싶은 일이 대체 뭔데요? 가계부 정리하는 거?

니콜라스: 나 참, 가계부 문제가 아니라니까. 결정은 당신이 하고 당신이 그저
　　　　　내 의견을 들어 주기만 하면 된다고…… 그럼 된다고.

조 안 나: 지금껏 그래 왔잖아요. 근데 당신이 느닷없이 벌컥 화를 내 버리곤
　　　　　하니까, 어느 순간부터 당신한테 말 붙이기조차 조심스럽고……. 나
　　　　　는 내가 해야 할 일을 한 것뿐이라고요.

사회복지사: 조안나, 서로 대화하고 의논할 수 있기를 바라는군요.

조 안 나: 그러니까 지금 이렇게 부부상담을 받으러 온 거잖아요.

사회복지사: 두 분의 동의하에 이걸 한번 시도해 보고 싶군요. (니콜라스, 동의한
　　　　　다는 듯이 고개를 끄덕인다. 어깨를 으쓱해 보이는 조안나에게 사회
　　　　　복지사가 도자기 타일을 건네준다.) 자, 조안나, 타일을 갖고 있죠?
　　　　　나-전달법을 이용해서 닉한테 하고 싶은 얘기를 먼저 해 보세요.
　　　　　닉, 조안나가 얘기하는 동안 최대한 조안나의 입장이 되어서 아내의
　　　　　마음은 어떨까 생각해 보면 좋겠어요. 타일을 받아야 말할 기회가 주
　　　　　어지니까 그때까지 기다리시고요. (둘 다 고개를 끄덕인다.)

　조안나는 평소에 닉이 전혀 자신의 얘기를 듣지 않는다고 말한다. 조안나의 옆으
로 가서 앉은 사회복지사는 조안나가 최대한 나-전달법을 이용해서, 예를 들면,
'닉, 우리가 함께 문제를 풀어 가려고 노력해서 참 기쁘기는 하지만, 사실 우리가
달라질 것이라는 기대는 별로 하지 않아요.'와 같이 하고 싶은 말을 하도록 돕는다.
몇 번의 시도 끝에 마침내 조안나는 다음과 같이 얘기하게 되었다. "나 정말 힘들어
요, 닉. 내가 간절히 원할 때 당신은 도대체 어디 있는지 모르겠어요……. 결국은
모든 일을 내가 다 하게 하고…… 나 진짜 힘들다고……." 조안나는 이렇게 속마
음을 털어놓으면서 옆으로 고개를 돌렸는데, 눈물이 볼을 타고 흐른다. 곧바로 자
세를 곧추세운 조안나는 한마디 덧붙인다. "당신이 내게 한 짓 좀 생각해 보라고."

니콜라스: (조안나의 눈물을 보지 못한 채) 당신이 내게 한 짓은 어떻고?

사회복지사: (닉의 옆으로 옮겨 앉으며) 잠깐만요, 닉. 조안나가 하는 말을 되새겨
　　　　　보세요. (조안나에게) 조안나, 계속하시겠어요?

조 안 나: (이번에는 상처받고 화난 말투다.) 우린 항상 이런 식이라고요.

니콜라스: 당신은 항상 내가 곁에 없다고 그러는데, 그건 사실이 아니라고. (사회복지사가 닉에게 조안나의 심중을 헤아리려고 노력하면서 그의 차례를 기다리라고 조언한다.) 그러니까 당신은 내가 옆에 있을 때조차도 내가 별 도움이 안 된다고 느끼는 거야?

사회복지사: 좋아요, 그런 식으로 해 보세요.

부부는 머뭇머뭇 주저하면서 자기표현을 하게 되었다. 닉에게 타일이 주어지자, 그는 자신이 무척 외톨이처럼 느껴진다고 말했다. 또한 그는 조안나가 얼마나 일을 척척 잘해 내는지 모른다고도 언급했다. 예를 들면, 조안나는 전기세를 내는 일이나 세금에 관련된 일도 제때 잘 처리한다는 것이다. 조안나는 울기 시작했는데, 불쑥 하는 말이, "당신이 그렇게 말한 것 처음이에요."였다. 상담을 받는 동안 이들 부부는 그동안 얼마나 외롭고 힘겨웠는지에 대해 털어놓았다. 조안나와 닉 부부는 지금껏 서로를 대했던 방식과 집안일을 꾸려 가는 일을 나누면서 말문이 막히곤 했다. 어떻게 하다가 부부가 이러한 상황에까지 이르게 되었는지 답답해하며 대화는 그 자리에서 계속 맴돌았다. 사회복지사는 이들의 심정을 공감하면서 닉의 입장이 되기도 하고 조안나의 입장에 서기도 하며 그들 각자가 겪은 일들에 대해 정리했다. 사회복지사는 이들에게 다음 상담 회기에 오기 전에 할 일을 과제로 내주었는데, 그것은 부부가 근사한 식당에서 외식을 하면서 닉이 저녁식사 값을 지불할 것과 부부 주말여행을 계획해 보는 것이었다. 이 부부는 다음 회기에서는 좀 더 심도 있는 대화를 나누게 될 것이다.

성과가 있는 치료 회기였다. 닉과 조안나는 서로를 상처 내는 그 오래된 패턴대로 계속해서 서로를 괴롭힐지도 모른다. 그러나 이 부부는 서로의 가능성을 엿보았고, 여러 번의 시행착오를 거쳐 새로운 대화 방식을 형성하고 변화를 경험해 나가기 시작했으며, 그들이 기대치도 못한 새로운 부부 관계를 꾸려 나가게 되었다. 닉과 조안나가 노력하는 것처럼, 부부가 대화 기술을 발전시키고 상대방의 장점을 칭찬하고 서로를 긍정적으로 바라보려고 노력한다면 대부분의 부부들이 겪는 문제들, 예를 들면 가계 재정 문제, 시가와 처가 문제, 자녀 양육

등 무엇이든지 간에 진척이 있을 것이다.

3. 중기 단계에서 필요한 기술과 역량: 성과가 나타 나는 단계

부부치료의 중기 단계에서 필요한 기술들은 사실 부부치료 초기 단계에 사용된 것과 같은 원리의 것이다. 다른 점이 있다면, 이 시기에는 부부 서로 간의 관계에 초점을 두는 것이다. 기대보다 상담의 진도가 더딜 수도 있지만 사회복지사는 부부 내담자에게 귀를 기울이면서 각 회기의 목표를 점검하고, 내담자가 그 목표를 향해 나아가도록 도와야 한다. 초기 단계의 몇 회기에서는 사회복지사가 주도적으로 이 같은 분위기를 유도하지만, 부부가 치료과정에 점차적으로 적응하면서부터는 그들이 주도해야 한다. 조안나와 니콜라스의 경우를 보자. 이들 부부는 해결하고자 하는 바를 다룰 준비는 되어 있었으나 막상 서로 대화를 시작하자 관계상의 미숙함으로 둘 다 어찌할 바를 몰랐다.

마침내 사회복지사의 도움으로 이들 부부간에 다음과 같은 일이 가능해졌다.

- 부부가 해결해야 할 문제를 상세히 알게 되었다.
- 서로 느끼고 생각하는 것을 공유하게 되었다.
- 배우자에게 귀를 기울이고 상대방의 생각과 심정이 어떠한가를 되돌아보게 되었다.
- 상대방의 관점에서 문제를 바라보도록 노력하게 되었다.
- 서로의 욕구에 관심을 가지게 되었다.
- 부부간의 문제와 각자가 해결해야 할 개별적인 일들을 분리하게 되었다.
- 문제를 함께 해결하게 되었다.

이러한 일이 가능해지도록 하려면, 사회복지사는 계속해서 치료 목적을 되새

기며 치료 기간과 내담자의 여력을 고려해서 상담의 효과를 최대화할 수 있도록 상담 계획을 세워야 한다(예: '이번 회기에서는 무엇을 다룰 것인가?'). 또한 내담자 부부가 치료 목표에 맞추어 그들의 방향을 잘 정립하도록 배려하고, 부부치료에 대한 학술연구나 다른 상담 사례를 적극 활용해서 부부가 그들의 상황에 맞게 적용할 수 있도록 도모해야 한다. 슐먼(Shulman, 1992)이 이미 언급한 것처럼, 사회복지사는 상담에 참여하는 모든 구성원(사회복지사 자신도 포함해서)의 감정을 읽을 수 있어야 하며, 이를 문장으로 표현함으로써 모두가 이해할 수 있도록 도와야 한다. 또한 내담자에게 대화 기술을 전수하고 관계 향상을 위해 그들이 할 수 있는 일들을 적극적으로 찾아보도록 독려해야 한다. 앞서 언급한 것처럼 사회복지사는 부부 내담자가 제대로 상담 회기를 이끌어 나갈 수 있을 때까지 지도자로서의 역할을 맡게 된다. 이후 차차 보조자의 역할로 옮겨 가면서 부부가 치료과정에서 나눈 문제들을 정리하고 되새길 수 있도록 돕는다. 마침내는 부부가 상담에서 얻은 것을 그들의 다른 상황에도 응용하고 스스로 문제를 해결하도록 지도한다.

여기서 꼭 짚고 넘어가야 할 문제는 부부가 어느 정도로 자신들의 문제를 이해하고 있는가에 대한 것이다. 문제의 근원이 무엇인지, 서로를 얼마만큼, 어떻게 의지하고 있는지, 혹시 시가나 처가와 관련된 문제는 아닌지 등 부부의 문제에 대해 얼마나 파악하고 있는가 하는 것이다. 부부치료의 접근 방법은 크게 두 가지로 나뉘는데, 한 학파는 통찰력을 강조하고 다른 학파는 부부간의 관계나 행동 변화를 목표로 상담을 진행한다. 대체로 치료자들은 한 학파의 이론에 치중해서 부부상담을 실시한다(Constable & Cocozzelli, 1989). 그렇지만 의미를 깨닫는 것(통찰)과 행동으로 실천하는 것은 바늘과 실의 관계다. 제대로 된 변화가 일어나려면 이들 간에 조화를 잘 이루어야 한다.

[사례연구 6-1]의 니콜라스와 조안나의 경우, 성찰과 행동의 조화가 어떻게 이루어졌는지 정리해 보자. 이 부부의 관계는 심각한 상태였다. 두 사람 모두 서로에게 실망하고 속았다고 느꼈던 것이다. 그러나 서서히 상대방의 입장이 되어 배우자의 상황을 이해하기 시작하면서 서로를 대하던 패턴을 어느 정도

돌아보게 되었다. 사회복지사는 이들이 그동안 해 오던 것과 다른 대화 기술과 표현 방법(예: 나-전달법)으로 의사소통하도록 북돋우면서 서로를 공감하도록 독려했다. 닉과 조안나 부부는 새로운 기술들을 시도해 보면서 서로를 보다 잘 이해하게 되었다. 서로 간의 관계에 대해 깨달음을 얻는 것은 직접적인 교류를 통해 이루어진다. 부부의 관계가 변화되면서 서로를 한층 이해하게 되고 서로를 대하는 태도도 변화하는 것이다. 마찬가지로 상대방을 이해하게 되면서 배우자와의 관계가 개선될 수 있다. 많은 부부의 경우, 부부치료를 시작한 지 얼마 지나지 않아서 관계가 변하고 서로에 대한 정서 유대가 이전과는 달라지는 것을 경험하게 된다. 그들은 이러한 변화를 바탕으로 당면한 문제를 해결하려고 도모한다. 어떤 경우에는, 부부치료의 결과로 일어난 변화들에만 관심을 두는 부부들도 있다. 다시 한번 강조하지만, 부부의 관계 개선과 문제해결을 비롯한 가시적인 치료 결과물은 상호 보완적이다. 따라서 부부상담을 하는 사회복지사의 중요한 임무 중 하나는 부부 내담자로 하여금 자신들에게 일어나는 변화들을 인지하고 서로를 더욱 깊이 이해하며 의미 있는 관계상의 변화를 유지하도록 돕는 것이다. 교류의 경험 없이는 부부가 서로를 제대로 이해할 수 없듯이, 서로에 대한 이해가 바탕이 되지 않는 한 제대로 된 교류를 나누기 어렵다.

1) 과업과 과제 이용하기

부부상담의 주된 의뢰 이유가 부부 관계와 관련된 일인 경우, 서로에 대한 이해와 고찰은 실제 이들 부부가 직면한 현실을 반영한다. 상담에서 다루어지게 되는 내용들은 주로 개별적인 일과 부부 상호 간의 문제들인데, 문제들이 실타래처럼 얽혀 있다고 느끼는 대부분의 내담자들은 어떤 문제부터 풀어야 할지 확실히 모르는 경우가 많다. 이들은 상담을 통해 서로의 관계를 돌아보게 되면서 자신뿐만 아니라 배우자를 새롭게 경험할 수 있게 된다. 또한 관계를 재조정하는 작업이 일단 시작되면 좀 더 적극적으로 치료에 임한다.

한편 과업들은 상담이 얼마나 잘 이루어지고 있는가를 판단하는 기준이 된다. 사회복지사는 물론 내담자 부부가 과업을 실천할 수 있도록 이를 상세화하고 잘 수행하도록 도와야 하지만, 성공적인 상담의 열쇠는 부부가 상담에 임하면서 깨닫게 되는 것들을 얼마나 잘 이해하는가에 달려 있다고 해도 과언이 아니다. 내담자와 치료자의 관계는 어느 한쪽(내담자)이 수동적으로 누구(사회복지사)의 지시에 따르는 정체적인 것이 아니다. 사회복지사는 코치로서 내담자가 주인의식을 갖고 그들만의 고유한 방법으로 상담의 목적을 달성하기 위해 작업들을 수행하도록 도와야 한다.

여기서 '과업'이란 무엇을 뜻하는가? 과업은 '내담자가 겪는 문제를 해결하기 위해 행해야 하는 일'이라고 정의될 수 있는데, 이것은 내담자가 상담을 통해 사회복지사의 도움을 받지 않고도 알 수 있다. 다만 대부분의 내담자들은 어디서부터 시작해야 할지 감이 안 잡힐 수 있으며 오히려 객관적으로 그 상황을 해석하는 것이 문제해결의 실마리가 될 수 있다. 이러한 점에서 작업들을 분별해서 실행해야 하는 것이다. 그렇다면 내담자에게 달려 있는 것과 같은 과업에 대해 사회복지사는 어떤 식으로 다루어 나가야 할 것인가? 사회복지사가 내담자 부부에게 일일이 일러 주면서 어떤 식으로 하는 것이 현재의 상황에서 가장 좋다고 알려 주어야 하는가? 사회복지사가 문제해결의 열쇠를 쥐고 있는 것처럼 지시해도 과연 괜찮은 것인가? 과업을 실행하도록 하는 이유는 무엇인가? 이를 뒷받침하는 이론이라도 있는가? 내담자로 하여금 과업을 실행하도록 하는 경우에 어떤 치료 효과가 있는가?

지금까지 살펴본 사례들을 보면, 사회복지사는 상담 시간에서뿐 아니라 내담자의 실생활에서도 실행해야 할 과업들을 과제로 내주곤 했다. [사례연구 6-1]에서 사회복지사는 닉과 조안나 부부에게 대화 작업을 통해 배우자를 제대로 공감하면서 서로를 이해하고 관계를 변화시키는 데 초점을 맞추었다. 구체적인 작업을 통해 행동 변화를 도모하는 것은 행동학파에 의해 발전되었다.[3] 또한

---

3) 더 자세한 내용은 Nicholas & Schwartz(2002, 9장)와 Goldenberg & Goldenberg(1996, 12장)를 참조하시오.

다음 회기에 오기 전에 부부가 외식을 하거나 여행 계획을 세우는 등의 과제를 내주면서 다음 상담 회기에서 나눌 주제들을 암시하기도 했다.

작업 수행의 첫 번째 원리는 '백문이 불여일견'으로 많은 이론을 아는 것보다 실제로 행함으로써 배운다는 것이다. 이것은 제2장에서 살펴본 자아중심 개별 사회복지실천(ego-oriented casework)에서의 타인의 시각으로 작업하기(working from the outside-in)의 원리와 비슷하다. 다른 점이 있다면 부부가 함께 치료에 임함으로써 개별상담에서보다 치료 효과가 더 일찍 나타날 수 있다는 것이다. [사례연구 4-7]에 등장한 J씨 가족의 경우처럼, 가족 구성원들은 상담 시간에서보다 실생활에서 작업을 수행하게 된다. 부부는 잘 구성된 작업을 실행함으로써 그들의 관계를 돌아볼 수 있을 뿐만 아니라 새롭게 재조정할 수도 있다. 조안나와 닉 부부를 다시 떠올려 보자. 그들은 대화 작업을 통해 자신들의 문제를 되돌아보고 배우자의 입장을 헤아릴 수 있었다. 또한 자기 자신을 새롭게 바라보는 것을 통해 변화를 가져오는 계기가 될 수 있었다. 예를 들면, 닉은 자신에게도 적극적인 면이 있음을 알게 되었고, 조안나는 자신에게 사려 깊은 면과 상처 입기 쉬운 연약한 면이 있음을 알게 되었다. 사회복지사는 이들 부부 내담자에게 과제를 부여하고 상담을 통해 얻은 변화를 이들의 일상의 삶에 적용하도록 북돋웠다.

수년에 걸쳐 가족치료사들에 의해 과제나 과제의 이용에 대한 중요성이 강조되었는데, 내담자의 상황을 고려한 과제를 내주는 것부터 부부 관계를 재조정하기 위한 과제를 내주는 등의 다음과 같은 네 가지의 다른 양상이 있다(Haley, 1976).

- 직접적인 지시 요법 상황에 맞는 과제에 대한 것으로, 대부분의 작업은 이 유형에 속하며 내담자는 치료자가 지시한 대로 하면 된다. 닉과 조안나 부부는 저녁 외식을 하는 과제가 주어졌는데, 이 과제를 실천하면 그에 관해 특별히 더 이상 할 일은 없다고 볼 수 있다.

- 개선적 · 보충적인 지시 요법   다음 세 가지 종류의 관계 재조명 지시 요법 중의 하나로, 부부간 관계 형성 방식을 변화시키는 것이 주목적이다. 즉, 부부의 평상시 행동 패턴과 다른 것을 시도하도록 지시한다. 예를 들어, 닉과 조안나 부부가 외식을 할 경우, 닉이 저녁식사 값을 지불하도록 한 것이다. 또 다른 예로 엄마가 자녀를 훈육하고 주로 야단치는 역할을 맡는 가정의 경우, 엄마는 잠시 쉬도록 하고 아빠로 하여금 야단치는 역할을 해 보도록 하는 것이다. 이것은 드 세이저(Miller & de Shazer, 1998)의 해결중심 치료에서 사용하는 방법을 응용한 것이다. 사회복지사는 부부 내담자의 주된 패턴을 찾아서 이들 부부가 좀처럼 하지 않는 역할을 하도록 지시한다.

- 은유적인 지시 요법   부부 관계의 문제를 다루기 위해 비유적인 작업을 시도하는 것이다. 예를 들어, 자신이 부모의 친아들이 아니라 입양된 자녀인 것을 알게 된 후 방황하는 소년에게 강아지를 '입양' 해 보도록 권고한다. 마침 소년의 수양아버지는 강아지 키우는 데 상세한 지식을 가지고 있다. 소년과 아버지기 함께 강아지 돌보는 일을 하도록 한다.

- 역설적인 지시 요법   이 방법은 특히 부부치료에 임하게 된 주된 이유를 다루기 위한 것으로, 부부 문제를 지속시키고 변화를 방해하는 원인들을 중점적으로 다룬다. 예를 들어, 닉과 조안나는 외식을 하는 동안 그들의 문제에 대해서는 되도록이면 이야기를 꺼내지 않도록 권유받았다.

이때 사회복지사는 역설적인 지시 요법[4]을 통해 다음과 같은 일거삼득의 효과를 기대했다. 첫째, 대화가 심각해질 때마다 상대방을 탓하는 실수를 범하지 않고 기분 좋은 외출과 주말여행을 하는 기회를 주는 것이었다. 둘째, 오히려 변화를 하지 못하도록 저지함으로써 우회적으로 이들 부부가 제대로 변화하도

---

4) 역설적인 지시 요법은 Haley(1976), Stanton(1981), Goldenberg & Goldenberg(1996, 10장), Nicholas & Schwartz(2002, 11장)에 의해 발전되었다.

록 유도하는 것이다. 셋째, 만약 닉과 조안나가 깊은 대화를 나누다가(저지에도 불구하고) 격렬하게 싸우게 될 경우(그럴 확률이 높다.), '우리가 지금 무슨 짓을 하고 있지? 너무 급하게 서두르지 말고 차근차근하자.' 와 같은 태도를 가짐으로써 치료과정을 분석할 기회를 갖는 것이다.

역설적인 지시 요법은 닉과 조안나 부부의 의도와 정반대로 함으로써 이 부부의 허를 찌르기 위한 것이기 때문에 이 모든 것이 계획대로 실행되려면 우선 사회복지사가 이러한 요법을 이용하는 것에 익숙해야 한다. 닉과 조안나 부부는 본인들이 서로 다투지 않거나 다른 이야기로 빠지지 않고 대화를 나눌 준비가 되어 있다고 반박할지도 모르지만, 부부 사이가 좀 더 나아질 때까지 기다리게 하는 것이다. 그렇지만 사회복지사가 보기에 부부 관계가 제대로 파악이 안 된 경우나, 이를 활용하는 것이 익숙하지 않은 경우에는 역설적인 지시 요법은 사용하지 않는 것이 좋다. 대개의 경우 치료 목적을 위해 직접적인 지시 요법을 이용하는 것으로도 충분하다.

2) 상담의 중기 단계

다음에 소개하는 세 가지 사례는 모두 가족치료 중기 단계에 해당되는 것으로, 등장하는 부부 내담자들은 각기 다른 가족 생애주기에 놓여 있다. 첫 번째 경우는 리타와 조아브 그린이라는 젊은 부부로 이들은 다운증후군을 안고 태어난 둘째 아이를 키울 것인지, 말 것인지를 두고 결정을 내리지 못하고 진통을 겪고 있다. 사회복지사는 여러 기술들을 이용해 그린 부부가 결정을 내리도록 조력한다.

3) 다운증후군 자녀를 키우기로 결정하다

이 사례에서 관심을 갖고 살펴볼 것은 사회복지사가 그린 부부에게 처방한 과업이 이 부부의 결정과정에 어떻게 작용하는지를 보는 것이다. 예비 부모들은 자녀의 출생에 앞서 그들의 삶(직장 생활이나 주거 규모 등)이 앞으로 어떻게 변화될 것인지를 구상하면서 새로운 구성원과 함께 꾸리게 될 가정을 준비한다. 자녀의 출생에 수반되는 이러한 적응과 변화의 과정은 자녀가 성장함에 따라 계속된다.

예비 부모뿐 아니라 모든 일가 친척들도 기대하면서 그들의 자녀가 아무런 장애 없이 '완전무결하게' 태어나기를 바란다. 그러나 신생아가 심각한 장애를 안고 태어날 경우, '완전한 자녀'에 대한 기대는 한순간에 물거품이 되면서, 그토록 고대하던 '완전한 자녀'를 잃은 상실감을 겪게 된다. 많은 부모들은 장애아의 출생과 함께 겪는 상실감을 제대로 표현하지 못한 채 실망과 우려를 드러내지 못하고 속으로 삭이는 경우가 많다. 이럴 경우, 안타깝게도 눈에 보이는 자녀의 장애 외에 '이 자녀'가 어떤 인격체인지 제대로 파악하지 못하게 될 수도 있다. 더욱 우려되는 것은, 부부가 평생에 걸쳐 장애아를 돌봐야 한다는 중압감에 시달려 둘의 관계가 멀어질 수 있다는 점이다. 부부가 함께 자녀의 양육에 적극적이지 않은 경우, 대개는 어느 한쪽 부모만 이 자녀에 대해 '전문가'가 된다. 부인이든 남편이든 한쪽 부모가 이 역할에 충실하게 될수록 다른 한쪽 부모는 점점 자녀를 돌보는 데 관심을 기울이지 않게 되며, 이는 결혼 생활에도 심각한 균열을 초래한다(Beckman, 1991; Bernier, 1990; Davis, 1987; Seybold, Flitz & Macphee, 1991). 보이시(Voysey, 1975)가 영국인을 대상으로 실시한 연구에 따르면, 장애아는 어떠한 장점도 찾아볼 수 없고 주변 사람들에게 좋은 영향이라고는 조금도 끼치지 못하는 '평생 애물단지'로 각인되는 경우가 많다고 한다. 즉 자녀가 장애를 안고 태어날 경우, 부부는 필요 이상으로 힘겨워하고 새 생명의 탄생에 대한 기대가 무너지면서 장애아를 자녀로 받아들이는 것을 어려워한다.

[사례연구 6-2] 다운증후군 자녀를 가진 리타와 조아브 부부

고학력의 이스라엘인 30대 부부 리타와 조아브 그린은 예루살렘에 위치한 아동복지 기관을 방문했다. 생후 3주 된 그들의 둘째 아이는 다운증후군을 안고 태어났는데, 현재 산부인과에서 임시로 돌보고 있다. 그린 부부는 자녀를 집으로 데려올 것인지, 아니면 포기할 것인지에 대한 결정을 내리지 못하고 있다. 서로를 존중하며 부부 관계도 전반적으로 괜찮은 이 부부는 아주 영특한 8세 여아의 부모이기도 하다. 조아브는 현재는 비록 불안정한 수입을 올리지만 그의 사업은 성장 궤도에 있다. 전문직에 종사하는 리타가 가정의 주수입원인데, 그녀는 직장에서 승진을 거듭하고 있다. 그녀는 자녀의 출산 직후 모유 수유를 시도했으나 자녀가 젖을 잘 빨지를 못했다. 리타는 병원에서 퇴원하면서 산부인과 직원에게 자녀를 보살펴 달라고 부탁한 상황인데, 병원 직원들에 따르면 이 부부는 자녀를 데려갈 의사가 없는 듯 보인다고 한다. 가족들도 자녀를 그냥 병원에 내버려 두라고 하면서 사회복지 기관에서 알아서 자녀를 좋은 의탁가정에 맡길 것이라고 말한다. 이들은 만약에 자녀를 집으로 데려온 후에 키우지 않겠다고 결정하면, 자신들의 힘으로는 자녀를 맡아 줄 곳을 찾기가 힘들 것이라고 우려하고 있다. 이와 같은 결정을 내려야 하는 자신들의 처지를 비관하고 이리저리 생각만 할 뿐 뚜렷한 결정을 내리지 못하는 상태. 자녀를 병원에 그대로 내버려 두든지, 집으로 데려오든지, 어느 길을 선택하든 자녀를 키우는 데 들어갈 경제적인 타격이 걱정되어 답답해하고 있다. 부부는 자녀 때문에 쏟게 될 모든 에너지가 끔찍하게 여겨진다. 게다가 첫째 아이도 고려해야 하고, 친척들뿐 아니라 병원 직원들에게서조차 눈치를 받고 있다고 여긴다. 이런저런 사항들에 대한 과중한 염려로 그린 부부는 결정을 쉽사리 내리지 못하고 있다. 자녀가 장애아로 태어나지 않았더라면 아마 이 부부는 자신들의 가치 체계를 생각해 보지 않았을 것이다. 그린 부부가 해야 할 일은 어떤 결정이든 내리고, 결정한 이후에는 자신들의 결정에 책임을 지도록 전념하는 것이다. 부부가 함께 동의해야만 자녀를 집으로 데려올 수 있으나 양쪽의 의견이 계속 엇갈리면서 갈팡질팡하고 있다. 사회복지사는 그린 부부가 신생아와 친숙해지고 자녀의 상태를 비롯한 모든 것에 대해서 관심을 둘 것을 권고했다. 자녀를 안고 어르고 우유를 직접 먹이는 등 자녀와 신체 접촉을 나누고, 자녀를 돌보고 있는 병원 직원들과 협조적인 관계를 맺어 보라고 했다. 그린 부부는 자신들이 놓치고 있는 것을 깨달아야 하는데, 이들은 일단 자녀를 보게 되면 집으로 데려와야 할 것 같은 중압감이 들 것이라는 등의 이유로 이를 거부하고 있다.

사회복지사는 우선 그린 부부가 자녀를 방문할 것과 장애아의 양육에 대해 자세히 일러 줄 수 있는 유아 전문가에게 그들의 상황을 의논할 것을 제안했다. 또한 사회복지사는 그들에게 자녀와 밀착된 유대 관계를 맺을 수 있을지 서로 평가해 볼 것을 주문하면서, 자녀를 돌보는 데 힘든 점이 무엇인지 묻기도 했다. 양가 친척 중에 혹시 장애아를 비롯한 특별한 관심이 필요한 아이들이 있는지, 이런 아이들에 대한 가족의 생각과 태도 등은 어떤지를 물어보았다. 그리고 이 부부가 위기 상황에 대처하는 법을 알아보기도 했다. 그 밖에 사회복지사는 그린 부부가 그토록 바랐던 정상적인 자녀의 출생이 아닌 것에 대해 그들이 느낄 심정이 이해된다고 위로하며, 상실감을 느끼는 것이 자연스러운 일이라고 안심시켰다. 몇 주가 지나도 여전히 이들 부부가 결정을 내리지 못하자, 마침내 사회복지사는 두 가지 가능성을 염두에 두고 역설적인 요법을 시도해 보기로 했다. 일단 부부가 자녀를 키우기로 결정할 것에 대비해 도움이 될 정보와 서비스 등에 대해서 알아보았다. 다음번에 부부가 찾아왔을 때, 사회복지사는 그들이 자녀를 포기하기로 결정할 것처럼 보인다고 운을 떼자, 이들은 울먹거리면서 자녀를 버리지 않을 것이라고 반박했다. 그린 부부는 바로 자녀를 보러 병원으로 향했고, 두 번의 상담을 거친 후에 최종적으로 자녀를 집으로 데려오기로 결정했다. 이들이 가족치료의 다음 회기에 참여했을 때는 완전히 다른 사람들같이 보였다. 조아브는 따뜻하면서도 장난꾸러기 같은 미소를 지으며 "아이가 정말 못생겼어요."라고 말했다. 상담 마지막 회기에는 이제 3개월이 된 아이를 예쁘게 입혀서 데려왔는데, 부부는 정말 편안하고 멋져 보였다. 이후 이들 부부는 자신들의 일에 지장을 받지 않고 전문적인 도움을 비롯한 여러 서비스를 이용하면서 아이를 잘 키우고 있다(Bardin, 1992에서 인용함).

4) 가족 내 결정과정

무엇인가에 대해서 결정을 내리는 것과 그 무엇에 관해서 알아 가는 과정은 확실히 관련이 있다. 사실 모든 결정과정을 보면 이미 맺어진 유대 관계의 영향을 많이 받는다는 것을 알 수 있다. 또한 결정의 부산물은 결심에 대한 공약이며 사람이나 사물을 달리 보겠다는 의지의 표현이다. 결정은 연속적인 과정으로서 동의와 약속을 이끌어 낸다. 약속이란 번복할 수 없는 동의를 주고받는 것이다(Turner, 1970). [사례연구 5-6]의 샌디와 셀던 부부는 결혼 서약에 대해서 다른 생각을 갖고 있었고 상호적인 서약을 나누기까지 상당한 시간이 걸렸다. [사례연구 5-5]의 존과 에일린의 경우는 결국 합의를 이루어 내지 못했다.

결정을 내린다는 것은, 이상적으로 말하면, 합의점에 도달하는 것에 관계된 모든 사람들이 동등한 의견을 나누고 서로 숨겨진 의도나 개인적인 악의 감정 없이 결정을 존중하는 것이다. 이처럼 이상적인 결정은 실제적으로는 매우 드물게 일어나는데, 세대 간의 결정 문제나 남녀 간의 사이에서는 더욱 그렇다. 사람들이 찬성표를 던지는 것은 결정을 내리기 위함이지, 반드시 그 결정이 최고이기 때문이라고는 말할 수 없다. 어떤 사항에 대해 동의하는 것은 의견 조율을 하며 맞추어 가는 것이라고 할 수 있다. 즉, 관계된 이들이 비록 자신들의 생각과 모순된다고 여기더라도 서로의 의견 차이를 조정하면서 합의에 도달하는 것이다(Turner, 1970).

[사례연구 6-2]의 리타와 조아브 부부는 장애 아이를 양육함으로써 그들이 이미 세운 계획에 차질이 생기게 될 것을 염려했다. 그들은 아기를 포기할 수도 있다고 여겼으며 친척들과 병원 직원들도 그렇게 생각하는 듯했다. 아기와의 유대가 형성될 시간도 갖지 않은 이 부부는 그렇게 내키지 않는데 그래야만 하는 의무감으로 괴로워했다. 자신들이 정말로 자녀를 알고 싶어 하는지조차도 파악하기 힘들어했다. 다행히 사회복지사는 부부가 확실한 책임의식을 가지고 자녀의 장래에 대한 결정을 내리게끔 충분한 시간을 갖도록 했다.

그런 부부는 타협보다는 의견의 일치를 추구했는데, 이들의 생각으로는 타협과 조정이란 어느 한쪽(주로 지배적인 사람)의 의견을 주로 반영하는 것이므로 공평하지 않았다. 터너(Turner, 1970)는 바로 이 부분에 대해 다음과 같은 흥미로운 가설을 세웠다.

가족 구성원의 공동의 가치가 포괄적일수록 또는 서로의 다른 가치관에 대해 관대할수록 가족이 내리는 결정이 불공평한 경향이 적으며, 결정에 대해 사족을 단다거나 하는 일도 적다(Turner, 1970, p. 140).

그런 부부는 서로에 대한 사랑과 존중으로 부부가 완전한 의견 일치를 볼 때까지 머뭇거렸고, 또한 아기와의 유대감이 형성되지 않은 탓에 쉽게 결정을 내리지 못했다. 사회복지사의 역설적인 방법의 도움을 토대로 이러한 결정에 대해 구체적이고도 헌신적으로 대처해 가면서 부부의 공통된 가치관에 근거한 상호 합의를 가져오게 되었다.

5) 개별적 과업: 조셉과 폴라의 이야기

[사례연구 6-3]에서는 부부 관계의 개선을 위해 부부 각자가 해결해야 할 개별적인 과업과 가계도[5])를 이용하는 것을 살펴보도록 한다. 조셉과 폴라 부부는 각자가 해결해야 할 문제들을 안고 있다. 상담 초기에는 각자가 해결해야 할 문제들과 부부 사이의 문제가 겹치면서 별 진전이 없었다. 부부 문제를 해결하지 않고서는 개인적인 문제도 처리가 안 되기 마련이다. 즉, 관계를 제대로 맺는 것이 개인 문제해결의 전제조건이다. 조셉과 폴라 부부는 일단 그들의 잘못된 대화 방식을 바꾸어야 각자의 개인적인 문제도 좋아지고 부부 사이의 관계도 개선될 것이라 여겼다. 일반적으로 모든 부부가 개별적인 일 때문이든 관계상의 문제에 따른 것이든 갈등을 겪기는 하지만, 이 부부의 경우는 그 정도가 좀 심한 편이다.

이 사례의 경우에 여러 치료 방법들이 강구되었는데, 우선 사회복지사는 그들에게 '선택적 대화' 또는 '부분적 침묵(partial shutdown)'을 처방했다. 이 방법은 [사례연구 6-1]의 닉과 조안나 부부의 경우에서처럼 어느 정도 대화가 가능했던 것과는 다르다. 역설적인 방법으로 '선택적 대화' 또는 '부분적 침묵'

---

5) 가계도에 대한 자세한 논의는 McGoldrick, Gerson, & Shellenberger(1999), Nicholas & Schwartz(2002), Goldenberg & Goldenberg(1996)와 Hartman & Laird(1983)을 참조하시오.

을 함으로써 조셉의 알코올 의존과 폴라의 우울증 그리고 그들 부부 사이의 문제를 따로 조명해 보고자 하는 것이다. 각자의 문제와 부부 관계상의 문제를 분리해서 보게 되면 다소나마 긍정적인 대화가 가능해질지도 모르기 때문이다. 부부 사이가 안 좋은 이 두 사람은, 조셉은 만취하는 음주 문제를 안고 있었고 폴라는 거의 평생 우울증에 시달려 왔다. 이 부부의 치료 사례는 구제 불능으로 보이는 문제들도 얼마든지 변화가 가능하다는 것을 보여 주는 좋은 예다.

[사례연구 6-3] 쌍둥이 딸을 가진 30대 후반의 재혼부부 조셉과 폴라

처음 부부치료를 위해 상담을 의뢰했을 때, 30대 후반의 조셉과 폴라 부부는 거의 모든 대화에서 서로 반목했는데, 언어폭력과 신체폭력으로까지 이어질 수 있는 위험한 상황이었다. 폴라는 조셉의 모든 면에 대해 끊임없이 비난했으며 잘못된 일은 모두 조셉의 책임이라고 몰아세웠다. 조셉은 말을 잘하는 편으로 보였는데, 말끝마다 폴라를 웃음거리로 만들어 버렸다. 이 부부 사이에는 모든 게 다 잘못되어 있는 것만 같았다. 정말 이렇게까지 안 맞을 수 있는지…… 유일하게 다행인 것은 그나마 조셉이 공장장으로서 안정적인 직업을 갖고 있다는 점뿐이다. 그들의 심각한 갈등에도 불구하고, 쌍둥이 십대 딸들의 양육에 대한 의견은 일치한다는 것도 다행스러운 점이었다. 하지만 두 사람 모두 이혼을 원했고 부부상담은 다만 이혼 서류에 도장을 찍기 전에 밟는 절차 정도로 여겼다.

조셉과 폴라 모두 재혼한 경우로 각자 이혼 경험이 있다. 루마니아 출신의 조셉은 미국에 이민을 오자마자 새로운 세계에 적응도 되기 전에 서둘러서 결혼을 했다. 폴라의 첫 결혼 생활은 겨우 3개월 만에 막을 내렸는데, 전 남편은 알코올중독자에 걸핏하면 주먹질을 해대는 마마보이였다. 조셉은 가끔 만취할 정도로 술을 마셨는데, 이런 경우 폴라에게 폭언을 일삼곤 했으며 폴라 역시 지지 않고 막말로 응수하곤 했다. 거의 평생을 우울증으로 고생해 온 폴라는 한번 우울증에 빠지면 극도로 주변 사람을 괴롭히고 책망했는데, 주로 조셉에게 퍼부어 대곤 했다. 두 사람 모두 상대방에게 지지 않고 대응했으며 한번 언쟁이 시작되면 걷잡을 수 없이 막말이 오가곤 했다. 이러면서도 한편으로는 첫 결혼의 실패를 되풀이하고 싫지 않았기 때문에 나름대로는 이 결혼을 유지하고자 애썼다. 우선 이 부부에게 필요한 것은 자신의 문제와 부부간의 관계를 분리해서 생각하는 것이며, 자기 문제를 상대의 탓으로 돌리지 않고 각자가 해결하는 것이다. 또한 대화 패턴을 전반적으로 바꾸어야 서로를 감싸 줄 수 있을 것이다. 이 두 가지의 변화가 일어난다면 부부 사이에 용서와 화해가 가능할지도 모른다.

자신들의 상황을 살펴본 이 부부가 내린 세 가지 결단은 다음과 같다.

첫째, 조셉은 만취할 정도로 마시는 음주 습관을 고치며, 그의 이런 음주 행태가 부부 관계에 악영향을 미치고 있다는 것을 반성한다. 이런 음주 습관은 암만큼이나 치명적인 질병이다. 완전히 술을 끊고 알코올중독자 자조 모임에 가입해 도움을 구한다. 둘째, 폴라는 우울증이 부부 관계에 미치는 영향을 반성하며 우울증에서 벗어나고자 노력한다. 항우울증제를 다시 복용하고 일기를 쓰면서 자신의 생각과 감정을 정리하도록 한다. 또한 취미나 봉사 활동을 시작한다. 셋째, 대화의 주제를 제한하여 자녀들과 하루 일과 등의 얘기만 나누도록 한다. 다른 심각한 논쟁의 소지가 있는 이야기들은 부부치료 시간에 사회복지사와 함께 나누도록 한다. 논쟁의 소지가 있는 민감한 주제들에 대해서는 이러한 방패막이 필요하다.

조셉과 폴라 부부는 이 세 가지 사항들을 잘 지켰다. 치료 시간을 대화의 장으로 이용해서 사회복지사를 통해 서로의 이야기를 전하는 식으로 대화를 나누었다. 각자의 차례에만 생각과 느낌을 비롯한 자신의 상황을 사회복지사에게 전하고 다른 한편은 듣는 식으로 진행되었다. 각자의 가계도를 만들기도 했는데, 서로의 삶을 훑어보게 된 것을 신기해했다. 가계도에서 주로 살펴보고자 한 것은 자신의 문제들이 어디서 유래되었는지를 알아보는 것이었다.

폴라의 가정은 오래전부터 여성이 가장의 역할을 담당하는 한편, 남편들은 무능력한 알코올중독자들이었다. 첫 결혼의 실패가 폴라에겐 엄청난 충격이었고 혹시나 이번 결혼도 실패할까 봐 두려워했다. 조셉 역시 여자의 역할이 지배적인 가정에서 자랐다. 어머니가 전적으로 아들들의 성장과 교육을 책임지는 한편, 아버지는 지녀에게 별 관심을 기울이지 않는 것이 관례인 듯한 가정이었다. 루마니아에서 미국으로 이민을 온 것이 쉬운 일은 아니었지만, 조셉은 높은 월급을 받는 직장에서 일할 수 있었고 일만이 그의 유일한 낙이었다. 첫 결혼 생활에서 그는 관계를 맺는다는 것이 어떤 것인지를 전혀 이해하지 못했다. 오직 먹고살기 위해 그리고 미국 사회에 적응하기 위해 일하는 것이 중요할 뿐이었다. 몇 년간의 순탄치 않은 결혼 생활이 이혼으로 끝났을 때, 그는 무엇이 잘못되었는지조차 알 수 없었다.

몇 달간의 부부상담을 통해 조셉과 폴라 부부는 서로의 삶에 관심을 가졌으며 각자 자신의 문제를 책임지고 음주와 우울증을 고치고자 노력했다. 상대방의 탓으로 돌리며 책임을 전가하는 대신 문제의 핵심을 알고 해결하고자 했다. 부부 사이에 언어폭력과 신체폭력이 오가던 것이 차차 자취를 감추었다. 조셉은 루마니아 친구들과 술자리를 가질 때조차도 금주를 지킬 정도로 노력했다. 폴라 역시 노력하는 만큼 우울 증세가 많이 좋아졌다. 이들은 서로를 비난하지 않고 점차 긍정적으로 의사소통하는 것이 가능해졌다. 또한 마치 대화하는 것을 새로 배운 사람들인 양 서로 간의 대화와 서로를 대하는 태도가 급속히 향상되었다. 점차 부부 사이에 따뜻한 기류가 형성되면서 크리스마스 주간에는 쌍둥이 딸들이 부모가 서로에게 아주 잘하고 있다는 것을 인정하기에 이르렀다. 서로를 배려하는 대화가 가능해지자, 조셉과 폴라 부부는 더 이상 부부치료 없이도 만족스러운 결혼 생활을 꾸려 나가게 되었다.

조셉과 폴라의 사례에서 사회복지사가 시도한 과업 모델은 개별적으로 다루어야 할 문제들과 부부 사이의 할 일을 구별시켜 해결함으로써 전반적인 상황의 향상을 꾀하는 것이었다. 조셉과 폴라 부부의 경우, 그들의 역기능적 대화 패턴 때문에 일을 그르치는 것을 막기 위한 안전장치로서 역설적인 과업을 택하며 개별적인 문제부터 해결해 나갔다. 부부의 음주 문제와 우울 증세가 차차 좋아지면서 서로의 관계도 긍정적으로 변해 갔다. 또한 각자가 해결해야만 하는 영역과 부부가 함께 노력해야 하는 영역 간의 균형을 이루면서 이 두 영역이 보조를 맞추어 긍정적인 효과를 가져올 수 있었다.

6) 개인적인 사안이 보호될 수 있는 정서적 경계선

인간관계에서 대화의 중요성에 대해서는 이견이 없을 것이다. 특히 결혼 생활에서 부부간에 대화가 차지하는 비중은 비할 데 없이 큰 것으로, 부부의 대화가 얼마만큼 건강한가를 그들의 관계 척도로 보아도 무방하다. 안타깝게도 지금까지 살펴본 사례에서처럼 많은 부부들은 대화가 단절된 채 살고 있다. [사례연구 3-2]의 아만드와 로잘린드 부부, [사례연구 5-6]의 샌디와 샐런 부부의 경우, 부부 사이에 대화가 거의 없었기 때문에 그들의 관계 개선을 위해 사회복지사가 선택한 치료 방법은 일단 한 배우자와만 상담을 하되, 말이 아니라 행동에 초점을 맞추도록 한 것이었다. [사례연구 4-6]의 잭과 정 그리고 [사례연구 4-7]의 J씨 가족의 경우처럼 그들의 문화적 영향으로 부부 관계의 변화를 도모하는 데서 감정을 표현하는 것이 우선순위가 아닌 가정들도 있다. [사례연구 6-3]의 조셉과 폴라 부부의 경우는, 이들의 역기능적인 대화 패턴 때문에 사회복지사가 시행한 것처럼 방패 역할을 하는 장치가 필요했고, 먼저 각자의 문제부터 해결하고 부부 사이의 관계를 개선해야 했다.

다음으로 살펴볼 에드워드와 조이스의 사례 역시 '방패막이'가 필요한데, 여기서는 다른 목적으로 사용된다. 부부 각자의 영역을 더 이상 간섭하지 않으면서도 자신감을 회복하고 담당한 역할을 잘 수행하도록 하기 위해 방패가 어떻게 사용되는지 살펴보자.

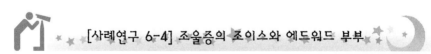

[사례연구 6-4] 조울증의 조이스와 에드워드 부부

남편인 에드워드는 조이스보다 훨씬 연상으로, 매우 사려 깊고 차분한 편이다. 반면 조이스의 행동이나 기분은 수시로 변해서 예측하기가 힘든 성격이다. 아내의 예측 불가능한 점 때문에 에드워드는 항상 조이스의 눈치를 살피고 언제든 조이스 대신 그녀가 할 일을 맡을 준비 태세로 있다. 에드워드의 그런 점이 조이스의 예측 불가능한 행동을 어느 정도 조장하는 것같이 보이기도 한다. 또한 그는,

그가 생각하기에 조이스가 별다른 반응 없이 조용히 수긍할 수 있을 것이라고 예상되는 것만 조이스에게 이야기한다. 따라서 그는 조이스에게 하고 싶은 말이나 부부가 의논해야 할 일들을 거의 나누지 못하고, 아내를 철없는 어린이를 다루는 듯이 보인다. 조이스는 조울증 증세가 있는데, 이것 때문에 정신과 치료도 받고 약물도 복용하고 있다. 도저히 종잡을 수 없는 조이스의 기분은 자녀들을 대하는 데서도 예외가 아니어서 에드워드는 매우 불안해하고 있다. 아내의 이런 점 때문에 그는 일에도 마음 놓고 집중할 수가 없다. 조이스가 화를 낸다든지 기분이 별로 안 좋아 보일 때 에드워드는 자녀들을 달래고 어르는데, 조이스에겐 그의 이런 행동이 지나치게 가부장적으로 여겨진다. 어찌 보면 에드워드가 곁에 있고 그가 사태를 수습할 것을 잘 알기에 조이스는 기분 내키는 대로 화를 내는지도 모른다. 에드워드가 침묵으로 일관하면 조이스도 입을 다물어서 에드워드는 이런 모든 상황에서 벗어날 수 없는 것처럼 느껴진다.

사회복지사와 부부치료를 시작하면서 조이스는 차차 자기의 감정을 조절하고 화를 덜 내게 되었으며, 자신이 아무렇게나 화를 낼 경우에는 잠정적인 '방어벽'을 세우기로 했다. 조이스는 감정뿐만 아니라 자기 자신을 조절하고 돌보는 것에 익숙해지게 되었는데, 이런 내적 평안을 얻기 위해서 엄청난 노력이 필요했다. 다행히 부인과 어머니로서의 역할에 충실하고자 하는 마음이 촉매제가 되었다. 이런 과정에서 남편의 따뜻한 관심이 고맙기는 했지만 매번 그런 것은 아니었다. 부부는 가사나 양육 등의 실질적인 일들에 대해 주기적인 대화 시간을 가졌다. 각자의 역할에 충실하며 서로의 도움이 필요할 때는 언제든 함께하기로 했다. 자신의 방식으로 일을 처리하는 한편, 서로를 지지하고 챙겨 주게 되면서 점차 서로를 편하게 대하게 되었다. 이들이 지금처럼만 해 나간다면 부부 관계가 틀림없이 향상될 것이다.

7) 재조정: 사회적 서술과 부부 서술

사회구성주의 이론에서는 개인들이 처한 각자의 상황에 따라 사물을 다르게 바라보며, 한 사물에 대해서도 각자의 해석이 다를 수 있고, 개개인이 고유한 의미 부여를 하므로 이를 존중해야 한다고 강조한다. 이 관점을 가지고 부부치료를 시행하는 치료자들은 부부 관계가 개선되려면 각 부부가 처한 상황을 새롭게 보는 재해석이 필요하다고 말한다. 또한 이들은 바람직한 가족상을 위해서도 단어 선택에 신중을 기하며 언어 습관을 돌아볼 필요가 있다고 역설한다. 우리가 일상적으로 사용하는 단어들의 기원을 살펴보면, 특수한 시대 배경이나 상황 속에서 어떤 의미를 지니고 형성되었음을 알 수 있다. 언어도 마찬가지로 우리들의 역학 관계에 영향을 주는 문화적인 관습으로부터 발전해 왔다. 언어는 우리의 생각과 느낌, 행동을 전달하는 수단일 뿐 아니라 언어 습관은 각자의 사고방식을 대변한다(Gergen, 1999; Monk & Gehart, 2003).

사회학자 푸코(Foucault, 1972, 1979, 1980)는 각 사회의 신화와 전래동화의 영향력을 설명하면서 어느 특정 집단에는 불이익을 주는 신화들이 다른 집단에는 힘을 실어 주는 이야기들이 되어 온 예들을 제시했다. 화이트는(Michael White)는 푸코의 이론을 가족 내의 관계에 대입시켜서 가정 내의 언어 순화를 이끌 수 있는 방법을 제시했다. 한 가정에 전해져 내려오는 이야기들은 종종 그 가정의 고유한 문화를 보여 준다(White & Epston, 1990). 전래동화나 신화의 내용은 주로 사람들이 의심의 여지없이 받아들여 내면화시키는 억압에 대한 것이다. 사람들은 이 같은 신화들을 듣고 자라면서 미의 기준이나 남녀의 역할, 성에 대한 생각, 성공 신화 그리고 정상적인 인간으로서 갖춰야 할 덕목 등에 대해 정형화된 생각들을 갖게 된다. 우리의 삶에 깊숙하게 뿌리박힌 이러한 이미지들 때문에 신화의 그림대로 우리의 삶이 전개되지 않을 경우, 우리는 삶을 비관하거나 자신에게 무슨 문제가 있다는 식으로 생각하게 된다.

사회구성주의가 주장하는 것은 이런 신화의 영향력에 얽매이지 말고 각자의 고유한 의미를 찾아야 한다는 것이다. 정형화된 틀에서 벗어나 자신의 삶에 중점을 두고 거기서 의미를 찾으려고 할 때, 부부 내담자들은 정말로 자신들에게 필요하고 실현 가능한 치료 목표를 세울 수 있다. 이러한 점에서 사회제도의 부산물이자 대변인일 수 있는 사회복지사의 역할은 참으로 중요하다. 사회복지사는 자신이 속한 기관과 내담자 부부 모두에게 그들 고유의 의미를 재생해 내도록 영향을 미칠 수 있는 자리인 것이다. [사례연구 6-2]의 리타와 조아브 부부의 경우, 장애아에 대한 사회의 전반적인 편견에 맞서 부부만의 이야기를 새롭게 써나가야 했다. 다음 사례의 보니와 앤디 부부는 그동안 사회적 대본을 따르느라 그들의 관계가 엉망이 되어 버린 것을 뒤늦게 인지하고 그들의 고유한 역사의 장을 새롭게 열게 되었다.

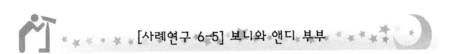

[사례연구 6-5] 보니와 앤디 부부

보니와 앤디 부부는 폴란드계 미국인 2세로, 그들의 양가 부모들은 제2차 세계대전으로 일가친척을 잃은 후에 미국으로 이주한 피난민들이다. 보니와 앤디는 다사다난한 가족사를 뒤로하고 신세계에 발을 디딘 전후 세대인 셈이다. 1968년 미국에 반전운동이 한참이던 시절 대학생이었던 이들은 열렬한 반전운동 지지자들이었는데, 주로 술과 마리화나를 피우며 지적 대화를 즐기곤 했다. 결혼 후에도 술과 마약을 잠시 하기도 했지만 다행히 완전히 끊을 수 있었고, 보통의 미국 중산층 시민으로 살고 있다. 부부가 술과 마리화나를 즐기며 공통의 관심사를 나누던 대화가 뜸해지면서 이들 부부의 삶은 직장 일과 자녀들 그리고 드라마 이야기들로만 채워지게 되었다.

프리랜서 컴퓨터 고문인 보니는 자신의 작업과 네 살인 아들 폴에게 모든 관심을 쏟고 있는데, 무엇이든지 자녀가 원하는 대로 들어주는 편이다. 주로 잠자는 시간을 제외하고 보니의 삶은 아들 위주로 꾸려진다. 근래에는 폴의 보채는 정도가 더 심해지면서 일을 제대로 할 수가 없을 정도다. 자신이 매우 뚱뚱하다고 여기는 보니는 매번 다이어트에 집착하고 우울 증세도 보인다. 앤디는 회계사라는 직업에 열중해 왔다. 별다른 의견 충돌도 없지만 실상은 서로를 알아 온 기간이 18년이나 된 지금 부부 사이의 관계가 무덤덤하고 무의미하게 느껴진다.

이들은 서로가 빈껍데기처럼 느껴지면서 이혼을 고려하게 되었다. 둘 다 일에 치여 있고, 게다가 보니는 아들만으로도 삶이 벅차게 여겨진다. 부부는 잠자리도 대화도 거의 나누지 않으며 전반적으로 사이가 좋지 않았다. 보니는 대체로 자신에 대해 냉정하게 말하곤 하며 남편인 앤디에게 도움을 청하는 일에 매우 미숙하다. 마음을 다잡고 관계 개선을 위해 노력하려고 할 때조차도 보니는 예전의 상처들이 떠올라 참을 수 없이 화를 내게 되었고, 이러는 아내를 보면서 앤디는 보니에게 등을 돌리곤 했다. 조용한 편인 앤디는 보니를 도대체 이해할 수가 없다고 생각하며 무슨 말을 어떻게 해야 할지도 모르겠다고 했지만, 막상 대화를 시작하면 차근차근 이야기하는 편이다. 한편 보니도 남편을 이해할 수 없었으며 어떻게 그에게 맞춰 줘야 하는지 감을 잡을 수 없었다.

반면 보니는 앤디가 조금이라도 무신경하다고 느끼면 가차 없이 따졌는데, 앤디의 노력은 가상치 않게 여기고 매우 이기적인 인간이라고 느꼈다. "당신이 얼마나 무신경한 인간인지……. 내가 일일이 지적해야만 그때서야 당신 겨우 듣는 척이라도 하는 거, 당신 알아요?" 아내의 이런 사고방식에 놀란 앤디는 이런 아내의 말을 들으면 자신이 보니한테 별 신경을 안 써 왔음을 알게 되기도 했지만, 한편으로는 어찌 되었든 보니한테 도저히 말로는 이길 수가 없고 또 이 마당에 누구 말이 맞든 틀리든 무슨 상관인가 싶었다.

그래도 한 가지, 보니가 남편에게 고마워하는 것이 있었는데, 바로 앤디가 아들의 양육에 기꺼이 동참하고 자녀에게 너무 집착하지 않도록 조언해 줄 때였다. 전반적으로 이 부부는 결혼 생활이 이미 끝난 거나 마찬가지라고 여겼지만, 그래도 마지막으로 딱 한 번 더 속는 셈치고 부부 관계 개선을 위해 노력해 보기로 했다.

부부치료를 시작하면서 보니는 그녀의 우울증 치료를 위해 별도로 개별상담을 시작했다. 상담을 받으면서 부부 내담자는 서서히 보니의 우울증과 부부의 문제가 불가분의 관계에 있음을 깨닫고 결혼 생활을 유지하기 위해 노력했다. 외부의 가치 체계가 각자에게나 그들 부부 관계에 미치는 영향을 깨닫게 되면서 희망이 없다고 여겼던 부부 관계가 서서히 회복되었다. 그동안 보니와 앤디는 진정한 자아를 돌보지 못한 채 사회의 기준에 맞추어 살려고 허덕였다. 보니의 경우, 다이어트에 집착하며 우울증과 싸우고 아들에게 온갖 관심을 쏟으며 자기 자신이 원하는 것은 무엇인지 미처 돌아보지 않았다. 항우울제 등에 의존하지 않고 어떻게 하면 그녀의 우울 증세가 호전될 수 있을까? 앤디는 오직 일만 하기 위해 태어난 사람인 양 직업과 관계된 일 외에는 별 관심을 두지 않았고 잘하지도 못했다. 부부 사이의 친밀한 성관계에 대해서는 기대하지도 않았으며 둘 다 시도조차 하지 않았다. 그들이 처한 관계만 생각하면 더 암울해지고 공허해졌다.

따라서 우선 자녀를 돌보는 일을 두 사람이 공평히 분담하는 것을 시작으로 부부간의 대화를 재개하는 것이 급선무였다. 퇴근 후 앤디가 폴을 돌보는 동안 보니는 기운을 추스르게 되었고 어린 폴도 덜 보채고 고분고분해졌다. 이와 같은 성과에 힘입어 사회복지사가 이들 부부에게 권유한 것은 이들의 뿌리 깊은 서로의 관계에 대한 부정적인 이미지 외에 좋은 점을 찾아보는 것이었다. 보니와 앤디 모두 과거 시절을 회상하며 서로에게 얼마나 빠져들었었고 그들의 대화가 얼마나 신선했었는지를 떠올렸다. 그렇지만 현재 시점으로 돌아오면 좋은 점을 찾아낼 수가 없었다. 과연 앤디와 보니 부부는 옛날처럼 서로를 사랑할 수 있을까? 다행히 이들은 자신들이 그동안 일과 성공, 바람직한 체중, 완벽한 부모 노릇 등 세상의 기준에 맞추기 위해 삶을 허비하느라 얼마나 서로를 대하는 데 인색했는지 깨닫게 되었다. 자신에게 정말로 중요한 것이 무엇인지 알지 못하고 서로를 이해하는 데 서툴렀던 자신들의 모습을 바로 보게 되었으며, 부부 관계의 이런 점이 폴의 성장과정에도 알게 모르게 영향을 미쳤을 것이라고 짐작하게 되었다.

그다음으로 사회복지사가 이 부부에게 요구한 것은 서로의 관계와 삶의 우선순위에 대해 진지하게 생각한 후 편지로 써서 서로가 교환하고, 이를 바탕으로 부부가 함께 그들만의 이야기를 만들어 가도록 한 것이었다. 정형화된 이미지에서 벗어나 자신의 본연의 모습을 되찾은 후에야 부부 관계에서도 서로를 재발견할 수 있었다.

4. 자녀 양육 이후 단계

'빈둥지 시기'라고 일컬어지는 시기는 자녀들이 성장함에 따라 부부가 양육의 책임에서 벗어나는 때다. 그렇다고 '둥지'가 완전히 비는 것은 아니다. 실제로 이 시기의 부부들은 자신들의 부모 세대가 연로해짐에 따라 나이 든 부모를 모시거나 돌봐야 한다. 성인이 된 자녀들도 이혼 등으로 다시 부모의 집으로 들어와 함께 살게 되거나 기타 여러 일로 부모의 도움을 필요로 한다. 또한 어떤 경우에는 손자녀까지 맡아서 돌봐야 하는 상황도 생길 수 있다. 그러나 대체적으로 이 시기의 부부들은 자녀 양육의 짐을 덜은 만큼, 자녀 위주의 삶이 아니라 부부 중심의 삶을 사는 것이 중요하다. 건강이 허락하는 한 이 시기의 부부는 할 일이 많다. 성인 자녀들, 손자 손녀들 그리고 그들의 부모들과의 관계에서 주도적으로 하게 되는 일들이 많고 이제는 어느 정도의 여가를 즐길 만한 여유가 생긴다.

　일과 직업에만 몰두해 온 사람에게는 은퇴 이후로 이어지는 이 시기가 쉽지만은 않다. 이 시기는 내면에서 우러나오는 삶에 대한 예찬과 함께 자신의 주변 사람들에게 든든한 버팀목이 되어 주는 때라고 할 수 있다. 이러한 인생의 전환기에 아직 준비가 되어 있지 않거나 혹은 이를 같이 나눌 사람이 없는 경우에는 삶이 외롭고 쓸쓸하게 느껴질 수밖에 없다. 혼자 남겨지거나, 가족과 의절한 경우 또는 음주 문제를 가진 남자 노인들은 높은 자살 위험률을 보인다.

　이 시기의 부부가 우선 대비해야 할 것은 자녀들이 태어나기 이전에 둘만의 가정을 꾸렸을 때처럼 부부 관계를 재조정하는 것이다. 이 부부들에게는 지금까지 함께 나눈 삶의 여정 위에 또다시 남은 시간을 함께 꾸려 가야 하는 과제가 남아 있다. 이 시기의 대부분의 부부들은 서로에 대한 애정을 별로 염두에 두지 않은 채 쑥스러워서 또는 '이제 와서 무슨' 하는 심정으로 자녀들 위주의 삶을 그대로 유지하려고 한다. 그러나 그들에게 성인 자녀들과 노부모를 돌봐야 하는 등 여전히 책임져야 하는 일들이 많다고 하더라고 우선 둘만의 관계를 새롭게 정비해야 한다. 반면 서로에게 너무 집착하는 것도 바람직하지 않다. 은퇴와 더불어 자녀들 역시 부모의 손을 덜 필요로 하면서 예전보다 더욱 밀착된 부부들의 모습을 볼 수 있는데, 다음 사례에서 다룰 콜드웰 가족의 경우에서처럼 이렇게 될 경우, 사사로운 모든 면을 함께하다 보니 서로를 비난하고 간섭하는 일이 잦아질 수밖에 없다.

　이와는 정반대로 관계가 소원하고 서로에게 별로 신경을 쓰지 않던 부부들의 경우는 서로가 더욱 멀게 여겨지면서 외로움을 느끼기가 쉽다. 또한 이 시기에 대부분은 한두 가지 질병을 갖게 되는데, 이런 질병들은 여러 상실을 동반하면서 삶의 무게를 더욱 가중시킨다. 게다가 친척, 친구들이 하나씩 죽음을 맞이하는 것을 지켜보면서 삶에 대한 애착이 고갈될 수도 있다. 앞서 언급했듯이, 남자 노인의 경우가 특히 그러한데, 직장 전선에서 물러나고 가까운 주변 사람들을 상실하게 되면서 노후를 꾸려 나갈 새로운 동반 관계를 맺기가 어려워지기 때문이다.

 [사례연구 6-6] 60대 후반의 흑인 부부 애쉬포드와 루이스

애쉬포드와 루이스 콜드웰 부부는 비슷한 사고방식을 공유하는 듯 보이면서도 자잘한 일들로 끊임없이 티격태격했다. 철강 관련 업체를 은퇴한 애쉬포드는 이 분야에서 자칭 '척척박사'라고 칭할 만큼 자신의 일에 자부심이 대단했다. 그만큼 열심히 일했던 애쉬포드에게 일을 하지 않는 은퇴 이후의 삶은 힘겹기만 했고, 별다르게 그의 주의를 끄는 일도 없었다. 루이스는 연로한 시어머니를 돌보는 일을 자발적으로 맡고 있기는 했지만, 종종 이 일을 왜 도맡게 되었는지 후회가 드는 것은 어쩔 수 없었다. 그렇긴 해도 시어머니를 모시는 일을 자신의 의무이자 해야 할 일로 여겼기 때문에 크게 불만을 품은 것은 아니었다. 루이스는 정원 가꾸는 일을 유난히 좋아해서 여유만 있으면 마당으로 향했는데, 근래에 관절염이 심해지면서 혼자 정원 일을 보는 것이 벅차 애쉬포드가 좀 도와주었으면 했다. 그런데 애쉬포드는 선심을 쓰는 척 온갖 유세를 떨면서 마지못해 마당으로 나와서는 돕는 둥 마는 둥 하기 때문에 이제는 그에게 물어보기도 싫었다. 남편과의 사이에서뿐만 아니라 대부분의 관계에서 그녀는 이런 식으로 사람들에게 실망을 하고 점점 화가 치밀어 올라 어쩔 줄 몰라 했다.

애쉬포드와 루이스는 신앙생활에 충실했지만 서로 다른 교파를 섬겼다. 원래부터 애쉬포드는 루이스의 종교 활동에 대해 잔소리를 하곤 했는데, 은퇴 후에는 가사에도 이것저것 참견을 하면서 만사에 못마땅한 심기를 드러냈다. 이에 반해 루이스는 마음의 문을 닫아 버린 양 대꾸를 안 하는 통에 얼핏 보면 우울해 보였다. 그녀가 자기에게 실망해서 그렇게 된 것이라고 여기는 애쉬포드는 루이스의 이런 상태를 심각하게 받아들였다. 루이스는 좀처럼 그 어느 것도 쉽게 잊어버리거나 한 귀로 듣고 한 귀로 흘려 버리는 타입이 아니었다. 이 부부의 대화 방식은 정반대였다. 한번 말싸움을 시작하면 말을 무척 잘하는 루이스에게 애쉬포드는 상대가 안 되었다. 말로 루이스를 감당할 수 없게 되면 애쉬포드는 상당히 험악해지고 폭발 직전의 상태가 되었다.

세 명의 자녀들이 어렸던, 제분소에서 근무하던 시절에 한번은 부부 사이에 심각한 기류가 형성되었었다. 루이스 말에 따르면, 결코 자상한 아버지는 아니었던 애쉬포드는 자녀들에게 이것저것을 지시하고 제대로 하는지 안 하는지 지켜보는 그런 아버지였다고 한다. 세 아들이 십대 후반, 이십 대 초반을 지날 무렵에 애쉬포드는 더욱 그러하게 보였는데, 자녀들은 명령만 해대는 무심한 아버지를 견디기 힘들어했으며, 결국 의견 충돌을 일으키더니 집을 떠났다. 반면 루이스는 자녀들과의 유대관계가 좋은 편이었는데, 이것이 부자간의 관계를 더 소원하게 만드는 데 일조했다. 애쉬포드는 이것이 못마땅하고 자기만 자녀들에게 소외당한다고 느꼈다. 둘째 아들 채드가 열다섯 살 무렵이던 수년 전, 애쉬포드는 말대꾸하는 채드를 심하게 때린 적이 있다. 그길로 뛰쳐나간 채드가 일주일 후에 돌아왔을 때, 루이스는 채드를 지하실에 숨겨 주었다. 애쉬포드는 아들을 때린 자신을 책망했지만 그렇다고 아들에게 사과한다거나, 자기감정을 누구에게 표현한다거나 하지는 않았다. 한동안 애쉬포드와 채드는 서로 말을 하지 않았으며 오랫동안 불편한 기색이 역력했다.

오 남매 중의 맏이로 자란 루이스는 어릴 적부터 항상 누군가를 돌보는 일을 떠맡았는데, 그녀는 자신의 이런 역할에 대해 양가감정을 품고 있었다. 열여섯 살 소녀 루이스는 어느 날 덜컥 임신을 하게 되었는데, 조이스라고 이름 지은 아이가 태어나자, 루이스의 어머니는 루이스와는 한마디 상의도 없이 신생아를 입양기관에 의뢰했다. 그 당시 낙태를 고민했던 루이스는 아이를 지우지 않고 낳은 것에 대해 안도하며, 비록 자기가 키우지는 못했어도 그 아기가 어딘가에서 잘 살고 있을 것이라고 믿었다. 그녀는 이제 50세가 되었을 조이스를 그리워하며 해마다 조이스의 생일을 기념해 왔다. 루이스가 조용하거나 혼자 있고 싶어 할 때, 애쉬포드는 아마도 루이스가 조이스에 대한 생각 때문에 그런 것이라고 여기며 배려해준다. 애쉬포드 말고는 아무도 이 일에 대해 몰랐다. 폭풍우가 지나는 것처럼 격렬했던 부부 싸움이 있은 며칠 뒤에 루이스와 애쉬포드는 루터교 가족치료 상담소에 찾아왔다. 끊임없는 불화에 진저리가 난 두 사람은 42년간의 결혼 생활을 뒤로하고 이혼 도장을 찍고 싶은 마음이 굴뚝같았다.

애쉬포드는 지난번에 다툰 일로 아직도 분이 가라앉지 않았고 루이스는 루이스대로 화가 나 속이 부글거렸다. 부부의 의사소통을 기대하기가 어려울 정도로 심각했던 두 사람은 마치 서로를 다른 세상에서 온 사람인 양 대하면서도 상대방의 일거수일투족에 지나친 관심을 보였다. 애쉬포드가 생각하기에 문제의 발단은 부부가 다른 종파에 속해 있는 것이었다(애쉬포드는 루터교의 신자이고 루이스는 순복음교회에 다닌다). 그러나 루이스에 따르면, 애쉬포드가 그녀가 하는 모든 일에 '감 놔라 대추 놔라.' 하는 식으로 시시콜콜 간섭하는 것이 너무 지나치고 매번 그것 때문에 부부 싸움이 시작된다는 것이다. 둘의 의견이 불일치하는 경우에, 루이스는 애쉬포드에게 쉴 새 없이 잔소리를 하고 들들 볶아서 그가 폭발 직전까지 가게 만든다. 그런 줄 알면서도 루이스는 매번 그의 신경을 건드리게 된다. 그다지 심각하지는 않았지만 그녀는 우울 증세도 보였다.

부부치료 첫날에 이들의 치료 목표가 정해졌는데, 애쉬포드의 분노 조절, 루이스의 우울증을 다루고 더불어 이들의 대화의 문제점을 살펴보고 서로의 영역을 존중해 주는 것을 목표로 삼았다. 서로를 쫓아다니면서 참견을 하고, 이것이 서로 등을 돌리거나 심각한 말다툼으로 이어지고, 결국에는 폭발하는 식으로 점철된 그들의 관계를 되돌아보면서 자기 자신뿐 아니라 부부의 관계 개선을 위해 해야 할 일들을 정했다. 명백하게 이 부부는 새롭게 대화하는 법을 찾아야 했고 서로에게 지나치게 간섭하는 것에서 상대의 고유 영역을 인정하는 것을 배워야 했다.

5개월 동안 총 14회기의 부부상담이 있었는데, 중간에 사회복지사의 휴가가 있었다. 처음 여섯 회기의 상담 동안에 이들이 한 일은, 그들이 그동안 어떻게 대화해 왔는지 그리고 언제쯤 애쉬포드가 폭발했었는지를 분석한 후에 그쯤에는 서로 자제하도록 동의했다. 또한 애쉬포드는 분노를 조절하도록 노력하기로 했으며 루이스는 지나치게 잔소리하는 것을 자제하고 자신의 우울 증세를 좋아지게 하는 방법들을 강구하기로 했다. 애쉬포드는 그가 출석하는 교회에서 청소하는 일을 시작했으며 여러 가지 자원봉사에 참여했다. 또한 그전처럼 마지못해서가 아니라 진심으로 아내의 정원 일을 도와주려고 하자, 루이스는 다시 정원 가꾸는 일을 즐길 수 있게 되었다. 그녀는 시어머니를 돌보는 일에서 잠시 벗어나 휴식을 취하기도 했다. 이 두 사람은 마치 연애를 막 시작하는 연인처럼 보였고 서로의 관계를 돈독히 하려고 했다. 여전히 다투기는 했지만 불화가 점점 줄어들었으며 애쉬포드는 루이스에게 사랑의 밀어까지 속삭여 루이스를 놀라게 했다.

부부상담의 대부분의 시간은 이 두 사람 간의 대화에 할애되었는데, 처음에는 어려웠지만 시간이 차차 지날수록 호전되었다. 그중에서도 루이스는 상처받은 심정들과 그 상처들을 잘 다스리지 못해 화를 차곡차곡 쌓아 놓고 점점 우울해졌던 자신에 대해 털어놓게 되었는데, 부부가 함께 이 문제에 대해 차근차근 이야기를 주고받기 전까지는 미처 자기가 그런 상태였다는 것도 깨닫지 못했다고 했다. 대화를 통해 자기 자신에 대해 깨달을 수 있게 된 것을 고맙게 여기고 이 부분을 더욱더 노력하기로 했다.

한 달 동안의 휴가를 마치고 돌아온 사회복지사와 다시 상담을 재개했을 때, 이들 부부는 상당 부분 치료 전의 패턴으로 되돌아간 부분도 있었지만 어느 정도 치료 효과를 유지하는 부분도 있었다. 세 번의 상담 만에 부부간의 대화 패턴이 사회복지사가 휴가를 떠나기 이전의 상태로 회복되었고 관계도 많이 좋아졌다. 다행히도 애쉬포드가 드디어 아들 채드와의 관계를 회복하고자 적극적으로 나서기로 했다. 가족 소풍 때, 애쉬포드와 채드 사이에 의견 마찰이 있었는데, 예전에는 상상도 할 수 없었던 일이 일어난 것이다. 애쉬포드가 채드를 구석진 곳으로 데리고 가더니 서로 대화를 주고받고는 어깨를 툭툭 치면서 다시 자리로 돌아왔는데, 두 사람은 웃고 있었다. 애쉬포드는 아들이 자신의 사과를 받아들이고 부자 관계를 회복하려는 자신의 마음을 알아줘서 기뻤다. 상담 중에 그 상황을 사회복지사에게 말하는 그의 눈에 눈물이 가득 고였다. 루이스는 그녀의 소녀 시절과 입양시킨 아들 조이스에 대해 얘기하면서 자신의 화병 증세가 아마도 그 시절의 상처와 연관이 있을 것 같다고 이야기했다. 애쉬포드는 아내의 말을 한마디도 빠뜨리지 않고 조용히 경청했다. 루이스는 자신을 얽매고 있던 사슬에서 벗어나는 것처럼 느꼈고, 또한 애쉬포드와의 관계가 눈에 띄게 좋아지면서 훨씬 덜 우울해졌다고 고백했다.

그 후 세 번의 상담을 더 가진 뒤에 사회복지사와 매주 만나던 회기 간격을 앞으로는 2주에 한 번씩 그리고 그렇게 몇 주가 지난 후에는 한 달에 한 번으로 상담 회기 간격을 가지는 것으로 잠정 결론을 내렸다. 그 와중에 부부는 여행용 트럭을 구입해서 평생 소원이었던 서부 여행을 실현했다. 그들이 여행을 즐기는 동안 누군가 애쉬포드의 노모를 돌봤다. 사회복지사는 여행 중인 부부로부터 엽서를 받는데, 여전히 가끔 티격태격하기는 하지만 여행은 아주 멋지며, 또 사회복지사의 도움에 고마운 마음을 전한다고 쓰여 있었다. 이 부부는 상담을 통해 얻은 것을 간직한 채로 이전에는 꿈도 꾸지 못했던 자유와 부부의 정을 흠뻑 누리고 있었다. 여행에서 돌아온 그들은 자신들의 새로운 패턴에 대해 이야기했는데, 루이스는 여행 중 돌보지 못한 정원을 가꾸고 애쉬포드는 교회 일을 거드는 것을 기쁘게 보고했으며, 성인이 된 자녀들과의 관계도 아주 좋아졌다며 즐거워했다.

애쉬포드와 루이스 콜드웰 부부의 사례는 그동안 이 장에서 다룬 부부치료의 원리들을 모두 보여 주었다. 이 부부 내담자는 대화를 통해 관계를 개선하고 재정립하는 것을 배웠다. 앞서 언급했듯이 부부 관계를 새롭게 확립하는 것이 이 시기의 주요 과업이다. [사례연구 6-3]의 조셉과 폴라 부부 역시 어느 면에 대해서는 지나치게 서로를 구속하고 또 다른 면에 대해서는 무관심했다. 이 부부는 결혼 생활의 개선을 위해서 부부 관계의 재정립은 물론, 각자 가지고 있는 문제들을 해결해야만 했다.

5. 가족의 욕구, 인간으로서의 사회복지사 그리고 조력과정

첫 장에서 살펴본 가족들과 가정 내에서 가족 구성원들이 원하는 것들과 가족치료의 원리 간의 상호작용을 다시 상기해 보자. 우리는 소속감과 안정감을 토대로 가족 간에 대화를 나누는 것이 얼마나 중요한지 안다. 주지하다시피 부부상담 시 사회복지사의 반응은 더할 나위 없이 중요하며 상담에 임한 내담자들의 의무도 뒤따른다. 다시 한번 [사례연구 6-6]의 콜드웰 부부의 예를 들어서 이번 장에서 다룬 중요한 사항을 정리하고자 한다. 모든 가족은 각 시기마다 이뤄야 할 발달과업들을 가지고 있는데, 이들을 돕는 방법들에 사실상 무슨 특별한 비법이 감추어져 있는 것은 아니다. 가장 중요한 것은 부부 내담자들이 겪게 되는 시기마다의 특정한 과업이 있고 개개인의 상황이 모두 특별한 만큼 부부 치료를 의뢰하게 된 사연과 치료가 이루어지는 과정들이 모두 다를 수밖에 없다는 것을 이해하는 것이다.

가정이란 각 구성원의 정체성이 확립되고 각자의 자아가 실현되도록 돕는 밑거름이 되어야 한다. 가족치료 시에 사회복지사의 임무는 내담자 가족이 서로의 상처를 보듬고 개인의 일이든, 관계상의 문제이든 해결 영역에 대해 다루면서 가족의 화합을 이루도록 돕는 것이다. 이때 사회복지사가 어떤 시각을 가지고 내담자 가족을 대하며 이들의 문제를 다루는가에 따라 가족치료의 가치가 결정된다. 내담자는 사회복지사의 시각과 태도에 영향을 받아서 서로를 대하고 대화를 나누는 데 그대로 반영하기 쉽다. 제1장의 〈표 1-2〉에 명시된 네 번째 항목은 사회복지사의 지도에 따라 내담자 가족들이 상담에 임했을 때 나타나는 치료의 성과에 대해 잘 보여 준다.

[사례연구 6-6]의 콜드웰 부부의 예에서 보듯이, 애쉬포드와 루이스 부부는 서로의 차이점을 받아들이면서 각자의 영역을 인정하게 되었다. 실상 이 노부부는 미처 그들 자신도 인식하지 못했지만 끈끈한 유대 관계를 맺고 있었다. 즉, 루이스의 입양된 아기 조이스에 대한 비밀을 애쉬포드가 누구에게도 말하지 않고 지켜 줌으로써 서로 간의 신뢰를 다져 온 것이다. 또한 아들 채드와의 미안하면서도 껄끄러운 부자 관계에 대해 루이스는 한 번도 애쉬포드를 몰아세우거나 비난하지 않음으로써 그의 아픈 부분을 건드리지 않았다. 부부상담을 하며 이 부부는 서로의 감정과 생각을 표출하고 서로의 감정을 거스르지 않으면서 의사소통하는 방법을 배워 나갔다. 그들의 나이에도(너무 늦었다고 생각했지만) 이렇게 부부 사이가 좋아질 수 있다는 것을 경험하게 되자, 그동안 무시하고 지나쳤던 서로의 일들에 대해 관심을 갖게 되었다. 서로에게 기댈 수 있다는 안도감과 행복함으로 부부는 새로운 일들을 시도하기 시작했는데, 퇴직 이후 의기소침했던 애쉬포드는 교회에서 임시직으로 다시 일을 시작했으며 자원봉사도 하게 되었다. 루이스 또한 그렇게 좋아하는 정원 가꾸는 일을 다시 시작했다. 또한 서로 시간을 함께 보내거나 부부 동반 외출을 하고 장기 여행도 즐길

수 있게 되었다. 무엇보다도 보기 좋은 것은 이 노부부가 마침내 자신의 있는 모습 그대로, 꾸밈없이 배우자와 관계를 맺어 갈 수 있게 된 것이다.

가족치료에서 사회복지사는 단순히 어떤 기술을 발휘해서 내담자들을 돕거나 하는 것이 아니다. 사회복지사는 이들과의 교류를 통해 바로 '그 기술' 자체가 되고, 부부 내담자들도 마침내는 사회복지사의 '그 기술'을 이어받아 스스로 문제를 해결하고 관계 개선을 도모할 수 있게 된다. 이것이야말로 가족치료의 예술이 아닐까? 다음은 '예술'을 수행하기 위한 사회복지사의 자질에는 어떤 것들이 있는지를 서술한 것이다.

- 가족 내 각각의 구성원의 입장을 헤아릴 수 있다.
- 가족 간의 향상된 대화 패턴을 그려 보고 이를 내담자 가족에게 제시할 수 있다.
- 내담자의 성장을 도모하는 목적으로 그들의 이야기를 경청할 줄 알며 내담자들도 서로를 공감하며 이야기를 주고받도록 가르칠 수 있다.
- 상대방을 존중하고 그의 입장을 헤아리면서 자신의 감정과 생각을 표현할 줄 안다.
- 내담자를 있는 그대로 인정하고 그의 잠재력을 높이 산다(내담자 자신들도 그들의 잠재력을 미처 깨닫지 못하는 경우가 많다).
- 가족 구성원들 서로가 서로를 인정하고 북돋워 줄 수 있도록 유도한다.
- 어떤 압력에도 굴복하지 않고 서로를 존중하도록 격려할 수 있다.
- 내담자의 상처받기 쉬운 자아를 보호하면서 신중하게 대한다. 구성원 서로 간에도 그렇게 할 수 있게 지도한다.
- 자신에 대해서나 다른 이들과의 관계에서 정직해야 한다.

사회복지사에게는 이러한 자질들을 갖추는 것이 그 어떤 기술을 연마하는 것보다 중요하다. 어느 학파에 연루되거나 어떤 기술을 사용하느냐에 상관없이 치료자의 자질, 즉 공감 능력, 진실함, 따뜻한 배려 등과 관련한 치료 효과의 연관성을 알아보는 연구가 활발하다. 사회복지사는 그의 가치 체계와 믿음을 기반으로 내담자 가족이 문제를 해결하고 그들의 관계가 개선되도록 돕는다.

6. 요약

부부가 함께 작업하는 것은 매우 중요하다. 최근 연구에 따르면, 부부치료는 확대가족 치료와 비교할 때 두 배 이상 시행되고 있다고 한다(Doherty & Simmons, 1996). 이 결과를 바꾸어 생각해 보면, 확대가족 내의 부부치료가 얼마나 잘 이루어지느냐에 따라 확대가족 전체의 치료 효과가 높아진다고 볼 수도 있다. 다음 장에서는 확대가족과의 상담에서의 중기 단계에 대해서 살펴볼 것이다. 부부는 가정의 중심이기 때문에 여기서 다룬 부부치료 원리들이 확대가족과의 상담에도 적용되는 것을 알게 될 것이다.

참고문헌

Ables, B. S. (1977). *Therapy for couples*. San Francisco: Jossey-Bass.

Bardin, A. (1992). Less than perfect: A couple's struggle to accept their Down's syndrome baby. *Family Therapy Networker*, November-December, 75-76.

Beckman, P. (1991). Comparison of mother's and father's perceptions of the effect of young children, with and without disabilities. *American Journal on Mental Retardation, 95*, 585-595.

Bernier, J. (1990). Parental adjustment to a disabled child: A family system perspective. *Families in Society, 71*, 589-596.

Biestek, F. J. (1954). *The casework relationship*. Chicago: Loyola University Press.

Constable, R. T., & Cocozzelli, C. (1989). Common themes and polarities in social work practice theory development. *Social Thought*, Spring, 14-24.

Davis, B. (1987). Disability and grief. *Social Casework, 68*, 352-57.

deShazer, S. (1988). *Clues: Investigating solutions in brief therapy.* New York: Norton.

Doherty, W. J., & Simmons, D. S. (1996). Clinical practice pictures of marriage and family therapists: A national survey of therapists and their clients. *Journal of Marital and Family Therapy, 22*, 9-25.

Foucault, M. (1972). *The archeology of knowledge.* New York: Harper & Row.

Foucault, M. (1979). *Discipline and punish: The birth of the prison.* Middlesex, UK: Peregrine Books.

Foucault, M. (1980). *Power/knowledge: Selected interviews and other writings.* New York: Pantheon Books.

Gergen, K. (1999). *An invitation to social construction.* Newbury Park, CA: Sage.

Goldenberg, I., & Goldenberg, H. (1996). *Family therapy: An overview.* Pacific Grove, CA: Books-Cole.

Grunebaum, J. (1990). From discourse to dialogue: The power of fairness in therapy with couples. In R. Chasin, H. Grunebaum, & Herzig (Eds.), *One couple, four realities: Multiple perspectives in couple therapy* (pp. 191-228). New York: Guilford Press.

Guerney, B. L. (1977). *Relationship enhancement.* San Francisco: Jossey-Bass.

Habermas, J. (1987). *The theory of communicative action (Vol. 2), Lifeworld and system: A critique of functionalist reason.* Boston: Beacon Press.

Haley, J. (1976). *Problem-solving therapy.* San Francisco: Jossey-Bass.

Hartman, A., & Laird, J. (1983). *Family-centered social work practice.* New York: The Free Press.

Johnson, L. (1981). *Social work practice: A generalist approach.* Boston: Allyn & Bacon.

Kheshgi-Genovese, Z., & Constable, R. T. (1995). Marital practice in social work. *Families in Society, 76*(9), 559-566.

Lambert, M. J., & Bergin, A. E. (1994). The effectiveness of psychotherapy. In A. E. Bergin & S. L. Garfield (Eds.), *Handbook of psychotherapy and behavior change* (pp. 143-189). New York: Wiley.

Lazarus, A. (1981). *The practice of multimodal therapy*. New York: McGraw-Hill.

Mead, G. H. (1932). *The philosophy of the present*. Chicago: University of Chicago Press.

Mead, G. H. (1934). *Mind, self and society*. Chicago: University of Chicago Press.

McGoldrick, M., Gerson, R., & Shellenberger, S. (1999). *Genograms: Assessment and intervention* (2nd ed.). New York: Norton.

Miller, G., & de Shazer, S. (1998). Have you heard the latest rumor about······? Solution-focused therapy as a rumor. *Family Process, 37*, 363-377.

Monk, G., & Gehart, D. R. (2003). Sociopolitical activist or conversational partner? Distinguishing the position of the therapist in narrative and collaborative therapies. *Family Process, 42*(1), 19-30.

Nicholas, M., & Schwartz, R. C. (2002). *Family therapy: Concepts and methods*. New York: Allyn & Bacon.

Orlinsky, D. E., Grawe, K., & Parks, B. P. (1994). Process and outcome in psychotherapy-noch einmal. In A. E. Bergin & S. L. Garfield (Eds.), *Handbook of psychotherapy and behavior change* (pp. 270-378). New York: Wiley.

Seybold, J., Flitz, J. & Macphee, D. (1991). Relation of social support to the self perceptions of mothers with delayed children. *Journal of Community Psychology, 19*, 29-36.

Shulman, L. (1992). *The skills of helping: Individuals, families, and groups* (3rd ed.). Itasca, IL: Peacock.

Snyder, M. (1995). "Becoming": A method for expanding systemic thinking and deepening empathic accuracy. *Family Process, 34*(2), 241-253.

Stanton, M. D. (1981). Strategic approaches to family therapy. In A. S. Gurman & D. P. Kniskern (Eds.), *Handbook of family therapy*. New York: Brunner-Mazel.

Truax, C. B., & Carkhuff, R. R. (1967). *Toward effective counseling and psychotherapy*. Chicago: Aldine.

Turner, R. (1970). *Family interaction*. New York: Wiley.

Voysey, M. (1975). *A constant burden: The reconstitution of family life*. London: Routledge & Paul.

White, M., & Epston, D. (1990). *Narrative means to therapeutic ends*. New York: Norton.

Wile, D. B. (1992). *Couples therapy: A nontraditional approach*. New York: Wiley.

07

두 세대 이상의 가족이 참여하는 가족치료의 시작과 중기 단계

제7장 두 세대 이상의 가족이 참여하는 가족치료의 시작과 중기 단계

제7장과 제8장에서는 두 세대 이상의 세대가 연관된 확대가족, 즉 자녀들뿐 아니라 조부모 세대를 포함한 가족상담을 다룬다. 이러한 확대가족은 아마 가족 간의 분란이나 여러 가지 상실을 겪고 있을 것이다. 따라서 이번 장에서 살펴보려고 하는 가족의 사례들은 이혼 진행 중인 부부를 둔 가정, 재혼 등으로 맺어진 가정, 가족 사이에 지속적이고 규칙적인 의사소통 없이 형태만 가족처럼 보이는 가족 등이다. 이러한 가족상담에서는 과제를 이용한 해결책을 수행하는 것이 일부러 복잡하게 돌려 진행하거나 단절된 방안들을 제시하는 것보다 효과적이다.

1. 확대가족

1) 부모와 자녀로 구성된 가족의 경우

여기서는 부모와 자녀로 구성된 가정 중 초등학교 자녀들과 청소년기를 지나는 자녀들이 있는 가정과의 사회복지실천에서 초기와 중기 단계를 다루고자 한다. 대개 이 가정들은 두 세대 이상이 함께 어울려 있다. 즉, 부모와 자녀들, 조부모 세대를 비롯해 간혹 친척들로 이루어진 만큼 가족 발달상의 여러 주기를 경험한다. 우리는 이미 [사례연구 6-2]의 그린 가정의 예를 통해 발달장애 자녀를 둔 확대가족이 문제를 다루거나 의사결정하는 과정을 살펴보았다. 새로운 가족 구성원의 등장(예: 자녀의 출생 등)과 함께 부부 관계는 새로운 국면에 처하게 된다. 자녀가 성장함에 따라서 자녀에 대한 책임감과 자녀의 사회화를 도모하는 과정에서 피치 못하게 부모와 자녀 사이에 미묘한 힘의 불균형이 생기게 마련인데, 이럴 때일수록 확고한 위계질서가 필요하며 부모가 이를 주관해야 한다.

대부분의 경우, 청소년기 자녀가 있는 가정의 경우에 이렇듯 위계질서의 불안정한 기류가 형성되는데, 자녀가 부모보다는 또래 친구들이나 외부 세계와 어울리면서 가정의 질서가 위협받게 된다. 한편 이 시기의 청소년들은 때로 위험한 행동을 할 소지가 다분하므로 여전히 제재가 필요하다. 청소년들의 입장에서 이 위험한 행동들은 기성세대에 대한 반항일 수도 있다. 따라서 부모와 청소년기 자녀 모두에게 중요한 것은 어떻게 힘의 균형을 이루는가를 논의하는 것에서 벗어나, 보다 기능적인 관계를 형성하는 것이다. 기능적인 관계란 부모가 청소년기 자녀들의 자라나는 자립심을 인정해 주는 관계를 말한다. 이러한 움직임은 부모와 자녀가 나누는 대화에서 찾아볼 수 있다. 대화를 나누는 데 있어서 부모가 압력을 행사하거나 자녀가 무조건 반항하는 식으로 응수하는 것이 아니라 서로에 대한 애정과 소속감이 바탕이 되어야 한다. 가장 이상적인 것은 가족 간에 힘겨루기를 하는 것이 아니라 서로 협력함으로써 자녀의 청소년기를 부모와 자녀가 힘을 모아 지혜롭게 보내는 것이다. 부모는 여전히 안전한 정서 유대 대상으로 있어 주고 청소년은 자립심과 자신이 원하는 능력을 추구한다. 이 과도기를 잘 보내지 못하면 대부분의 경우 가족 간의 불화와 심각한 발달상의 문제를 겪게 된다(Diamond & Liddle, 1999, p. 9).

2) 부모가 이혼소송 중인 가정 및 재혼으로 맺어진 가정의 경우

제8장에서는 부부가 이혼을 겪는 과정과 그 이후에 발생하는 문제들을 다룰 것이다. 이혼을 진행 중인 가정은 보통 전쟁 중인 것처럼 부부간에 심각한 싸움이 오고 가는 경우거나, 이보다는 덜하더라도 여전히 불화를 겪는 상황에 있다. 이혼 전후의 가정에는 두 가지 구조가 생기는데, 첫 번째는 부모 모두가 함께했던 시기의 구조이고, 두 번째는 그 이후의 시기로 어느 한쪽 부모가 자녀의 양육을 맡기로 하여 한쪽 부모와 자녀가 남는 구조다. 이처럼 가족 구조가 변해가는 과정에는 여기에 적응하기 위한 시간이 필요하고 이를 겪는 가족 구성원들은 수많은 혼돈 속에서 방황하고 서로 충돌하며 자녀는 부모 사이를 오가며 애정과 안정을 얻고자 노력하게 된다(Montalvo, 1982). 재혼 역시 애정과 안정의 추구를 위한 또 다른 형태의 노력을 필요로 한다.

3) 무조직 가족

가족 구성원 사이에 이렇다 할 상호작용이 형성되어 있지 않은 무조직 가족의 경우, 보통 빈곤과 사회의 냉대 속에서 고통받으며 이들은 어찌할 바를 모르고 과도기에 정체되어 있다. 이들 가족 내에서는 자녀의 성장과 발달에 필요한 사회화뿐 아니라 다른 가족 구성원들의 기능도 제대로 발휘되지 못한다. 이러한 가족을 연구한 아폰테(Harry Aponte, 1986)의 업적을 토대로 다음에 제시되는 사례를 살펴보고자 한다.

4) 확대가족 내의 부부

부부상담의 기본을 숙지하는 것은 중요하다. 부부란 한 가정의 행정을 주관하는 상부 체계다. 확대가족이 처한 상황을 자세히 들여다보면 많은 경우 부부가 해결해야 할 문제들인 것을 알 수 있다. 어린 자녀를 둔 부부들은 대개 대인 관계를 비롯한 자녀의 전반적인 사회화 문제를 놓고 자녀에게 바라는 것과 서로에게 기대하는 것에 대해서 의견 조정이 필요하다. 이들은 부부 관계를 보호하면서 동시에 향상시켜야 한다. 만약 한쪽 부모와 자녀의 연합이 배우자와의 연합보다 더 강할 경우, 부부는 자녀의 양육 문제뿐만 아니라 부부간의 관계 발전도 기대하기 어렵다. 그들은 서로를 무시하면서 어느 한쪽이 자녀와 유별나게 가깝고 부부 사이는 멀어지게 되는 이른바 삼각(트라이앵글)관계 형태를 이루며 불화를 드러낸다.

자녀가 청소년기를 거치며 더 복잡한 세상과 조우할수록 부모도 그들의 관계를 자녀의 변해 가는 욕구와 세계관에 맞추어 변화시켜야 한다. 자녀는 점차적으로 자신의 행동반경에 책임감을 가지도록 양육되어야 한다. 또한 부부의 의견이 일치하지 않더라도 자녀 앞에서 대놓고 내색하는 것은 좋지 않으며 부부는 서로 의지하고 지지하는 모습을 보여야 한다. 청소년기 자녀들은 교묘하게 부부 사이의 틈을 벌리고 세대 간 삼각관계 구조를 만들어 영향력을 행사하려고 한다. 긴장을 유발하는 자녀의 이러한 행태는 부모에게 경각심을 일깨우고 자신들의 부부 관계를 돌아보게끔 만든다. 역설적으로 이러한 상황은 부부를 힘겹게 하는 동시에 그들 자신의 발달상의 문제들로부터 해방되는 단서를 제공하기도 한다.

이를 잘 극복하려면 부부는 자녀의 요구를 적절히 들어주면서 상호 간에 확고한 유대 관계를 맺어야 한다. 이러한 상황에 처하는 부부들은 서로 협력하거나, 아니면 혼란 속에서 우왕좌왕하게 된다. 호기심과 재치가 왕성했던 청소년 자녀는 어느새 새로운 관계와 애착 욕구를 가진 성인으로 성장하지만, 문제는 바로 다사다난한 자녀의 청소년기를 보내면서 남겨진 많은 상처들이 치유되지 않은 채 그대로 남는 데 있다.

2. 확대가족 상담의 초기 단계

가족상담은 부부상담에서와는 달리 치료의 주목적이 부부간의 관계 개선과 애정을 회복하고자 하는 것이 아니다. 대신에 확대가족 구조 내에서의 여러 변화들과 복잡다단한 일들의 해결을 돕는 데 있다. 그와 동시에 가족 간의 연대감을 강화하면서 자녀의 요구와 부부 관계를 돈독히 하여 가족 간의 연대감을 강화하는 것이다. [사례연구 7-5]의 13세 자녀를 둔 피터슨 가족의 경우, 자녀의 상황에 주요 초점을 맞추고 이차적으로 부부 사이의 관계를 돌보았다. 가출 청소년 스티븐이 등장하는 [사례연구 7-7]에서는 부부간의 심각한 불화와 스티븐의 가출 문제를 번갈아 다루고 있다. 스티븐의 부모는 부부 문제로 인해 자녀가 원하는 것을 제대로 보지 못했다.

부부와 자녀가 함께 가족상담에 참여할 경우, 상담의 방향에는 크게 두 가지가 있다. 한 가지는 부부를 한 단위로 취급해서 문제해결을 시도하는 것이고, 다른 한 가지는 부부를 사회적인 관리자(agent)로 보고, 자녀들은 가족 내 구성원들과 관계해서 보는 것이다. 이러한 일들은 복잡하고 까다로운 양상을 연출하는데, 가족의 관계를 체계적으로 접근한다면 각각의 문제가 다른 문제에서도 함축적으로 나타나고 있음을 알 수 있다. 예를 들면, 부부와 함께 가족의 사회화 문제를 다루는 것은 곧 그들 부부 문제를 다루는 것이라고 볼 수 있다. 즉, 청소년기 자녀도 이 일에 참여하게 되고 서로 협조하는 과정을 통해 부부 관계를 공고히 다지는 계기가 될 수도 있다. 마찬가지로 자녀의 문제로 상담이 시작된 경우, 만약 자녀가 필요 이상으로 부모와 얽혀 있거나 또는 아무 상관도 없는 사람처럼 대함으로써 힘들어하는 것을 알게 된 사회복지사는 이러한 상황을 아이의 부모와 나누고, 이렇게 된 과정과 상황을 분석한 후에 자녀와 부모 사이의 관계를 변화시키려고 노력함으로써 부부간의 관계 개선을 비롯한 가정의 상황이 호전될 수 있다. 많은 경우, 세대 간의 연합이 형성된 후에 또는 자녀가 한쪽 부모와 지나치게 감정적으로 밀착되어 있거나 반대로 냉기류에 한참을 시달리고 나서야 부부 문제(그동안 깨닫지 못했거나 애써 덮어 왔던)를 직접 직면하게 된다. 자녀와 부모 사이의 심란한 분란 덕분에 겉으로 드러나는 자녀의 문제에만 신경을 쓰느라고 부부 문제는 방치되어 왔을 수도 있다. 반면 이러한 분란이 있고서야 부부가 그들 간의 문제를 되돌아볼 기회를 갖게 되는 경우도 있다. 이때 특정 문제에 맞서 부부가 한 배를 탄 동지처럼 협력할 수 있다면 이러한 경험이 그들이 처한 위기 상황에서 벗어나는 데 도움이 될 것이다.

 확대가족과의 가족상담은 시작부터 복잡할 수밖에 없다. 부부 문제와 부모로서의 문제들이 뒤섞여 있고 닭이 먼저인지 달걀이 먼저인지처럼 판단하기 어려운 많은 경우에 부딪히기 때문에 상담의 목표를 정하는 것이 수월하지만은 않다. 대개의 경우, 부부 사이에 문제가 있는 것을 인정하고 이를 해결하려고 하기보다는 자녀의 문제로 상담을 받는다는 식으로 생각한다. 부부간의 문제를 둘러싼 이야기들은 참으로 개인적이고 조심스러운 주제이며 결혼 생활이 파국으로 치닫는 것을 인정하는 게 어려울 수도 있다. 자신들에게 문제가 있다고 털어놓는 것보다는 자녀에게 문제가 있다는 식으로 말하는 것이 덜 부끄러울 수 있기 때문이다. 또한 예정된 다음 단계—관계의 상실이나 이혼 등—가 너무 극적이라고 생각될 수도 있다.

1) 시작 단계의 기술

 어느 사례를 막론하고 상담에 참여하는 가족 구성원들은 자신들의 상황이 통제 불가능하며 손댈 수 없을 정도로 심각해서 희망이 보이지 않는다고 여긴다. 여기서 염두에 두어야 할 것은 가족 구성원들이 뒤죽박죽이라고 여기는 것들이 해결해야 할 문젯거리들로 인식되고, 마침내 해결 가능한 일들로 변할 수 있다는 것이다. 그러나 가족 구성원들은 무작정 자신들의 상황이 나아질 것이라고 봐서는 안 되며, 희망을 가지고 해결과정을 변화에 동참하는 과정이라고 여겨야 한다. 사회복지사는 출중한 조력자로서 가족 내담자들과 초점 사항에 대하여 정하고 상담 계약을 체결하며 각 구성원의 적극적인 참여를 유도해야 한다. 부부상담에서와 마찬가지로 치료 목표는 상담을 의뢰하는 전화통화를 통해 또는 그 이후 두세 번에 걸친 면담을 통해 세워진다. 부부상담과 가족상담의 차이점은 이 과정에서 더 많은 사람이 동참하게 되므로 더 많은 변수가 생긴다는 것이다. 그러나 비록 과정이 더디더라도 진행되는 단계는 비슷하다. 우선 가족 내 구성원 중 누가 상담에 참여할 것인지 결정해야 한다. 부부부터 시작할 것인지, 전 가족 구성원들이 참여할 것인지를 결정하는 것은 까다로운 문제다. 부모와 다른 구성원 모두 가족상담에 참여하는 것에 동의하고 해결해야 할 문제를 명시한 뒤에 상담 계약을 맺는다. 다음에 제시하는 기술들은 앞 장에서 살펴본 부부상담 초기 단계의 기술들과 유사하다(Shulman, 1992).

- 가족 구성원들에게 사회복지사의 역할과 업무 목적에 대해 알려 준다.
- 내담자 가족의 각 구성원의 생각이나 관심 분야, 해결해야 할 일 등이 복잡하게 얽혀 있을 수 있으므로, 이에 대한 가족 구성원의 느낌과 견해를 탐구한다.
- 자녀가 부모 앞에서 하고 싶은 말을 제대로 못하는 경우, 또한 세대 차이로 의사 소통이 원활하지 못할 경우에 각자의 느낌과 견해를 말로 표현할 수 있도록 돕는다.
- 가족 구성원 사이에서 자신을 드러내기를 꺼려 하거나 이러한 상황에 익숙하지 않은 구성원이 침묵으로 일관하는 경우에 내담자들의 침묵의 의미를 살펴 그들의 내재된 감정을 밝힌다.
- 가족 내 문젯거리라 여겨지는 부분들이 잘못 인식되어 왔거나 드러내지 못하고 속으로 끙끙 앓고 있는 경우에, 걱정거리들을 세분화시켜 본다.
- 세대 간의 불균형을 비껴갈 수 없는 상황에서 치료 계약을 맺는다.
- 가정의 문제만으로 볼 수 없고 사회제도의 문제로 파생한 상황이거나 사회제도의 개입이 필요한 경우, 심층적으로 가족의 상황을 사정한다.

이러한 과정은 내담자 가족 구성원들의 참여와 이해를 바탕으로 이루어져야 한다. 이 모든 과정이 어떻게 이루어지고 가족치료 기술들이 어떻게 적용되는지 사례연구를 통해 자세히 살펴볼 것이다.

2) 가족의 위계질서 존중

부부상담과 확대가족 상담의 중요한 차이점 중 하나는 부부상담이 부부 관계의 동등함에 초점을 맞추는 것과 달리, 확대가족 상담은 그 가정의 위계질서를 존중하는 데 있다. 그러나 부모의 권위 체계가 때로는 문제가 된다. 어떻게 하면 사회복지사가 상담하는 동안 부모의 권위를 손상시키지 않고 상담에 필요한 기술들을 발휘할 수 있는가? 내담자 가족이 기능상의 문제가 있는 경우, 사회복지사는 '전문가'로서 그 가정에 개입하여 의도하지 않게 이미 흔들리고 있는 부모의 입지를 약화시키는 데 한몫할 수도 있다. 또한 '전문가'가 개입할 경우, 부모, 자녀 할 것 없이 역기능적으로 행동하거나 또는 가족 내부 상황이 어떠하든 가족의 통제하에 그대로 머물기 위해 기관과 사회복지사를 대상으로 투쟁을 벌일 수도 있다. 이때 사회복지사는 가족의 역동적인 에너지가 가족치료에 순기능적인 역할을 하도록 도와야 한다.

3) 안 전

폭력의 위험이 높은 가정의 경우에는 안전에 대한 특별한 조치가 필요하다. 가족 간에 폭력을 행사하여 가족 구성원이 안전하다고 느끼지 못하는 경우에는 상담 진행이 원활할 수 없다. 이러한 가정의 유일한 해결책은 부모로 하여금 안전한 가정을 형성하기 위한 노력을 기울이도록 독려하는 것이다. 이 일 자체가 큰 과업으로서 안전한 가정을 위해 계획을 세우고 노력하는 자세가 제대로 이행될 경우, 이 가족이 안고 있는 다른 어떤 문제를 해결하고자 할 때도 긍정적인 결과를 기대해 볼 수 있다. 사회복지사는 부모를 도와 '안전한 가정'이라는 도달점으로 가는 여정에 동참하는 길잡이가 된다. 바로 이것이 가족치료의 계약 성립의 초석이다. 앞서 제시한 모든 기술을 동원해서 부모가 문제를 파악하고 이를 바탕으로 계약을 성립한 이후에 문제해결을 시작하도록 한다. 그러나 폭력의 위험에 처한 가정이 '안전한 가정'을 위한 사회복지사의 지원을 받는데

도 여전히 '안전한 가정'을 도모하기가 힘들거나 부모가 '안전한 가정 만들기' 프로젝트에 적극적으로 임하지 않을 경우에는 법의 개입이 필요하다. 가정의 안전이 문제가 아닌 경우에도 사회복지사는 부모와 자녀의 책임에 대한 가정 내 위계질서를 유지하고 보조하도록 세심히 배려해야 한다. 때때로 부모와 자녀들이 사회복지사에게 모든 결정권을 위임하고 알아서 하라는 식으로 대응하는 경우도 있는데, 이것은 바람직하지 않다.

4) 1단계 또는 2단계 가족치료의 시작

앞서 거듭 언급되었 듯이 모든 가족 구성원이 참여하는 가족치료는 특히 초기 단계가 복잡할 수밖에 없다. 이러한 이유로 때로는 자녀들은 일단 포함하지 않고 부모가 연합전선을 구축하여 자녀의 욕구, 자녀와 관련된 문제 또는 자녀에게 필요한 것(또는 함축적으로 부부간의 문제)을 해결하는 것이 효과적인 경우도 있다. 이것이 가능한 경우, 상담은 빠르게 진행될 수 있다. 어느 경우든 가능한 한 빨리 해결하고자 하는 문제들을 파악하고 비록 추후에 변경되거나 수정되더라도 목표를 정하는 것이 바람직하다. 그렇다면 상담을 시작할 때, 1단계(one step) 진행으로 사회복지사가 자녀를 제외하고 부모만 만나는 경우와 2단계(two step) 진행으로 일단 부모와 처음 상담을 갖고 그 이후부터는 부모와 자녀가 모두 참여하는 가족상담 시간을 갖는 것 가운데 어느 편이 보다 바람직한가? 어느 것이 바람직한지는 전화통화로 상담 의뢰를 받을 때나 부모와의 첫 면접 시간에 정하는 것이 좋다. 부부상담과 마찬가지로, 사회복지사는 내담자들의 요구와 결정, 즉 ① 개별상담을 통해 해결해야 할 문제가 개인적인 문제인지, ② 일단 초기에는 부부만 상담을 받는 것이 문제해결을 위해 바람직할 것인지, ③ 부모와 자녀들 모두 함께 해결해야 할 문제인지 등 그들의 의견에 귀를 기울여야 한다.

5) 한부모와 함께하는 상담의 시작

부모 역할을 비롯한 자녀 양육에 대한 문제인 경우, 부모가 함께 참석하거나 가족 전체가 함께 상담을 시작하는 것이 가장 효과적이다. 문제가 무엇인지, 어떻게 해결해야 할지를 부부가 구체적으로 합의할 수 있다면, 부부는 서로에게 가장 든든한 지원군이 되어 보다 효율적으로 문제를 해결할 수 있다. 물론 이와는 반대로, 한쪽 배우자가 외부에 도움을 청하는 것을 완고하게 꺼려 하거나 도움을 요청하는 쪽만 자신의 문제를 정확하게 파악하고 있는 경우도 있다. 이럴 경우, 각 상황에 맞는 접근 계획을 세워야 한다. 또한 부부가 함께 가족치료를 시작하는 것이 바람직하지만 그러지 못한 경우도 있으며, 어느 한쪽 부모만 상담을 시작하는 경우라도 일단 가족치료를 시작하면 치료에 참여하는 내담자가 변화하면서 그 영향이 가족 전체에 미칠 가능성이 크다. 다음의 사례는 한부모가 안고 있는 문제를 해결해 가는 이야기다.

[사례연구 7-1] 이혼으로 한부모가 된 조안

조안은 이혼 직후부터 지금까지 무질서하고 혼란스러운 가정 형편 때문에 고생하고 있다. 한 번도 한부모가 되리라고는 생각치 못했던 조안은 지금의 현실을 받아들이기가 여간 힘든 것이 아니다. 자녀들도 자신의 어머니도 전 남편도 어느 누구도 조안의 처지를 고려하지 않았으며 조안은 조안대로 그들에 대해 통제력을 발휘하지 못하고 있다. 4개월째 조안을 상담 중인 사회복지사는 조안이 자신과 가족을 분리해서 보게 함으로써 그녀가 새로 맡게 된 한부모로서의 역할을 수행하도록 돕고 있다. 자녀들은 결국 조안이 책임져야 한다. 전 남편과의 사이에 필요한 것은 명확한 한계선을 정하는 것이다. 그녀의 어머니에게는 조안 스스로 문제들을 다룰 수 있다고 선포한 뒤, 자신의 통제와 관리하에 도움이 필요하면 어머니의 도움을 받아들이는 것이 요구된다. 이런 식으로 자녀들, 전 남편, 어머니와의 사이를 강화시키며 관계에 변화를 줌으로써 조안은 자신의 역할에 충실해지게 되었다. 이런 경우에는 조안 이외에 다른 가족 구성원을 상담에 개입시키는 일은 오히려 불필요하다. 조안에 대한 지속적인 지지와 조안의 엄청난 노력을 바탕으로 그녀는 힘든 상황 속에서 잘해 나가고 있다.

6) 부부와 함께하는 1단계 상담 시작

어느 한쪽 부모가 가정에 해결할 문제가 있어 상담을 받기 위해 전화를 걸어 올 수 있다. 그때 마침 자리에 없었던 사회복지사는 전화 메시지를 확인한 뒤에 통화를 시도했던 사람과 전화통화를 하게 되었다. 사회복지사는 내담자 가족에게 어떤 문제가 있는지, 어떻게 이를 해결하도록 도움을 줄 수 있는지 등 상담하기 위해 부부가 함께 상담실을 찾을 것을 권했다. 혹시라도 한쪽 부모(주로 전화를 건 사람의 경우)와 연합을 이루어 문제의 핵심이 흐려질 것을 염려해서 전화로 길게 이야기하지는 않는다. 다행히 부부가 함께 상담에 임하고 그 결과 그들의 당면 문제를 해결하도록 한다. 사회복지사는 부부 내담자가 상담의 주인으로서 참여하도록 배려하며 다른 가족 구성원의 개입이 이루어지는 시점까지 계속해서 부부가 상담의 축이 되도록 한다. 이 내담자 부부는 매번 다른 문제를 갖고 몇 번에 걸쳐 상담실 문을 두드릴 수도 있다. 이때 중요한 것은 언제나 내담자 부부의 역할을 확실히 주입시키고 해당 문제와 관련해서 그들이 문제해결 전략을 세우도록 돕는 일이다. 이는 그들이 평소에 늘 하던 방식이 통하지 않을 경우, 다른 방식을 찾도록 독려하면서 부모의 역할에 충실하고자 하는 그들을 강화시키는 것을 의미한다. 이런 식으로 부부 내담자를 대하기 위해서는 사회복지사의 숙련된 경험이 필요하다. 이런 1단계 상담의 시작 단계에서는 자녀들은 상담에 참여하지 않은 채, 상황을 사정하고 부부간의 관계 문제를 다루며 부모로서 문제를 해결하려는 이들을 조력하는 것이다.

다음의 사례에 등장하는 김씨 부부는 10대 아들 저스틴을 상담에 포함하지 않고 문제를 해결했다. 저스틴의 가족치료 참석은 영어가 능수능란한 아들에게 힘을 실어 줄 수 있는 좋은 기회이기는 했으나 다른 문화권에서 자란 부모의 입장에서 보면 아들의 참여는 부모의 권위를 은연중에 손상시키는 일일 수 있다.

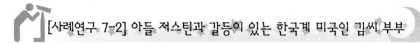

[사례연구 7-2] 아들 저스틴과 갈등이 있는 한국계 미국인 김씨 부부

청소년 자녀가 있는 버니스 김은 감리교 산하 아동연구소에 전화로 상담 문의를 했다. 부부 관계로 고민하던 버니스는 목사의 소개로 어렵게 상담을 의뢰한 것이다. 박사인 남편 피터 김과의 사이에 15세 아들 저스틴을 둔 버니스는 남편과 함께 상담실로 방문하라는 사회복지사의 제안이 마땅찮고 부담스러웠지만, 그 방면의 전문가가 하는 말이니 그의 말을 따르는 것이 자신의 문제해결에 도움이 될 것이라 여겼다. 부부는 모두 한국에서 태어났으며 다국적기업의 직원으로서 미국으로 이민하게 되었다. 부부의 원가족은 한국에 남아 있다. 최근에 남편과 아들 사이에 문제가 생겼는데, 남편의 생각으로는 미국에서 태어난 저스틴이 보통의 한국 아이가 하는 대로 아버지인 자신을 존경하지 않는다는 것이다. 저스틴은 미국인 친구들과 대부분 시간을 보냈으며, 심지어 기회만 되면 친구들 집에서 자고 오곤 했다. 남편 생각에 저스틴은 더 잘할 수 있는데도 불구하고, 학업 성적이 영 신통찮았다. 저스틴은 하루에 두세 시간밖에 공부하지 않았으며, 한국어와 한국 문화를 배울 수 있는 한국인 주말학교에 가려고 하지 않았다. 그는 미국인 친구들과 어울려 영화 등을 보면서 주말을 소일한다. 김 박사는 마음에 안 드는 아들의 이런 점들을 나름대로 꾹 참고 있다. 자신의 아버지 같았으면 저스틴같이 게으르고 부모 말 안 듣는 아이한테는 매질이 딱이라고 했을 것이다. 하지만 여기는 미국인 만큼 아동학대법이 무서워서라도 꿀밤 한 대도 제대로 줄 수가 없었다. 반면 아내인 버니스는 대부분 아들을 두둔하면서 저스틴이 보통 미국 아이처럼 자라고 있다고 본다. 로마에서는 로마법을 따르는 것처럼, 미국에 사는 한 미국인들처럼 살아야 하는 것이 아닌가? 저스틴이 다만 자신들보다 더 미국적이 된 것이고 이런 아들한테 무엇을 바랄 수 있겠냐고 생각했다.

결국 지난밤에 아버지와 아들 사이에 말다툼이 있었는데, 저스틴이 고분고분 아버지의 말을 듣는 대신, 집을 나가 가장 친한 친구인 케리 집에 가서 들어오지 않았다. 케리 가족에게서는 도대체 가족 규범이라고는 눈 씻고 찾아봐도 찾을 수 없었다. 자녀들의 귀가 시간도 정해 놓지 않고 가족들이 서로 어떻게 지내는지 도통 모르는 콩가루 같은 집안이었다. 예를 들면, 케리 가족은 가족들끼리 모여 식사를 하는 법이 없다고 한다. 일전에 케리가 저스틴에게 "너희 집은 너무 불공평하고 자유롭지 못한 데다가 억압적이야."라고 했다는데, 저스틴은 그 말을 아버지인 김 박사에게 들으라는 듯이 전했다. 이 말을 듣고 몹시 화가 나고 수치스러웠던 김 박사는 "그렇게 하려면 아예 케린지 커린지, 그 집에 가서 살아."라고 아들에게 소리치자, 아들이 진짜로 케리네 가서 얹혀살고 있는 것이었다. 지금 와서 자신이 발끈하며 화냈던 것을 후회하기는 했지만 아들에게 먼저 들어오라고 말하기는 싫었다. 한편 오랫동안 남의 집에 군식구로 지내기가 힘들 법도 한데, 저스틴도 아버지와의 기싸움에서 양보하는 기색 없이 한 발짝도 물러설 수 없다는 기세다.

이 모든 상황을 수화기 너머로 듣고 알게 된 사회복지사는 전화상으로 해결될 성질의 문제가 아니니 부부가 함께 기관에 찾아와서 더 이야기해 보는 것이 어떻겠냐고 제안했다. 문제를 해결하려면 계획을 세워야 할 것이 아닌가? 버니스는 사회복지사에게 곧 찾아뵙겠다고 약속했다. 정중하게 김 부부를 맞은 사회복지사는 이들 부부를 '김 박사님' '김 여사님'으로 불렀다. 부부가 함께 문제해결을 위한 계획을 세울 수 있는지 알아보기 위해 김 박사는 사회복지사에게 그들의 상황을 어떻게 생각하는지 물어보았다. 사회복지사는 그의 말을 경청하면서 다음과 같이 반응했다. "마치 아드님을 잃어버린 것처럼 말씀하시네요." 그러자 "그렇다."라고 대답하는 김 박사의 턱이 미세하게 떨렸다. 남편의 심정을 전해 들은 김 여사가 말하기를, 자신은 이런 상황이 아들을 잃어버린 것이라고 생각하지 않으며, 다만 아들은 그냥 미국 아이 같은 것뿐이며, 그것이 꼭 좋다는 것은 아니지만 자신들이 이것에 대해 무엇을 할 수 있겠느냐며, 자신들은 최선을 다했다고 말했다(이 부분에서 남편을 힐끔 쳐다봤다). 사회복지사는 부부가 문제를 어떻게 바라보는지 계속 이야기하도록 기회를 제공하면서 그들이 나눈 대화를 종합적으로 요약하고 부부 각자의 견해를 반영했다. 그리고 그는 전통을 잃어버리는 것에 대한 김 박사의 걱정과 가족이 한국에 있는 친척들과의 교류가 뜸해지는 것 또한 저스틴의 학교생활과 친구들에 관한 이야기들을 다시 한번 요약했다. 김씨 부부는 이 상황에서 서로 비슷한 가치관을 가지고 있는 부분은 무엇이고 어떤 문제는 다르게 인식하지만 전체적으로는 서로의 염려와 의견이 비슷하다는 것에 동의했다. 이렇게 해서 해결하고자 하는 문제에 대해 의견 일치를 본 이후에 사회복지사가 해야 할 일은 어떻게 저스틴을 도와서 김 박사나 저스틴 모두 부끄럽다거나 어색하다고 느끼지 않고 가족으로 조화롭게 어울리는가 하는 것이었다.

　먼저 김 여사가 저스틴에게 전화를 걸어 주말에 근사한 한국 식당에서 외식을 하자고 청했다. 사회복지사는 김 박사를 도와 그가 아들과 합석할 때 친구네 집에서 지내는 것이 어떠한가를 물어보면서 아들로 하여금 자신의 이야기를 할 수 있게 배려하도록 코치했다. 또 자녀를 혼내거나 비난하지 않고도 저스틴이 다시 집에 돌아오게 하려면 김 박사가 어떻게 해야 하는지 조언해 주었다. 부부는 이 계획에 동의했는데, 이 계획 이외에도 어떻게 하면 저스틴에게 한국 문화를 더 잘 이해시킬 수 있는지도 알고 싶어 했다. 여러 이야기 끝에 김 박사는 일단 저스틴이 집에 다시 잘 적응할 때까지 기다리기로 했다. 자녀와 사이가 좋아지면 두 달간 휴가를 내서 아들과 함께 한국을 방문하고 친척 집에서 지낼 수 있을 것이다. 상담을 마치면서 이 부부는 이런 계획을 실행하도록 노력하며 계속 사회복지사와 연락을 취하고 상황을 공유하기로 했다. 시작은 긴장이 감돌았던 저녁식사 시간이었다. 저스틴은 아버지가 또 자기를 꾸짖고 책망할 것이라고 그의 경직된 얼굴이 말하고 있었다. 다행히 그런 일이 발생하지 않았고, 김 여사는 아들에게 집으로 들어올 때도 되지 않았냐고 조심스럽게 말을 꺼냈다. 저스틴은 그런 것 같다고 작은 소리로 대꾸했다. 김 박사가 환영이라고 짧막히 말하자, 저스틴이 잘못했다고 용서를 구했다. 김 박사는 아들의 사과를 받아들였다. 성과 있는 가족 외식이었다. 그리고 김 박사가 제안한 한국 방문에 대해서 저스틴도 긍정적으로 받아들였다. 그 이후에도 몇 번의 상담이 이루어졌는데, 주로 미국 문화와 한국 문화의 차이점에 대해서 이야기를 나누었고 또한 김 여사가 이전에는 차마 드러내 놓고 말하지 못했던 고민들을 털어놓는 자리가 되기도 했다.

　아버지와 아들의 대화가 호전되면서 부자간의 긴장이 줄어들었으며, 저스틴의 학업 성적도 어느 정도 향상되었다. 사회복지사와 지속적으로 연락을 취하던 김 씨 부부는 김 박사가 아들과 함께 한국을 방문하기 전에 마지막 상담 시간을 가졌다. 사회복지사는 이들에게 한국 방문 시에 가계도를 그려 볼 것을 과제로 내주었다. 여행에서 돌아온 후 그들이 가족에 대해서 무엇을 알게 되었는지 이들의 가계도를 참고로 상담을 재개할 것을 약속했다.

김씨 부부는 사회복지사와 자신들의 문제나 감정을 더 깊게 나누고 싶어 하지 않았다. 이것은 아마도 문화적 차이 때문이라고 여겨지는데, 한국 문화에서는 그(그녀)가 비록 전문가일지라도 타인에게 자신의 속마음을 모두 드러내는 것을 꺼려 하는 경향이 있기 때문이다.

김씨 가족을 상담할 때 사회복지사가 취한 방법은 우선 가족치료의 목적을 분명히 하고 사회복지사를 비롯한 내담자의 역할을 명확히 밝히면서 문제를 차근차근 풀어 나가도록 사정과 상담 계약 단계에서 신중을 기한 것이다. 내담자 부부가 겪는 심정이 어떠한지 어렴풋이 알게 되었지만 이에 대해 특별히 언급하지는 않았다. 아들을 잃을지도 모른다고 말할 때 가늘게 떨리던 김 박사의 턱이며 곧이어 역력히 전해지던 그의 불편해하는 태도, 이를 눈치 챈 아내가 감정 표현을 자제하며 슬며시 화제를 돌리던 일 등 사회복지사는 이를 문화적 차이려니 하고 이해했다. 나중에 김씨의 아내는 자기 자신에 대한 생각과 감정들을 털어놓았는데, 그동안은 아들 위주로만 살아왔다는 것이다. 사회복지사는 무리하게 내담자의 감정을 들추어내려고 할 필요가 없다. 상담자와 신뢰가 형성되고 이해가 깊어지면서 상담자와 내담자 간의 관계가 성숙되면 자연스럽게 내담자의 감정을 다룰 수 있기 때문이다. 만약 성급히 내담자의 감정을 다루려고 했다면 불편해진 김씨 부부는 더 이상 상담에 임하려 하지 않았을 것이다. 김씨 부부는 사회복지사의 지도에 잘 맞추어 해결해야 할 문제를 중심으로 상담에 임했는데, 이런 점이 바로 그들이 자신의 관심에 집중하게끔 하는 상황으로 연출되었다.

많은 경우에 부부를 중심으로 하는 1단계 접근 방식을 이용해 더 심화된 가족치료를 할 수 있다. 이 방법은 특히 결혼 상담이나 개별적 상담이 주된 관심사이며, 이런 1단계 초기 단계를 거친 이후 더 이상 사회복지사의 지도 없이 내담자의 문제들이 자녀와 부모 사이에 해결될 수 있을 경우에 유효하다.

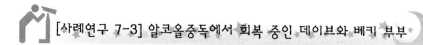

[사례연구 7-3] 알코올중독에서 회복 중인 데이브와 베키 부부

알코올중독에서 간신히 벗어난 데이브는 아내 베키와 그의 오랜 음주로 빚어진 문제들을 해결하고자 노력하는 중이다. 그가 술에 절어 지내는 동안 아내는 집안의 가장으로서 모든 일을 도맡아 해 왔다. 데이브가 알코올중독에서 회복 중인 것은 더할 나위 없이 좋은 일이지만, 그의 재활 때문에 통제가 불가능할 정도로 생기는 변화들(사실은 긍정적인 것인데)은 하루아침에 적응하기가 어렵다. 게다가 네 명의 아들들은 하나같이 통제 불능에 제멋대로다. 사실 자녀들이 이렇게 된 것은 데이브의 영향이 컸다. 그는 늘 술에 취해 있어서 베키의 속을 까맣게 태웠기 때문에, 베키는 다섯 명의 아들을 키우는 것이나 마찬가지였다. 데이브와 베키 부부는 1단계 가족상담을 가졌다. 다행히 이 부부는 자녀들에게 부모 노릇을 제대로 할 수 있게 되었고, 자녀들은 부모 말을 듣게 되었다. 매주 부부 회기를 통해 이루어진 이 모든 과정에서 자녀들은 굳이 상담을 받으러 오지 않아도 되었다.

7) 2단계 가족치료 시작 단계

많은 경우에 가족치료는 2단계로 시작된다. 가족의 문제들은 그 형태가 복잡하고 근본 원인을 헤아리기 쉽지 않은 특성이 있는 만큼 결국에는 자녀들도 상담에 포함시키는 것이 필요하다. 물론 단순히 부모의 바람 때문에 아이들이 참석하는 경우도 있다.

다음의 사례는 전화 상담 의뢰를 받은 사회복지사가 일단 부모와 첫 면담 시간을 가진 이후에 가족 전체가 참석하는 편이 효과적이라고 판단한 경우를 다룬다. [사례연구 7-4]를 살펴보기 전에 제2장의 [사례연구 2-2]에 등장하는 안토넬리 가족의 예에서 사회복지사의 접근 방법을 다시 살펴볼 것을 권한다.

[사례연구 7-4] 외동딸 마리사 문제로 고민하는 안토넬라 가족

르나타 안토넬리는 곧 18세가 되는 외동딸 마리사에 대해 상의하고자 전화를 걸어 왔다. 집안 어른들의 사랑을 독차지하며 자란 마리사는 원래 고분고분한 아이였는데, 지난 3년 동안은 아예 말을 듣지 않고 부모의 속을 있는 대로 썩였다. 특히 남자 친구들과 교제하는 데는 가정 내 규율을 완전히 무시했다. 어머니가 주로 딸을 타이르거나 주의를 주고 혼내는 편이었는데, 작은 사업체 운영에 온 힘을 쏟는 아버지, 마리오는 딸을 혼낼 때 아내처럼 특정한 기준이 있는 게 아니었다. 다섯 달 전에 르나타는 딸의 통화를 엿들으며 녹음하던 중 딸이 남자 친구와 성적 행위를 한다는 것을 알게 되었다. 원래부터 외동딸에게 일일이 간섭하기는 했지만, 요새는 그 간섭의 정도가 더 심해지게 되었고 마리사의 반항도 더욱 격렬해지면서 부모와 딸은 사사건건 부딪치고 있다. 예를 들어 마리사는 전화 사용을 금지당했다. 마리사는 학교에서 보내는 시간만큼은 잠시나마 어머니의 간섭에서 벗어날 수 있었는데, 르나타에 따르면, 딸의 소지품 검사는 기본이고 딸의 일거수일투족을 감시한다고 했다. 둘은 마치 고양이와 쥐가 서로 으르렁대는 것같이 지내는 듯 보였다. 한번은 마리사가 가출을 했는데, 곧장 경찰에 붙잡혀 돌아왔다. 딸이 이와 같이 부모를 따돌리고 제 마음대로 하는 것이 부모 입장에서 보면 불속에 뛰어드는 불나방처럼 보였는데, 마리사는 자신이 하는 일이 어떤 결과를 초래할지에 대해서는 전혀 생각을 안 하는 것만 같았다. 두 달 뒤면 열여덟 살이 되어 성인이 되는 마리사는 집을 뛰쳐나가 독립할 생각에 하루빨리 생일날이 오기를 손꼽아 기다리고 있었다.

그러던 어느 날 매우 심각한 상황이 벌어졌는데, 이 일로 인해 부모와 마리사 모두 고목나무처럼 완고해졌다. 마리사는 집과 부모로부터의 해방을 목전에 두고 있었다. 부모는 모든 가족이 모여 가족치료를 받기를 원했고 우여곡절 끝에 가족치료가 시작되었다. 우선 전화상으로 나눈 상담 의뢰를 통해 르나타, 마리오 부부가 동석하는 상담 시간을 그 주 안으로 잡았다. 르나타는 자기와 딸이 마침 고양이와 쥐처럼 끝없이 쫓고 쫓기는 게임을 하는 중이었으며 상황이 극에 달하고 있는 것은 알지만 딸이 꼭 불나방처럼 위험도 모르고 설쳐대는 꼴을 볼 수 없다는 것이었다. 딸의 마음을 바로잡기 위해 어떤 방법이든 취해야 하고 자기가 변할 용의도 있지만 도대체 어디서부터 어떻게 해야 할지를 몰라 망연자실한 상태였다. 딸의 반항은 거세지고 그에 대한 부모의 응징도 극에 달해 결국에는 마리사가 집에 감금당한 채 어떠한 외출도 허용되지 않는 지경에 이르렀다.

마리오와 르나타 부부와 함께한 가족치료는 우선 부모와 딸의 싸움이 승패를 가르지도 못한 채 서로에게 상처만 주는 실속 없는 싸움으로 관계가 악화되고 있다는 사실을 재확인하는 것으로 시작되었다. 이와 함께 르나타는 한 발 뒤로 물러선 채 아버지인 마리오가 마리사를 훈육하기로 역할을 바꾸도록 했다. 물론 아내인 르나타는 남편에게 딸의 훈육에 대한 조언과 지지를 아끼지 않을 것이다. 이러한 역할상의 변화에 대해 상당히 구체적인 대화가 오갔는데, 마리오의 흔쾌한 동의와 더불어 딸과의 싸움에 지칠 대로 지친 르나타도 별 반대가 없었다. 르나타의 고백에 따르면, 자기의 전술은 더 이상 먹히지 않는다는 것이다. 마리사를 너무 옥죄어 왔던 체벌에 대해서도 변화가 필요하다는 것을 인식하게 되었는데, 이것이 가능하기 위해서는 마리사가 어느 정도라도 자중하며 책임의식을 가져야 한다는 결론에 이르렀다. 부모와 극도로 사이가 악화되기 전까지 외동딸로서 누릴 수 있는 모든 호사를 누려 왔던 마리사는 다시 그 시절로 돌아가기 위해 나름대로 부모와의 관계를 호전시킬 필요가 있었다. 마리오, 르나타 부부는 마리사에게 이를 위해 마리사가 할 수 있고 해야만 하는 일을 적어 보라고 제안할 예정이다. 다음번 가족상담에는 마리사도 동참해 이에 대해 의견을 나누기로 했다. 두 달 뒤로 예정된 마리사의 '독립'도 중요한 쟁점이었는데, 우선 마리오가 딸의 이야기를 들어 보기로 했다. 이틀 뒤로 예정된 가족상담 전에도 전화 상담으로 사회복지사와 의견을 계속 나누기로 했다.

마리오는 딸과 단둘이 외식을 하며 딸의 이야기를 듣는 시간을 마련했다. 마리사는 자기가 할 일을 적는 대신, 부모가 자기한테 해 줬으면 하는 일들을 적었다. 마리사의 요구 사항은 자동차를 사 주고 한 달에 300달러씩 용돈을 지급해서 자기가 독립해 생활하는 것을 도와달라는 것이었다. 마리오는 사회복지사와의 전화 상담에서 시작이 반인 만큼 시작을 잘해 냈으며 가족상담을 통해 잘 해결될 것이라고 지지받았다. 마리사의 요구대로 300달러를 조건 없이 주는 대신, 문제해결의 과정에서 서로가 양보하며 할 일은 하는 식으로 진행할 것을 확인받았다.

가족상담을 위해 방문한 상담실은 낮고 둥근 테이블 사이로 일곱 개의 의자가 배치된 평화로운 분위기의 방이었다. 가족은 서로 마주 보는 자세로 자리를 잡았고 사회복지사는 정해진 좌석 없이 세 명의 가족 구성원의 옆 자리를 오가며 서로 간에 대화가 이루어지도록 했다. 우선 사회복지사는 각각의 내담자가 서로에게 마음을 터놓도록 분위기를 유도하면서 초점을 잃지 않고 가족치료의 목적이 마리사와 관련된 현재의 상황을 타개해 가는 것임을 주지시켰다. 먼저 마리오 옆에 동석해 그가 마리사와 함께 실마리를 풀어 나가는 작업을 시작하도록 했다. 상담의 시작은 마리오가 딸에 대한 걱정을 표현하는 것으로 아주 순조롭게 진행되었다. 그러나 딸의 저항이 느껴진 마리오는 당장에 딸에게 일장 연설을 늘어놓을 기세였다. 이에 사회복지사는 마리오의 권위를 손상시키지 않으면서 그의 딸에 대한 염려와 기분을 인정하는 한편, 딸의 관심사에도 귀 기울일 것을 청했다. 르나타는 지난번에 동의한 대로 한 발 뒤로 물러난 채 딸에게 윽박지르거나 하는 일 없이 남편이 딸과의 위기 순간을 헤쳐 나가는 과정을 지켜보는 것에 초인적인 노력을 기울이고 있었다. 마리오가 점차 안정을 찾으며 마리사도 아버지의 반응에 호의적으로 변하는 것을 관찰한 사회복지사는 마리사 옆 자리로 자리를 옮겼다. 자기가 말할 차례가 되자, 아버지의 화를 돋우는 말을 내뱉으려던 마리사는 사회복지사의 코치를 받아들여 점차 공격적인 자세를 누그러뜨리고 순한 태도로 대했다. 대화가 몇 번 오가는 사이 부모는 부모대로 마음이 누그러지고 온화해졌다. 마리사도 평화롭게 보였는데, 어느 순간 갑자기 마리사가 울기 시작했다.

일단의 조건하에 딸의 특권을 회복한다는 계약을 맺었는데, 가족치료가 시작되면서 만든 계약서에 명시되었다. 매주 상담을 통해 이의 성립을 위해 노력하기로 했다. 사회복지사는 마리사 가족에게 일단 계획을 세우고 이것에 모두 동의하기는 했지만 이 과정이 절대 쉬운 것이 아니며 부모나 마리사 모두가 어려움을 겪게 될 것이라고 주의를 주었다. 또한 두 달 뒤로 예정된 마리사의 독립을 화젯거리로 삼고 마리사가 아버지와 나눈 대화에 대해 함께 이야기하면서 마리사가 진정 원하는 것이 무엇인지에 대해 물어보았다. 마리사는 사회복지사에게서 공감을 받으면서 자신의 감정을 털어놓았는데, 사실은 자기도 독립하는 것이 좋은 일인지 잘 모르겠다는 것이었다. 그런데 이때 마리오와 르나타 부부는 딸에게 '그것 봐라……' 하는 식으로 잔소리를 하는 대신에 마리사의 진심을 가만히 듣고 있었다. 이에 따라 마리사의 독립 계획이 어정쩡하다는 것을 모두 알게 되었다. 만약 예정대로 마리사가 독립한다면 부모는 계속 딸을 챙기며 걱정하겠지만, 자동차를 사 주는 등의 경제적인 지원은 없을 것임을 내비쳤다. 혼자 독립해서 살려면 아마도 마리사는 대형 슈퍼마켓 같은 곳에 취직해서라도 돈을 벌어야 할 것이며 대학 생활과 병행하기는 많이 힘들 것이다. 이 문제를 놓고 대화가 더 오간 후 마리사는 '그동안 자기도 딱 부모님만큼 자기 고집과 입장을 꺾지 않았었다.' 라고 고백하면서 자신의 독립 계획을 연기하면 좋겠다고 했다. 이에 마리사는 외동딸로서 누릴 수 있고 부모가 주는 모든 특권을 다시 받기 위해서 자신이 할 일이 무엇인지 적어 보기로 했다. 이뿐 아니라 고등학교를 졸업한 이후의 진로와 꿈, 계획에 대해서도 적었다. 상담을 끝마칠 무렵 르나타가 예의 그녀의 방식으로 마리사에게 밖에 나가기 전에 화장실부터 다녀오라는 잔소리를 했는데, 마리사는 '끙' 하면서 마지못해 어머니의 말에 따랐다.

이어지는 몇 번의 가족상담 시간 동안 마리오가 계속해서 마리사에 대해 주훈육자 임무를 맡았고 르나타는 마리오를 보좌했다. 마리사는 점차 안정되었고 어느새 부드러운 모습을 보이기도 했다. 마리사 가족은 이제 화가 폭발하거나 벌을 주거나 하는 일 없이 서로의 입장에 대해 이해할 수 있게 되었다. 마리사는 자신의 삶에 대해 장기적인 비전을 가지고 열심히 공부해서 학교 폭력 등으로 고통받는 십대들을 돕겠다는 꿈을 키우고 있다.

안토넬리 가족은 여전히 해결해야할 일들이 많다. 가족치료에는 가족 구성원 모두가 참여했고 상담 시에 다룰 문제의 초점이 무엇인지 정확히 계획을 세웠다. 사회복지사는 자신의 관심과 열정을 세 명의 가족 내담자에게 골고루 부여함으로써 안토넬리 가족이 서로에게 적극 관여하도록 이끌었다. 이들은 문제해결을 위한 합의를 이끌어 냈으며 가족 기능적 구조상의 변화도 이루었다. 특히, 마리사와의 상담은 아주 잘 진행되었는데, 마리사의 심정을 공감함으로써 그녀가 아버지와 함께 나눈 독립에 대한 계획 등을 가족상담에서도 나눌 수 있는 터를 마련한 것이다. 첫 회기 가족상담을 마치면서 가족이 할 일, 즉 치료 계획이 더욱 구체화되었는데, 집안에서 주의할 점, 마리사의 독립 계획, 장래 꿈과 희망 등이 추가되었다. 애당초 계획대로 독립은 이루지 못하더라도 마리사에게는 부모가 자신의 꿈을 실현하도록 어떻게 돕는 것이 더 나은지를 알고 이해하게된 것만큼은 큰 수확이었다. 다음 회기의 가족상담을 통해 이 문제는 더 자세히 다루어질 것이다. 사회복지사는 앞서 제시한 가족상담에 필요한 모든 기술들을 적용함으로써 이 가족을 상담의 중기 단계로 잘 인도할 수 있다.

3. 확대가족 상담의 중기 단계

1) 학령기 아동이 있는 가정

학령기 아동이 있는 가정은 학교로 대표되는 곳에서 자녀의 사회화를 위해 적극 힘써야 하는 시기를 맞는다. 자녀가 학교에서 정서적으로나 사회화 기능에서 어려움을 겪는 경우, 학교 사회복지사는 자녀의 담임교사, 가족 그리고 당사자인 자녀와 함께 일함으로써 어려움을 경감시킬 수 있다. 자녀가 성장함에 따라 부모와 자녀와의 관계는 좀 더 복잡해진다. 이에 따라 부모는 자녀의 발달 욕구에 따라 부모 역할 역시 융통성 있게 변해야 한다는 것을 배워야 한다. 이때 부부는 서로에게 부부로서의 역할도 돈독히 해야 한다. 곧이어 살펴볼 피터슨 가족의 경우처럼 다수의 가족들이 자녀가 한쪽 부모로부터 동떨어진 것같이 느끼거나 기존의 가족 내 관계망이 변하는 경험을 하게 된다. [사례연구 7-5]의 제리 피터슨은 아버지와 좀 더 가까워지고 싶었고 더 많은 시간을 보내기를 원하고 있다.

[사례연구 7-5] 삼 남매를 둔 래리와 제니퍼 부부

삼십대 초반의 래리와 제니퍼 피터슨 부부는 열살 난 장남인 제리 걱정에 전전 긍긍이다. 제리는 무슨 일이든 자기 마음에 들지 않으면 소리를 지르고 난동을 부렸다. 학교에서는 별 문제를 보이지 않았고 성적도 나무랄 데 없었지만 주로 어머니와 함께 집에 있을 때는 난리 법석이다. 아들을 다루는 데 진이 다 빠진 어머니는 일터에 있는 남편에게 전화를 걸어 도움을 청하곤 했다. 자녀를 양육하는 데 전력하고자 전업주부가 되기로 결심한 제니퍼는 제리와 사이가 아주 좋은 편이었고, 특히 제리는 엄마가 만든 음식은 무엇이든 좋아했다. 어머니가 만든 요리는 한 달 전 것부터 어제 저녁에 먹은 음식까지 그것이 무엇이었고 맛은 어떠했는지 입맛을 다시면서 설명할 정도로 좋아했다. 여덟 살 난 둘째 아들 크레이그는 아버지를 유난히 따르고 아버지와 둘이서만 사냥이나 낚시 등을 하며 시간을 보내곤 했다. 그리고 피터슨 부부에게는 갓 돌이 지난 막내딸 카렌이 있었는데, 어머니는 막내를 돌보느라 제리와 예전처럼 많은 시간을 보내지 못했다. 한편 제리는 점차 소년기로 접어들면서 남자들의 세계란 어떤 것인지 궁금했다. 한편 아버지 래리는 가족끼리 운영하는 사업을 하고 있는데 최근 들어 뭔지 모르게 덫에 빠진 듯한 기분이 들었다. 젊은 시절에 엄청 말썽을 피워 부모의 속을 썩였던 래리는 이제 과거를 보상해야 한다고 여겼다. 아내와의 사이는 얼핏 별 문제없이 보였지만 사실 둘 사이는 친밀해 보이지 않았다. 부모로서 또 배우자로서의 역할에 충실할 뿐이지, 특별히 둘 사이가 돈독해야 한다는 필요성은 못 느끼는 듯했다. 큰 아들이 소동을 부리는 것은 어떻게든 풀어 나가야겠는데, 부부 사이의 문제를 다루는 일은 없으면 좋겠다고 생각했다.

가족상담 첫 시간에는 래리, 제니퍼와 아들 제리가 참석했다. 먼저 해결해야 할 일들이 도출되었다. 제리는 짜증 부리는 것을 자제하고 부모는 제리를 무조건 혼내거나 자녀의 요구를 다 들어주는 식으로 반응할 것이 아니라 제리가 왜 그런 행동을 보이는가를 생각하며 제리가 자제할 수 있도록 도와주고, 아버지와 제리의 관계가 좋아지도록 서로 노력하며, 부부 사이의 현재 균형을 유지하는 것 등이었다.

　첫 번째 제리가 할 일은 짜증을 제어하는 것이었는데, 매일 밤 잠자리에 들기 전에 자신의 상태(예: 오늘은 언제, 왜 짜증이 났다.)를 달력에 적기로 합의했다. 그리고 상벌 체계를 도입하여 제리가 짜증을 부리지 않고 잘 지낸 날은 아버지가 상을 주기로 했다. 예를 들어, 제리가 좋아하는 게임이나 운동을 하면서 아버지와 야외 활동을 하는 일 같은 것 말이다. 아버지와 보내는 시간이 별로 없었던 만큼 제리에게 좋은 자극제가 될 것으로 기대되었다. 제니퍼는 이 상황에서 살짝 뒷짐을 진 채 남편과 제리를 격려하는 역할을 맡기로 했다. 하지만 제리가 제니퍼에게 화를 내거나 난동을 피울 경우에는 남편의 도움을 청하는 대신, 제니퍼 혼자 제리를 상대하기로 했다. 래리와 제니퍼는 자녀들의 상태를 주기적으로 시간을 내서 의논하기로 했다. 매주 실시할 가족상담 시간은 부부간의 대화를 위해 할애하면서 제리의 짜증 상태를 점검하기로 했다.

　첫 번째 회기는 부모와 자녀가 모인 자리로, 사회복지사는 가정의 상황을 사정하고 치료 계획을 세웠으며 내담자들의 합의를 이끌어 내어, 우선 제리가 자신의 문제를 알고 자신이 해야 할 역할을 최대한 해낼 수 있도록 방향을 잡았다. 이어지는 가족상담 회기에는 주로 아버지와 제리 간의 일들로 채워질 것인데, 치료 계획에 따라 얼마나 일이 잘 진행되고 있는가 등을 아버지와 제리의 주도하에 살펴볼 것이다. 이것은 가족치료의 상담 중기 단계까지 지속될 것이며 여기서 어머니인 제니퍼는 부자 사이를 간섭하지 않고 이들을 격려하는 역할을 맡기로 했다.

　제리는 금방 반응을 보였는데, 아버지와 함께하는 시간이 주어진 것에 대해 매우 만족해했다. 반면 아버지 래리는 곤혹스러워 했는데, 도대체 큰아들이랑 무슨 말을 해야 할지, 아들이 잘한 날(짜증을 부리지 않은 날)마다 상을 주어야 하는 것 등을 부담스러워했다. 제리는 크레이그와는 많은 부분에서 다른데, 어떻게 제리에게 맞는 양육 방법을 찾아야 하는지 어렵다는 것이다. 다행인지 불행인지, 제리는 아버지가 어려움에 봉착해 있다는 걸 알아차리거나 혹 알아차렸어도 상관없다는 태도였다. 두 번째 회기부터 제리는 약속한 대로 '좋은 날'과 '나쁜 날'이 표시된 달력을 들고 왔는데 첫 주를 보면 나쁜 날보다는 좋은 날이 많았다. 상담 시간에는 어머니가 주도적으로 이야기했는데, 사회복지사는 아버지와 제리가 좀 더 주도적으로 자신을 표현하도록 주의를 줘야 했다. 한편 아버지는 제리의 '나쁜 날'에 대해서만 얘기하는 대신 제리가 '잘한 날'에 더 많은 관심을 갖도록 해야 했다. 제리는 지난주에 있었던 일들을 하나하나 얘기하며 어머니가 한 요리에 대해 음미하면서 자세히 설명했다. 이렇게 해서 점차 제리의 '나쁜 날'이 줄어들더니, 상담을 시작한 지 한 달이 되어 갈 무렵 제리의 달력에는 '나쁜 날'이 완전히 자취를 감추었다. 한편 별 문제를 일으키지 않는 '착한 아이'로 여겨지던 크레이그가 이러저러한 말썽을 부리며 부모의 관심을 끌려고 했는데, 이때 이 방면에서 선배인 제리가 많은 도움이 되었다. 가족상담의 초점은 여전히 아버지와 제리에게 맞추어져 이 두 부자 사이의 관계가 굳건해지도록 하는 것이었다. 제리와 달리, 래리에게는 여전히 쉽지 않은 일 같았지만 말이다. 6주간에 걸친 상담 동안 가족은 어느 정도 안정을 찾았고 상담 종료 시기를 맞고 있다.

상담의 중반부까지 제리가 짜증을 부리는 것을 다스리는 일을 위주로 진행되었다. 제리가 이를 성공적으로 수행하기 위해서는 가족의 변화가 필요했는데, 제니퍼는 남편과 제리가 친해지도록 배려하였고, 래리는 장남인 제리와도 편안한 관계를 맺을 수 있음을 알게 되었다. 다만 부부치료에서처럼 부부간의 친밀함에 대한 주제는 그다지 언급되지 않았다. 내담자 가족의 감정 역시 다루기는 했지만 제리 가족이 주로 원하는 대로 행동 변화에 초점을 맞추어 상담이 진행되었다. 따라서 사회복지사는 초점이 되는 바를 계속해서 가족에게 주지시키며 몇 주 내에 성과를 볼 수 있게끔 문제를 구체화해서 접근했다. 모든 세부 계획과 방안을 가족과 나누며 제리가 잘한 일에 대해서 칭찬과 격려를 아끼지 않았고, 문제가 발생할 때마다 가족이 이를 잘 해결하도록 지원했다. 가족 내 구조, 특히 어머니와 아버지의 역할이 변하면서 구조가 변화됨에 따라 가족의 대화법이나 서로 관계를 맺는 방법 등을 코치했다. 제리가 더 이상 불필요하게 떼를 쓰지 않고도 자신이 원하는 것을 표현하며 다른 일에서도 성숙해지는 등 변화에 익숙해지자 가족상담이 종결되었다.

2) 3단계 가족치료 과정

가족치료에서 특정 전략이 부적절하다고 여겨질 경우, 사회복지사는 주저하지 말고 다른 전략을 취할 수 있어야 한다. [사례연구 7-5]의 제리가 보이는 문제들은 몇 주 내 행동요법으로 해결되지 못했을 수도 있다. 한편 제리의 부모가 자신들의 부부 문제를 해결하고자 도움을 청했을 경우도 예상해야 한다. 이러한 경우, 가족상담은 한 단계 더 나아가 3단계 과정을 도입해야 한다. 상담이 일단 가족이 참여하는 식으로 시작되었기에 이 형태를 유지하는 한편, 제리만 따로 상담하는 시간도 가지면서 아이의 짜증에 대해 심도있게 살피는 것이다. 또 다른 가능성은 제리가 보이는 문제 이면에 내재된 부부간의 문제들에 대해 부부가 생각해 보도록 하는 것이다. 제리와 어머니, 모자간의 연합전선이 구축되어 있는데, 이 가족이 문제를 해결하려면 할수록 오히려 연합전선만 더욱 강력해진다면 어떻게 하겠는가? 따라서 3단계 과정으로 부부만 참여하는 상담을 가지는 것이다. [사례연구 7-7]에서 다루어질 맥스웰 가족의 상담에서는 이처럼 3단계가 진행되는 과정을 보여 준다. 이 사례의 사회복지사는 적당한 상황을 봐서 가족 전체 상담, 부부상담, 자녀와의 개별상담, 아버지와의 개별상담을 진행하였다.

사회복지사의 사정과 진단에 따라 1단계나 2단계로 진행되는 가족상담이 효과적이지 않은 경우에는 3단계로 이루어진 가족상담을 하게 된다. 경우에 따라 가족 내담자 가운데 누군가가 개별상담을 요청할 때도 있다. 사회복지사는 이미 진행 중인 가족상담에서 단계의 변화를 주는 것이 효과적인지를 결정해야 한다. 가족 내 문제해결을 요하는 상황이 서로 밀접히 연관되어 있는 만큼 어떤 단계를 취하든 정확한 사정에 따라 상담 방향을 정하도록 한다. 가족 내 역동적인 관계뿐 아니라 해결을 요하는 가족의 문제들에서 가족 전체를 이해하는 것이 선행 요건이다.

3) 청소년이 있는 가정

청소년들은 때로 가족 체계를 위협하기도 한다. 따라서 청소년이 있는 가정의 경우, 확고부동함과 유연성의 의미와 언제 이러한 태도가 적합한지를 아는 지혜 그리고 의사소통 능력들이 조화를 이루어야 한다. 부모는 자녀 양육에 대한 서로의 차이점들을 잘 풀어 나가야 하는데, 청소년들은 이런 부모의 자녀 양육을 둘러싼 상이한 가치관과 방법상의 차이를 자기에게 유리한 방향으로 이용할 수도 있다. [사례연구 7-4]의 안토넬리의 가족치료에서 이런 예를 볼 수 있다.

이미 지적했듯이, 부모로서의 책임에 둘러싸인 부부는 부부간의 관계상의 일들 때문에 개인적인 과업을 돌아보지 못할 수도 있다. 이러한 경우에는 2단계 진행이 필요한데 우선 개별 내담자의 문제를 살펴보고 해결 방안을 세운 다음, 부부 내담자들로 하여금 상대방을 인정하고 지지하도록 돕는 것이다. [사례연구 7-6]의 조지와 마리안 그리고 17세의 아들 션의 경우가 이것의 중요성을 잘 보여 준다. 청소년기에 들어선 아들을 키우면서 대두되는 부모로서의 문제와 부부간의 문제들이 결국 조지의 개인적인 문제들과 관련되어 있음을 여실히 보여 주는데, 부부상담을 통해 이 가정의 문제들, 특히 조지의 문제들이 많이 해결되었다.

[사례연구 7-6] 17세 아들 문제로 힘들어하는 조지와 마리안 부부

조지와 마리안 부부는 큰 아들 션 때문에 이만저만 속을 썩는 게 아니었다. 17세인 션은 도저히 용납할 수 없는 일들로 부모의 속을 썩였는데, 특히 알코올과 마약이 가장 큰 문제였다. 아버지인 조지는 아들들과 대체로 사이가 좋았는데, 특히 션이 어렸을 적에는 아주 사이좋은 부자였다. 그런데 션이 청소년기에 접어들면서 아버지인 조지가 점점 아들과의 대화를 멀리했는데, 션은 왠지 모르게 도통 아버지의 속을 알 수 없는 때가 많아졌다. 예를 들면, 아버지는 션의 작은 실수에 대해 어떤 때는 심하게 화를 내고 또 어떤 때는 너무나 관대했다. 션은 자신에 대한 아버지의 기피를 경험하면서 대체로 관대한 어머니와의 관계에 몰두하게 되었다. 이런 삼각관계 상황에 뒤따라 온 것은 바로 션을 둘러싼 부부간의 불화였다. 이에 따라 션은 어머니에게 기댔다가 아버지에게 기대든지 그도 아니면 부모 모두를 무시하는 등 상황에 따라 자신에게 유리한 대로 굴게 되었다. 조지와 마리안은 아들 션의 이 같은 행동에 설명할 수 없는 낭패감을 맛보았고 전에 없이 부부간의 불화가 깊어지면서 어찌할 줄을 몰랐다.

점점 강도가 높아지는 션의 자기 파괴적인 행동들에 대해 아버지 조지가 돕는 과정에서 망설이며 털어놓은 사실은, 자신이 16세 되던 해 부모의 이혼으로 자기 인생에 아버지의 부재가 있었다는 것이다. 이런 과거 때문인지 아들이 그 나이가 되자, 자기는 도대체 어떻게 아버지 노릇을 해야 하는지를 몰랐다고 고백했다. 부모의 이혼 후 그의 아버지가 떠났을 때 느꼈던 그 암담했던 심정들이 되살아나는 것만 같다는 것이다. 조지의 상태에 초점을 맞추어 부부 회기가 진행되었다. 이 시간을 통해 부부가 함께 살펴보고 해결해 나가기로 설정한 방향은 '비록 당신의 아버지는 당신이 필요할 때 곁에 없었지만 조지 당신은 아들들에게 좋은 아버지가 될 수 있다.'라는 것이었다. 사회복지사의 지지와 격려로, 조지는 아내 마리안에게 자기를 도와달라고 요청했다. 마리안은 자기와 달리 부모의 사랑을 고루 받았으니 자기가 못 누린 유년 시절의 사랑, 특히 아버지의 보살핌이 어떤 것인지 잘 알고 있으리란 게 조지의 생각이었다. 조지와 마리안 부부는 아들 션의 상황을 어떻게 해결할지 합심해서 헤쳐 나가기로 합의했다.

[사례연구 7-6]의 조지와 마리안 부부의 합의에는 가족상담에 아들 션을 포함시키는 것이었다. 부부간의 문제에 초점을 맞추던 것에서 이제는 아들과 부모의 관계를 중점적으로 다루려는 의미였다. 가족 내 힘의 균형과 불균형에 대한 문제로 시작해서 서로에 대한 신뢰, 헌신, 책임감, 상대방을 보호하는 것, 사랑 등 가족 구성원 간의 정서 유대에 대한 쟁점들을 다루는 가족상담이 될 것이다(Diamond & Liddle, 1999). 사랑과 정서 유대에 대한 쟁점들을 다루는 과정에서 션은 가족과 일치감을 형성하면서 자율성을 누리는 것이 가능하다는 사실을 깨닫기 시작했다. 청소년기 자녀가 있는 가족은 부모나 청소년기 자녀 모두에게

힘든 시기다. 이들이 경험하는 문제들의 시작의 뿌리부터 살펴본다면 비록 한 번에 모든 문제가 해결되지는 않더라도 한 순간 놀랍게 일이 진행되어 가는 것을 경험할 수 있다.

선이 부모와 함께 상담실을 찾아왔을 때는 상담상의 초점이 어느 정도 변한 상태였다. 그러나 여전히 아들에 대한 부모의 영향력에 대한 논의를 계속해 오던 이 가정은 몇 번의 회기를 거친 후에 이 문제에 대해 일단 휴지기를 갖기로 결정했다. 아들 선이 부모와 함께 사는 한 부모는 아들의 삶에 대해 어느 정도 기준을 정하고 참견하는 것이 당연하다. 결국에는 선이 자신의 인생을 책임져야 하지만, 아직 미성년인 만큼 부모의 애정 어린 관심이 필요하다. 사회복지사는 사랑과 정서 유대 그리고 관계상의 주제를 다루어 보자고 제안했다. 조지나 마리안 또는 두 사람 모두 혹시라도 아들 선과의 관계에 대해 후회되는 점이 있는가? 후회되는 것이 있다면 선은 부모의 이런 마음을 아는가? 혹시 선도 후회하는 점이 있는가? 있다면 '다르게 행동했으면 좋았을걸!' 하는 마음도 드는가? 기적이 일어나서 내일 아침에 눈을 떴을 때 '짜잔' 하고 상황이 바뀐다면 어떤 일이 어떻게 바뀌기를 기대하는가? 매우 어려운 작업이기는 했지만 가족의 힘의 문제를 사랑과 정서 유대에 대한 관심으로 돌리는 것이 가능했다. 사회복지사는 주로 아버지와 아들이 대화를 나누고 관계를 충실히 쌓는 데 주력했다. 가족상담을 계속 가지면서 조지는 점차 아들의 자기 파괴적인 행동양식에 대해 죄책감을 덜 느끼게 되면서 아들에게 아버지이자 절친한 친구로서 다가갈 수 있게 되었다. 계속되는 상담을 통해서는 점차 선의 술과 약물중독에 대해 다루었으며, 선은 점차 자기 행동에 책임감을 느끼게 되었다.

4) 3단계 과정: 맥스웰 가족의 경우

[사례연구 7-7]의 맥스웰 가정의 문제는 훨씬 복잡한 양상을 띠는데, 가족상담 시 사회복지사는 맥스웰 가족의 모든 영역을 고려해야 했다. 맥스웰 가족은 [사례연구 7-4]의 안토넬리 가족의 경우와 비슷한 쟁점들을 갖고 있는 것처럼

보였지만, 사실 이 가족의 경우, 부부간의 오래된 갈등에 의해 어떤 문제에서도 부부간의 불일치를 보이는 것이 문제였다. 부부는 서로가 재혼이며 이전의 결혼에서 태어난 장성한 자녀들이 있었다. 60대 후반인 맥스웰 씨는 은퇴 문제로 복잡한 데다가 두 명의 청소년기 자녀들 때문에 골머리를 앓고 있었다. 그는 심각한 당뇨를 앓고 있는 데다가 심혈관 계통도 좋지 않은 상태여서 자칫하면 쓰러질 수도 있는 상태였다. 또한 그는 정신적인 문제로도 고통받았는데, 때로 그를 보고 있으면 현실감각이 전혀 없이 자기 마음대로 세상을 왜곡하는 것처럼 보였다. 몇 번의 상담 시간을 통해 이러한 맥스웰의 증상을 경험한 사회복지사는 그의 현실 적응력을 높이는 데 주력했는데, 어쨌든 상담 시간만이라도 억지소리를 해대는 것은 어느 정도 줄어들었다. 이들의 가족 체계는 매우 완고했지만, 역설적이게도 스티븐의 가출은 맥스웰 부부로 하여금 뭔가 해야겠다는 결심을 하게 만드는 촉매제가 되었다. 이 부부는 서로 자기주장을 내세우느라 싸우는 대신에 스티븐이 왜 가출을 했는지 등을 돌아보게 되었다. 이렇게 아들의 입장을 생각해 보는 사이에 부부가 서로를 대하는 방법에서도 점차 합의와 평화를 추구하는 방향을 모색하게 되었다.

 [사례연구 7-7] 남편의 은퇴 후 부부 갈등이 심화된 맥스웰 가족

존과 메리 맥스웰 부부가 가족상담 기관을 방문했다. 그들은 열여섯 살 난 아들 스티븐이 가출해서 여자 친구 조디의 집에서 살고 있는 문제로 상담을 의뢰했다. 66세인 존과 45세인 메리는 둘 다 이번 결혼이 재혼인데, 결혼 초부터 서로에 대한 오래된 불화와 반목으로 지쳐 있었다. 그리고 최근 존의 은퇴로 부부 갈등이 더 심하게 삐걱대기 시작했다. 공장장으로 오랫동안 일해 왔던 존은 말을 함부로 하는 경향이 있는데, 한마디로 언어폭력이 때때로 도를 지나쳤다. 특이한 점은 아내 메리를 자기를 키워 준 할머니에 곧잘 빗대곤 했는데, 그 할머니는 자기를 함부로 대했고, 따라서 그에게 미움의 대상이었다는 것이다. 아메리카 인디언의 한 종족인 수족의 혈통을 지닌 존은 사우스다코타 주에서 자랐는데, 16세 되던 해에 대도시로 가출을 했다. 그는 곧장 군대에 자원입대한 뒤, 하사관으로 제대하고 교관 훈련관으로 근무했다. 반면 리투아니아 출신인 아내 메리는 음주 문제가 있었는데, 어느 누구에게도 자신의 음주 문제에 대해 털어놓은 적이 없었다. 가족상담을 시작했을 당시 맥스웰 가족의 구성원은 모두 다섯 명으로 맥스웰 부부와 30세인 아들 레온, 16세의 스티븐, 14세의 마이크였다. 레온은 메리가 전 남편과의 사이에서 낳은 아들로 정신지체가 있었으며 어머니를 전적으로 의지했다. 놀라울 정도로 침착해 보이는 막내 마이크는 컴퓨터에 푹 빠져 있었는데, 컴퓨터를 끼고 있는 한 아무 문제가 없는 아이였다. 부부는 때로 스티븐 대신에 누군가 혼낼 아이를 찾는 듯이 보였는데, 이때마다 사회복지사는 마이크를 보호하는 입장이었다. 맥스웰 가족의 초기 사정에 따르면, 가족상담에 마이크를 포함할 경우 오히려 불필요한 가족 내 삼각관계만 양산하는 역기능을 초래할지도 모른다는 우려로 아예 마이크는 상담에서 제외하기로 했다. 두 해에 걸친 가족상담 기간에 두 번 정도 마이크를 볼 기회가 있었으며, 이 외에도 간접적인 방법이나마 부모의 변화를 통해 마이크에게 긍정적인 변화가 있도록 했다. 가족 내 삼각관계에서 어느 정도 자유로운 마이크는 여전히 잘 지내고 있는 것으로 보아 초기의 가족 사정이 잘 진행된 듯 보였다.

스티븐은 착한 학생이었는데, 다만 가족 내 삼각관계에 자꾸 얽히게 되는 문제를 안고 있었다. 어머니, 아버지와의 사이에서 갈등의 대상이면서 한편으로 부모의 지나친 간섭을 받으며 필요 이상으로 보호를 받는 점도 없지 않았다. 마치 무엇도 자기 마음대로 할 수 없는 아이처럼 보였다. 스티븐은 여자 친구인 조디의 가족을 만나고 조금 놀랐는데, 무질서해 보이는 조디 가족은 스티븐을 자신들의 가족으로 생각한다며 조디와 성관계를 가져도 좋다고 했다. 이러한 제안은 마치 성관계를 미끼로 컬트적인 이교도에 합류하라는 것 같았다. 결국 스티븐은 항상 긴장과 갈등으로 숨 막힐 것 같은 집에서 나와서 나른한 유혹으로 끌어들이는 조디의 집으로 들어가게 되었다. 마침내 조디와의 성관계는 16세 된 스티븐에게 거의 중독처럼 되어 버렸는데, 지난 2년에 걸쳐 총 4번의 가출을 감행했고 그때마다 조디의 집에서 몇 달씩 지내곤 했다. 맥스웰 가족은 엉망진창인 조디의 가족을 몇 번이고 경찰에 신고해 봤지만, 스티븐이 곧 18세가 되어 성인이 된다는 이유 때문인지, 아니면 조디 가족이 경찰과 무슨 관계가 있는 탓인지 별 효과가 없었다. 어느덧 제정신을 차린 스티븐이 조디네 집안의 마력에서 벗어나게 되었고, 개별상담을 통해 이 문제를 다루고 싶어 했다.

처음 상담에 임했을 당시 맥스웰 가족은 제멋대로이면서 매우 완고해 보이는 인상을 풍겼다. 특히 부부간의 갈등이 대단했는데, 상대방의 말에 반대를 위한 반대를 일삼아서 대화가 진행되지 않는 지경이었다. 존은 대부분의 상담 시간에서 스티븐이나 메리의 입장을 고려하지 않고 자신의 어린 시절, 그 음울하고 아픈 기억에 대해서 털어놓고 싶어 했다. 반면 메리는 상담 시간 내내 '스티븐이 생각하는 것은 이렇고…….' '이 애가 느끼는 것은 이런 것인데…….' 하는 식으로 스티븐의 대변자처럼 굴었다. 이에 스티븐은 부모 모두 자신을 너무나 힘들게 하는 존재들이며 자신에게 얼마나 함부로 대하는지 말하고 싶어 하는 것처럼 보였다. 이들 가족은 그 누구도 대화 방법에 대해 모르는 사람들 같았다. 상대방의 이야기를 경청하는 것은 고사하고 무슨 말만 나오면 샐쭉해져서 자기 방어를 하는 식으로 반응하곤 했다.

사회복지사는 맥스웰 가족과의 상담을 좀 천천히 진행하는 편이 낫겠다고 생각했다. 도대체 이 가족이 상담을 통해 얻는 것이 있을지, 상담 시간만이라도 서로를 돌아볼 수나 있을지 감을 잡기가 어려웠다. 다행인 것은 인디언의 핏줄을 이어받은 존이 침묵은 금과 같다는 것을 알고 있다는 점이었다. 존이 침묵을 지키며 차차 아내와 아들의 입장을 듣게 되면서 서서히 상담이 진행될 수 있었다. 비록 상대방의 이야기를 끝까지 경청하는 일은 거의 없었지만 서서히 대화의 기술이 향상되었다. 아들의 가출을 비롯한 문제 행동이 어찌 보면 부부간의 문제는 미뤄 두게 했는데, 이는 다시 말하면, 스티븐의 이러한 극단적인 행동이 없었다면 부부의 갈등은 감당하지 못할 만큼 직접적으로 분출됐을 것이라는 짐작이 가능했다.

두 해에 걸쳐 계속된 맥스웰 가족과의 상담에는 여러 가지 형태상의 변화가 있었다. 그 기간 동안에 스티븐이 다니는 학교의 상담가, 청소년 담당 법원의 서기관 등과의 접촉 등도 있었다. 처음에는 스티븐과 부모와 함께 각자의 다름을 인정하고 지지하는 일을 했다. 스티븐이 가출해서 조디의 집에 있는 동안은 부모만 상담에 참석하면서 대화 기술을 익히고 문제해결 방안을 의논하면서 스티븐을 달래서 집으로 돌아오게 하는 일에 몰두했다. 그리고 스티븐이 다시 집에 돌아오면 상담에 합류시켜 가정 내 삼각관계를 타파하고 '따로 또 같이' 할 수 있는 가족 구성원이 되도록 하는 일에 치중했다. 1년 6개월여의 상담 기간이 지나서야 맥스웰 가족은 어느 정도 안정을 되찾게 되었고, 이때쯤에는 부부만 참석해서 부부 간의 문제들을 다루는 시간과, 스티븐을 포함하여 세 식구가 '따로 또 같이' 작업을 하는 등의 두 가지 상담 형식으로 진행되었다. 비록 상황이 아주 좋아졌다고 말하기에는 무리가 있었지만, 스티븐이 마침내 조디의 가족과 완전히 정리하고, 고등학교를 무사히 졸업했으며, 군대에 입대하기 전에 부모와 함께 그동안 어긋 났던 관계를 회복하는 시간을 가질 수 있었다. 스티븐은 군대 생활에 훌륭할 정도 로 적응을 잘했는데, 부모는 이러한 스티븐의 변화에 감사하면서 아들의 성장과 독립을 지원했다. 또한 스티븐이 착실하게 자기 자리를 잡아 가면서 부모도 그동 안 아들을 끌어들여 가정 내 삼각관계를 형성하던 일을 그만두고 부부간의 문제 를 돌아보게 되었다. 드디어 존과 그의 개인적인 문제와 부부 관계 문제를 주로 다루는 개별상담을 끝으로 맥스웰 가족과의 2년여에 걸친 상담이 종료되었다.

맥스웰 부부와 스티븐이 해결해야 하는 문제들은 서로 밀접한 관련이 있었 다. 스티븐은 조디와의 관계를 깨끗이 정리한 뒤, 부모와의 관계를 재정립하면 서 학교 졸업과 그 이후의 진로를 모색해야 했다. 또한 부모 간의 잘못된 관계 형성 때문에 그 사이에서 이러지도 저러지도 못하는 상태에서 벗어나 자신의 정체성을 정립할 필요가 있었다. 존과 메리는 부부간의 효과적인 의사소통 방 법을 배워야 했으며, 아들의 가출 등 어려움에 대처할 수 있는 성숙한 방안들을 모색해야 했다. 즉, 스티븐이 심리적으로 독립할 수 있기 위해서는 가족 구성원 들끼리 건강한 관계를 맺어야만 했다. 또한 아무리 부모와 자식 간의 관계여도 자녀를 사이에 두고 문제의 본질에서 벗어나서 마치 자녀 문제가 그들의 갈등 의 이유인 양 자신들의 문제를 회피하는 것은 바람직하지 않다. 부부 관계의 문 제는 부부끼리 해결하는 것이 바람직하다.

맥스웰 가족과의 상담이 특히 어려웠던 것은 부모와 자녀 세대에 얽혀 있는 문제들을 해결하는 데 있어서 부모와 자녀의 문제를 분리해서 보는 동시에 연계함으로써 해결하는 것을 항상 염두에 두어야 했기 때문이다. 이것이 가능하려면 가족 구성원들 간의 효율적인 대화가 이루어져야 하는데, 이 가족은 서로의 말에 발끈하고 반응하기 일쑤여서 문제해결의 실마리를 풀어 나가기가 난감했다. 상담의 종료 시점에 가서야 어느 정도 가족 간의 대화가 가능해지면서 가족 내 문제들이 서서히 해결될 기미를 보였다. 이 가족과의 상담에서 사회복지사가 가장 주의를 기울였던 점은 문제 사정과 개입에서 개별적으로 내담자들에게 접근하는 동시에 가족 전체를 대상으로 삼았던 것이다. 3단계 접근 방법을 통해 맥스웰 가족 전체를 대상으로 하는 한편, 각각의 구성원의 문제를 개인에 맞추어 다루면서 마침내 스티븐이 성공적으로 독립할 만큼 성장하고, 존과 메리 부부의 쟁점 및 부부의 개별적인 문제를 어느 정도 다룰 수 있었다. 막내아들 마이크 또한 건강한 청소년기를 맞이할 수 있었다. 스티븐과 맥스웰 부부 그리고 조디 가족 간의 관계는 마치 동화『피노키오』에서 피노키오가 원숭이 섬(끌려온 소년들은 모두 원숭이가 되어 버리는 섬)으로 잡혀갔다가 마침내 탈출하는 이야기를 연상시킨다. 스티븐이 부모 문제에 끼인 채 옴짝달싹할 수 없다고 느끼고는 조디의 집으로 도망가서, 그곳의 건강하지 못한 삶의 방식에 젖어 있다가 마침내 탈출하여 집으로 귀환하고, 변화해 가는 과정은 스티븐을 비롯한 맥스웰 가족에게 의미심장한 이야기다. 스티븐이 마침내 자신의 의지로 '조디 가족'이라는 원숭이 섬에서 탈출했을 때, 부모와 새롭게 발전된 관계를 맺을 수 있었다.

4. 성인 초기의 가족과업과 가족 구조

어느 면에서 맥스웰 부부는 제6장의 [사례연구 6-6]의 콜드웰 부부처럼 자녀가 성장하고 독립함에 따라 부모가 겪는 문제들을 호되게 경험했다고 볼 수 있다. 콜드웰 부부는 딱히 부부 관계가 원만하지 않은 상태에서 남편의 은퇴에 의해 그동안 애써 외면한 부부 문제를 해결해야만 했다. 맥스웰 부부는 정신적으로나 육체적으로 상황이 썩 좋지 않았으며 부부간의 관계도 콜드웰 부부에 비해 좋지 못했다. 게다가 두 명의 청소년 자녀들까지 있는 맥스웰 가족의 불협화음은 이루 말할 수 없는 상황이었다. 맥스웰 가족에게는 적절한 가족상담과 치료가 절실했다.

1) 앰바크 가족: 세대 간의 분리와 관계 형성의 과업

앰바크 가족의 경우는 부모와 성인 자녀와의 관계가 재정립됨으로써 가족 체계가 제대로 정립되고, 각 가족 구성원이 자신의 발달 시기에 걸맞은 삶을 살아야 할 필요가 있었다.

[사례연구 7-8] 부모와 성인 자녀 관계를 재정립해 가는 앰바크 가족

시골에 거주하는 앰바크 부부는 일곱 자녀를 두고 있다. 26세의 둘째 월터를 제외한 모든 자녀들은 근방의 도시로 나가 독립적인 삶을 꾸리고 있다. 앰바크 가족은 성공 지향적인 경향이 강했는데, 부모 모두 대학을 나왔으며 자녀 모두 최소한 대학 졸업장을 갖고 있었다. 부모는 은퇴 후에 시골로 내려와 농사를 짓고 있다. 월터를 제외한 다른 자녀들은 거의 대학원 학력을 지니고 있는데, 이들 모두 대단히 성공 지향적인 삶을 살고 있다. 부모의 이농에 월터가 처음부터 동참했던 것은 아니다. 어떻게 해서든 직장에 다니고자 나름대로 노력을 기울이기는 했지만 무슨 일에서든지 자신이 하는 일에 만족하지 못했다. 또한 다른 형제들과 비교하며 스스로를 인생의 낙오자라 여기고 항상 긴장한 채로 우울하게 보내는 탓에 직장에서 오래 버틸 수가 없었다. 현재는 아르바이트를 전전하면서 부모 집에 엊혀살고 있는데, 장래의 포부 따위는 잊은 지 오래였다. 아들의 마음고생을 오랫동안 안타까워하며 월터를 물심양면으로 지원하던 어머니, 로레타의 인내심도 서서히 바닥나고 있었다. 은퇴 후 여유롭게 농장을 가꾸며 아내와 곳곳을 여행하며 살기를 원하는 존도 하루빨리 월터가 마음을 다잡고 자기 삶의 터전을 이루길 간절히 바라고 있다. 형제들 모두 월터를 걱정했는데, 그에 대해 걱정하는 방식은 모두 제각각이었다. 어떤 형제는 월터를 감싸며 그의 입장을 헤아리려고 하는 반면, 다른 형제들은 '네 앞가림 좀 할 때도 되지 않았느냐!' 는 식으로 윽박지르기 일쑤였다. 어떻게 해서든 월터를 도우려는 가족의 움직임도 있어 왔지만 어느 것 하나 제대로 된 것이 없었다.

가족상담 초기에 모든 가족 구성원들과 연락을 취하며 앰바크 가족을 파악한 사회복지사는 상담의 초점을 월터에게로 옮겼는데, 월터 스스로도 얼마나 자립하고 싶어 하는지를 알 수 있었다. 이에 따라 문제해결의 초점은 어떻게 해야 월터가 직장을 찾고 독립할 수 있을지와 또한 어느 가족 구성원이 이 과정에 어떤 식으로 도움이 될 수 있을지를 알아보는 것이었다. 몇 번의 개별상담과 가족상담을 통해서 정해진 사항은 일단 부모는 여기에 관여하지 않으며, 누이의 집을 임시 거처로 삼아 월터가 믿고 따르는 큰형의 도움을 받아 직장을 찾고, 심리적인 문제를 다스리기 위해 다시 약을 복용하고 개별상담을 받는 것이다. 여기서 가족 전체가 해야 할 일은 월터가 마음 편히 자신의 길을 찾을 수 있게 간섭하지 않고 내버려두는 것이다. 이후의 가족상담은 월터에게 방을 내준 누이와 큰형 그리고 월터가 참석하는 형식으로 이루어졌다. 이로써 도시에서 새 삶을 시작하게 된 월터는 비록 자기가 기대하는 기준에는 미치지 못하더라도 직장을 구하게 되었고, 형과 누이의 도움으로 미래를 계획하게 되었다. 마침내 월터는 자기만의 공간을 확보하고 형제들의 지속적인 관심과 지지를 받으며 도시의 삶에 적응할 수 있었다.

2) 오코너 가족: 노년기 부부의 문제

[사례연구 7-8]의 앰바크 부부와 [사례연구 7-7]의 맥스웰 부부 그리고 [사례연구 6-6]의 콜드웰 부부는 그래도 아직은 건강하며 자녀에게 의지하지 않고 독립적인 삶을 살 수 있다. 다음에 소개하는 오코너 가족은 가족 발달상 후기에 속하며, 부부가 건강상의 장애를 어느 정도 겪고 있고, 가족 간의 관계가 변해 가는 과도기를 겪고 있다. 부부는 자녀 세대의 도움이 절실하지만 도움을 청하는 것이 쉽지 않은 관계로, 오코너 가족의 모든 세대는 관계가 원만하지 못한

문제를 겪고 있다. 삼대가 모여 있는 이 가족은 서로를 도와야 할 시점에서 어떻게 해야 하는지 모르는 채 우왕좌왕하고 있다. 이 가족의 사례는 바로 부모 세대가 기능상 어려움에 봉착하게 되는 시기에 가족이 경험하는 관계적인 문제들을 여실히 보여 준다. 또한 지금까지 살펴본 다른 가족의 경우처럼 가족상담 시 가족 전체를 개입 대상으로 보는 동시에 각 구성원의 문제에도 초점을 두기 때문에 전반적인 진행과정을 살펴볼 수 있다.

[사례연구 7-9] 노년기 부부 문제를 겪는 모라 여사와 오코너 가족

일흔두 살의 모라 여사는 지역사회의 노인재가복지 프로그램과 정신건강센터에 소속되어 있다. 최근에 파킨슨병 초기 진단을 받았는데, 의사들은 모라 여사의 증상이 더 악화되지는 않을 것이라고 했다. 하지만 모라 여사는 파킨슨 증상으로 운동신경이 예전 같지 않으며 평생 해 온 운전을 겁내게 되었다. 게다가 곧 백내장 제거 수술도 앞두고 있다. 아일랜드 태생인 모라 여사는 형제가 열네 명이나 되고 그중에서 자매만 열 명이다. 98세까지 장수한 그녀의 어머니는 아일랜드에서 다른 딸들의 보살핌을 받으며 사셨다. 모라 여사는 열다섯 살 되던 해, 다섯 살 위인 언니 케이트와 함께 미국으로 이주했다. 모라는 평생 우울 증세에 시달려 왔으며 한번 걱정하기 시작하면 일상생활이 어려울 정도의 걱정과 근심에 시달리는 마음의 병으로 지쳐 있었다. 게다가 모라는 혼자 있는 것을 매우 무서워했다. 최근 일 년 동안 모라의 우울 증세는 더 심해졌는데, 이것은 남편이 노인요양시설에 입소한 일과 무관하지 않다. 일 년 전 남편 피터는 요양원에 들어가게 되었는데, 그 후 모라 여사는 혼자 지내고 있다. 두 사람 모두 교사였던 오코너 부부는 학교에서도 그리고 은퇴 이후에도 아주 활동적인 삶을 살아왔었다. 부부는 함께 이곳저곳으로 여행을 다녔고, 친구들도 많아서 은퇴 후에는 친한 친구들과 함께 플로리다에 모여 사는 삶을 계획하기도 했다. 그런데 남편이 6년 전에 뇌에 있는 혹을 제거한 이후 모든 것이 변해 버린 것이다. 수술 전의 남편은 매우 활달하고 무슨 문제든 척척 해결하는 믿음직스러운 남편으로, 모라 여사는 남편에게 전적으로 의지하며 살아왔다. 슬프거나 속상할 때, 남편은 어떻게 아내를 기쁘게 해

줄지 알고 있었다. 남편과 영화를 보고 오거나 드라이브를 다녀오면 금세 기분이 좋아지곤 했다. 그러나 남편이 뇌수술을 받은 이후로는 너무나 많은 것들이 변해 버렸다. 우울 증세가 아주 심해지더니 아무 말도 안 하고 위축되어 버린 것이다. 게다가 이상한 행동을 보이기까지 했는데, 큰 창문을 활짝 열어 놓고 이웃들이 보란 듯이 자신의 알몸을 보이는 등 이상한 일을 서슴지 않았다. 결국 가까운 친구들조차 발길을 뚝 끊어 버렸다. 피터가 일 년 전에 노인요양원에 입소한 뒤로 모라 여사는 아들과 함께 남편을 매주 방문하고 있다. 남편은 아무 말도 없이 물어보는 말에만 "응" "아니"로만 대답했고 매일 눈물만 뚝뚝 흘려댔다. 더 이상 자신이 알던 예전의 남편이 아니었다. 이런 억장이 무너지는 방문에 모라 여사와 남편 피터 그리고 아들 잭은 어찌할 도리가 없이 그냥 맥을 놓고 있다.

　모라 여사의 언니 케이트는 동생과 한 동네에 살고 있고 가끔 모라에게 와서 며칠씩 지내다 간다. 모라 여사는 언니의 이런 방문이 고맙지만 한편 언니가 늘어놓는 끊임없는 잔소리가 지겹고 언니가 자신의 우울증을 이해하지 못해서 서운했다. 케이트는 모라 여사가 아들에게 이것저것 요구하는 것이 너무 많고 요양원에 갈 때마다 운전을 해서 같이 가자고 하는 일은 너무 지나치다는 조카 잭의 생각에 동의했다. 케이트가 보기에 동생이 수선만 떨지 않았으면 피터는 그렇게 일찍 요양원에 들어갈 필요도 없었다. 모라 여사가 보기에 언니 케이트는 이제 자기가 운전을 못하고 예전처럼 활동적이지 않으니까 자신을 탓하는 것만 같았다. 그렇지 않으면 예전처럼 계속 자기한테 운전 부탁을 할 텐데 이제 그럴 수 없으니 자기를 우습게보고 업신여긴다는 것이다.

　모라 여사의 외아들 잭과 며느리 낸시는 어머니의 집에서 차로 45분 거리에 있는 시내 외곽에서 네 명의 자녀들과 가정을 꾸리고 있다. 모라 여사가 보기에 아들네와의 관계가 썩 편하지 않은 것은, 아들과 며느리 모두 자기가 얼마나 정신적인 도움이 필요한지에 도통 관심을 기울지 않기 때문이다. 자기네 삶이 바쁜 것은 이해하지만 아들 부부에게 자신의 문제를 하소연할 수조차 없다고 느끼니 자신의 신세가 처량하기 그지없다. 아들 잭은 한 달에 한 번 어머니가 상담을 받는 병원에 어머니를 모셔다 드리며 가끔 진료실에 동석할 때도 있다. 모라 여사에 따르면, 아들과 함께 진료실에 있으면 자신의 속내를 드러낼 수 없는데, 자신은 아들에게조차 모든 것을 털어놓기를 어려워하는 소심한 사람이기 때문이다. 아니면 아들이 자기를 대하는 것이 형식적이고 의무감에서 하는 것처럼 여겨져서 그럴지도 모른다. 아들에게 바라는 정서적인 지원은 간절하지만, 아무리 생각해 봐도 아들은 여자의 심정과 마음을 전혀 이해하지 못한다. 그렇다고 며느리와의 관계가 좋은 것도 아니었다. 며느리 낸시는 근방에 사는 친정어머니나 언니들에게만 신경을 쓰고 자신에게는 별 관심을 기울이지 않았다. 게다가 며느리는 마음이 옹졸하고 굉장히 보수적이다. 자기한테 안부전화를 하거나 저녁식사에 초대하면 좋으련만 그런 일은 거의 하지 않았다. 모라 여사는 '며느리는 시어머니에게 어떠어떠해야 한다.'라는 기준 같은 것을 갖고 있었지만, 그렇다고 대놓고 자신의 심정을 며느리에게 얘기하지도 못했다. 그녀는 딸이라도 하나 있었으면 도란도란 속내라도 털어놓아서 자기 노후가 이렇게 외롭지는 않을 것이라고 생각했다. 며느리는 어째 며느리 노릇도 하지 않았다. 손자들도 바쁘기는 매한가지여서 공부다, 스포츠다, 자기들의 삶에만 푹 빠져 할머니는 돌보지도 않았다. 겨우 45분 거리에 살면서 명절날을 빼고는 보러 오지도 않았고, 할아버지가 요양원에 들어간 이후로는 할아버지를 찾아뵌 적도 없었다. 하긴 누가 그렇게 변해 버린 남편을 일부러 방문하겠는가? 자신만 해도 거의 의무감에서 하는 것인데 말이다. 자신과 아들 잭을 보고도 울기만 하는 그를 어린 손자들이 안 찾아가 본다고 대체 누가 나무랄 수 있겠는가? 모라 여사의 심정은 그녀의 말에 고스란히 드러나 있다. "곧 나도 남편같이 되겠지. 도대체 내가 뭘 그렇게 잘못했지? 삶이 너무 가혹해. 신이 내게 벌을 주는 것이 아니라면 지금의 상황을 어떻게 받아들여야 할지 모르겠다."

오코너 가족을 이해하기 위해서는 피터와 모라의 신체적 상황뿐 아니라 가족 구성원들에 대한 이해가 필수적이다. [그림 7-1]의 가계도를 보면 오코너 가족의 정황이 보다 자세하게 한눈에 들어온다. 노부부의 육체적 장애는 가정 내 역할의 변화를 초래했을 뿐만 아니라 가족 모두에게 부담을 지우고 있다. 슬러츠키(Carlos Sluzki, 2000)는 노인들이 여러 가지 상실을 겪는 동시에 사회적 관계망 또한 축소되는 점을 주시했는데, 오코너 가족의 경우가 이를 여실히 증명한다.

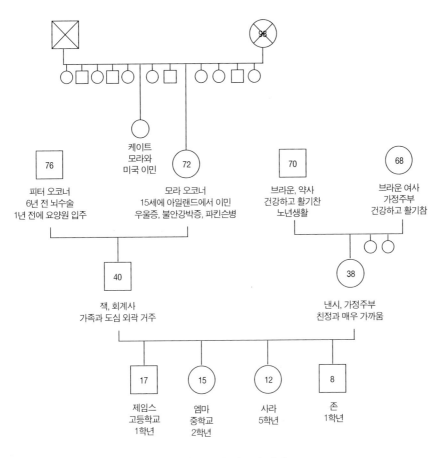

[그림 7-1] 오코너 가족의 가계도

이 가족은 피터와 모라 부부에게 안전망을 마련해 주기 위해 지금까지와는 전혀 다른 방법을 고안해 내야 했는데, 이 작업은 비단 노부부만을 위한 것이 아니라 가족 모두를 위한 일이기도 하다. 문제는 오코너 가족이 이러한 일을 전혀 하지 않고 있다는 것이다. 오코너 가족을 보면 모라 여사와 언니 케이트, 즉 위 세대가 서로 간이나 남편 피터를 어떻게 대해야 할지 모른 채 방황하고 있으며, 잭을 비롯한 젊은 세대 역시 부모 세대가 관계하는 방식 그대로 연약한 부모를 어떻게 대해야 하는지 모르는 듯하다. 즉 가족들은 서로를 돌보는 것을 두려워하는 것처럼 보일 뿐 아니라 실제로도 어떻게 해야 하는지 모르는 듯하다. 가족이 서로를 돌본다는 것은 누구 한 명이 그 짐을 전부 떠맡는 것을 의미하지 않으며, 가족이 피터나 모라를 간병하는 것만을 뜻하지도 않는다. 하지만 요양원 등에서 직접적인 간병을 맡는다 해도 여기서 간과해서는 안 될 것은, 가족끼리 아껴 주거나 서로 간의 유대감, 소속감이 존재하는가 하는 것이다. 피터, 모라, 케이트로 구성된 1세대는 상대의 필요성을 애써 무시하고 누군가를 돕는 일을 떠맡게 될까 봐 두려워하고 있다. 역설적이지만, 이러한 두려움은 자율적이고 독립적인 삶을 지향하고 타인의 도움이 필요한 시점에서도 연대감 형성이 가능함을 애써 부인하는 문화권에서는 새삼스러운 일이 아니다.

여기서 주된 관심사는 바로 가족들이 노화나 장애에 따른 노인 가족 구성원의 필요에 맞추어서 각자의 개인적인 삶도 조금씩 변할 수 있으며 서로의 관계 형성 또한 이에 맞게 변할 수 있는가 하는 점이다. 오코너 가족의 경우와 같이 서로에 대한 배려와 관련된 어떠한 가족의 규범도 없는 상태에서는 구성원 간의 관계가 어딘가 부자연스럽고 인위적일 수밖에 없다. 가족은 마치 얼음 조각들을 모아 놓은 것처럼 융화되지 않고 따로따로일 수밖에 없으며 이때의 변화는 곧 상실을 뜻한다. 이 상황에서 피터는 실제로 '죽은' 것이 아닌데도 죽은 것이나 마찬가지다. 이러한 상황은 서로 겉돌며 기능적으로 서로 돌보지 못하는 가족의 양상을 상징적으로 보여 주고 있다. 이전의 모든 역할과 능력을 잃어버린 피터야말로 가족의 관심이 절실히 필요하며, 비록 예전 그대로의 남편이나 아버지, 할아버지는 아니라고 해도 여전히 중요한 가족 구성원이다. 모라가 더 이상 예전처럼 언니에게 교통편을 제공한다든지 하는 식으로 돌보지 못한다고 해서 마치 72년에 걸친 자매간의 관계가 더 이상 지속될 수 없다는 식의 사고방식은 바람직하지 않다. 아들 잭 역시 예전과 다른 아버지와의 관계를 새롭게 하고자 노력해야 한다. 어머니의 심정이 어떠한지 들어 보고자 노력할 수 있는 것이다. 모라는 며느리 낸시와의 관계를 어려워하고 낸시 또한 시어머니의 기준, 즉 '딸 같은 며느리'가 되는 부담감과 시부모를 돌보는 일을 떠맡을까 봐 아예 시어머니와의 관계를 원칙적으로 봉쇄하는 것인지도 모른다.

손자녀들은 자기네 일에 몰두하느라 가족 구성원으로서의 유대감이나 소속감을 익히는 것이 무엇인지 배우지 못하고 있다. 부모인 잭과 낸시가 성취 지향적으로 자녀를 키우느라 확대가족과의 관계를 소홀히 하는 측면도 없지 않다. 모든 가족 구성원들은 피터와 모라의 필요를 돌아보거나 살펴볼 만한 기회를 전혀 갖지 않고 있다. 노부부는 젊은 세대의 도움이 절실히 필요하지만 이를 구하기도 어려워한다. 낸시가 지레 겁을 먹고 아예 피하는 것처럼, 마치 누가 말만 꺼내면 그 일을 혼자 모두 떠맡아야 한다는 기우에 짓눌려 아무도 아무런 말도 하지 않는 것이다. 이제 막 장애를 경험하기 시작한 모라와 케이트는 누구의 도움도 없이 이러한 상황을 홀로 맞이해야 한다는 불안감이 신체의 노화나 장애보다 더 이들을 힘들게 하고 있다. 어쩌면 이들은 아일랜드의 자신의 어머니 경우처럼 노후에 대한 어떤 특단의 조치가 있어야 한다고 생각할지도 모른다. 필요한 경우 도움을 받을 수 있는 요양원 등 가족의 부담을 덜어 주는 서비스들이 존재하기는 하지만, 가족의 소속감과 유대감을 저지하는 식으로 이용되어서는 곤란하다.

모라와 케이트는 장애를 홀로 견뎌 내야 하며 잭을 비롯한 남자들은 관계를 맺을 줄 모른다는 편견을 갖고 있다. 누군가의 필요를 바탕으로 서로를 돕는 것이 아니라 이러한 고정관념이 지배적인 관계로, 오코너 가족에게는 변화에 따른 역할의 수정과 변화라는 공식이 없으며, 따라서 문제 발생 시에는 서로를 위하거나 보살피는 가족의 기능이 제대로 이루어지지 않고 있다. 진정한 가족이란 피터와 모라가 절실히 도움을 필요로 하는 이때에 기꺼이 그들의 어려움에 동참하고 성심으로 돌보는 일이 자연스럽게 이루어지는 것에서 비롯된다. 이것이 가능하려면, 먼저 역할상의 변화에 대해 받아들이고 서로 여유롭게 관계를 맺을 수 있어야 한다. 이것이 절대적으로 부족한 오코너 가족은 노부모의 힘든 시기에 동참하려는 마음과 함께 그들을 돌보는 것이 결국 자기를 돌보는 일이라는 사실을 깨달을 필요가 있다.

지역사회복지기관과 정신보건센터의 사회복지사는 모라와 피터 같은 노부부 내담자와 그들이 겪는 문제에 대해 익숙하다. 이러한 경우에는 모라와 피터를 중심으로 아들 잭뿐 아니라 케이트를 포함하여 가족상담을 진행할 필요가 있다. 며느리 낸시도 가족상담에 합류시키는 것도 효과적이다. 아마 잭과 케이트가 그들의 역할에 대해 책임감을 갖고 자발적으로 동참한다면 낸시도 훨씬 가벼운 마음으로 이 과정에 동참할 것이다. 손자녀들 역시 가족끼리 서로를 돌보는 이런 황금 같은 기회를 접하고 그들이 할 수 있는 일이 무엇인지 알아 나가는 기회를 갖도록 해야 한다. 피터를 직접 돌보는 일은 이미 요양원에서 하고 있으므로 가족 구성원 간의 입장 헤아리기, 서로에게 귀 기울이기, 도움을 요청하고 받아들이기, 노인 세대 돕는 법 익히기, 가능한 한 독립적으로 지내고자 하는 그들의 욕구를 이해하는 법 등을 배워야 한다. 무엇보다 중요한 것은 이 모든 것이 가족으로서의 유대감과 소속감을 기반으로 해야 한다는 것이다. 이러한 근본적인 과업이 잘 이루어진 이후에는 가족상담의 초점이 아들 부부, 즉 잭과 낸시에게로 옮겨 갈 것이다.

오코너 가족의 경우처럼 가족이 해결해야 할 1세대 노부부의 노화와 장애에 따른 관계상의 문제뿐 아니라 개별적인 노력이 필요한 과업들도 존재하기 마련이다. 이러한 가족과의 가족상담 시에 사회복지사는 주요 가족 구성원들이 그들의 상황에서 무엇이 핵심적인 문제인지에 대한 의견 일치를 이끌어 내도록 도와야 한다. 이때 서로를 존중하며 각자의 의견과 감정이 솔직히 전달되고 수렴되는 대화의 분위기가 선행 조건이다. 이를 바탕으로 그것이 관계에 대한 문제이든, 개별적으로 이뤄야 할 사항이든 가족이 함께 해결해야 할 문제들에 대한 계획을 세울 수 있다.

5. 요약

오코너 가족은 확대가족과의 가족상담이 이루어지는 여러 가지 예를 고려할 때, 대체적으로 간단한 문제를 가진 가족이라 볼 수 있다. 이보다 훨씬 복잡한 양상을 띠는 가족이 일반적이며, 앞서 지적했듯이 가족 구성원들 개인의 문제에 초점을 맞추는 동시에 가족 전체의 문제를 간과해서는 안 된다. 확대가족 상담에서 기본적으로 명심해야 할 것은 각 구성원의 상황과 형편에 적합한 방법을 찾는 것이다. [사례연구 2-2]와 [사례연구 7-4]의 마리사는 자신의 꿈을 펼치기 위해 동아줄처럼 완고하고 얽혀 있는 부모와의 관계를 재정립해야 했다. [사례연구 7-5]의 제리는 유독 모자 관계에만 집중되어 있는 것에서 벗어나 부모와 골고루 관계를 맺을 필요가 있었다. [사례연구 7-7]의 스티븐은 부모와 형제들과 대체로 무난한 관계를 유지하게 되었는데, 이는 그의 부모가 자신들의 부부 문제를 유기하느라 본의 아니게 아들을 이용하는 것을 중단했을 때 가능한 일이었다. 맥스웰 부부는 이를 위해 개별적으로 다뤄야 할 문제들과 부부간의 관계상의 문제를 따로 해결했다. [사례연구 7-9]의 오코너 가족은 필요한 경우, 외부의 도움도 받아 가면서 서로를 돌보게 되었다. 노화와 장애가 겹친 상황에서 가족의 유대감과 소속감을 기반으로 가족의 추억과 꿈을 공유하며 가족의 전통을 이어 가는 일의 중요성을 깨닫게 된 것이다.

　가족상담에서 명심할 것은 가족 구성원들은 변한다는 것이다. 각 단계별 내적 발달 욕구에 따르기 위해서라도 변해야 한다. 가족 구성원들의 관계에 관한 일이든, 개별적인 일이든 가족상담은 이러한 변화를 가능하게 하는 견인의 역할을 한다. 가족은 그 핵심적인 기능상의 역할을 지속하는 데서 각 구성원의 필요와 변화에 따라 서로를 지지하는데, 무엇보다도 인간의 존엄성을 바탕으로 각자의 꿈을 조화시키는 방향으로 나아가야 한다. 사회복지사의 역할은 전체 가족과 각 구성원이 이를 잘 수행하도록 옆에서 도와주는 것이다. 다음 장에서는 가족 내 구조 자체가 변하게 되면서 새로운 변화를 맞이하는 확대가족 상담의 중기 단계에 관한 것을 살펴보고자 한다.

참고문헌

Aponte, H. (1986). If I don't get simple, I cry. *Family Process, 25*(4), 531-558.

Diamond, G. S., & Liddle, H. R. (1999). Transforming negative parent-adolescent interactions in family therapy: From impasse to dialogue. *Family Process, 38*(1), 5-26.

Montalvo, B. (1982). Interpersonal arrangements in disrupted families. In F. Walsh (Ed.), *Normal family processes* (pp. 277-296). New York: Guilford.

Shulman, L. (1992). *The skills of helping: Individuals, families, and groups* (3rd ed.). Itasca, IL: Peacock.

급진적 가족 재구축:
중기 단계를 향하여

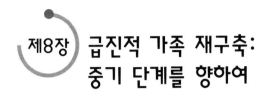

제8장 급진적 가족 재구축:
중기 단계를 향하여

　제8장은 구조적 변화나 재구축의 과정에 놓인 가족들에게 초점을 두며, 구조화되지 못한 가족들에 대한 사정 그리고 이들로 하여금 가족을 재구성하도록 돕는 데 주안점을 둔다.

1. 가족 재구축

　이 장에서는 한층 더 복잡한 상황의 가족들에 대한 개입으로 들어간다. 심각한 관계상의 문제를 경험하고 있거나 생존을 위해 일정 정도 가족 자체를 재구축해야 하는 상황에 놓인 가족들이 그 대상이다. 실제로 관계의 재구축이라는 것은 어느 가족을 막론하고 변천과정에서 항상 일어나는 과정일 수 있으나, 가족 구성원 중 일부를 상실한 가족은 보다 갑작스러운 변화를 경험하게 될 것이다. 이러한 가족들은 자녀들이 있고, 죽음이나 이혼을 통해 관계의 상실을 경험하고 있는 사람들이다. 이 장의 후반부에서 논의될 하론 가족(사례연구 8-4 참조)의 예처럼 항상 편모가족이었던 가정들도 있겠지만, 일부는 한부모가족으로 갑자기 바뀌고 만다. 관계의 상실을 경험한 가족들은 재혼을 함으로써 재혼가족을 형성하기도 한다.

재혼가족의 형성은 또 다른 차원의 과정이 된다. 재혼가족 형성과정에 대한 사회복지사의 개입은 가족 구성원의 상실감을 다루어 주는 개인적인 치료 개입과 종종 혼동을 가져올 수도 있다. 재혼가족은 가족 구성원들이 경험했던 상실을 대체하기 위한 하나의 노력이기는 하지만, 때때로 그다지 현실적인 해결책이 되지 못하기도 한다. 상실을 경험한 가족 구성원들은 이전의 인간관계로 완전히 되돌아갈 수는 없으며, 갑작스러운 상황에 대처할 만한 효과적인 능력을 가지고 있지 않은 경우가 대부분이다. 그들은 이전 가족의 인간관계에서 배운 기능적인 측면을 잘 유지함과 동시에, 새로운 가족의 문화나 양식을 생산적으로 개발해 나가야만 한다는 것을 먼저 이해해야 한다. 이러한 이해과정 없이 관계상의 변화를 이루거나 제자리를 찾으려면 오랜 시간이 걸릴 것이며, 가족 구성원들 개개인마다 변화에 적응하는 어려운 시기를 맞을 수밖에 없게 된다. 이러한 가족 구조의 변화는 다른 상황에 비해 훨씬 더 힘들고, 어떤 면에서는 가족 구성원들 각각의 삶에 지속적으로 영향을 미칠 수도 있다(Wallerstein, Lewis, & Blakeslee, 2000). 이러한 상황에서 서로 간의 갈등이나 비난이 생기는 것은 어찌 보면 당연한 일이다. 또한 이 같은 변천과정을 겪는 가족들에 대한 친척들의 지원이 적어지는 경우도 빈번하다.

어떤 가족은 이혼과 같은 어느 한 사건에 의해서가 아니라 본래 만성적으로 덜 구조화되어 있는 경우도 있다. 이러한 가족은 여러 세대를 거쳐 가족 내부의 갈등은 물론 외적 환경에 대처하는 데 어려움을 겪는데 특히나 고용, 학교, 법원, 경찰 복지 시스템과 같은 필요한 사회제도와의 관계에서 그러할 수 있다(Aponte, 1986). 가족 내부나 외부와 관계된 문제들을 설명하고자 할 때 가족력에서 특별한 가족 붕괴나 상실이 있지 않은 경우가 그 예가 될 수 있다. 이러한 경우 문제들은 종종 만성적인 빈곤과 관련되어 있다. 그들은 교육, 사회화, 의료, 안전, 직업 혹은 수입과 관련된 기능에 대한 자원을 활용하지 못하고, 외부 자원이나 제도 등에 영향력을 발휘하지 못하며 지금까지 살아왔다. 외부의 지원

관계에 대해 적절히 활용하거나 대처하지 못한 상태에서 그러한 자원을 상실한 경우에는 개인에게 내적 공황감이 유발되기도 한다. 이러한 내적 역기능은 끝없는 순환 관계 속에서 자기 이미지에 치명적인 영향력을 미치는 외적 역기능까지 초래할 수 있다. 이러한 가족은 다양한 사회기관, 지역사회 자원 그리고 사회복지사와 연결된다. 그들은 주로 학교, 상담소, 법원 혹은 아동복지기관에 관련하여 일시적인 곤란의 수준보다 훨씬 더 심각한 문제를 제시하곤 한다. 사회복지사의 장기적 역할은 그 역기능적 악순환의 고리를 끊는 것이며, 가족으로 하여금 내적·외적 관계를 동시에 재구축하도록 돕는 것이다. 이것을 수행하는 데는 상당한 시간이 소요되며, 불가피한 장애가 되는 불신을 극복하기 위한 엄청난 에너지를 필요로 한다. 이것은 이 장의 후반과 제9장에서 다룰 것이다.

제5장에서 우리는 초기부터 매우 불완전한 관계를 가진 부부의 사례를 살펴보았다. [사례연구 5-5]의 존과 에일린의 사례에서는 결혼 초기에 배우자의 심각한 미성숙, 약물 남용 그리고 폭력의 위협이 부부로 하여금 근본적인 결혼 서약의 동의 문제와 서로를 이해하고 있는지에 대한 의문들을 낳게 했다. 에일린의 입장에서는 결혼이 엄격하고 구속적인 성향을 가진 가족으로부터의 도피이자 가족에 대한 역반응이었을 가능성이 높다. 존은 자신의 삶을 강하게 통제하는 약물 남용과 결혼한 것이나 다름 없었다. 존이 아내에 대해 책임감을 느끼고 그녀의 요구를 반영해 주기 위해 약물이나 음주 문제로부터 충분히 자유로웠던 적이 있었는지도 의문이다. [사례연구 5-6]의 셸던과 샌디의 사례에서 역시 그들의 부부 관계에서 필요한 일들에 상호 간에 동의가 있었는지 그리고 무엇에 동의했는지에 대한 의문점이 남는다. 그들 중 한 배우자는 "저는 결혼에 동의하지 않았어요. 하지만 사람들을 실망시키고 싶지는 않았어요. 단지 잠시 동안만 함께 살면서 어떤 일이 일어날지 지켜보고 싶었을 뿐이에요."라고 말했다. 존과 에일린 그리고 셸던과 샌디 부부는, 부부로서 존립하기 위해 먼저 가족의 역기능적인 패턴을 수정하거나 심각한 구조적인 결핍을 치료하는 것이 아니라 그들의 부부 관계를 재구성하고 그러한 관계가 무엇에 기초하는지 서로를 이해하는 데 더욱 중점을 두어야 했다.

존과 에일린의 관계는 엄청난 위기 상황들의 집합체처럼 보였다. 존 가족으로부터의 압력을 제외하고라도, 그들에게는 안정적인 가족 구성체를 형성하기 위한 동기 자체가 약해 보였다. 존의 약물중독에 대처하기 위한 노력은 지금껏 그다지 성공적이지 않았다. 에일린은 자신의 개인적 권리를 찾고자 하는 의지를 거의 보이지 않았으며 예전의 불행하던 부부 관계로 되돌아가고 싶지도 않았다. 각자의 정서적인 과정들은 두 사람 모두에게 상대방과 잘 맞추어 보고자 하는 노력에 부담감을 주었다. 셀던과 샌디의 사례에서는 좀 더 희망이 보였다. 그들에게는 적어도 문제를 해결하고자 하는 일말의 의지와 가능성이 있었다. 그들이 위험 수위에 이른 것은 아니었기 때문에 그들의 관계에는 어느 정도의 기능적인 측면이 존재했다. 셀던은 비록 깊이 있는 의사소통에는 한계가 있었지만, 그럼에도 불구하고 어느 정도는 잘 반응하였기에 치료를 진행해 나갈 수 있었다. 가족 구성원 전체가 조력과정에 참여하고 연계된다는 것도 쉽지 않은 일이고 그렇다고 해서 항상 성공한다는 보장이 있는 것도 아니다. 하지만 샌디에게는 제한된 시간 동안 노력해 보는 것이 가치 있는 일이었다. 그녀가 노력하지 않았다면 이후의 결과는 더 엄청난 희생을 초래했을 것이다. 그녀의 노력 덕분에 그들의 관계는 궁극적으로 성공적이었다.

1) 가족 구성원의 상실과 과도기

가족 구성원의 상실은 재구성된 가족 혹은 혼합가족 구성원에 의해 직면하게 되는 가장 심각한 어려움이다. 가족은 관계망을 형성하고 인간관계 양식을 통해 교류함으로써 관계가 정립되는데, 세월이 흐름에 따라 불가피하게 중요한 가족 구성원들을 하나 둘씩 상실하게 된다. 이러한 상실은 여러 가지 함축적인 의미를 갖는다. 죽음과 이혼에 의해 가족 구성원을 상실한 가족들, 이혼과정에 있는 가족들 또는 다른 가족이나 부모와 결합하는 가족들이 있다. 가족 구성원의 상실을 경험하는 이들은 종종 현재의 불완전한 가족 관계를 경험한다. 상실한 가족 구성원과의 관계가 아무리 좋지 않았다고 해도 새로운 구성원과의 유대나 정체감은 상실한 구성원과의 관계와 절대 동일할 수는 없으며, 이전 구성원과의 관계를 100% 상쇄시켜 줄 수도 없다. 동시에 새롭고 한 번도 경험해 보지 못한 일련의 인간관계들과 서로 간의 관계 패턴들을 경험하는 과도기에 놓이게 된다. 가족들은 상실한 가족 구성원에 대한 상실감이 아직 회복되지도 않은 채 새로운 인간관계에 적응해야만 한다. 가족 구성원 중 한 명이 새로운 인간관계를 이전의 가족 구성원과의 관계로 대체하도록 압력을 받는다면 상황은 더 어려워진다. 상실한 가족 구성원에 대한 관계는 새로운 관계로 완벽하게 대체할 수 없다는 것이 정체성 유대 이론의 관점이다. 하지만 다행히 새로운 인간관계가 상실한 가족과의 유대감에 위협을 주지 않는다면 긍정적인 측면을 가져올 수도 있다는 점을 명심해야 한다.

이러한 과도기에서 혼란이 생기는 것은 당연하다. 제3장에서 이미 언급한 것처럼 사회화, 가족 내의 경계선, 협력과 세력 다툼 등 기존의 의사소통 및 상호작용 패턴들이 모두 변화하기 때문이다. 새로운 구성원이 상실된 가족 구성원을 대치하여 준다는 기대와 함께, 재혼을 통해 고통스러웠던 관계를 청산하고 다른 평범한 가족들과 다를 바 없는 가족을 구성하기 위한 노력을 하게 된다. 때때로 이러한 상황에 처해도 이전의 인간관계가 그렇게 쉽게 변하지 않는다는 인식을 잘하지 못할 수도 있다. 어떠한 경우든지 간에 성공적인 가족 관계를 위해서는 완전히 새로운 인간관계—이전 관계의 대체가 아니며 이전과는 비교할 수 없는 새로운 인간관계—가 형성되어야 한다. 대부분의 가족들은 이러한 변화에 대한 준비가 잘되어 있지 못하기 마련이다. 그들은 어려움에 직면하고 나서야 외부 기관들, 즉 학교, 법원, 가족상담소, 아동복지센터나 다른 기관과 연계하고자 할 것이다. 특별히 가족이 사회복지기관에 비자발적으로 의뢰될 때, 사회복지사는 지역사회 기관의 특정 기관과 대상 가족 사이에서 일하게 된다. 지역사회 기관의 관계자들은 주로 보호관찰소 직원이나 학교 사회복지사 등이다. 지역사회 기관의 관계자들은 자신들을 대상 가족과 함께 가족 내 관계 재구성을 도와 다시 기능적으로 복귀하도록 지원하는 사람이라고 항상 생각하지는 않는다. 이러한 지역사회의 외부 자원들과 연계되어 일하게 되는 맥락은 제9장에서 더욱 자세히 논의될 것이며, 이 장에서는 관계적인 문제들을 해결하고자 가족상담을 하기 위해 자발적으로 사설 사회복지사를 찾아오는 가족들에 대해 초점을 맞출 것이다.

다음의 사례에서 살펴볼 필즈의 가족은 아내이자 어머니인 메그의 상실을 겪어 내고 있는 중이다.

 [사례연구 8-1] 가족 구성원의 상실로 고통받아 온 필즈 가족

탐과 메그 부부는 매우 전통적이지만 또한 편안한 분위기의 결혼 생활을 해 왔다. 메그가 암 투병 중이었을 때 탐은 직장 일에 몰두했고 일에 대한 스트레스를 그의 취미인 낚시로 달래곤 했다. 어머니의 투병과 함께 아버지와의 대화 단절로 인해 그들의 네 자녀들은 이중의 상실감을 겪어야만 했다. 메그의 병이 악화됨에 따라 집안일을 도와줄 가정부를 고용했지만, 이러한 대체가 가족의 불안정한 상황들에 도움이 되지는 못했다. 그녀는 죽기 전까지 다양한 약물이나 식이요법 등을 시도해 보았으나, 몸은 점점 더 쇠약해져만 갔다. 여러 방법의 치료는 그녀에게 기운을 주기는 했지만, 근본적으로는 어느 것도 효과가 없었다. 메그가 점점 쇠약해지자, 그녀의 첫째 딸인 13세의 에쉴리는 메그, 탐, 가정부와 그녀의 형제들과의 사이에서 연결고리 역할을 하고자 시도했다. 그러면서 가족 내에서의 세력이 에쉴리에게 집중되었다. 얼마 후 가정부는 떠났고 가족은 큰 혼란 상태에 빠졌다. 메그의 죽음 이후 탐은 일과 낚시에 더욱 더 빠져들었다. 에쉴리는 어머니가 해 왔던 것처럼 동생들을 단호하게 대했다. 그러나 이 같은 권위적인 행동으로 인해 가정부와의 갈등이 생겼고 이 일은 다시 그녀를 좌절하게 했다. 결국 어느 한 가정부가 그들의 가정에 남아 가족들에게 의지를 북돋워 주려는 마음으로 그들을 도왔다. 그러나 그녀가 노력한 만큼 성공적이지 못했고, 오히려 실패만 거듭하였다. 얼마 후 에쉴리의 학교 성적이 급속도로 하락했으며 약물을 남용하는 친구들과 어울려 다니기 시작했다. 나머지 형제들 또한 학교 문제, 행동 문제, 우울증과 같은 나름의 문제 증상들이 나타나기 시작했다. 어느 날 가정부는 가족들과 큰 다툼을 한 후 집을 나갔고 아버지인 탐이 가족상담 기관을 찾았다. 가족은 큰

혼란에 빠져 있었으며 탐은 어찌할 바를 몰랐다.

사회복지사는 아버지로서의 탐의 마음을, 다음으로 에쉴리를, 그 후에는 나머지 자녀들의 마음을 위로하고 모두의 마음이 가정으로 복귀하도록 도왔다. 사회복지사는 그들의 현재 문제가 개인적으로 또는 가족적인 차원에서 어머니의 죽음에 대한 회복되지 못한 상실감 때문이라는 것을 인식시킨 후 적절한 대처와 애도가 이루어져야 한다고 알려 주었다. 그리하여 가족을 정상화시키는 데 힘을 북돋워 주었다. 가족 구성원들은 각각의 욕구들이 있었는데, 특히 아버지 탐은 이러한 상황에서 각자가 책임감을 갖고 할 수 있는 일들이 무엇인지, 가족 구성원들 간에 어떻게 서로 연결되어야 하는지에 대해 해결하고자 하는 욕구가 있었다. 가족은 새로운 상황에 보다 적합한 가족 관계를 형성해야 했다. 실제 이 가족의 사례에서 가족들이 스스로 그들의 삶을 관리할 수 있다고 느낄 정도의 진전이 있기까지는 거의 1년 6개월이라는 시간이 걸렸다.

이 사례에서처럼 필즈 가족은 혼란스럽고 상처 입은 상황을 가족치료를 통해 극복하기 시작했다. 이러한 상황에 있는 가족들은 상실에서 오는 우울감이 치유과정을 연장시킴에도 불구하고 신앙적 자원과 지지적 관계망이 있는 경우 더 잘 극복하곤 한다.

2) 가족의 이혼과정

이혼율은 1960년대부터 1970년대 후반까지 급속도로 증가했다(Glick, 1979). 그러다가 1980년대 초반에는 주춤했고, 그 이후부터 차츰 감소치를 보이기 시작했다. 현재의 추세를 보자면, 결혼을 약속한 경우, 부부 중 한 배우자가 사망하기 전에 이혼할 확률이 40~45%라고 추정되고 있다(Popenoe, 2001; Goldstein, 1999; Norton & Miller, 1992).

사실상 이혼이 가족과 자녀들에게 미치는 영향력은 매우 크며 복잡한 상황을 유발한다는 것이 이혼을 바라보는 시각들의 중론이다. 이혼은 하나의 단순한 사건으로 다루어져서는 안 되며 자녀들의 입장에서는 지속적인 고통을 주는 과정으로 이해되어야 한다(Amato & Booth, 1997; Wallerstein et al., 2000). 이혼을 경험한 75%의 아이들이 시간이 흐름에 따라 결국 상황에 대처한다고는 하지만, 여전히 상당수의 아이들이 이혼의 상처에서 벗어나지 못하고 있다(Hetherington, 2002). 이혼이 초래하는 상황은 하나의 일시적 사건이라기보다는 예측 불가능한 결과들을 동반한 가족의 과업을 수행해 나가는 기간으로 간주되어야 하며, 이러한 과업 달성을 위해서는 가족 개개인의 입장에서 필요한 대처 능력이 요구된다.

자녀들은 부모의 이혼 이전부터 부모의 갈등에서 비롯된 영향들에 대처해 나가야만 한다. 이러한 상황 대처는 이혼 이후에도 한동안 지속될 수밖에 없다(Amato & Booth, 1997). 116명의 이혼가정 자녀들을 대상으로 10년 이상 종단적 연구를 한 월러스테인과 켈리(Wallerstein & Kelly, 1980)의 보고서가 이러한 주장을 뒷받침해 준다(Wallerstein & Blakeslee, 1989). 이혼은 가족의 변천과정, 즉 이혼 이전, 이혼, 한부모가족, 재혼, 재혼가족 등의 세부 단계를 포함한 일련의 과정 가운데 단지 하나의 단계다. 한 연구에서, 부모들이 이혼한 지 5년이 넘은 자녀들 중 1/3은 이혼 당시보다 역기능적인 것으로 보고되었다. 세 명 중 한 명의 자녀들은 여전히 싸우는 부모에게 휩쓸리면서 혼란스러워하고 있다고 보고되었다(Bryner, 2001). 월러스테인과 블라케슬리(Wallerstein & Blakeslee, 1989)의 10년 이후의 추적연구에서는 1/2의 여성과 1/3의 남성이 이전 배우자에 대해 여전히 강한 분노를 품고 있는 것으로 보고되었다. 또한 그 사이에서 자녀들은 집중 공격을 받는 것과 같이 꼼짝달싹 못하고 있는 정서적 상황을 경험하고 있다.

이혼에 대한 자녀들의 반응에서 동일 결과성에 대한 체계의 특성이 잘 나타나 있다. 부모의 이혼 당시에는 별다른 반응을 보이지 않던 자녀들이 여러 해가 지난 후에는 그들의 관계에 대한 새로운 욕구로 인해 심각한 문제가 발생하기도 한다. 반대로 [사례연구 9-1]의 알렌의 사례에서처럼 이혼 초기에 좀 더 격렬한 반응을 보이는 자녀들은 결국 그것에 대처하고 적응하는 방법들을 서서히 발견해 나가기도 한다(Wallerstein et al., 2000).

아마토와 부스(Amato & Booth, 1997)가 2,000명의 부부와 그들의 자녀 700명을 대상으로 20년 이상 연구한 결과, 거의 300쌍의 부부가 이혼했다. 아마토와 부스는 이혼한 가족의 경우 대개 낮은 만족감과 높은 부부 갈등을 가진 가족과 낮은 부부 갈등을 가진 가족의 두 부류로 나눌 수 있음을 발견했다. 이들 연구에 따르면(1997, p. 197), 이혼을 갈등적ㆍ적대적ㆍ학대적 가정으로부터 벗어날 수 있는 기회로 여겼던 자녀들은, 역할을 잘하는 한쪽 부모와 함께 사는 것이 이전의 상황보다 더 기능적이었다. 부부 갈등이 낮은 다른 한 부류의 가족들은 이혼하기 이전의 일 년 반 동안 경험했던 갈등이나 만족의 정도에서 다른 가정들과 별 차이가 없는 것으로 나타났다. 이러한 가족들에서는 그다지 큰 갈등과 동요는 없었지만 그렇다고 만족도에 있어서도 특별히 높지 않았다. 이들의 이혼 사유는 대개 자아 성취나 더 매력적인 상대를 만났기 때문인 것으로 나타났다(Amato & Booth, 1997, p. 197). 그동안 자녀가 있는 이혼가족에 대한 논의는 그다지 많지 않은 편이었다. 그러나 아마토와 부스 연구의 2/3를 차지하는, 갈등 관계가 심각하지 않은 상태에서 이혼한 부부들에 대한 연구에서도 이혼이 자녀들의 안녕의 모든 측면에 광범위하게 부정적인 영향을 미치는 것으로 드러났다. 한편 미국 전체를 대상으로 표집한 최근 연구에서 1980년 후반에 행복하지 않은 결혼을 한 부부 중 86%가 결혼 생활을 유지한 경우, 5년이 지나서는 결혼 당시보다 더 행복해졌다고 보고하고 있으며, 이들 중 60%는 매우 혹은 꽤 행복하다고 보고했다(Popenoe, 2001; Waite & Gallagher, 2000).

이혼한 가족은 가족 구성원들이 사망했을 때 주변 사람들로부터 받을 수 있는 지지나 정신적 보상을 받지 못한 채 즉각적인 상실감을 경험하곤 한다. 이혼으로 한쪽 부모를 잃을 때, 그 가족은 [사례연구 8-1]의 필즈 가족에서와 같이 가족 구성원들 간의 관계를 재구축해야 하지만, 그 과정은 이 시기에 자연스럽게 도출되는 많은 요인들 때문에 쉽지가 않다(Herzog & Sudia, 1973). 관계성이란 모든 인간 생활의 한 부분이다. 그러므로 관계적인 변화나 상실 등에 대한 대처 능력이 있는 사람이라 하더라도 어떠한 변화를 겪은 이후에 곧바로 새로운 상황에 적응하는 것은 어렵다는 애착 이론의 관점을 이해하는 것이 보다 바람직할 것이다. 인간은 급작스러운 변화를 경험할 때, 변화에 대처하기 위해 도움을 필요로 하게 된다. 이혼과정에서 대부분의 부부들은 엄청나게 고통스러운 갈등을 경험하곤 하며, 자녀들은 어느 한쪽 부모에게 속하거나 연루되게 된다. 갈등은 이혼에 앞서 존재하며 이혼과정 중에 그리고 이혼 이후에 다른 양상으로 지속되기 마련이다. 자발적인 결별은 한 개인에 대한 거부로서 가족 구성원들의 결정에 의해 이루어진다. 자녀들은 부모가 공동 양육권을 가지고 있더라도 몇 년이 지나면 관계가 점점 멀어지게 되고, 실제적으로는 한쪽 부모를 상실한 것과 같은 상태가 된다. 그러다가 그들은 급기야 피할 수 없는 경제적 불안정에 직면하게 되기도 한다. 이러한 상황은 참으로 안타깝다.

사회복지사는 부부, 자녀, 학교, 의료기관, 법원, 아동복지센터, 여러 사회복지 서비스 기관과 함께 일하면서 이러한 이혼과정 내의 일부로 기능하게 된다. 이러한 여러 기관들은 이혼과정 속에서 혹은 그 여파 가운데, 다양한 방식으로 가족들을 돕기 위해 일하게 된다. 이 과정에서도 역시 많은 어려운 상황들이 존재한다.

(1) 삼각관계의 위험성

사회복지사로서 첫 번째 과업은 가족 체계의 삼각관계에 연루되는 것을 피하는 것과, 부모들이 함께 상황을 진전시키는 데 협동할 의향을 갖도록 도움을 주는 것이다. 이것은 모순처럼 보일 수도 있다. 한쪽 부모 혹은 양쪽 부모가 이혼을 고려할 만큼 심각한 부부 갈등을 경험하게 되면서 점차 서로에게 적대적으로 변한다. 또한 인간관계의 복잡성을 해결하는 것에 초점을 두지 않고, 재산권 해결이라고 하는 법 체계에 의해 이혼이 지지되기도 한다. 사회복지사와의 상담과정을 시작하면서 부부들은 외도, 알코올중독, 우울증, 지속적인 갈등, 단순한 불안 등 여러 가지 이유로 자신을 정당화하면서 상대방에 대한 적대적인 입장을 더욱더 강화한다. 이들은 사회복지사를 이혼 법정의 판사처럼 또한 상담과정을 이혼과정의 예행 연습처럼 간주하면서 각자 자신의 편을 들어주기만을 기대하기도 한다. 더욱이 이 혼란스러운 상황에서 자녀들은 더욱더 깊은 갈등 상황에 빠지게 되고, 다른 한쪽을 비방하며 한쪽 부모의 편에 서거나 종종 부모보다 더 큰 힘을 행사하기도 한다.

사회복지사가 성공적인 방향으로 이끌어 나가고자 한다면 적어도 부모가 조력과정에 동참하는 한도 내에서 그들을 위한 적절한 기능을 하도록 지원해야 한다. 사회복지사는 한쪽 부모의 편을 드는 것을 피해야 한다. 만일 사회복지사가 취약한 한 개인을 보호해야 하는 분명한 상황이라 하더라도 갈등적인 상황에서는 삼각관계를 형성하는 것에 대해 단호히 거절할 수 있어야 한다. 첫 면접에서 사회복지사는 이혼에 수반되는 관계상의 재조정, 이러한 상황에서 각자가할 수 있는 최선의 것을 할 수 있는 책임감을 갖도록 하면서 상호 관계를 재설정하는 일에 주력해야 한다. 문제는 종종 학교, 아동복지센터, 법원 혹은 다른기관이 이미 특정 내담자 편에 서 있다는 데 있다. 만일 사회복지사가 초기과정에서 가족 전체의 상황을 명확히 파악해 내고 문제에 접근할 때, 두 부부 모두를 기술적으로 포함시키지 못하여 부부나 자녀들 가운데 누구든지 한쪽 편과섣불리 연합하게 된다면, 조력과정의 성공적이고 생산적인 이행에 상당한 차질이 생기게 된다.

이혼과정 자체에서는 법적인 절차나 문제들이 우선순위를 가지기 쉬우므로, 가족들의 관계를 재구성하는 사회복지실천 과정에 시간이나 에너지를 우선적으로 할애하기가 힘든 경우도 있다. 더군다나 사회복지사에게 도움을 청하는것이 갈등 상황에 있는 상대편에게는, 자신의 잘못을 인정하는 것으로 비춰질수 있다는 사실에 대해서 여전히 논쟁의 여지가 많다. 이혼에서 법적인 요구 사항들은 사회적·정서적 문제를 제일의 고려 사항으로 여겨지지만, 정서적인 쟁점은 이혼 자체보다 훨씬 더 광범위하고, 따라서 각자의 부부들에게 이혼은 이혼 자체와는 아무 상관이 없는 다른 문제들을 대표하는 상징이 된다. 이러한 경우라면 가려진 정서적 쟁점들은 이혼에 의해서 해결되지 못할 수도 있다. 또한인간관계는 절대로 쉽게 해결될 수 없다는 편견이나 오해가 있다. 이러한 면에대해 애착 이론과 대상관계 이론은 인간관계가 개개인의 일부로서 서로 다른방식으로 여전히 남아 있게 마련이라고 주장한다.

(2) 역기능적 신념과 인식

이혼이 실제로 해결책이 될 수 있을까? 가족치료사 빌(Beal, 1980)은 다음에 기술된 신념들에 의해 인간관계 문제나 역기능들이 이혼에 의해 해결될 수 없음을 시사해 준다고 주장했다.

- 문제는 현재의 인간관계에 있으며 이후의 관계에서는 문제가 발견되지 않을 것이라고 믿는 경향
- 이혼은 자의식이나 자기 정체감에 단기적이기보다는 장기적으로 심각한 상실을 초래할 것이라는 믿음
- 이혼과정 중에 상실감을 겪게 된다는 가능성을 강력히 부인하는 것
- 중요한 것은 상대방으로부터 어떻게든 벗어나는 것뿐이라는 신념
- 보복을 목적으로 옳다고 '느껴지는 것' 또는 무엇이 법적으로 가능한지에만 의존해서 의사결정을 하는 것(Beal, 1980, p. 248)

이혼한 부부와 작업하는 것은 그들이 이혼 결정을 내리도록 이끈 광범위한 과정, 신념들이나 사고방식들에서 필요한 것들을 잘 추려 내어 정리하도록 돕는 것일 수 있다. 각각의 인식들은 이혼을 한다고 해도 해결될 수 없는, 현재 결혼 생활에서의 풀리지 않은 문제들을 나타낸다. 그러나 이러한 문제가 해결되지 않은 상태로는 이혼 이후의 상황에서 또 다른 인지적 문제를 맞닥뜨리게 된다. 재혼을 통해 이혼과 관련된 쟁점을 해결하려는 인식은 이혼 이후의 또 다른 관계에 대한 문제들을 초래한다.

이혼 직후 몇 해는 당연히 혼란과 어려움이 예상된다. 이혼 직후 12~18개월의 가족 기능은 이혼 당시보다 더 심각하다. 그리고 부모의 이혼을 경험한 지 5년이 지난 자녀들의 2/3는 이혼 당시보다 역기능적이며(Bryner, 2001), 한 연구에서는 전체 대상의 80%의 자녀들이 이혼과정에서 심각한 어려움을 경험하는 것으로 나타났다(Wallerstein et al., 2000). 그 밖의 다른 연구에서는 이혼 이후 10년이 흐른 뒤에도 많은 이혼 부부들이 이전 배우자에 대해 강한 분노를 드러

내는 것으로 나타났다(Wallerstein & Blakeslee, 1989). 한편 한쪽 부모가 양육권을 가진 상황이라면 자녀들은 양육권이 없는 부모와의 관계가 취약해질 위험이 있다. 심한 부부 갈등을 겪는 부모나 정신질환자 또는 학대하는 부모를 가지고 있지 않은 경우라면, 부부가 공동 양육권을 가진 아이들이 그렇지 못한 아이들보다 이혼 이후에 더 잘 지내고 있었다(Bauserman, 2002). 그러나 공동 양육권은 이미 이혼 후 소원해진 부모들이 자녀를 관리하는 데 의도치 않은 여러 가지 다른 어려움을 가져올 뿐 아니라 이에 따라 전문적인 개입이 요구되는 상황을 유발하기도 한다. 이혼 상황에 잘 적응하지 못하는 자녀들에 대한 문제도 심각하다. 이들은 법원과 아동복지센터에 의뢰되는 문제들 혹은 학교에서의 문제 그리고 사회복지사에게 의뢰되는 등 문제를 수반하곤 한다.

(3) 관계 구조의 재편성

이혼은 현존하는 가족 전체나 개개의 구성원에서 가족의 실제 집행의 관계 구조가 아무런 기능을 하지 못하게 하는 진공상태를 초래하는 것을 의미한다. 이혼과정에서 한쪽 부모는 떠나고 나머지 한쪽 부모가 모든 부담을 안게 된다. 공동 양육권은 양쪽 부모가 번갈아 가며 책임을 지는 것으로 부부가 동시에 양육의 부담을 갖도록 권리와 의무를 부여한다. 두 사람은 새로운 역할을 배워 실행해야 하며, 자신에게 양육이 맡겨지는 기간에는 역할을 양도받아 자녀를 돌보는 일을 감당해야 한다. 지금껏 관계를 유지하던 가족 구성원들은 더 이상 서로를 개방하는 데 한계를 느끼기 때문에 이혼 초기에 가족들 간의 경계가 혼돈에 빠지는 경우가 발생할 수 있다. 또한 자녀가 한쪽 부모와 너무 친밀하면 다른 부모와의 관계가 소원해지기도 하며, 한쪽 부모가 과하게 기능을 하면 다른 부모는 갈등과 기능 저하 및 무력감을 느끼게 된다. 이러한 새로운 변화가 가져오는 문제들은 어쩌면 당연한 것인지도 모른다. 어쨌든 이렇게 되면 자녀들은 부부 사이의 갈등과 분노로 삼각관계를 형성하게 된다. 한쪽 부모에게서 다른 부모 사이로 오가게 되는 정신적 · 물리적 이동은 지속적으로 자녀들에게 혼란을 초래하며 상황에 맞는 재적응을 요구한다. 또한 이 과정에서는 가족 내의 필수적인 권위가 무너져 버림으로써 부모들은 무기력하고 역기능적이 될 수 있다. 오히려 이때 자녀들은 부모를 위해 안내자 역할을 떠맡게 되는 반면, 정작 부모 역할은 진공상태로 들어가게 된다(Montalvo, 1982).

때로는 한부모 체계로 유발되는 문제들이 또 다른 혼란을 유발시키기도 한다. 이혼 후 공동으로 자녀를 양육하는 관계에서 필요한 충분한 의사소통 기술과 헌신적인 관계가 실제적으로 원활한 경우는 많지 않기 때문이다. 비록 공동 양육에 대한 결정이 이혼이 가져다주는 자녀 양육에 대한 미비점을 보완한다고 해도 이를 이상적으로 실행하는 데는 여러 가지 어려움이 있다. 공동 양육 계획을 세우고자 한다면, 이는 필히 대부분의 일반 가정들이 가진 갈등 해결의 수준보다 훨씬 더 높은 수준의 의사소통, 관계, 문제해결 기술 그리고 인간관계에서의 개선을 필요로 한다. 이 경우, 가능한 유일한 해결책은 힘들더라도 구성원 간의 경계를 점차적으로 재배열하거나 재구성하고, 자녀의 양육권을 가진 부모를 적절히 지지하는 것이다. 자녀 양육권을 가진 한 부모가 통제권을 가진 경우에는 그러한 권위로부터 다른 부모가 위축되지 않도록 도와야 한다. 자녀가 기존의 궤도로부터 신체적, 정신적으로 변화하는 동안에는 양쪽 부모 간에 충분한 의사소통과 합의가 있어야 하며, 상황을 분명하게 정리해야 한다. 이러한 과정은 양쪽 부모의 의지 및 이해 관계에 얽히지 않은 제삼자의 공명정대한 조언들로 수월히 진행될 수도 있지만, 다음 사례에서 보듯이 대부분의 경우에는 평탄한 적응이 쉽지 않다. 다음의 사례에서와 같이 가족이 고통스러운 경험을 하게 될 것이며, 이혼 이후의 자녀 양육이 역기능적으로 될 수 있다는 것은 짐작이 가는 일이다.

[사례연구 8-2] 부모의 이혼과 재혼과정에서 갈등을 겪는 15세 레니의 가족

에드나 프리드만은 열다섯 살인 딸 레니를 데리고 유대인 가족 서비스 기관에 찾아왔다. 그녀의 가족은 몇 년 전에 심각한 이혼과정을 겪었다. 레니는 정기적으로 아버지인 할을 찾아가곤 했으며, 자신이 어머니와 겪는 갈등이 얼마나 심각한

지에 대해 이야기하곤 했다. 어머니 에드나는 딸을 강하게 통제하지 못했다. 특히 어머니와 그의 남자 친구인 로이드와의 재혼이 거론되면서 딸 레니와의 갈등은 더욱 심화되었다. 이럴 때마다 레니와 어머니, 친아버지 간의 삼각관계는 더욱더 견고해졌으며 다가오는 로이드와의 결혼 문제로 더욱 악화되었다. 그리고 예상되는 또 다른 삼각관계 역시 이러한 갈등 관계를 내포하고 있었다. 레니는 어머니가 어떤 의견을 내놓든지 간에 무조건 반대하곤 했다. 레니는 어머니가 자신을 무시하기라도 하면 있는 힘을 다해 목청껏 소리를 지르곤 했다. 어머니의 남자 친구 로이드의 딸인 열여덟 살의 엘리슨은 당시 이미 레니네 집에 와서 함께 살고 있었다. 엘리슨은 거처만 구해지면 빠른 시일 내에 그 집을 나오려고 계획하는 반면, 곧 새아빠가 될 로이드는 3개월 이내에 결혼한 다음에 그 집으로 이사 오려고 했다. 레니는 이러한 모든 과정들에 반대 입장을 취하며 앞으로 벌어질 어떠한 상황도 막으려고 했다. 로이드는 레니와의 이러한 관계에 연루되고 싶지 않았다. 로이드는 레니가 자신에게 친절하게 대하는 것이 친아버지에 대한 배반이라고 생각하는 것이라고 믿었다. 한편 에드나는 레니를 마치 딸이 아닌 자매같이 대했고 그녀를 어려워하며 조심스러워하는 눈치였다.

어머니, 새아버지 그리고 엘리슨과 함께한 면접 첫 회에서 레니는 다른 사람들을 무시하고 빈정대는 듯한 태도로 잡지책을 내려놓으라는 지시에도 불구하고 계속 읽으면서 앉아 있었다. 사회복지사는 가족치료 과정에서 에드나에게 당분간 재혼 날짜를 조금 뒤로 미루고 딸과의 관계 정립을 우선순위로 하자고 제안했다. 에드나는 그녀의 딸이 심각하게 여기는 자신과의 관계적 문제를 잘 조정해 나가는 데 주력해야 하기 때문이었다. 친아버지와도 별도의 상담 회기를 마련했다. 친아버지는 딸의 이러한 불행한 삼각관계를 해결하는 데 조금이라도 도움이 되기 위해 레니로 하여금 어머니의 말에 귀 기울이고 존중하도록 그녀를 장려했다. 어머니 역시 레니와 학교 문제, 취침 시간, 주말에 관한 여러 가지 갈등 요소들에 대해 함께 상의하는 시간을 가졌다. 어머니는 레니와 함께 시간을 보내는 것과 자신과 남자 친구의 관계에 딸을 연관시키지 않는 것에 동의했다. 사회복지사는 누구보다도 엘리슨이 염려되었는데, 왜냐하면 이러한 재결합 구조에서 가장 많은 것을 잃게 될 사람이 엘리슨이었기 때문이다. 사회복지사는 재혼이 조금 더 미루어지는 관계로 로이드와 엘리슨이 보다 많은 시간을 함께하면서 부녀간의 애정을 확인하도록 격려했다. 왜냐하면 재혼에 따라 다른 구성원들이 영입되는 데 앞서 기존의 갈등적인 삼각관계들을 먼저 해결해야 할 필요가 있기 때문이다. 이 가정의 사례는 이혼 후에 생기는 여러 가지 복잡한 문제들에 대한 접근 그리고 그러한 과정 내에서의 사회복지사의 역할을 제시해 주는 좋은 예다.

(4) 혼합가족

혼합가족(blended family)의 결성은 이미 이혼에 따라 상실감을 경험한 가족들에게 한층 더 심화된 구조적인 변화로 다가온다. [사례연구 8-2]의 프리드만 가족의 경우는 이혼가정이 지닌 관계적 과업에 보태어 새롭게 형성될 관계들의 부가된 문제들까지 드러난 사례다. 이러한 혼합가족은 이전의 유용한 가족 패턴이나 양식들을 유지하면서도 새로운 가족 양식을 계발해 나가야 하는 어려움이 있다. 즉, 이전의 가족 관계를 포기하지 않으면서도 현명하게 통합해 나가는 방법들을 강구해야 한다. 새로운 가족 구성원과의 연합은 이전에 그들에게 중요하던 관계를 잘 유지하는 것과 동시에 형성되어야 바람직하다. 이러한 일련의 과정은 서두르지 말고 많은 시간을 두고 진척해 나가야 한다. 이러한 혼합가족에서 자주 발생하는 계속적인 문제 영역은 내부인 대 외부인 간의 명료한 경계선에 관한 갈등에서 누가 결정권을 가지는가 하는 문제, 가족 내의 의리와 충성심에 대한 문제, 완고하기만 할 뿐 생산적이지 못한 삼각관계, 새로운 부부관계의 연합 대 분열 등이 그 예가 될 것이다(Visher & Visher, 1982). 프리드만 가족의 관계에서 보여 주듯이, 혼합가족들의 구성원들에게는 잃어버린 친어머니나 친아버지를 새어머니나 새아버지로 대치하면서 그 상실감을 부인할수록 오히려 가족 관계가 성공하지 못하는 경우가 많다. 새아버지나 새어머니는 대체적으로 기존 가족들에게 받아들여지기까지 어려운 시기를 겪곤 한다. 부모가 재혼하여 혼합가족이 된 초기 성인기 자녀들 가운데 20%가 채 안 되는 사람들만이 새어머니에게 친밀감을 느낀다고 답했다(Hetherington, 2002). 비록 프리드만 가족의 예보다는 덜 심각한 상황이었지만, 이러한 혼합가족이 겪게 되는 갖

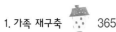

가지 역동성들을 리치와 마르샤 존스 가족의 사례에서 찾아볼 수 있다.

 [사례연구 8-3] 혼합가족의 역동을 보여 주는 존스 가족

리치와 마르샤 부부는 둘 다 알코올중독에서 회복된 상태인데, 이들은 어느 치료 집단에서 만났다. 두 사람 모두는 이번이 재혼이었다. 56세인 리치는 20년간 첫 번째 아내와 살았고 두 명의 결혼한 딸을 두었는데, 그들의 나이는 25세와 36세였다. 리치는 딸들이 자라나는 동안 심하게 술을 마셔 왔는데, 지금은 딸들과 함께 많은 시간을 보내지 못한 것에 대해 후회하고 있다. 그의 첫 결혼 생활은 오점투성이었고, 그의 입장에서는 참으로 후회막심인 세월이었다. 그는 상당히 엄격한 양육 태도를 가지고 있었으며 사춘기 자녀의 행동양식에 대한 지식에 한계가 있었다. 마르샤는 이혼 전 10년 동안 결혼한 상태였지만 사실상 그녀는 현재 16세인 딸 줄리아가 아기였을 때 남편으로부터 버림받았다. 마르샤와 줄리아는 마치 자매와 같은 친밀한 관계를 유지하고 있었다. 마르샤의 양육 방법은 훨씬 덜 강압적이었으며 이는 딸인 줄리아와의 관계에서 그대로 드러났다. 재혼 이후인 1년 전부터 리치와 마르샤는 줄리아에 대해 끊임없는 말다툼을 하곤 했다. 이러한 다툼이 그들을 지치게 했고 그들의 관계에는 진전이 없는 듯 보였다. 첫 번째 결혼 생활에서 해 보지 못한 아버지로서의 역할을 해 보고 싶은 마음이 강했던 리치는, 줄리아의 양육에 대해 권한을 행사하려고 했다. 하지만 마르샤는 리치가 줄리아와 문제가 있을 때마다 딸을 방어하면서 남편의 권위를 약화시켰다. 이러한 상황이 벌어지면서 리치는 점점 더 엄격해졌고 마르샤는 오히려 점점 더 관대해졌다. 의사소통은 점차 더 악화되었고 한편의 극단은 다른 한편의 극단을 부르는 결과를 초래하곤 했다. 게다가 마르샤가 둘의 관계에서 중재자의 역할을 하려고 할 때면, 그녀의 지나친 간섭이 오히려 새아버지와 줄리아 간의 관계 재정립을 방해하는 듯 보였다. 줄리아는 오히려 그녀의 인생에서 한 번도 제대로 된 역할을 하는 아버지를 가져 보지 못했기 때문에 사실 리치와 좋은 관계를 맺기를 고대하고 있을지도 모른다. 그러나 줄리아는 그와의 긍정적인 관계를 어떻게 발전시켜야 좋을지 몰랐으며, 특히 리치의 극단적인 행동양식과 방어하는 어머니 사이에서 혼란스럽기만 했다.

사회복지사는 초기에 두 부부만을 만나면서 상담을 진행했다. 사회복지사는 보통의 혼합가족들이 갖는 대부분의 문제들을 짚어 나가면서 그들의 관계 정상화에 주력했다. 그 부부는 아무 일도 없었다는 듯이 치부하지도, 줄리아와 어머니 간의 친밀한 관계를 부인하지도 않았다. 그러나 부부 중 어느 한쪽도 이러한 일련의 변화들을 받아들이려고 하지 않았으며 받아들일 수도 없었다. 점점 커 가는 줄리아가 자신의 책임을 자각해야 하는 시점이었지만, 마르샤는 여전히 그녀에 대한 모든 책임을 자신이 져야 한다고 생각했다. 리치는 기껏해야 마르샤로부터 위임받은 권한을 대행하는 이인자 노릇밖에 할 수 없었던 것이다. 이러한 관계의 변화들로부터 리치는 줄리아와의 새로운 관계를 발전시켜 나갈 수 있었다. 사회복지사는 리치와 마르샤 부부와 함께 이러한 관계 변화의 단계들을 가르쳐 주고, 그들의 관계가 조금 더 정돈되고 안정되어 감에 따라 몇 번의 면담을 통해 줄리아와 함께하는 시간을 마련했다. 한편 줄리아와의 관계가 안정되어 갈수록 리치와 마르샤 부부가 그들의 관계 정립에 더 집중해야 한다는 것이 분명해졌다. 이전의 결혼 생활에서 비롯된 여러 가지 고통과 아픔들이 줄리아 문제에 집중하는 바람에 소홀히 여겨졌을 뿐이지, 해결된 것은 아니었기 때문이다. 부부는 사회복지사와 부부상담을 하기로 약속했다. 줄리아와의 문제해결 과정이 그들 부부 관계의 문제점들을 더욱더 분명히 해 주었고, 이를 해결하기 위해 노력해야 할 앞으로의 조력과정에 좋은 출발점을 제공해 준 계기가 되었다.

2. 구조화가 더 필요한 가족

가족이 제대로 기능하는가의 여부가 가족 관계 구성이 명료화되고 친밀하고 융통성이 있는가의 여부로 결정되는 것이라면, 구조화가 더 필요한 가족은 관계적 구조의 일관성, 개별성, 단합력, 융통성에서 결함을 보이는 가족을 말하는 것이다. 가족 구성원들은 가족 내부의 혹은 지역사회 제도들이나 자원, 관계적 구조들과의 외부 상황들을 해결해 나가는 데서 관계적인 패턴이나 구조에 한계가 있기 마련이다. 가족 구성원들은 그들이 소유한 관계적 패턴들을 현명하게 꾸려 가는 것에 어려움을 겪을 수 있으며 때때로 이러한 패턴과 구조들은 일관적이지 않을 수도 있다. 이러한 패턴들은 가족의 심각한 소외나 반대로 가족 패턴의 문제점을 인식하지 못하는 등의 어려움에 의해 역기능적 패턴이 여러 세대에 걸쳐 되물림되기도 한다.

한편 가족의 구조화와 빈부의 격차가 관련이 있는지에 대한 논의에서는 모든 가난한 가정들이 무조건 구조화에 어려움을 겪는다고 보기는 어렵다. 사실상 엄청난 고난 가운데서도 잘 견뎌 내는 수많은 가족들이 있으며, 이들이 역경을 헤쳐 나가는 삶의 과정은 경이롭기까지 하다. 아폰테(Aponte, 1986)는 가난이라는 상황이나 가난과 관련해 지역사회의 제도나 자원을 충분히 활용하지 못하는 것이 개인의 내적 결함이나 관계 양식 혹은 구조와 연관이 있을 수도 있다고 제시했다.

이러한 극심한 상황에 놓여 있는 가족들을 대상으로, 가족 내부나 외부와의 관계 재정립을 잘하도록 돕는 것은 사회복지사의 역할이다. 또한 사회복지사의 장기적 역할은 가족 내의 악순환적인 패턴을 단절시켜 가족 구성원들이 내부나 외부와의 관계 재정립을 지속적으로 잘해 나갈 수 있도록 돕는 일이다. 사실, 외부와의 관계 재정립이 효과적으로 이루어지려면 내부의 관계부터 재구성되어야 한다(Aponte, 1986). 이러한 과정은 상당한 시간을 요하며, 한편으로는 불신의 벽을 넘어야 하는 쉽지 않은 시간이 될 것이다. 이 장의 많은 부분이 이러한 가족들의 내부를 변화시키는 것과 관련해 할애될 것이다. 제9장에서는 외부 자원들과의 관계 형성에 대해 다른 가족의 사례를 통해 더 자세히 알아볼 것이다.

[사례연구 8-4]의 하논 가족의 사례는 구조화가 더 필요한 가족에서의 사정 및 개입과정에 대해 확장된 예로서 제시되었다. 우리는 아폰테의 면접 기록을 통해 상호작용 과정에 대한 이전의 논의를 정리하고 이전 장에서 논의되었던 기술들 중 몇 가지를 적용의 예로 제시하고자 한다. 면접은 모두 8단계로 나뉘며, 다음 단계의 면담은 전 단계의 면담에 기반을 둔 것이다.

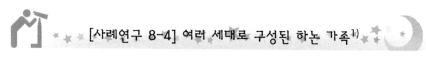

[사례연구 8-4] 여러 세대로 구성된 하논 가족[1]

총 9명의 가족 구성원들이 4세대로 구성된 하논 가족은 가난한 흑인 가정이다. 47세의 하논 부인이 가장이고 그녀와 함께 사는 자녀들은 다섯 명이며, 열한 살에서 스물두 살까지 연령대가 다양하다. 큰 딸인 베라는 스물두 살이지만 혼자 독립해서 사는 것에 대한 두려움을 가지고 있었다. 그녀에게는 이미 세 살인 리타와 두 살인 커트라는 두 자녀가 있었다. 하논 부인의 연로한 친정아버지도 함께 살았지만 그는 상담에 함께 참여하지는 못했다. 하논 부인은 이전에 공적부조 대상자였으며 지금은 아침 11시부터 오후 7시까지 건물을 청소하는 일을 하고 있다. 그러나 현재 그녀는 모든 것에 진이 빠진 상태였으며 자기 가족에게 산재한 문제들을 처리할 만한 여력이 없었다. 그녀는 성격이 어른스러운 열일곱 살의 딸 조엔에게 자기 역할을 위임해 왔으며, 그녀에게 이 딸은 유일하게 집안에서 지도력을 발휘할 수 있는 아이처럼 보였다. 현재 하논 부인은 조엔이 가족들을 이끄는 데 힘겨워하며 학교에서도 문제가 있으므로 퇴학당할지도 모른다는 생각에 상당히 걱정하고 있다. 하논 부인이 정신건강 클리닉에 상담을 의뢰해 약속을 정하고 친정아버지를 제외한 모든 가족 구성원들이 상담에 참여했다. 사정과정 및 상호 관계를 명료화하여 보여 주기 위해 면담의 일부는 요약되었다. 초점은 주로 하논 부인과 베라 그리고 조엔에게 맞추어졌다.

① 개 요

면담실에 모인 가족들은 처음에는 너무나 정신없는 분위기였다. 하논 부인은 침묵하고 있었고 조엔은 산만한 식구들을 진정시켜 보려고 애쓰고 있었지만 별 효과가 없어 보였다. 모든 사람들이 제각기 한마디씩 했다. 베라의 두 자녀들은 통제 불능이었지만 정작 아이들의 어머니인 베라는 아무런 제재도 가하지 않았다. 치료자가 가족들의 반응에 관계없이 자신을 소개했다. 그는 초기에 조엔의 다른 형제자매들이 식구들을 조용히 시킬 수 있는지를 시험해 보았다. 나머지 형제

---

1) 하논 가족의 사례는 Aponte(1986)의 허락을 받아 수록했다(pp. 531-545).

들이 식구들을 진정시키는 것에 실패했을 때, 식구들이 조엔의 말만 듣는다는 사실을 확인 할 수 있었다. 치료자는 이번엔 행복하지 않은 얼굴로 위축되어 보이는 하논 부인을 끌어들이는 시도를 했다. 그러자 조엔이 곧바로 어머니를 대신해서 이야기를 시작했기 때문에 치료자가 하논 부인을 가족의 중심이 되게 하는 데는 상당한 시간이 걸렸다.

치 료 자: 하논 부인, 당신을 제외한 다른 모든 식구들은 그런대로 행복해 보이는군요.

조　　엔: 엄마가 한잠도 못 자서 그래요.

베라와마크: (동시에 이야기하나 들리지 않음)

치 료 자: 부인, 혹시 일을 끝내고 바로 오셨나요? (치료자는 가로질러 걸어가 하논 부인 옆에 앉았다.)

하논 부인: 네.

조　　엔: 피곤한 정도가 마치……. (베라가 이야기하고 동시에 커트가 소리를 지르는 바람에 들리지 않았다.)

얼: (열한 살의 막내) 엄마는 집에 가자마자 바로 주무실 거야.

치 료 자: (하논 부인에게) 어디에서 일하시나요?

하논 부인: 펜실베니아 홀스햄에서요.

치 료 자: 얼마나 먼가요?

하논 부인: 윌로우 그로브의 반대편이죠. (여전히 싸움 중인 커트를 제외한 아이들은 조용해졌다.)

치 료 자: 거기서 무슨 일을 하십니까?

하논 부인: 오전 11시부터 저녁 7시까지 사무실 청소를 합니다.

치 료 자: 오전 11시부터 저녁 7시까지 매일이요?

하논 부인: 네.

치 료 자: 게다가 부인은 혼자서 돌봐야 할 자녀들이 이렇게 많이 있지요? (잡음이 커지자 갑자기 소리를 지른 커트를 다른 아이들이 나무란다.)

베　　라: 우리는 서로가 서로를 돌봐요.

치 료 자: 부인은 단지 피곤하신 건가요, 아니면 정말로 불행하다고 생각하시는 건가요?

하논 부인: 아니요, 저는 단지 피곤할 뿐이에요.

베   라: 엄마는 불행하지 않아요.

조   엔: (조엔이 이야기하는 동안 커트는 내내 소리를 지른다.) 그래요. 우리 엄마는 불행하지 않아요. 단지 누구에게도 이야기하고 싶지 않은 것 뿐이에요. 내가 그 이유를 이야기해 줄게요. 엄마는 우리가 너무나 지겨울 거예요. 엄마는 내가 학교에 다니고 졸업하기를 바라지만 나는 학교에 가기가 싫어요. 엄마는 (열여덟 살짜리 언니를 가리키면서) 언니가 바보처럼 행동하는 걸 그만했으면 하고 바라요. (다른 열여섯 살짜리 남자 형제를 가리키면서) 쟤가 자기 할 일이나 열심히 하고 주변 상황을 망치지 좀 말았으면 하실 거고요. (베라를 가리키면서) 또 언니가 아파트를 구해서 애들이랑 나가 살기를 바라세요. 그리고 엄마는 (얼을 가리키면서) 쟤가 똑바로 돼서 학교에 다니길 바라세요. 그리고 저도 저 자신에 대해 엄청 짜증이 나요.

② 초기 사정

치료자는 첫 면담에서 그 가족의 전체적인 상황을 파악할 수 있었다. 조엔은 엄마를 대신해서 대변하고 있었고, 그녀 자신을 포함해 가족 구성원 전체의 곤경이나 문제점을 제시했다. 이에 따른 반응으로 치료자는 조엔이 아니라 하논 부인에게서 직접 대답을 듣고자 시도했다. 치료자가 하논 부인에게 이 모든 것들을 잘 이끌어 나가기 위해 무엇을 하는지 물었을 때, 그녀는 "나는 애들에게 윽박지르는 것밖에는 하는 일이 없지요."라고 답했다. 이때 커트가 소리를 지르면서 발로 차대는 바람에 치료자는 신경이 쓰였지만 베라는 아무런 조치도 취하지 못했다.

하논 부인: 그냥 무시하세요. (커트에게) 앉아라, 아가! 어이, 앉아⋯⋯.

조   엔: (동시에) 앉으라고!!

하논 부인: (커트의 형에게) 무시해 버려, 어이, 앉으라고, 앉아! 안 앉으면 한 대

맞는다. (아이들이 크게 웃는다.)

잭: 그 뒤에 앉아라. 앉는 게 좋을 거야.

조   엔: 저게 저 아이가 나쁜 아이인 이유예요. 자기한테 뭐라고 하는 사람은 누구라도 싫어하니까요. (하논 부인이 일어나서 신문을 말아 커트의 다리를 한 대 살짝 때린다.)

하논 부인: 앉아! (아이들의 들뜬 목소리와 웃음 속에서 하논 부인은 커트를 식탁에서 들어 올려 의자에 앉힌다. 커트는 훌쩍거리다가 조용해진다.) 조용히 하는 게 좋을 거다. (베라가 다른 아이들처럼 웃으면서 모두에게 말한다.) 그 애를 그냥 내버려 둬라, 정말……

치 료 자: (베라에게) 커트가 할머니의 말을 듣는 것처럼 어머니의 말에도 순종하나요?

베   라: 아니요!

조   엔: 아니요, 베라는 누구의 말도 안 들어요.

치 료 자: 그렇다면 조엔이 모두에게 엄마와 같은 존재로군요.

하논 부인: 내가 모두의 엄마예요.

이 과정을 통해 가족생활 패턴의 근본적 문제점이 분명하게 드러났다. 하논 부인이 일련의 가족 문제에 대해 피할 곳을 찾는 소극적인 태도를 보이는 반면, 조엔은 모든 면에서 가족에 대한 지배권을 갖는 듯이 보였다. 그러나 어린 커트가 소리를 질러대며 상담 전체를 사실상 좌지우지했을 때는 조엔조차 그것에 대해서는 통제하지 못했다. 결국 하논 부인이 의도적으로 강하게 대응하고 나서야 모든 상황이 안정되었다. 하지만 여전히 가족들의 모든 문제에 대한 책임은 고스란히 하논 부인의 어깨 위에 놓이곤 했다. 하논 부인이 너무 힘들어서 감당치 못하게 되면 그녀는 그저 위축되거나 혼란스러운 상황을 피해 버렸다. 그러면 조엔이 스스로 가족들을 이끌면서 다시 정상화시키려고 노력하는 일이 반복되었다. 이러한 과정에서 조엔은 가족들에게 피뢰침 같은 역할을 하곤 했다. 그러한 역할에 대해 그녀는 충분히 그 대가를 지불하는 것처럼 보인다. 면담에서 가족들은 조금 차분해졌고 조엔은 자신의 학교 문제와 학교로부터 충분한 지지를 받고 있지 못하다는 등의 문제를 표현하기 시작했다. 베라는 직장을 가지고, 남편과 재결합하고, 아파트를 구하는 것 등에 대한 걱정을 이야기할 수 있게 되었다. 그녀는 혼자서 집에 있는 것에 대한 두려움이 있었다. 동네가 위험한 지역이었기 때문이다. 하논 부인은 어린 자녀들을 보호하는 차원은 가능한 사람이었지만, 그녀가 지닌 강인함을 자녀들에게도 불어넣기에는 역부족이었다. 딸들은 어머니로부터 지지받고 모든 삶의 방향들을 지시받기를 원했다. 아들들은 아직 가정에서의 역할에 대한 개념이 정립되지 못한 단계였다. 이러한 부분들에 대한 상담과정을 시작하고 가족들에 대한 초기 사정이 개시되면서 치료자는 현재 다른 가족들을 제외하고 조엔과 하논 부인만을 대상으로 치료를 진행해 나갔다.

③ 시 작

치료자는 하논 부인과의 상담을 먼저 시작했다. 그리고 나서 조엔이 어머니가 염려하는 것들 중 자기에 대한 부분들을 스스로 명시화하는 과정으로 전환시켜 나갔다. 치료자는 내담자들의 감정 및 그 감정을 말로 표현하는 것, 침묵의 저변에 접근하는 것, 여러 가지 문제들을 부분적으로 살펴보는 것 등으로 접근을 시작했다. 이러한 작업을 통해 조엔과 하논 부인이 각자의 문제들을 개별적으로 구별하고, 동시에 무엇이 어떻게 돌아가고 있는지에 대한 전체적인 윤곽이 드러날 것이다. 이후 치료자는 그들과 중기 단계로 접어들게 될 것이다. 치료자는 궁극적으로 어머니와 딸이 함께 문제의 초점을 맞추고 협력해 나가도록 도울 것이다. 그러한 시점에서 치료자는 서로 간의 대화에 적절한 소재들을 끌어내고, 이러한 과정을 통해 결국 그들이 서로에게 더 귀를 기울이고 서로 간에 상의하고, 감정이나 생각들을 표현하고, 반영하도록 이끌 것이다. 지금은 이에 대한 암시만 엿볼 수 있지만, 추구되어야 할 방향성은 명확하다.

치 료 자: 하논 부인, 부인이 어떻게 하실 수 있을지 잘 모르겠네요.

하논 부인: 네.

치 료 자: 부인은 가정의 문제가 하나 이상 된다는 것을 알고 계시지요?

하논 부인: 모든 게 다 문제지요. (면담에서 처음으로 강한 어조로 말했다.)

치 료 자: 그렇군요, 그런데 부인은 왜 하필 조엔에게 그런 문제들에 대한 도움을 청하시나요?

하논 부인: 그 애가 가장 분별력이 있다고 여겨져서요.

치 료 자: 예?

하논 부인: 그리고 조엔이 자기 역할을 제대로 하지 않으면 온 집안이 엉망진창이 되니까요.

치 료 자: 그렇다면 조엔이 모든 일들을 잘 조율하는 데 도움을 준다는 말씀이신가요?

하논 부인: 맞아요, 그리고 그 애가 화를 발끈 내거나 바락바락 신경질을 부리면 뭔가 문제가 생겼다는 신호랍니다.

치 료 자: 아…… 그렇군요, 부인은 조엔이 부인을 도와주기를 원하고 조엔이 없으면 사실상 어느 것도 하기가 어려우시군요.

하논 부인: 보시다시피 저는 항상 조엔에게 의지합니다.

치 료 자: 아…… 예.

하논 부인: 하지만 조엔이 무너지기 시작하면…… 휴……. (고개를 저으며)

조   엔: 그래서 내가 무너지는 거죠.

치 료 자: 그래서 조엔이 무너지는 거군요. 엄마가 조엔에게 의지를 해서?

조   엔: 아니요.

치 료 자: 그럼 왜?

조   엔: 엄마가 나한테 뭔가를 원하는데, 내가 할 수 없을 때요. (얼굴을 묻고 흐느끼기 시작한다.)

치 료 자: (하논 부인에게) 조엔이 많이 속상했나 봐요.

하논 부인: (고개를 끄덕이며 한동안 침묵한다.)

조   엔: 나 울었다. (울면서 웃는다.)

치 료 자: 괜찮아요.

조   엔: 나는 우는 게 싫은데……. (엄마 가까이로 가서 휴지를 가져온다.) 나는 울면 나 자신에게 화가 나거든요.

치 료 자: 그러지 않아도 돼요.

조　　엔: 그래요. (눈물을 조용히 닦으며 다시 추스른다.) 자, 이제 이야기해요.

치 료 자: 좋아요.

조　　엔: (잠시 침묵) 내가 단순해질 수 있으면 그때는 내 안에 무엇이 잘못되었는지 이야기할 수 있을 거예요. 내가 단순해지지 못한다면 이런저런 생각에 눈물만 나요.

④ 중기 단계 작업

조엔의 마지막 말에서 그녀는 왜 다른 식구들이 가고 난 뒤에야 태도가 좀 달라졌는지 명확해졌다. 이제 더 이상 조엔은 그녀의 단순한 행동들로 엄마를 방어할 필요가 없었다. 그러나 그녀가 강박적인 욕구를 털어 내려고 하자, 자신에 대해 무력감을 느끼게 되었다. 그녀는 너무 힘이 들어 흐느꼈다. 치료자는 하논 부인 앞에서 조엔과 이야기를 나누었고 조엔은 자신의 힘든 점들을 명확히 이야기하기 시작했다.

치 료 자: 그래요, 괜찮아요. 조엔의 마음속에서 뭔가 잘못되어 가고 있다고 생각하나요?

조　　엔: 저는 걱정이 너무나 많아요. 엄마가 일하러 가서 사고가 나지 않을까……. (그녀는 눈에 눈물이 가득 고인 채 웃었다.)

치 료 자: 계속해 봐요, 계속.

조　　엔: 잭이 길가에서 총을 맞지나 않을까……. 얼이 기차 사고나 나지 않을까…….

치 료 자: 예?

조　　엔: 리타와 커트가 목구멍에 뭐가 걸려서 숨이 막히지나 않을까……. 베라는 남편한테 총을 맞지는 않을까……. 정말 미쳐 버리겠어요.

치 료 자: 그래요, 하지만 조엔이 항상 이렇게 혼란스럽지는 않잖아요. 왜 그렇다고 생각해요? 가장 최근에는 무슨 일 때문에 힘들었나요?

조　　엔: 애들이 내가 하라는 대로 하지 않아서요. 저는 제가 옳다고 생각하는데…….

치 료 자: 얼마나 오래되었나요? 얼마나 오랫동안 힘들었나요? 모든 게 너무
  나쁘게만 되어 와서?

조   엔: 지난 6월부터인 것 같네요.

치 료 자: 지난 6월부터? 그때 무슨 일이 있었나요?

조   엔: 엄청 많은 일들이 있었어요. 참을 수가 없어요. 글쎄…… 그렇게 많
  지는 않았나? 식구들이 내 신경을 건드릴 때만 빼놓고는?

치 료 자: 아니, 6월부터 무언가 큰 일이 있어서 조엔의 가정을 변하게 한 것
  같은데……. 그렇다면 그 이후에 왜 더 악화되었을까?

조   엔: 글쎄요……. 애들이 내가 시키는 말을 안 들어요.

치 료 자: (하논 부인에게) 부인은 무슨 일이 있었는지 아세요?

하논 부인: 글쎄요……. 알 것 같기도 하고…….

이러한 대화를 통해 치료자는 조엔이 자신의 염려들을 말로 설명하고 명확히
짚어 보도록 도왔다. 그러한 염려들은 어머니의 것이라기보다는 조엔 자신의 염
려였다. 하논 부인이 침묵하고 있고 조엔도 지난 6월에 어떠한 일들이 있었는지
잘 기억하지는 못한다고 하더라도 하논 부인 역시 여전히 이러한 염려들의 한 부
분이었다.

치료자는 곧 하논 부인에게로 화제를 옮겼다. 하논 부인은 베라가 결혼을 했었
다고 말하면서 그녀는 나가서 살아야 했지만 그러지 못했는데, 그 이유는 그녀의
남편과의 불화와 스스로 독립하는 데 대한 두려움 때문인 것 같다고 했다. 베라의
상담 상대이자 가족 구성원들의 염려를 언제라도 떠맡을 준비가 되어 있는 조엔
은 이 문제를 베라 자신보다 더 심각하게 걱정해 온 것으로 보인다.

⑤ 조엔에게 초점 맞추기 I

다음 단계에서 치료자는 조엔이 남들에 대해 염려하는 경향에 대해 추적했다.
치료자는 역설적으로 "당신은 가족들의 걱정들을 모두 떠맡는 것이 당연하다고
여기는군요."라고 그녀의 역할을 드러내 보여 주었다. 또한 치료자는 이러한 모
순을 하논 부인이 가진 염려들과 연결함으로써 계속 대화를 이끌어 나갔다.

치 료 자: 그래서 베라가 자신의 문제를 조엔에게 이야기하는군요. 그 외에 또 누구를 많이 걱정하고 있나요?

조   엔: 나도 모르겠어요. 아무 이유 없이 그냥 걱정하는 것 같아요.

치 료 자: 맞아요, 하지만 조엔은 가족들 모두에 대해 걱정하는 것을 당연시해 온 것 같네요.

치 료 자: (하논 부인에게) 조엔은 정말 당신의 일부와도 같이 살아왔군요.

하논 부인: 아…… 예.

치 료 자: 어머니가 혼자서는 할 수가 없고 또 조엔이 유일하게 어머니가 믿고 의지하는 사람이었기 때문에 조엔은 뭐든지 신경을 쓰고 식구들이 잘 협력하도록 돕는 일을 해 왔고요.

하논 부인: 예…… 맞아요.

⑥ 하논 부인에게 초점 맞추기

하논 부인의 동의하에 치료자는 부인과 조엔의 상황 그리고 둘의 차이점들을 명료화하는 데 초점을 맞추었다. 이러한 논의들에서 하논 부인이 다른 사람의 관점을 받아들이고 조엔이 자신의 상황을 인지하고 어머니로부터의 분리를 꾀하도록 암묵적으로 장려하고 지지했다. 이러한 기반 위에 얼마 후에는 그들이 관계적 과업들에서 개별과업들을 분리해 내고 함께 문제해결을 도모할 수 있게 되었다.

치 료 자: 부인이 처음 이곳에 오셔서 상담을 시작했을 때, 정말로 지치고 힘들어 보이셨던 것 아시죠? 그런데 다른 식구들이 모두 떠난 지금, 이제 진짜로 부인 자신이 누구인지 보이시는 것 같네요. 지금은 눈이 초롱초롱하세요. 그건 부인께서 많은 것을 새롭게 보게 되었기 때문이 아닐까요? 부인이 너무 많은 일에 대해 신경 쓰고 해결할 수도 없었기 때문에 그렇게 신경이 날카로워진 것 같기도 하고요.

하논 부인: (조용히) 저도 그렇게 생각해요.

치 료 자: 그리고 조엔이 이런 모든 짐을 어머니와 함께 감당해 나가려고 했었네요. (부인이 고개를 끄덕거리고 잠시 침묵이 이어진다.) 이제야 조

엔이 왜 자신의 학교 문제에 대해서는 걱정할 틈이 없는지, 열일곱 살 나이에 걸맞지 않은 고민을 해야 했는지 이해가 가네요. (하논 부인이 고개를 끄덕인다.) 조엔이 혼자서 족히 열 명이나 되는 아이들의 걱정거리를 떠맡아야 했으니 다른 걱정이 끼어들 틈이 있었겠어요? (침묵) 그런데 외부로부터 도움받을 수 있는 방법은 전혀 없나요?

하논 부인: 웬걸요, 다른 사람들은 아예 신경도 안 쓰는걸요.

⑦ 과업 달성으로 나아가기

치료자와 하논 부인 간의 마지막 상호 교류 단계는 지각, 사고 및 감정으로부터 벗어나 부인의 현 상황과 어떻게 되었더라면 더 바람직했을까 하는 방향으로 전환되었다. 이제는 과업들을 선정하고(개별적이거나 관계적인 측면 모두에서) 문제해결의 방향으로 서서히 나아갈 차례다. 하논 부인에게 초점을 맞추는 데서 가족들이 해야 하는 가장 중요한 과업에 대한 논의를 했다. 하논 부인과 이 문제를 논의하는 데서 드러난 것은 첫째, 베라가 독립하는 것과 하논 부인의 친정아버지를 보살피는 것에 대해 외부의 도움을 받는 것이었다. 조엔은 이러한 논의들에서 자신도 한 역할을 담당하기를 원했다. 치료자도 그것을 눈치 챘지만, 하논 부인이 차차 자신의 책임을 자각하기 시작했기 때문에 초점을 조엔에게 맞추지 않으려고 의도했다. 다음에 소개될 대화들이 면담에서 조금 더 긴 시간이 할애된 상담과정을 보여 주고 있다.

치 료 자: 조엔은 너무 많은 염려들을 마음에 품고 있는데, 내가 생각하기에 얼마만큼은 좀 잊어버려도 상관없을 것 같네요. 그렇지 않으면 조엔 자신이 너무 힘들어질 테니까요.

조　　　엔: 저도 제 자신이 이상하다는 것 알아요. 그 사실이 저를 더 힘들게 만들어요. (웃으며) 왜냐하면 내가 그런 것들에 대해 사실은 어떻게 할 수도 없으니까요.

치 료 자: 맞아요, 하지만 이런 일들은 그 누구라도 감당하기 쉽지 않을 거예요. 조엔은 해결해야 한다고 생각하는 일들을 너무 많이 쌓아 두고

있으니까 힘든 거예요. (침묵이 이어지다가, 치료자가 하논 부인에게 말한다.) 부인, 우리가 지금 가장 우선순위로 초점을 맞추어야 하는 사람들은 베라와 그녀의 아이들인 것 같네요.

하논 부인: 맞아요, 맞아.

상담과정은 계속해서 베라와 하논 부인의 친정아버지에게 초점을 맞추어 진행해 갔다. 이에 대한 논의는 나중에 하논 부인과 베라와의 대화에서 제시할 것이기 때문에 지금은 생략하도록 한다. 이 시점에서 중요한 일은 하논 부인이 집안을 잘 이끌고 조엔이 스스로 자각하는 너무 많은 짐들을 덜어내도록 돕는 일이다. 조엔은 여전히 자신에 대한 무력감에 빠져 있다.

⑧ 조엔에게 초점 맞추기 II

다음 단계에서 초점은 다시 조엔에게로 맞추어졌다. 치료자의 지도에 힘입어 하논 부인은 조엔의 염려에 대해 표현했고, 치료자는 명확하게 문제를 명시했다.

조　　엔: 세상에 내 마음대로 되는 일이 하나도 없어요.

치 료 자: 조엔, 왜 그렇게 말하나요?

조　　엔: 저도 모르겠어요. 그냥 정말로 만날 그러니까…….

치 료 자: 조엔, 현재 조엔은 정말로 자신을 위해 살지 못하고 있어요. 조엔은 다른 식구들만을 위해서 살고 있으니까요. 현재 스스로에 대해 무엇을 해야 하는지, 미래에는 어떻게 되고 싶은지에 대해서는 아무것도 생각하지 못하고 있잖아요.

조　　엔: 맞아요.

치 료 자: 조엔은 지금 자신을 위해서가 아니라 '다른 모든 식구들을 위해서 무엇을 할까?'에만 너무 집중하는 것 같아요.

하논 부인: (조엔에게) 그런 것들이 너를 더 힘들게 만드는 거야. 왜냐하면 네가 다른 사람들 걱정을 한다고 해도 아무것도 해결되는 게 없으니까. 어쩔 수가 없어. 그 애들도 문제를 해결하지 못한다면 우리는 그저 식

구들이 잘해 나가도록 도와주는 수밖에. 만약 내가 식구들 문제를 해결해 주고 너한테 무거운 짐을 좀 덜어 준다면 너도 네 자신을 위한 일들에 더 집중할 수 있을 거야. (이 부분은 치료과정상에서 엄청난 도약이었다. 하논 부인은 조엔으로부터 자신이 주도권을 가지고 조엔을 온갖 가족 문제들로부터 빠져나오도록 조언하고 있다.)

⑨ 새로운 구조를 지지하기

이 단계에서 치료자는 조엔과 어머니 간에 새로운 관계 형성을 지지했다. 조엔이 새로운 출발을 할 수 있도록 새 학교를 찾는 일부터 논의했다. 서로 간의 과업이 결정되고 조엔과 하논 부인은 전보다 훨씬 덜 부담스러워하는 것을 볼 수 있었다. 치료자는 이를 칭찬하고 각자가 앞으로 해야 할 것과 다음 회기에서 해야 할 것들을 명료화시켜 주었다. 체계 이론적 관점에서는 모든 문제들은 서로 연관되어 있다고 주장한다. 가족들이 어떠한 문제를 해결하도록 지지된다면 다른 문제들도 역시 해결책을 쉽게 찾게 된다는 것이다. 일단 가족 구성원들이 일 처리를 시작하게 되면 치료자는 물론 여전히 필요하겠지만, 그다지 깊은 곳까지 개입할 필요는 없어진다. 이후 하논 가족 이야기를 더 소개하자면 베라는 공군에 있던 남편과 재결합하게 되었고 미서부로 이사를 갔다. 조엔은 다시 학교로 돌아가지는 않았지만 졸업 자격시험을 보고 고등학교 졸업장을 얻게 되었다. 하논 부인의 친정아버지는 집에서 임종을 맞았다. 가정의 모든 면이 진전되어 감에 따라 하논 부인은 종교적인 사역에 동참하는 일을 하게 되었다.

아폰테는 치료자가 가족의 구체적인 문제점을 파악해 내고 개인, 가족, 사회적 맥락 간의 역동성이 어떻게 이러한 문제점들에 작용하고 수렴되는지를 사정해야 한다고 제시한다. 이 사례에서 치료자는 문제해결을 목적으로 구성원의 현 역할에 변화를 주기 위해 가족 체계에 개입했다. 동시에 가족과 외부 구조, 지역사회 자원과 그들 가족에게 지대한 영향력을 가진 기관 사이에서 역할을 담당했다. 가족 내의 지도력을 되살리는 것은 이러한 외부 자원들로부터 효과적으로 도움을 받을 수 있게 해 준다. 조엔은 가족들에 대한 걱정에서 벗어나 학업을 추구할 수 있게 되었다. 하논 부인은 자신의 염려들을 잘 처리해 나갈 수 있었고 베라 역시 마찬가지였다. 이 가족들이 외부 자원을 효과적으로 잘 이용한 것처럼, 다음 장에서는 가족과 제도적인 구조 및 지역사회 자원들 사이에서 사회복지사의 중개적인 역할에 대해 더 심도 깊게 논의할 것이다.

3. 요 약

심각한 관계 상실 및 재구축을 경험하는 가족들은 또 다른 차원의 복잡한 상황들을 겪게 되는데, 보통 가족들이 삶의 주기에서 겪는 것보다 훨씬 변화무쌍한 과정을 경험하곤 한다. 상실이 가져다주는 부가적인 스트레스는 일시적으로 가족이 혼란을 겪는 사태를 초래하고, 나아가서 붕괴에 대한 위협이 되기도 한다. 어떤 가족들은 충분히 구조화되지 않은 상태로 여러 세대를 걸쳐 내려오기도 하는데, 가족의 기본 기능은 가까스로 수행하지만 가족 내외부에 대한 적응력은 부족한 상태일 수 있다. 한 세대이든 그 이상이든지 간에 상실감을 경험했거나 구조화에 어려움을 겪어 온 가족들은 그들이 잘 기능하도록 돕는 사회제도나 복지 기관과 연결되곤 한다. 이러한 사회제도들로는 병원, 학교, 아동복지기관 및 의료 기관, 정신건강센터 등을 들 수 있다. 사회복지사들은 많은 경우 이러한 조직들에 속해 있으며, 주로 가족과 사회제도 사이에서 일하곤 한다.

이러한 의미에서 다음 장에서는 사회 기관이 가족의 내부 역동성에 미치는 영향력에 대해 살펴보고자 한다. 이는 제8장과 이전 장에서 소개된 여러 세대가 같이 사는 확대가족들에 대한 논의들을 자연스럽게 완성시킬 것이다.

📖 참고문헌

Amato, P., & Booth, A. (1997). *A generation at risk.* Cambridge, MA: Harvard University Press.

Aponte, H. (1986). If I don't get simple, I cry. *Family Process, 25*(3), 533-544.

Aponte, H., & Van Deusen, J. M. (1981). Structural family therapy. In A. S. Gurman & D. Knishkern (Eds.), *Handbook of family therapy* (pp. 310-360). New York: Brunner-Mazel.

Bauserman, R. (2002). Child adjustment in joint custody vs. sole custody arrangements. *Journal of Family Psychology, 16*, 1.

Beal, E. W. (1980). Separation, divorce and single parent families. In E. M. Carter & M. McGoldrick (Eds.), *The family life cycle: A framework for family therapy* (pp. 241-264). New York: Gardner Press.

Beal, E. W. (1980). *Adult children of divorce: Breaking the cycle and family fulfillment in love and marriage.* New York: Delacorte Press.

Bryner, C. L. (2001). Children of divorce. *Journal of the American Board of Family Practice, 14*(3), 178-183.

Glick, P. S. (1979). Children of divorced families in demographic perspective. *Journal of Social Issues, 35*, 170-182.

Goldstein, J. R. (1999). The leveling of divorce in the United States. *Demography, 36*, 409-414.

Herzog, E., & Sudia, C. E. (1973). Children in fatherless families. In B. M. Caldwell & H. N. Ricciuti (Eds.), *Review of child development research* (pp. 141-232). New York: Russell Sage.

Hetherington, M. (2002). *For better or for worse: Divorce reconsidered.* New York: Norton.

Montalvo, B. (1982). Interpersonal arrangements in disrupted families. In F. Walsh (Ed.), *Normal family functioning* (pp. 277-296). New York: Guilford.

Norton A. J., & Miller, L. F. (1992). *Marriage, divorce and remarriage in the 1990's.* Washington, DC: U.S. Bureau of the Census.

Popenoe, D. (2001). *The top ten myths of divorce.* The National Marriage Project.

http://marriage. Rutgers.edu/Publications/pubtoptenmyths.htm.

Visher, E. B., & Visher, J. S. (1982). Stepfamilies and stepparenting. In F. Walsh (Ed.), *Normal family functioning*. New York: Guilford.

Wallerstein, J. S., & Blakeslee, S. (1989). *Second chances: Men, women and children a decade after divorce*. Boston: Houghton-Mifflin.

Wallerstein, J. S., & Kelly, J. (1980). *Surviving the breakup: How children and parents cope with divorce*. New York: Basic Books.

Wallerstein, J. S., Lewis, J., & Blakeslee, S. (2000). *The unexpected legacy of divorce*. New York: Hyperion.

Waite, L., & Gallagher, M. (2000). *The case for marriage*. New York: Doubleday.

가족과 외부 기관 사이에서 일하기:
학교, 법원과 의료기관

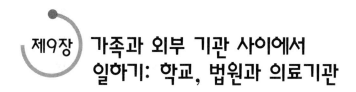

제9장 가족과 외부 기관 사이에서 일하기: 학교, 법원과 의료기관

  가족들, 특히 전환기의 조직적이지 않은 가족들처럼 취약한 가족들은 외부 사회기관들과의 지지적인 연결이 없이는 제대로 기능할 수 없다. 많은 사회복지사들은 기관에서 일을 하고 있으며, 가족과 사회기관 사이에서 가족과 기관의 활용이 적절히 진행되도록 돕는다. 이 장에서는 임상 사회복지실천 영역의 중심이 되는 학교, 의료기관과 사법 체계 내에서 이루어지는 임상 실제들을 살펴보도록 한다.

1. 가족과 외부 기관들

  이번 장에서는 사회복지실천에 내재한 체계론적 입장을 취하면서 한 걸음 더 나아가 가족과 사회기관이나 지역사회 자원들과의 관계를 다루어 보고자 한다. 사회복지사는 제도적인 기관이나 지역사회와 가족들 속에서 일해 왔다. 사회기관들은 공공질서를 증진하고 보호하며 자원을 제공하고 때로는 개인과 가족 구성원들에게 적절한 기준을 제시하기 위해 설립되었다. 그 기관이 교육, 건강 혹은 법 관련 기관이든 기관의 임무와 과제는 가족에 대한 관계적인 과업들을 언급하고 있다. 그러나 기관은 어떻게 가족과 일을 하고, 가족을 왜곡하거나 통제하지 않고 볼모로 이용하지 않으면서 가족의 일을 도울 수 있는가 하는 어려움에 처해 있다.

이러한 제도적인 구조물들이 가족 내에 있지 않다는 것은 다소 역설적이다. 가족들이 자신들이 기능하는 가정 내에서 필요한 제도나 기관을 활용할 수 없다는 의미에서 가족들 외부에 존재하는 것이다. 하지만 이렇게 외부에 존재한다면 그 자체가 문제가 된다. 학교, 의료, 사법 체계, 아동복지 기관들, 공공부조 그리고 때론 군대나 직장 조직과 같은 외부 기관들까지도 가족 내부에서 중요한 기능을 할 수 있다. 가족들은 특정한 기능을 수행해 낼 사회기관의 도움을 필요로 한다. 군대나 직장 조직의 경우에는 조직이 가족 구성원들의 도움을 필요로 한다. 상황이 더 복잡해지고 가족 구성원들의 욕구가 더 심오해질수록 기관이나 지역사회 자원은 가족이 적절히 기능하도록 하는 자연적인 행위들에 혼란을 주지 않으면서 가족 안에서 기능하도록 요구받는다. 가족이 기관들에 취약하다면 그 반대의 경우 역시 그러할 것이며, 대부분의 경우 사회기관들은 맡겨진 기능을 수행하기 위해 가족들의 도움과 참여를 필요로 한다.

사회복지사는 기관과 가족이 각자의 기능을 조화롭게 수행하도록 도울 수 있다. 취약한 가족들과 그들에게 필수적인 사회제도적 환경 간의 복잡한 관계를 가족과 사회제도 모두의 내부적인 작업을 통해 촉진시켜 나갈 수 있다. 사회복지사는 기관의 사명, 가족 관계의 과업들과 처치 사이에 연결고리를 만들어 간다. 사회복지사는 지난 1세기 동안 사회복지실천의 다른 영역들에서 취약한 개인들의 욕구에 초점을 두면서 그리고 인간의 취약성을 다루는 사회기관들의 작업과 관련시키면서 이러한 작업을 해 왔다.

1) 가족 내 약자들을 위한 사회복지실천

사회복지실천은 취약한 사람들의 욕구로부터 생겨났다. 도움과 보살핌이 가장 필요한 이들은 아동과 노인 혹은 장애를 지닌 사람들이다. 현장의 영역들은 다음과 같다.

- 아동복지 아동과 그들의 부모나 보육자들과 함께한다. 아동복지는 아동 과 가족이 안정적인 정서 유대와 관계를 유지하거나 재구성해 나갈 수 있 도록 돕는 것에 관한 것이다. 이는 아동이 존엄성, 가치 그리고 필요한 역 량을 가진 개인으로 성장할 수 있는 환경을 만들어 간다. 가족이 아동에게 적절한 양육 환경을 제공하지 못할 때, 아동복지사는 아동의 가족이나 친 족이 재기할 수 있도록 조력하거나 아동에게 다른 대체적인 양육 수단으 로 종종 다른 가족과 연결시켜 줄 수 있다.

- 노인과 노인 부양자를 위한 사회복지실천 가족 내에서 부양하거나 보호시설 에서 생활하는 노인들이 독립적으로 생활할 수 있는 능력이 떨어질 때, 가 족과 노인들에게 더 많은 지원이 요구된다. 이러한 예는 [사례연구 7-9]의 오코너 가족에서 볼 수 있었다.

- 장애인과 그 부양자를 위한 사회복지실천 이들은 노인 계층과 유사하게 취 약한 계층으로서, 사회복지사는 장애를 가진 이들과 그 부양자들을 자주 접하게 된다.

2) 사회제도와 사회복지실천: 보건과 교육

취약 계층과 일하는 것은 의료계와 교육기관과 같은 사회기관에서 가족들과 일하는 것과 비슷하다.

- 신체 및 정신 의료기관에서의 사회복지실천 의료와 관련되는 많은 사건들, 즉 출생, 사망, 어려운 치료, 섭생, 장애, 환자를 위한 더 집중적인 보살핌 의 필요 등은 의학적인 처치 이상의 것을 요구한다. 흔히 이러한 것들은

의학적인 사건이라기보다는 가족사적인 것이다. 어떤 경우에는 출생이나 사망과 관련된 의학적인 처치가 이차적인 것이 되고 심오한 인간적 의미와 행해져야 하는 사회적인 관계 작업이 급선무가 된다. 의료 체계 내에서 사회복지사는 사회적 기능들이 장애에 의한 영향을 받을 때, 관계적인 문제들을 다루면서 환자들이나 가족들과 함께해 나간다. 의료기관에서 환자들이 갖는 어려움들은 대부분의 경우 가족들과 깊이 관련된다. 환자의 대부분은 가족들의 지속적인 도움이나 지지 없이는 생존해 갈 수 없다.

• 학교 사회복지실천   학교 사회복지사는 아동, 가족 그리고 아동이 지적·사회적·신체적 성숙을 위한 발달 작업을 해 가도록 도울 수 있는 학교와의 관계를 활성화하기 위해 노력한다. 가정은 아동이 맨 처음 만나는 교육의 장이다. 때문에 학교는 가족의 최소한의 암묵적인 지지 없이 그 목적을 달성할 수 없다. 아동이 취약하다면 가족과 학교 사이에 관계를 더 계발해 나가야 할 것이다.

3) 사회제도로서의 종교

사회복지사는 가족과 아동을 대상으로 하는 종교단체 후원 기관에서 일하게 되는 경우가 많다(Kohs, 1966). 종교, 문화, 가족은 인간의 행위와 의미를 이끄는 체계다. 사회제도로서의 종교는 개인의 주요한 관계와 의무라는 사회적·개인적 맥락에서 성스러움을 기린다. 종교는 매우 다양하지만 공통된 의미를 정의하고 가족을 지지하고 이어 주는 역할을 한다.

2. 임상 사회복지실천

사회복지사는 오랫동안 가족과 사회기관 및 사람과 환경이 교류하는 지역사회 자원들 사이에서 일해 왔다. 여러 면에서 이러한 관계는 사회복지실천에 내재된 패러다임이다. 사회복지실천이 다른 전문직들과 구분되는 것은 사람과 그들을 둘러싸고 있는 환경, 두 가지 모두에 강조점을 둔다는 것이다(Joint Task Force, 1979). 사회복지사는 제도적 자원 체계와 가족 체계 내에서 자원들과의 적절한 연결, 즉 기준과 욕구들을 조율하고자 하며, 두 체계 모두가 최적의 균형을 이루어 가도록 돕는다(Gordon, 1969, 1979). 사회복지실천 영역은 인간의 공통된 욕구에 부응하려는 개인과 사회제도 간에 관계에 대한 중재의 필요로부터 시작되었다. 각 영역의 실천은 각자 고유한 특성을 지닌다. 특정한 내담자군, 시작점, 제도상의 목적을 지닌 사회기관과 사회복지실천에 대한 기여, 즉 사회복지실천 지식, 가치, 제도적 목적과 공통된 인간 욕구에 대한 적절성에의 기여 등으로 정의된다(Bartlett, 1971).

문제는 [사례연구 4-5]의 명의 가족, [사례연구 4-7]의 J씨 가족 그리고 [사례연구 8-4]의 하논 부인 가족처럼 가족을 둘러싼 법원이나 학교와 같은 사회기관과의 관계다. 사회기관은 가족 구성원들의 적절한 기능을 통제하거나 대체하려 해서는 안 된다. 그 대신 가족들을 지지하고 적절히 기능하도록 도와야 한다. 가족 내에서 작업할 수 있는 중재자가 없다면 가족은 제대로 기능하지 못하게 되거나 기관이 임무를 수행할 수 없게 되는 위험에 처한다. 최선의 의미에서 사회기관이나 지역사회 자원은 일시적으로 가족의 일부가 될 수 있고, 사회복지사는 제도적 자원이나 기준들과 가족 기능 사이에서 복합적 관계를 조정할 수 있다. 실천은 단순히 임상가와 내담자 체계 간의 교류만이 아니라 더 포괄적으로 사회적 · 제도적 기관과 지역사회 자원을 포함하면서 진행되어야 한다. 이러한 의미에서 조력과정에 내재하는 초기 · 중기 · 종결 단계는 사회복지사와의 관계만이 아니라 사회기관이나 지역사회 자원과의 관계에 대한 시작이고 과정이며 종결이 될 것이다(Smalley, 1967, pp. 3-4). 또한 사회복지사는 가족뿐 아니라 기관을 대표하므로 가족들이 관계를 맺고 개인적 과업들을 수행하는 데 기관을 활용할 수 있도록 돕는다. 그리고 가족은 기관이 그 사회적 기능을 성취할 수 있도록 돕는 것이다.

가족이 사회기관과 상호작용할 때, 가족 구성원들이 사회기관의 통제를 받게 되거나 제 기능을 잃게 되는데, 이에 대한 지속적인 우려가 있어 왔다. 가족이 기관과 대립하게 되면 가족은 기관에서 지원받을 수 있는 것들을 못 받게 될까 봐 염려하고 그에 상응하는 불이익 또한 두려워한다. 이것이 가족들이 처하는 갈등 상황이다. 학교, 경찰서와 법원, 아동복지, 의료기관이 가족에게 주는 의미는 각각 다른데, 이러한 의미들은 그 가족이 가진 문화와 가족사로 정의된다. 가족들은 제도와 함께 행동양식을 만들어 가고, 복합적인 결합 형태들을 발전시키며 이는 다음 세대로 전수된다. 가족사에서 실망스러운 관계를 지닌 세대는 곤란한 상황을 극복해 나가는 것이 어려울 수 있다. 19세기의 아일랜드계 미국인들은 학교와 아동복지 체계와 관련해 자신들의 종교나 문화와 양립할 수 있는 대안을 개발해 나가는 데 큰 어려움을 겪어 왔다. 경찰과 정치권에서 권력을 얻게 되었을 때, 어려움은 좀 덜어졌다. 재건의 시대(1865~1877)에 아프리카계 미국인들은 체계 전반에 걸쳐 편견과 차별을 경험했다. 그들에게는 종교나 일부 아동복지 분야를 제외하고는 대안적인 제도나 기관과 연계할 자원이 결핍되어 있었다. 20세기 말에 이르러서야 이러한 상황들이 변해 갔다. 아메리카 원주민들도 간혹 부족이 중재자로서 기능하기도 했으나, 오랫동안 아프리카계 미국인들과 유사한 상황에 처해 있었다.

이 책의 초반부에서 거론했던 몽씨 가족의 사례와 같이 기관들은 문화적인 차이나 가족의 욕구에 대해 매우 둔감할 수도 있다. 기관들은 목표를 이루기 위해 가족들에게 의존하지만 가족들에 대해 민감해지기 위해서 열심히 노력해야 한다. 이는 가족 사회복지사가 그 서비스 대상과 가족들의 욕구에 부응하도록 기관을 돕는 데 적극적인 옹호자가 되어야 한다는 것을 의미하기도 한다. 사회복지사는 사용 가능한 자원을 개발하고, 가족의 욕구와 목적에 맞추어 활용할 수 있게 돕고, 이러한 자원들을 사용하는 데 장애가 되는 것들을 제거하면서 기관과 함께 많은 일을 해 나간다.

1) 미조직화 단계의 가족

조직화가 덜 된 가족들은 재조직해 나가고 사회기관들과 효율적으로 관계를 정립해 나가기 위해 외부로부터의 특별한 도움을 필요로 한다. 가족들의 욕구는 다양하므로 여러 사회기관들이 다방면에 걸쳐 자주 관여하게 되고 가족들이 필요로 하는 것을 얻는 데 많은 어려움을 겪어 왔다. 가족들은 이와 같이 복합적인 관여로 혼란스러울 수 있다. 가족들이 제 기능을 상실하고 결국은 붕괴될 수도 있다. 기관들의 의견이 서로 달라 특정 가족들이 서로 간에 합의를 이루지 못하고 혼란에 빠지는 상황이 발생할 수 있다. 이러한 혼란 속에서 얻어질 수 있는 것은 없으며, 가족은 위험에 처하게 된다. 사회복지사는 가족 구성원들로 하여금 개개인의 기능과 책임을 적절히 인식하고 기관과의 협조적인 관계를 유지하면서 다양한 욕구와 관여도를 지닌 가족들의 쟁점을 해결할 수 있도록 서비스를 제공할 수 있다(Kordesh & Constable, 2002a).

가족 내부의 관계에 해당하는 것으로 보았던 관계적 정의라는 개념은 기관과 가족 간의 교류에도 역시 적용해 볼 수 있다. 가족들의 욕구는 기관의 업무 수행에 자주 의존하게 된다. [사례연구 4-7]의 J씨 가족은 법원이 아니었다면 변화할 수 없었을지도 모른다. 사실 법원의 판결이 주로 목표를 정하고 과업을 정의한다. 법원이 판결로서 가족에게 기대한 것들은 궁극적으로 사회복지사와의 중재와 가족과의 작업을 통해 가족이 스스로 해낼 수 없었던 변화를 이루어 나갈 것이다. 사회복지사는 학교에서는 다양한 분야의 팀과, 병원에서는 의료팀과, 군대에서는 사령관들과, 법원에서는 판사와, 치안 체계에서는 일선 경찰들과 일한다. 이 작업의 목적은 기관들이 가족의 욕구에 그리고 가족을 이러한 기관들의 요구에 만족시키는 것이다. 이를 위해서 가족 구성원들은 자신의 역할을 수행하고 기관의 기대에 적절히 부응해 나갈 것이다. 가족 구성원들은 이렇게 외부 기관과의 작업을 진행해 갈 것이다.

2) 생태도

생태도(ecomap)는 특히 사정이나 개입(intervention)을 위해 가족 구성원들과 기관들 간의 관계를 나타내야 할 때 유용한데, 지역 내 기관들에 대한 가족 구성원들의 관계를 그래픽 형태로 나타낸 것이다. 생태도는 하나 이상의 기관이 관여되고 그 관계가 복합적일 때, 유용하게 활용될 수 있다(Hartman & Laird, 1983). [사례연구 4-7]에서 J씨 가족은 아버지를 감독하는 법원과 매우 복합적인 관계를 맺고 있었다([그림 4-2] 참조).

3. 기관과 가족 사이에서 일하기

1) 학교에서의 사회복지실천

저자들은 학교를 가족 내에서 기관이나 사회복지사와 함께 이루어 가는 과정들이 확장되는 예로 사용한다. 학교와 가족은 아동의 사회화에 결정적인 역할을 한다. 효율적인 교육은 아동들로 하여금 세계화된 경제체제 속에 시민으로서 그리고 궁극적으로 다음 세대를 키워 내는 가족 구성원으로서 한몫을 하게 하는 데 중요하다. 학교는 아동들이 보다 큰 사회의 일원이 되는 경험과 개인적인 성취를 일반적으로 경험하는 장이 되어 왔다. 사회가 현대화되어 가면서 교육은 능력, 문화 및 계급과 관련된 개인차에 대한 인식이 증대되고 이러한 차이가 점점 더 학습에 영향력을 미치는 변화를 겪어 왔다. 학교는 단순히 언어, 사회과학이나 수학을 가르치는 것 이상의 역할을 해 왔다. 교육의 임무와 의미는 각각의 아동이 인간으로 성장하고 사회에 대한 각자의 잠재적인 기여를 실현하기 위한 것으로 확장되었다. 연구 결과는 특히 취약한 아동들의 경우, 학교는 부모들과의 절대적인 동맹 관계가 없이는 아동을 교육하는 임무를 완수할 수 없음을 지적했다(Bailey, Blasco & Simeonson, 1992; Bristol, & Gallagher, 1982; Hanson, &

Carta, 1995; Hanson, & Hanline, 1990; Frey, Greenberg, & Fewell, 1989). 교육적인 투입과 교사 및 교실에 대한 재정적 지원, 그 어느 것도 부모의 지지와 관여 없이 그리고 학교가 부모의 동반자가 되고 대리인이 되지 않는 한 효과를 볼 수 없다 (Walberg & Lai, 1999).

학교에서 일하는 사회복지사는 부모, 학생과 학교가 만나는 곳에서 아동발달이라는 생태계 내에서 중심 역할을 하게 된다. 이들은 어려움에 처한 아동들을 위해 일한다. 학교 사회복지사는 교육과정 내에서 어려움을 겪는 아동들에게 교육이 가능하도록 해 준다. 또한 이들은 아동이나 부모가 교육과정 내에서 부적절한 관계에 의해 와해될 수 있는 가장 취약한 부분과 관련해 다양한 기능을 해 나간다. 학교 사회복지실천에서 가장 기본적인 단위는 교사, 부모, 학생으로 이루어진다. 학교 사회복지사는 교사, 가족, 학생들과 개별적인 상황들을 논의하고자 일할 수도 있고, 학교가 학생들과 더 효율적이고 적절히 반응하도록 돕는 자문가로서 일할 수도 있다(Constable, McDonald, & Flynn, 2002).

(1) 가족들의 공동체로서의 학교

공립교육이 시작되고부터 미국의 학교들은 그들의 모체가 되는 가족들로부터 상대적으로 고립되어 왔다. 가족으로부터의 학교의 고립이 당연시되어 오면서 사회복지사의 역할은 가능한 한 빨리 가족과 학교 간의 경계를 허물어 나가는 것이었다(Litwak & Meyer, 1966). 오늘날 학교가 당면한 도전들의 복합성은 학교가 가족 및 교사들과 협력해 가는 공동체라는 개념을 요구해 왔다. 최근에는 부모 후원 학교(parent-sponsored schools)라는 실험을 상당히 자주 해 왔고 이러한 경향은 점점 중요해지고 있다. 이러한 지지적인 공동체의 발달은 공동체가 균형을 잃고 위기에 처하거나 아동, 가족들, 지역사회와 학교가 특별한 욕구를 지닐 때 혹은 가족과 학교 간의 연계가 쉽지 않거나 문화적·언어적 상이성이 있을 때 더 중요해진다. 학교, 가족, 지역사회의 자원들이 협력하여 하나가 되고 아동들의 건강한 발달과 성공적인 교육에 전념할 때, 아동들의 복원력이 증진된다는 것은 이미 교육에서 진부한 이야기다(Christensen & Sheridan, 2001;

Kelleghan, Sloane, Alvarez, & Bloom, 1993; Wang, Haertl, & Walberg, 1998, p. 55; Webster-Stratten, 1993). 학교 사회복지사의 주요 업무가 되는 이와 같은 학교, 가족, 지역사회 간의 연계는 효율적인 교육, 복원력이 있는 아동, 학교 개선에 이르기까지 매우 중요한 것으로 인식되고 있다.

(2) 가족과 학교 간의 관계에 필요한 타협[1]

가족과 학교 간의 관계에는 반드시 요구되는 질서가 있다. 가족들은 학교의 지원 없이는 복잡한 현대사회에서 자녀들을 교육할 수 없으며, 학교도 가족들의 협력 없이 교육할 수 없다(Walberg, 1984; Walberg & Lai, 1999). 학교와 가족은 서로 각자가 고유한 기능을 완수하는 것을 방해할 수 있다. 이는 특히 취약한 아동들과 가족들의 경우에 그러하다. 가족은 그들의 자녀들의 첫 번째 교육자다. 가족들이 그들의 능력 범위 내에서 자녀들을 교육할 때, 그 교육적인 기능들은 학교가 기능하기 이전 시기까지 아동에게 작용하고 아동의 발달과정에 중요한 영향을 미친다. 학교는 가족이 사회의 요구와 기능 그리고 가족 구성원들의 권리를 조화시켜 가는 등의 우선시되는 기능들을 수행하도록 가족들을 돕는다. 아동들의 지위는 취약하고 환경으로부터의 보호를 필요로 한다. 아동들은 가족 내에서 가능한 한 언제라도 적절한 양육과 사회화를 교육받을 권리가 있다. 흔히 학교로 대표되는 지역사회는 가족들이 책임져 나가야 하는 경제적, 사회적, 교육적, 정치적 그리고 문화적인 면의 모든 지원을 보장해야 한다. 이는 가족이 스스로 해 나가거나 협조적인 연합을 통해 수행해 나가야 하는 육아의 기능을 학교가 가족으로부터 빼앗는 것이 아니다. 그보다는 '보충'한다는 의미에서 학교는 위기에 처한 가족을 위해 능력 한도 내에서 이러한 기능을 수행해 나가야 할 것이다.

학교와 지역사회에 대한 가족의 관계는 다음의 세 가지 원칙에 의해 요약될 수 있다.

---

1) Constable & Walberg(2002, p. 375)의 저서에서 승인 후 수록하였음

- 가족은 어린 자녀들을 보살피고 사회화하는 데 일차적인 기능을 하며, 이러한 기능으로부터 발생하는 권리와 책임을 가지게 된다. 이러한 책임감은 가족 구성원들의 필요에 대한 경제적, 사회적, 교육적, 문화적인 영역의 준비를 뜻한다. 이와 같이 가족은 기본적인 사회적 단위가 된다.

- 학교의 주된 기능은 가족이 이러한 책임들은 완수할 수 있도록 돕고, 가족이 학습시킬 수 없는 인지적인 가르침을 제공하는 것이다. 가족의 작업은 항상 개인적인 것이다. 가족 간의 상호 교류는 다른 이에 대한 애정과 존중에 기반하는 것으로 기대된다. 학습의 특정한 유형들은 개인의 고유한 권리 측면에서 애정과 존중을 받을 만한 가치가 있는 개인에게서 배제된다면 왜곡될 수 있다. 가족들 안에서 이러한 개인적 차원은 직업, 종교, 성역할, 사회적 관계 내에서의 타인들에 대한 존중과 성적 특질의 계발을 중시하면서 경험되고 학습된다. 애정과 존중이라는 차원이 제대로 기능하지 못할 때, 가정과 학교의 동반자 관계는 가족이 서로 간의 애정과 존중을 계발하거나 다시 만들어 가도록 가족들을 돕는 사회복지실천 서비스를 통해 발전될 수 있다.

- 학교의 이차적인 기능(더 넓은 의미에서 지역사회가 갖는 기능)은 사회의 외적 조건이나 가족 내의 내적 조건들이 가족으로 하여금 자신들의 일차적인 기능의 완수를 어렵게 할 때, 학교의 학생과 시민으로서의 아동들의 권리가 제한될 가능성을 감독하는 것이다. 이는 첫 번째 원칙에서와 같이 가족들이 수행할 수 있는 기능의 영역들을 부적절하게 박탈하지 않으면서 이루어져야 한다.

이러한 원칙들은 가족과 학교 간의 균형과 질서 그리고 각각의 기능들에 대한 관계의 정의를 포괄하는 것이다. 효과적인 가족의 중요성, 취약한 가족 구성원의 증가와 취약한 아동의 교육에 대한 학교의 책임 증대에 대한 각성이 증가됨에 따라 학교와 가족 간에 더욱 통합된 관계가 필요하기에 이르렀다. 가족이 약해지고 아동들의 문제가 복잡해진 상황에서 학교가 가족의 기능을 대신할 수 있다고 시도하는 것은 위험할 수 있다. 가족들이 자신들의 의무를 수행해 나가도록 강화되기보다, 서비스 기관에 인계되었을 때 가족과 학교 간의 동맹 효과는 제약을 받게 된다. 학교는 가족들과의 관계를 재정의함으로써 가족들과의 진정한 협력 관계를 만들어 나갈 수 있다.

(3) 아동, 가족과 학교 내에서 일하기

아동이 학교에서 다른 아동들과 가지는 상호작용을 통해 보다 광범위한 아동의 발달 관련 문제들과 가족의 현재 상태를 파악할 수 있다. 학교는 아동이 중요한 발달적 문제들인 분리-개별화, 자아존중감, 사회적 관계 형성, 언어, 상상, 정서, 주장성, 성취, 경쟁, 생산적인 작업, 자아의 발견과 활용을 시도해 볼 수 있는 무대가 된다. 이것이 잘 사용되면 학교는 훌륭한 표준이 된다. 즉, 여러 면에서 학교는 가족 내 아동에게 주어지는 서비스에 대한 기초적이며 최선의 장소가 되는 것이다.

학교 내에서 학생, 가족들과 관련된 사회복지실천에는 여러 가지 가능한 접근들이 있을 수 있다. 정책이나 프로그램 개발을 지원하는 데서 개인, 집단 혹은 가족의 관여를 통한 자문과 다원칙적인 협동 작업에서 도출되는 개입은 아동이나 그 상황의 긴급한 요구에 따라 달라질 것이다. 이러한 서비스들은 학교 생활을 통해 여러 다른 강도의 수준으로 지속될 수 있다. 경우에 따라 초등학교와 중학교에서 사회복지사가 학생과 가족을 9년 동안 알고 함께해 나가는 것이 가능할 수 있다.

다음의 사례에서 사회복지사는 알렌의 기능과 궁극적인 발달상의 성숙을 지원하고자 여러 관심 단위를 지닌 폭넓은 영역의 기능들을 수행했다. 이것은 아동, 가족 그리고 체계인 학교와 함께한 학교 사회복지실천의 좋은 예다. 알렌은 2학년 때 가정환경이나 개인적으로 혼란스러운 상황에 처했었고 커다란 어려움을 겪었다. 그의 세계는 현실로부터 분리되어 있었던 것이다.

[사례연구 9-1] [2)]
부모의 이혼으로 학업과 행동 문제를 보이는 9세 알렌의 가족

알렌은 초등학교 2학년이 되어 개학 후 5주 정도 되었을 때 담임교사로부터 평가가 의뢰되었다. 사회복지사는 알렌이 부모의 이혼과정에서 상당한 에너지를 소모하여 매우 위축되어 있음을 알게 되었다. 알렌은 부모가 서로에게 그리고 자신과 형에게 자주 소리를 지른다고 여겼다. 그리고 알렌 자신도 일이 생각대로 잘 안 풀리면, 화가 난다고 느꼈다. 알렌은 다른 학교에서 전학을 왔으므로 달라진 지시를 따르고 학업에 집중하는 데 어려움을 겪었다. 그는 쉽게 부주의해졌고 정교한 동작 협응 능력이나 시각·지각 능력이 떨어졌다. 급우들을 따라 하려고 하거나 그냥 앉아 있거나, 손가락을 빨면서 자기에게 주어진 일은 하려고 하지 않았다. 검사 결과는 지지 체계가 와해되고 자아 개념이 학업적인 수행과 함께 급속히 떨어져 있는 것으로 나타났다. 알렌의 읽기와 관련된 어려움은 학습장애의 가능성을 암시하는 것일 수 있었다.

알렌은 어머니와 열두 살의 형과 다섯 살의 여동생과 이동식 주택에 거주했다. 그의 부모는 알렌이 유치원에 다닐 때 별거를 해서 초등학교 1학년을 마칠 무렵 이혼 절차를 마무리했다. 이때 알렌의 가족은 외가 근처의 이동식 주택으로 이주했다. 아버지는 주말에 정기적으로 자녀들을 데려갔고, 아버지와 자녀 모두 이 시간을 매우 즐기는 것으로 보였다. 자녀들은 친가와 외가의 친척들과 만남을 가졌다. 사회복지사는 부모와 만나 알렌이 외부에서 상담을 받을 것을 권했다. 그러나 그들은 여기에 동의하지 않아서 이후의 직접적인 과업이 주어지기까지 자문가의 입장에서 알렌을 살피기로 결정했다. 그리고 알렌의 담임교사에게 자문을 구했으나 담임교사는 알렌에게 엄한 편이었고 잘 반응하지 않았으며 직접적인 제안들을 잘 수용하지 않았다. 그래서 사회복지사는 학습장애 담당 교사 및 읽기 담당 교사와 긴밀한 관계를 유지하면서 진행했는데, 이들은 알렌의 상황에 다른 면에서 관여하고 있었다. 담임교사가 2월에 육아휴직으로 떠나고, 새로 온 선생님은

---

2) Wolkow(2002, pp. 364-370)의 사례를 승인 후 수록하였음

온화하고 친절하고 창의적인 분이었다. 새 선생님은 알렌을 좋아했고 여러 제안들을 빠르게 이해했다. 알렌 역시 학습장애에 대한 보다 더 직접적인 조력를 제공받았다. 이후 얼마 되지 않아 알렌은 반응을 보이기 시작했다. 한편 알렌은 자신의 목에 올가미를 두른 자신의 모습을 그리고 자신의 슬픈 감정에 대해 사회복지사와 이야기했다. 사회복지사는 어머니와 이에 대해 의논했다. 어머니는 개방적이고 협조적이었지만 알렌을 위한 외부적인 도움에 대한 어떤 제안도 수용하지 않았다. 아버지는 외부에서 상담을 받을 것을 원했다. 부부는 알렌이 2학년 남은 기간 동안 매일 사회복지사와 만나는 것에 동의했다. 사회복지사는 알렌을 집단에서도 만났고 부모와의 접촉을 유지하며 담임교사에게도 자문을 제공했다. 알렌은 처음에는 집단에서, 다음에는 교실에서 점차 외향적인 모습과 사회적 기술의 향상을 보였다. 사회복지사는 교사들에게 알렌이 교실에서 보이는 향상된 모습을 지지해 주도록 장려했고, 알렌은 남은 기간 동안 계속 진전되는 모습을 보였다.

　2학년 말에 부모와 만나 다시 외부에서 상담을 받을 것을 권유했다. 그러나 어머니는 이전에 그녀가 해 왔던 것이 아니었기 때문에 별로 내켜 하지 않았다. 아버지는 합의를 통해 따랐고 알렌을 약속 시간에 데리고 갔다. 알렌이 3학년이 되었을 때, 사회복지사는 그를 온화하고 수용적이고 유능한 남자 교사와 맺어 주었다. 그리고 담임교사에게 정기적인 자문을 제공하며, 알렌의 실제적인 사회적 기술을 향상시켜 나가기 위한 방법의 하나로서 긍정적인 사회적 상호작용에 중점을 둔 행동수정 프로그램을 학급 전체를 대상으로 실시할 수 있도록 도왔다. 알렌이 4학년이 되면서 그가 의논할 것이 있는 때를 제외하고는 사회복지사와 한 달에 한 번씩 확인 만남을 가지면서 상당한 진보를 지속해 왔다. 이 무렵 어머니는 재혼을 했고, 알렌은 토론 수업에서 자신의 발전된 모습에 관심을 보였다. 사회복지사는 어머니와 새아버지를 만났고 1년 동안 자녀들, 특히 알렌과의 관계에 관한 문제들을 이야기하기 위해 방문할 것에 동의했다. 사회복지사는 사회적 기술을 위한 집단에서 알렌을 다시 만났다. 알렌은 분노 통제에서 진보를 보였고 친아버지와 관계를 유지하면서 새아버지와도 좋은 관계를 유지해 나갔다. 읽기 영역에서 학습장애를 가지기는 했으나 4학년 이후에도 계속 나아지는 모습을 보였다. 아직도 수줍어하고 홀로 있기는 하지만 아버지가 사는 동네의 친구들과의 관계

를 지속해 갔다. 이후에도 학교 사회복지사와 만남을 유지했다. 알렌은 학업 면에
서, 사회성 면에서 그리고 정서적인 면에서 계속 성숙해 나갔다.

상담 초기에는 알렌의 가족 내부의 변화, 오래 살던 동네로부터의 이사와 학
습 관련 장애에 대해 다루었다. 학교에서의 상황이 나아지자, 알렌은 자신의 우
울과 자살에 대한 생각을 이야기할 수 있었다. 그의 가족은 심각한 변화를 겪었
는데, 심한 부부간 불화, 별거, 이혼, 공동 양육권하의 한부모가족 그리고 재혼
등이 포함되었다. 사회복지사의 초점이 알렌에게 맞추어져 있는 동안 사회복지
사는 친부모와 새아버지에게 자원이 되었다. 학교는 어떤 면에서는 혼란의 시
간 동안 가족 전체에게 일종의 '지주 체계'가 되었다. 알렌도 학교의 지원을 통
해 또 다른 혼란을 피할 수 있었고, 7년이라는 기간에 걸쳐 커다란 변화를 이루
어 낼 수 있었다. 이러한 모든 변화를 거치면서 동일한 문제들을 지속적으로 다
루어 갈 수 있었다. 사회복지사는 가족과 학교 사이에서 작업해 나가면서 이러
한 지주 체계를 발전시켜 나가도록 그리고 알렌이 성장하고 성숙해짐에 따라 모
든 일을 결합해 나가도록 교사들과 부모, 알렌을 여러 다른 방법으로 조력했다.
　알렌의 사례는 특별히 복잡하지는 않지만, 학교 사회복지실천, 가족과 사회
기관이라는 배경하에서의 사회복지실천에 대한 몇 가지 중요한 점들을 잘 보여
주고 있다. 지금까지 언급되었던 지역사회에 기반한 사례들과 대조적으로, 알
렌과 가족의 관계적인 과업들은 사회기관의 작업과 관련이 있다. 알렌의 여러
가지 가정환경에 의해 알렌이 교육적이거나 사회적인 과업들, 죽음에 대한 생
각들 그리고 만성적인 슬픔에 대처해 나가는 능력이 쇠약해졌음을 드러내는 상
황이었다. 조력과정은 학교에 적응하기 위한 알렌의 발달적인 욕구를 바탕으로
이루어졌다. 이는 학생과 가족을 포함한 가족 간의 교섭에 중점을 두었다. 부모
들은 다른 자원을 사용함에 있어서 어려움을 겪는 경우 때때로 이 과정에 들어
올 수 있었다. 학교 내에서 일하는 사회복지사는 최적의 방법으로 그 상황에서
중요한 모든 요소들을 함께 고려하도록 시도함으로써 알렌의 초등학교 시절 전
반에 걸쳐 여러 가지 유형으로 조력해 왔다. 여러 관심의 대상 단위들에 대한

초점은 상황의 특수성에 따라 달라졌다. 사회복지사는 각기 다른 시기에 그들 모두에게 자문을 제공했다. 알렌의 상황별 욕구에 따라 개인적으로 혹은 집단을 통해 알렌과 상담해 나갔다. 대부분의 경우, 알렌과 그의 가족이 복잡한 상황을 해결해 나갈 수 있도록 여러 조건들을 조성해 나갔다. 이를 위해서 사회복지사는 개인적인 발달, 가족들, 알렌과 같은 학생들을 위한 자원으로서의 학교와 이러한 과정들이 계속 진행되도록 하는 데 관여되는 모든 것들을 활용할 수 있는 방법들에 대해 많은 것들을 알아야 할 필요가 있었다.

2) 사법 체계 내에서의 사회복지실천

사회복지실천의 많은 영역들은 사법 체계와 관련된다. 아동복지, 청소년 교정, 성인 교정 그리고 경찰 내 사회복지실천 등이 그것이다. 여기서는 이 책의 논의에 맞추어, 특히 18세 이하의 미성년자들과 가족들에 대해 사법권을 행사하는 가정법원 그리고 아동복지와 청소년 교정에 관해 살펴볼 것이다.

법률과 사법 체계는 가족과 아동을 위한 아동보호와 감독에 대한 준거를 설정한다. 아동들이 가족의 적절치 못한 양육에 의해 어려움에 처했거나 미성년자들이 법률을 위반했을 때, 사법 체계는 가족과 그 구성원들이 이러한 준거에 맞추어 나가도록 돕고, 준거에 맞지 않는 함축된 의미들을 다루어 나가고, 가능하다면 피해자들을 도와주는 기능을 한다. 이 체계 내에서 사회복지사들이나 보호관찰관은 이와 같은 제도적인 목적들을 수행해 내기 위해 가족과 함께 일하게 된다. 그러나 양쪽 체계 모두에서 내담자들은 대부분 비자발적이다. 개인이나 가족이 법원에 가는 것은 굉장한 위기가 되기 때문이다. [사례연구 4-7]의 J씨 가족이 적절한 예가 된다. 대부분의 경우 이러한 위기에 처한 사람들은 드러나게 도움을 청하지는 않지만, 순조롭게 진행되려면 도움을 필요로 하는 시점에 도움을 청해야 하고, 법과 법원의 기준들에 맞추어 나가기 위해 주변의 자원을 이용할 수 있다.

가족에게 이 과정은 미묘하고 예측할 수 없는 과도기다. 첫째, 사법 절차가 함축하는 의미에 저항하는 에너지는 법이 기대하는 것에 맞추려는 일종의 자기개혁을 위한 에너지로 전환되어야 한다. 많은 경우, 특히 초점이 한 사람에게만 주어지면, 이러한 전환은 이루어질 수 없다. 법의 구속력은 아동과 부모들의 저항적인 힘과 직면한다. 사회복지사의 입장에서는 문제들을 다루어 나갈 때 법원과 가족 체계 간에 적절한 유연성을 갖게 하여 가족 구성원들 스스로 변화해 나가도록 하기 위한 특별한 유형의 에너지가 요구된다. 둘째, 아동들과 청소년들이 포함될 때, 이러한 전환과정은 가족의 것이 되어야 한다. 사회복지사는 J씨 가족들로 하여금 자신들의 체계를 개방해 나감으로써 결실을 만들어 가도록 도우면서 양 체계 안에서 일하는 모습을 보여 주는 좋은 예다. [사례연구 9-1]의 학교 장면에서의 알렌의 경우에서처럼 학교, 아동복지 기관이나 보호관찰 기관 내에서는 어떤 일반적인 치료를 하지는 않는다. 그보다 사회복지사는 가족 구성원들이 기관의 기대, 이 경우에는 법원의 기대에 부응해 가도록 돕는다. 변화가 일어나지 않는다면 법원은 양육권을 박탈하고 부모의 역할을 맡는다. 여러 면에서 이러한 경우의 조력과정은 더 많이 복잡해지고 가족들 내에서의 가족치료보다 더 어려울 수 있다. 한편으로는 학교에서와 마찬가지로 법원과 경찰의 지도감독과 그 절차들은 다른 어떤 것도 가능하지 않은 상황에서 성장과 자기개혁의 기본틀을 제공해 줄 수도 있다.

3) 아동복지와 사회복지실천

아동의 지위는 본질적으로 부모에 의한 것이다. 지난 수십 년 동안 아동복지 영역은 가족이 최소한으로 관여하는 엄격한 아동보호 접근으로부터 아동 중심에 초점을 둔 접근으로 변화해 가고 있다(Leiderman, 1995). 아동복지는 가정에서 아동의 가족과 함께 작업하거나 대리 부양자와 함께 하느냐에 관계없이 위탁가정이나 입양가족 혹은 시설보호이건 간에 역시 가족복지 영역에 해당되는 것이다. 아동복지의 우선적인 목적은 가족들을 강화하고 지원하고 보존해 가며 아동들이 가능한 한 언제라도 그리고 아동을 위해 최선일 때, 부모와 함께할 수 있도록 하는 것이다. 최근 연구에 따르면, 아동보호 서비스에 보고된 아주 적은 수의 아동들만이 위탁부모, 시설보호나 입양 등의 대리 아동보호를 배정받은 것으로 보고되었다(Pecora, Reed—Ashcraft, & Kirk, 2001). 미국의 6개 주요 주에서 1~4세 아동 천 명 중 4명 정도와 5~17세 아동 천 명 중 2명 정도만이 위탁부모에게로 인도되었다(Pecora et al., 2001). 이는 대부분의 경우에 아동복지 사들이 주로 원가족들과 작업한다는 것을 의미한다. 위탁부모에게 배정될 때, 초점은 더 넓어진다. 원가족, 위탁가족 그리고 아동까지를 포함하게 되기 때문이다. 아동은 두 가족 모두의 구성원이 되는 것이다.

4) 가족 보존

가족 보존을 위한 서비스는 부모가 자녀들을 지원하고 보살피도록 하기 위한 집중적인 노력의 일환으로 생겨났다. 이는 ① 가족 자원, 지원 및 교육적인 서비스, ② 가족이 나타내는 문제들에 관심을 기울이는 가족 중점적인(family—focused) 개별사회복지 서비스, ③ 아동학대나 유기로 아동의 안전에 절박한 위기가 있을 때, 가족들을 안정화하고자 하는 집약적인 가족 중심(family—centered) 위기 서비스가 이루어진다. 흔히 이러한 서비스들은 주정부 아동 복지 기관에 의해, 때로는 하위 기관에 의해 제공된다. 그렇지만 가족 재조직화 과정에서 가족에 대한 개입이 성공적이었는지 여부를 관찰하는 주정부 기관과 법원은 동일해야 한다. 다음에 나오는 클라크 가족의 사례[3]는 가족이 자녀들의 욕구에 반응하도록 돕는 데서 집중적인 단기 처치일지라도, 폭넓은 서비스들이 필수적임을 보여 준다.

---

3) Kinney, Haapala, & Booth(1991, pp. 133-135)의 저서에서 승인 후 수록하였음

[사례연구 9-2] 가족 보존을 위해 다각적인 서비스가 요구되는 클라크 가족

클라크 가족은 딸을 조산하고 퇴원할 때, 공중보건 간호사에 의해 의뢰되었다. 3세인 토비는 최근에 약간의 뇌손상을 지닌 과잉행동 증상으로 진단받았다. 아동보호 기관(Children's Protective Services)과 간호사는 지난해 토비가 세 차례나 머리에 충격을 받았던 것에 대해 의심을 가졌다. 다른 자녀가 유아 돌연사 증후군으로 사망한 것이 얼마 되지 않았을 때다. 간호사는 토비와 사망한 아기가 위탁가족에게 배정되었다면 좋았을 것이라고 생각했다.

사회복지사가 그 집에 도착했을 때, 부엌에서 가스가 새는 냄새가 났다. 22세의 어머니 팸은 우울해 보였고 도움을 요청하기 위해 공중전화로 가는 것조차 할 수 없었다고 말했다. 조산을 했을 때 병원에서는 전화를 설치하도록 권했지만 집에는 여전히 전화기가 없었다. 사회복지사는 즉시 어머니가 옷을 차려 입고 집주인에게 전화하도록 도왔다. 그러고 나서 이야기를 시작했다. 그녀는 매우 마르고, 창백하고, 약해 보이고, 만성적인 감기 증상이 있고, 앞니가 없었다. 그녀는 출산 이후 매우 우울해졌고 아기가 자신에게 속하지 않은 것으로 느껴졌다고 말했다. 또한 그녀는 아들 토비의 거친 행동에 대해 매우 화가 났고 아들이 '나쁜 씨'를 가지지 않았나 생각했다. 그의 삼촌 같은 살인자로 자라는 것을 보느니 그 애를 지금 죽이는 것이 나을지도 모른다고 생각했다. 결혼 후 5년간 세 아이를 출산하고 네 번 유산을 했다. 그녀는 매우 외로웠다. 남편 랠프는 아침부터 저녁까지 생명보험을 제대로 팔지도 못하면서 집에 들어오지 않았다. 그는 5개월 동안 한 건도 성사시키지 못했다. 그녀가 만났던 거의 모든 상담가들이 남편은 '몹쓸' 사람이고 그녀가 남편 곁을 떠나야 한다고 말했다고 했다. 그러나 그녀는 그를 사랑하고 그는 자신을 때리지 않았다고 말했다. 지난 6월에 다른 주에서 이사 와서 결혼을 유지할 수 있었고 아직 그 주의 도움을 받고 있다고 했다.

다음 날 지역 기관에 전화 설치 비용 50달러를 지원받기 위해 찾아갔다. 그리고 커튼을 만들 수 있는 오래된 침대시트를 2장 얻을 수 있었는데, 그녀는 밤에 커튼 없이 혼자 앉아 있을 때 사생활이 보장되지 않아 불안해했기 때문이었다. 어떤 남자가 창문으로 안을 들여다본 적도 있었다. 전에 그녀는 강간당한 적이 있었으며 또다시 그런 일이 일어날까 봐 두려웠다.

두 번째로 가족을 방문한 날, 팸과 사회복지사는 아들 토비에 대해 의논했다. 팸은 아들을 사랑하지 않는다고 이야기하며 그가 했던 자기 파괴적이고 거친 행동들을 이야기했다. 혼자서 가구 뒤쪽으로 떨어지고, 뜨거운 난로를 만지고는 웃고, 부엌의 가스레인지를 켜고, 무의식 상태가 될 때까지 자기 머리를 벽에 박고, 다른 사람을 물고 할퀴고 때렸던 일화들을 보고했다. 토비는 세 살이었지만 말을 전혀 못했다. 팸은 아동보호 기관에서 아들이 자해를 하고 밤에 방문을 잠그고 가두어 두기 때문에 자신이 아이를 학대하고 있다고 생각할 수 있다고 염려했다. 그녀는 한 번에 두세 시간 정도밖에 자지 않기 때문에 그렇게 한다고 했다. 자다가 깨면 부엌에 가서 음식을 토할 때까지 먹는다고 했다. 그녀는 더 이상 아들을 통제할 수 없어서 시설에 보낼 수 있으면 그렇게 하려고 했다고 말했다. 사람들에게 키스하거나 애정을 보이는 일도 없었다. 팸이 신경쇠약으로 입원했을 때, 아동보호 기관의 명령에 의해 토비를 집에서 다른 곳으로 위탁했던 적이 있었다고 한다. 그 이후로도 부모는 '감당할 수가 없어서' 한 차례 자발적으로 토비를 보낸 적이 있었다. 팸은 토비가 때때로 너무나 자신을 화나게 만들어서 자신이 토비를 해칠지도 모른다는 걱정까지 하고 있었다.

떠나기 전에 사회복지사와 팸은 아들 토비의 행동이 나빠서 다시 기관에 보내고 싶어진다면 어떻게 할 수 있는지에 관한 목록을 작성했다. 사회복지사는 아들을 가끔 자기 방에 들어가 있게 했던 것은 좋은 생각 같다는 것을 알려 주고 '타임아웃(time-out)'이라는 개념을 설명해 주었다. 하지만 제대로 하려면 문을 잠그지는 않았어야 했다. 그 목록에는 사회복지사에게 전화하는 것도 포함되었다(전화는 그 다음날 설치되었다). 그리고 특수학교 프로그램에 등록하는 것에 대해 알아보기 위해 지역 아동병원 학습센터와의 약속을 잡았다. 마지막으로 그들은 팸이 자신을 위한 자유시간을 가지는 것에 대해 이야기했다. 사회복지사는 토비를 만나기를 원했고, 팸이 사회복지사의 요청을 받아들여 그 주 끝 무렵에 몇 시간 동안 함께 있을 수 있었다.

사회복지사는 토비와 함께하는 동안 그를 이해하게 되었고, 그에 대한 많은 것들을 알게 되었다. 토비는 팸이 이야기했던 몇몇 문제 행동을 했으나 정적인 강화와 타임아웃에도 반응했다. 토비가 좋아하는 귀여운 곰인형을 이용해 게임을 할 수 있도록 가르쳤다. 이것은 두 사람 모두에게 토비가 변화될 수 있다는 증거가 되었다. 팸은 아들 토비와 처음으로 게임을 했고 토비는 어머니에게 키스했다.

두 번째 주에 들어서는 결혼 생활의 불화에 대해 더 많이 이야기하기 시작했다. 팸은 남편이 밖에서 보내는 시간 내내 일하는 것이 아니라는 것을 알고 있다고 했다. 남편은 잘 차려입고 다니고 자신은 외출복이 하나뿐이라는 것과 자신이 집에 있는 동안 남편은 밤이나 낮이나 자유로운 시간을 보냈다는 것, 운전면허도 못 따게 하면서 데려다 주지도 않았다는 사실들에 대해 분개했다. 사회복지사는 그녀가 자기 생각을 표현하도록 이끌면서 적절히 주장해 나가도록 했다. 또한 팸이 공공부조 사무실에 연락하여 앞니를 치료할 수 있는 인가를 받도록 도와주었다.

남편은 집에서 일어나는 일들에 대해 궁금해하기 시작했고 하루는 사회복지사를 만나기 위해 집에 있기로 결심했다. 그는 생활보호 대상자로 살아가는 것에 대한 좌절감을 함께 이야기했고 다음 회기에도 만나기로 했다. 다음 회기에서는 부부와 함께 초점을 주로 행동주의적 아동 관리 기술에 대한 것으로 옮겨 갔다. 또한 부부가 자신들의 의사 교류과정을 통해 토비를 어떻게 다루어 갈지에 합의해 나가도록 도왔다. 토비는 학교 프로그램에 참가하기 시작했고, 어머니를 동반하여 함께 버스를 탔으며, 학교에서 담임교사와 여러 교사들을 만났다. 팸은 아들 토비에 대해 긍정적인 감정을 가지게 되었다고 전하면서 이제는 더 이상 그를 어디론가 보내 버려야겠다는 생각을 하지 않는다고 했다. 그녀는 치과 치료를 통해 웃음을 찾았고 몸무게도 좀 늘어났다.

개입을 종료해야 하는 시점이 다가오면서 사회복지사는 팸이 상담을 계속 받을 수 있는 길을 알아보았다. 지역 정신건강 기관에서 상담을 계속하기로 했는데, 그곳의 상담자와는 출산 직후부터 알고 지내 왔다.

몇 개월 후에 추수 연락을 통해 알게 된 것에 따르면, 사회복지사가 떠난 이후 힘든 일들이 많이 있었지만 그들은 가정을 유지하고 있었다. 팸은 상담을 계속 받으며 우울증을 치료하고 있었고, 남편과 함께 부부상담도 받았다. 남편은 보험 판매 직장을 그만두고 직업훈련 과정에 들어갔다. 토비는 새로운 학교에 다녔고, 부부는 학교에서 요구하는 부모훈련 교육에도 참석했다. 토비는 말을 하기 시작했고 거칠어 보이지 않았다. 어린 딸도 잘 지내고 있었다.

　클라크 가족의 사례는 가족 보존 작업에 대한 좋은 예다. 이 작업은 대개 매우 구체적이고 위기 대처용이지만, 그 방향은 가족 내 관계가 향상될 수 있도록 가족 관계의 점진적인 재구성과 지역사회 자원을 잘 활용하는 방향으로 나아가야 한다. 가족들은 대개 처음에는 비자발적이므로 조심스럽게 접근해 나가야 한다. 어떤 이들은 가족이 아동을 학대할 가능성에 대해 정부의 아동복지 부처에게 항의할 수도 있다. 사회복지사는 한 수 위에 있는 입장으로서가 아니라 내담자에게 자문하는 식으로 조심스럽게 진행해 나가야 할 것이다(Baker, 1999). 계약상의 합의는 자녀들이 여전히 부모의 책임하에 있고, 사회복지사와 지역사회의 자원들을 통해 자녀와 안전한 양육 관계를 유지하도록 돕고, 자신들의 문제도 돌볼 수 있도록 한다는 사실을 존중해야 한다.

　이런 유형의 작업에서 주의할 점은, 예를 들어 가스가 새는 문제로 집주인에게 전화하는 것과 같은 일들을 다루는 데 어려움을 겪는 내담자를 만났을 때, 사회복지사는 직접 전화를 해 주는 것으로 과잉반응할 수 있다. 그러나 이러한 행동은 이전의 좋지 않았던 행동 양상을 굳히고 강화할 수 있다. 대신에 사회복지사는 클라크 부인으로 하여금 직접 전화하고, 커튼을 달고, 토비를 상대하게 하고, 남편과의 의사소통 방법을 개발해 나가도록 조력했다. 새로운 행동양식들이 발달되면서 사회복지사는 부부가 이를 수용해 나가도록 도왔다. 단기적이며 시간이 제한되고 평가가 포함되는 집중적인 서비스의 특성은 자신이 주도해 나가야 한다는 의식을 고취시킨다. 종결 후에는 추수 확인이 있었고 부부는 계속 발전했다. 아동복지 기관은 이 사례를 외부 기관에 의뢰했고 가족 보존과 연계된 집중 서비스에 초점이 주어졌다. 그래서 다른 아동복지 사례들에서 보이는 공식 법정 의뢰 절차들은 생략됐다. 법적 절차가 필요요할 때, 부모에게 특정 목표를 두고 작업을 하고, 자녀 학대를 방지하기에 충분히 강력한 장치가 있는지 여부를 결정하고, 아동이 가족 외부에 맡겨질 경우, 적절한 시기에 돌아오게 하는 것이 기본적인 체계가 된 것이다.

5) 대리양육 제도

1993년에 442,000명의 아동들이 대리양육 제도(substitute care arrangements) 하에 가정 밖에 맡겨졌다. 이는 아동을 위한 집단 주거, 친지 양육, 입양이나 위탁가족 등을 포함한다. 영구적인 위탁 제도인 입양은 전문적인 사항들이 요구되는 복잡한 과정일 수 있다(Triseliotis, Shireman, & Hundleby, 1997). 지난 십 년간 대리양육의 75%는 위탁가족 제도였다(Everett, 1995). 일시적인 것으로 한정되는 위탁가족 제도는 친부모가 자녀를 보살필 수 있도록 상황을 증진시키는 것을 조건으로 하지만, 간혹 이렇게 되지 않기도 한다. 위탁가족의 장기화 문제는 아동들이 영구화될 수 있는 '일시적인' 제도에 남겨진다는 것이다(Maas & Engler, 1959). 이 제도의 일시적이라는 특성은 위탁부모나 아동들이 관계 형성을 위해 많은 노력을 하는 것을 어렵게 할 수 있다.

위탁가족과 함께하는 것은 위탁부모들이 아동을 위해 공간을 만들고, 그들의 특별한 욕구들과 내재된 불확실한 정서 유대를 고려해 주고, 학교나 개인적으로 필요로 하는 것들을 제공하고, 친부모나 그들의 방문과 관련된 복합적인 관계들을 수용하고, 상황이 좋아졌을 때 아동들이 친부모에게로 돌아갈 수 있도록 조력하는 것이다. 위탁부모나 아동들이 이러한 관계의 곡예를 잘 다루어 나가는 것을 보면 놀랍기도 하다. 위탁가정이 아동이 필요로 하는 영구적인 정서 유대를 형성하는 데 실패하는 것은 그리 놀라운 일이 아니다. 애초에 영구적인 가족이 되도록 계획된 것이 아니기 때문이다. 서로 여러 가지 정서 유대와 관련된 문제들을 해결해 가면서 자신들이 할 수 있는 한 아동들이 제도를 잘 이용해 나가기를 바랄 뿐이다.

[사례연구 9-3] 삼 남매의 위탁부모가 되기로 한 앨리스와 마이클 부부

앨리스와 마이클이 위탁부모가 되기로 했을 때, 아들 제임스는 11세, 딸 조안나는 15세였다. 마이클은 엔지니어였고 앨리스는 고등학교 시간제 교사였다. 그들은 안정된 교외 주택가에서 살고 있었다. 자녀들이 성장해 감에 따라 부부는 도움을 줄 수 있는 어린 아동을 맡는 일에 대해 이야기했다. 아동복지회는 12세인 제인, 8세의 리사 그리고 7세인 조이 삼 남매가 한 집으로 함께 위탁되기를 바랐다. 부부는 이들을 맡는 것에 동의했다. 삼 남매의 어머니는 약물치료가 되는 대로 자녀들을 데려가기 위해 노력하고 있었다. 아이들은 마이클 부부와 적어도 1년 정도 지낼 것으로 예정되었다. 삼 남매에게 마이클 가족의 환경은 매우 낯설고 다른 것이었다. 이들이 변화된 일상에 적응하는 것은 매우 힘들었고 앨리스에게도 이러한 변화는 충격적이었다. 그녀는 새로이 생겨나는 요구들로 힘들어했고, 아이들의 행동방식을 바꾸는 것과 새로이 적응시키는 것에 사로잡혀 있었다. 특히 그녀는 아이들을 학교에 잘 적응시켜야만 했다. 그녀는 예전의 우울증이 다시 생겼고 약을 더 늘려야 했다. 마이클은 아내 앨리스를 도우려 했으나, 점점 자신이 권위적인 인물이 되어 가는 것을 느꼈고, 특히 삼 남매의 막내인 조이에게 그러했다. 학교에서 심한 학습장애를 보이는 제인은 어린 두 남매를 통제하는 데 익숙해 있었다. 리사는 학교나 집에서 모두 혼란스러웠고 조이도 부족한 것이 많았다. 부부의 아들인 제임스도 한 살 위인 제인이 자신을 평소와 다르게 만들고 자신의 윗사람 행세를 한다고 느꼈다. 조안나는 이러한 혼란 속에서 상관없는 듯 보였으나 전에 어머니로부터 받아 왔던 관심과 그 시간들을 진정으로 그리워하고 있었다. 판사는 삼 남매의 부모가 아이들을 다시 데려갈 준비가 되었는지에 대해 불안하게 생각했다. 이들에 대한 판단을 위한 청문회는 여러 차례 연기되었고 삼 남매는 3년 후에야 원래 가정으로 돌아가게 되었다.

사회복지사는 부부와 긴밀히 관계를 유지해 나갔고 초기의 혼란에도 불구하고 삼 남매 중 위의 두 아이는 새로운 환경에 적응을 했다. 제인은 자신이 해 왔던 방식과 유사하게 어떤 책임을 맡았고, 위탁 어머니 앨리스와의 관계도 발전시켜 나갔다. 앨리스가 제인의 학습장애에 대해 학교에서 필요로 하는 도움을 제공해 주었을 때, 제인은 자신이 많이 나아졌음을 알게 되었다. 리사는 제인을 가까이 따랐고 스스로 해 나가기 시작했다. 조이는 계속 어려움을 겪었지만 마이클이 조이에 대해 과잉반응하지 않고 조이가 할 수 있는 좋은 것에 대해 조용히 지지하는 것을 배워 나갔을 때, 상황이 좋아졌다.

삼 남매의 어머니의 상황이 개선됨에 따라 법원은 아이들이 집에 돌아가도록 결정을 내렸다. 제인이 많은 갈등을 느꼈으므로 이전으로 돌아가는 것도 매우 어려운 적응이었다. 아이들의 어머니는 지난 6개월 동안 약을 끊었으며 아이들을 데려오기 위해 남자 친구와 이야기해 왔다. 그는 아이들의 친아버지는 아니었으며 가끔 방문할 때를 제외하고는 아이들을 만난 적이 없었다. 그는 방문 시간을 점점 늘려 갔으므로 아이들에게 이러한 변화가 크게 놀랍지는 않았다. 하지만 자녀들과 어머니 모두 지난 3년간의 관계에 대해 상실감을 느끼고 있었다. 다시 적응하려면 많은 노력이 필요했다. 위탁부모였던 마이클과 앨리스는 아이들을 그리워했지만 다시 자신들만의 생활로 돌아갈 준비를 하고 있었다. 자신들이 아이들에게 베풀었던 시간들에 대해 후회하지 않았으며, 많은 것을 배웠다고 생각했다. 세 살이 많아진 제임스와 조안나 역시 고통스러웠던 경험들로부터 많은 것들을 배웠다고 느꼈다.

6) 청소년 교정과 사회복지실천

소년 법원●은 법을 위반한 청소년들의 특별한 입장과 욕구를 인정하는 법원이다. 1년에 대략 20명 중 한 명의 청소년이 소년 법원에 출두하게 되며(Barton, 1995) 비행으로 선고받은 청소년의 반 이상이 보호관찰하에 있게 된다. 보호관찰 제도에 들어가게 된다는 것은 청소년들이 법원에 의한 감독을 받는 상황에 이른다는 것이다. 그들은 학교나 직장에 규칙적으로 나가야 하고, 가정에 복종하고, 지역사회 서비스 업무나 손해배상을 해야 한다. 청소년들이 이러한 기준에 맞추지 못하면 더 제약이 많은 상황에 놓이게 될 수 있다. 각 사례에서 보호관찰관의 임무는 정규적인 만남을 통해 청소년들이 이러한 조건들에 잘 따르고 있는지 살피고 일종의 상담자나 사례관리자로서의 역할을 하는 것이다. 보호관찰관들은 판결을 위한 보고서와 권고안들을 작성하는 등의 다른 책임들도 있으

● 역자 주) 우리나라의 가정법원이나 지방법원 소년부에 해당한다.

므로 한 사례에 투여할 수 있는 시간이 매우 제한적이다. 또한 많은 법원에서는 이러한 사례들이 많은 시간을 요하고 자녀들에게만 초점을 두어 온 전통적인 시각과는 달리, 가족들이 관련되어야 한다는 것을 인정해 왔다. 다음에 소개되는 무어헤드 가족의 사례는 법정이 가족을 관여시키는 것과 그것이 양육에 미치는 효과라는 쟁점들과 관련하여 소년 법원과 함께 부모들이 지금까지 해 온 노력들을 포함하고 있다.

★ [사례연구 9-4] 보호관찰 명령을 받은 13세 소년 빌리의 가족 ☽

평상시에 문제를 일으킨 적이 없는 영리한 13세의 소년 빌리 무어헤드는 집 지하실에 폭탄 제조 실험실을 만들었다. 빌리는 여러 번의 시도 후에 자신의 집 근처에 있는 자동차 점화장치에 폭발물을 설치했다. 다행히 차에 장착한 폭발물 중 하나에만 불이 붙었고 불은 가스탱크로 번지기 전에 꺼졌다. 판결 전 보고서 작성을 위해 재판부는 빌리의 정신과 검사를 요구했고 이는 부모가 아들을 데리고 가서 해야 하는 것이었다. 부모는 청문회의 대상이 자신들인 것처럼 행동했다. 그들은 이러한 상황에 연관되어야 하는 것에 화가 났고 정신과적 검사를 거부하고 자신들이 가진 모든 자원을 동원해 법적인 대응을 하기로 마음먹었다. 아버지는 빌리의 인생의 많은 것에 대해 인식하고 있지는 않았지만, 아들과 확고하고 깊게 하나라는 느낌을 갖고 있었다. 여러 면에서 그는 법원이 자신의 부모 역할을 통제하게 될 것을 염려했다. 이러한 염려는 무어헤드 씨가 빌리의 행동이 의미하는 바가 무엇인지, 빌리가 바라는 것이 무엇인지 보지 못하게 만들었다. 그는 마치 자신이 법정에 선 것처럼 행동했다. 어머니도 아버지가 법원이 제시하는 절차들에 대하여 저항하는 데 동조했다. 사회복지사는 그들에게 상당한 공감을 하면서 이야기를 들어 주고, 그들이 이야기하는 것들을 반영하고 명료화하고, 조심스럽게 위험을 지적하고, 빌리와 자신들이 처한 상황에 대한 피할 수 없는 현실을 다루어 나갈 수 있도록 여러 시간 동안 도와 나갔다. 결국 그들은 빌리에게 필요한 것을 자신들과 분리해서 보기 시작했고 자신들이 만나는 정신과 의사에게 심리검사를 받도록 허용하는 것으로 법원의 절차를 따르기 시작했다. 검사 결과가 깊고 심각한 정신적 혼란으로 나오자, 가족은 다시 위기에 처했다. 사회복지사는 가족들이 빌리의 욕구를 다루어 나가는 법정과 동반자적인 관계 속에서 작업해 나갈 수 있도록 점진적으로 시간을 두고 많은 노력을 기울이며 도와 나갔다.

소년 법원의 1/3 정도가 집중적인 지도감독 프로그램을 실시해 왔다(Barton, 1995; Krisberg, Rodriguez, Bakke, Neuenfeldt, & Steele, 1989, in Barton). 이러한 프로그램들은 더 복합적인 욕구를 지닌 청소년들에게 사용되거나 더 심각한 사례에서 교정 시설로의 배정에 대한 대안으로 활용되었다. 집중 지도감독은 월별 만남보다는 일일 만남을 의미하고, 더 나아가 많은 청소년 교정시설들은 공동의 지도감독으로 시설보호와 가정보호를 혼합한 프로그램을 개발하고 있다. 법원은 보호관찰관을 통해 지역사회 기반의 시설 프로그램, 훈련학교, 부트스쿨(정규학교가 아닌 일종의 대안교육 기관이며, 주정부별로 기능을 달리함)과 같은 접근법들을 활용하면서 일종의 사례관리자의 역할을 하게 된다. 가족들은 이러한 상황에 여러 가지로 관련되어 있으므로 이 같은 많은 접근들이 가족에게 활용된다. 일부 문제들은 한쪽 부모를 상실한 후 부모 하위 체계가 혼란스러워지는 것에서 기인하기도 한다.

[사례연구 9-5] 어머니의 재혼 시도와 관련해 갈등을 겪는 샤베즈 가족

어머니는 남자 친구 알렌이 이사를 들어온 후, 열네 살의 아들 줄리오 샤베즈를 통제하기 어려워졌음을 깨달았다. 아들이 문제를 일으킬 때, 어머니는 알렌이 아들을 맡아 주기를 바랐으나 줄리오는 알렌의 말을 받아들이지 않았다. 알렌이 관여할수록 문제는 더욱 악화되었다. 줄리오가 절도를 해서 그 물건을 팔았다는 혐의로 경찰이 방문했을 때, 줄리오는 알렌에게 욕설을 퍼붓고 자세한 이야기를 하지 않았다. 알렌은 줄리오가 말을 안 하고 권위를 인정하지 않을 때마다 체벌을 가했다.

초범인 비행청소년에게 효과적인 프로그램은 부모교육이다(Patterson, 1982; Bank, Marlowe, Reid, Patterson, & Weinrott, 1991). 집단 강좌를 통해 부모들은 일관된 규칙을 만들고 그것을 지속적으로 강화하고 긍정적이거나 부정적인 결과들을 초래하는 기법들과 효과적인 의사소통 기법들을 연습하고 배운다. 이러한 기법들은 일반적으로 청소년들에게 유용하다. 집단 강좌에서는 청소년기 자녀들에게 효과적으로 반응하는 것을 배우는 것뿐만 아니라 강좌를 함께 수강한다는 사실은 부모들이 가족 구조를 적절히 명료화하고 반응하며 자녀들과 의사소통을 해 나가는 데 도움을 준다. 줄리오의 경우, [사례연구 8-2]의 프리드만의 예와 비슷하게 어머니는 알렌에게 책임지게 하고 물러나 있었다. 그녀는 줄리오가 기대하는 것과 그녀 자신의 일들을 다루어 나가는 데 있어 법원의 지지를 활용하고 더 적극적인 역할을 해야 할 필요가 있었으며, 두 사람은 함께 이 상황을 안정화시켜 나갈 수 있었다.

다음에 제시되는 폴락과 러시의 상황에서는 부모 훈련, 가족치료 그리고 지역사회 기반의 기관 프로그램을 포함하는 결합된 접근이 활용되었다.

[사례연구 9-6]
자녀의 비행 문제를 지닌 폴락 가족을 위한 가족처치 프로그램

폴락 가족의 12세, 14세의 다니엘과 케빈은 비행과 가출로 여러 차례 조정을 받은 기록이 있다. 학교에서는 수업시간에 문제행동을 보였으며, 학업 수행이 저조했다. 더욱 최근에는 이웃집의 차고에 불을 냈다. 이들의 가정은 '무질서' 자체였다. 어머니는 자녀들을 키우면서 필요한 구조화나 제한을 정해 주지 못했음을 인정했다. 그녀는 이러한 결과를 5년 전 아이들의 친아버지인 조지 폴락과의 이혼과 관련된 가족 내 혼란과 연관 지었다. 조지는 항상 아내를 무시했으며 요즘은 방문할 때마다 술이나 약에 취해 있었다. 아이들의 어머니는 점점 힘에 부치고 어찌할 줄을 몰라 했다. 두 자녀뿐 아니라 어머니와 새아버지도 도움이 필요했다.

소년들은 초기 조사를 위해 9일 동안 시설기관에 배치되었다. 시설에서는 장기간의 배치가 필요하다고 법원에 권고했다. 법원과 아동복지 기관, 아버지는 가족

재화합을 목표로 하는 가족처치(family treatment)를 시도하기로 결정했다. 부
모와 두 자녀는 서비스 계약을 맺고 부모와 양부모는 집중적인 부모교육에 들어
갔다. 공식적인 방문과 매주 가족이 함께하는 상담 시간을 가졌다. 가족상담 시간
은 부모교육을 강화시켰고, 어머니로 하여금 새아버지의 지지를 책임지고 이끌
어내도록 고무시켰다. 두 자녀들에 대한 문제에 초점을 맞추어 가면서 어머니는
이혼으로 비롯된 고민들로부터 점차 헤어날 수 있게 되었다. 이제 소년들은 가족
과 함께 있으며 부모들은 환경 제한과 구조를 제공하는 것에 더 일관적일 수 있었
다. 다니엘과 케빈은 더 이상 가출하지 않았고 학교에서의 행동도 긍정적으로 평
가되었다. 자신들에게 부여된 제한 사항들을 시험하거나 불복종하고 말대꾸하기
는 했으나, 비행을 저지르지는 않았다. 전체적인 상황은 다음 법원 청문회에서 점
검될 것이다.

7) 의료 분야와 사회복지실천

사회복지실천은 의료기관 서비스 영역에서 한 세기의 역사를 지녀 왔다.
1905년 캐벗 박사(Dr. Richard Cabot)는 매사추세츠 병원 환자들의 질병 발생과
회복에 영향을 주는 개인적이거나 사회적인 요소들을 다루는 것을 돕기 위해
의료 사회복지사 제도를 도입했다(Poole, 1995). 그는 의료와 사회복지실천은
같은 몸체―곤란에 빠진 사람들을 보살피는 것―에서 분리된 가지라고 믿었
다(Carlton, 1984). 만성질환이나 급성질환에 따른 스트레스는 사회적인 기능의
많은 부분을 상실하게 만든다. 한편 사회적인 기능에서의 문제들은 대부분 건
강상의 문제를 낳게 된다. 그러므로 의료 영역에서 직접적인 사회복지실천의
목적은 개인이나 가족, 소집단의 사회적 기능이 질병이나 장애, 부상에 의해 사
실적인 혹은 잠재적인 스트레스를 받을 때, 이들이 사회적으로 가장 잘 기능할
수 있도록 강화시키고 촉진하고 그 능력을 유지해 나가고 회복하도록 돕는 것
이다(Poole, 1995).

탄생, 죽음 그리고 질환이나 장애에 따른 가족 역할의 상실로 고통받는 것,

노부모를 부양하는 것 등은 의료상의 문제일 뿐 아니라 모든 가족들이 겪게 되는 문제다. 이와 유사하게 한 개인의 심각한 질환과 특별한 욕구는 가족 전체에게 영향을 미친다. 사회적인 기능은 질병, 장애, 부상이나 의료 절차 그 자체와 관련된 스트레스들과 연관된다. 사회적 기능은 가족 기능과도 연관되어 있으므로 의료 분야의 사회복지사는 가족과 많이 작업하게 된다. 제7장의 [사례연구 7-9]의 오코너 가족 경우에서 부모가 무능력해짐에 따라 발생하는 개인적·가족적 문제들을 볼 수 있었다. 조부모 세대의 질환들이 가져오는 스트레스가 가족 전체에게 영향을 미친 것이다. 다음의 사례는 결혼 초기의 관계적인 작업에 대한 필요성이 가난이나 비합법적인 이민, 거주하는 나라의 언어를 구사하지 못하는 무능력한 딸 테레사에게 필요한 특별한 요구가 가족이 처한 어려움과 스트레스와 연관됨을 보여 준다.

[사례연구 9-7]
효소 결핍증을 가진 4세 테레사의 라틴 아메리카계 지메네스 가족

테레사는 PKU 효소 결핍증을 가진 4세 여아다. 이 결핍증이 유아기에 발견되면, 유아들은 일반적으로 매우 전문적이고 비용이 많이 드는 식이요법을 시행하게 된다. 이 식이요법은 효소 결핍이 가져올 수 있는 지체를 방지하는 것이다. 그러나 테레사는 식이요법을 하지 않아 심각한 효소 결핍 상태를 보였다. 부모들은 전문 식이요법을 위한 비용을 주 정부 기금에 청구할 수 있었으나, 비합법적인 신분이었고 영어에 능숙하지 않았다. 이 기금을 신청하면 이민기구(Immigration and Naturalization Service)에 보고되어 추방될까 봐 두려워했다.

라틴 아메리카 출신으로 이중언어가 가능한 사회복지사인 로라가 지메네스 가족과 함께 일하게 되었다. 사회복지사가 가족에 대해 알게 됨에 따라 복잡한 것들이 많이 해결되었다. 어머니 빅토리아는 해결되지 않은 부부 문제와 함께 그들이 당면한 갈등들에 너무 휘말려 있었기 때문에 그녀는 딸을 두고 혼자 부모의 집으로 돌아가고 싶은 생각뿐이었다. 빅토리아가 미국을 떠나면 다시는 돌아올 수 없기에 이 생각은 테레사를 사실상 유기하는 것이 된다. 그녀는 자기가 딸을 잘 기르지 못하기 때문에 실패한 것처럼 느꼈다. 부부는 이민국을 두려워했다. 그녀는 과테말라에서 서둘러 결혼하고 가족을 떠났었다. 그녀는 어렸고 가족과 친밀했고 헤어진 가족들을 많이 그리워했으며 만난 지 얼마 되지 않았던 남편 마누엘에 대해 잘 알지 못했었다. 남편은 모든 상황이 나아질 것이라고 약속했지만 그녀는 항상 일만 해야 했다. 집에 돌아와서도 남편은 시무룩하고 의사소통이 잘되지 않았다. 남편은 딸아이가 왜 식이요법을 해야 하는지조차 이해히지 못했다.

　사회복지사 로라는 처음에 병원에서 빅토리아와 지원 절차를 시작했지만 차차 남편 마누엘도 포함시켜 갔다. 이것은 쉽지 않았는데, 그는 계속 일을 해야 했고 이 문제에 관련되는 것을 두려워하고 탐탁해하지 않았기 때문이다. 합동 면접에서 두 사람 간의 의사소통이 잘되지 않고 자녀의 상황에 대해 정확히 인지하지 못하고 있음이 확실히 나타났다. 가족의 어려운 경제적 상황과 결혼의 불안정함이 자녀가 처한 상황에 대처하기 어렵게 만들고 있었다. 사회복지사는 테레사의 상황에 부부와 함께 집중해 가면서 빅토리아의 외로움과 자존감 부족, 남편과의 문제, 비합법적 체류 신분과 관련된 걱정과 의사소통의 문제들에도 초점을 두었다. 테레사의 식이요법을 위한 보조금을 청구하는 절차를 구체적으로 진행하고 후원 재단의 기금을 받기 위한 조건들을 확인해 나갔다. 이민국에 보고되지 않는다는 것을 알고 그들은 정부기금을 신청했다. 로라는 가족 내에서 다루어야 할 것들이 더 많음을 알게 되었다. 빅토리아가 자기 부모에게 돌아갈 것이라고 불쑥 말하는 것에 대해, 로라는 그것이 결혼을 끝내고 테레사를 잃겠다는 의미 같다고 지적해 주었다. 빅토리아 자신도 과테말라에 가면 다시 돌아올 수 없음을 알고 있었다. 그녀는 정말 그렇게 하고 싶은 걸까? 빅토리아는 울기 시작했고 자신이 무엇을 원하는지 모르겠지만 모든 게 절망적으로 보인다고 말했다. 사회복지사는 남편에게 직접 말하도록 하면서 아내가 하는 말을 들은 대로 정확히 반영해 보도록 했다. 이때는 자신의 감정을 더할 수가 없었다. 그는 아내가 한 말을 그대로 재연했고 두 눈에 눈물이 고였다. 빅토리아는 남편이 우는 것을 본 적이 없었다. 그는 항상 강해 보였고 멀리 있었다. 로라는 그가 분노나 방어 없이 반응하도록 도와주었고 빅토리아도 그가 했던 말을 반영했다. 그들의 의사소통이 조금 나아졌다. 상담은 여러 차례 계속되었고 식이요법을 받은 후에 테레사의 상황은 많이 진전되었다. 로라는 이 부부가 부부상담을 받을 수 있도록 천주교 자선기관에서 라틴 아메리카계 이민자들과 전문적으로 일해 온 사회복지사에게 의뢰했다. 부부는 이 기관에서 지속적으로 상담을 받고 있으며 기관 방문 시 가끔씩 로라를 만나 상황을 점검했다. 아직도 어려움이 남아 있지만 상황은 많이 나아졌고 테레사의 상태도 좋아졌다. 테레사는 다음 달부터 유아원에 다닐 예정이다.

[사례연구 7-9]의 오코너 가족의 경우에서처럼 가족 중의 한 사람이 심각한 질환을 앓고 있을 때, 가족 전체의 관계망에도 심각한 영향을 미쳐 주요한 역할들이 바뀌어야 할 필요가 생긴다. 의사소통이 잘 안 되고 죄책감, 역할에 대한 엄격한 시각이나 제대로 발전되지 않은 관계들이 있다면, 요구되는 변화들이 일어날 수 없다. 따라서 역할 변화와 함께 생활양식의 변화가 수반되어야 한다. 가족 내에서 질병과 취약한 의사소통은 개인의 능력 발휘나 타인들과 지지를 주고받는 능력을 차단시킨다. 가족들은 질병을 겪어 내면서 그 과정에서 의미를 찾아야 하고 질병 때문에 상실한 것들을 애도해야 한다. 부부가 헤쳐 나가야 할 것은 배우자가 변화하는 상황들을 수용하고, 교류를 통해 적응해 나가고, 질병이 요구하는 것에 주도와 친교를 통해 자신들의 욕구의 균형을 맞추어 가도록 조력하는 것이다(Ruddy & McDaniel, 2003). 오코너 가족의 경우에서는 노부부나 확대가족 누구도 이러한 과업들을 다룰 준비가 되어 있지 않았다. 부부가 자녀의 상황이나 문화, 결혼 과정, 비합법적인 신분에 관련된 다른 스트레스들에 당면할 수 있는데, 마누엘과 빅토리아도 비슷한 경우라고 할 수 있다. 이들은 문제나 상황과 관련된 적절한 주도와 친교 관계가 이루어지지 않아 효율적인 가족으로 기능할 수 없었다.

8) 정신건강과 사회복지실천

가족 안에서 정신질환만큼 사회적 관계에 스트레스를 주는 질병은 없다는 사실은 사회복지실천 내에서 이미 오래전부터 인정되어 온 사실이다. 의료 체계 내에서 사회복지실천이 시작될 무렵, 정신건강 기관에서도 시작되었다. 현재 정신건강 분야에서 정신과 의사나 심리학자의 거의 두 배의 사회복지사가 일하고 있으며 이 비율은 지난 반세기 동안 유지되어 왔다(Ginsberg, 1992, p. 140). 학제 간 접근을 이용하면서 사회복지사는 직접적인 처치와 사례관리를 하고 지역 정신건강센터, 병원과 보호시설들에서 가족과 접촉했다. 정신건강 서비스는 특정 환경에 적응해 왔음에도 다른 영역의 사회복지실천 서비스와는 아주 다른 것이었다. 앞으로 제시할 [사례연구 9-9]가 이 과정에 대한 좋은 예다.

사회복지사가 자주 하는 특별한 기여는 정신분열증 환자 가족에 대한 심리교육이다. 정신분열증 환자와 함께 사는 가족은 흔히 불안과 상처받기 쉬운 취약함을 보인다. 이들이 정신분열증에 대한 도움과 교육을 받지 못한다면, 가족들은 환자와 격렬한 감정 표현, 비판, 적대감이나 정서적 과잉보호라는 일화들 속에서 부딪히게 된다. 이러한 환경적인 스트레스는 환자가 가족들과 살게 됨에 따라, 연이은 정신병적 일화들로 연결된다(Zubin & Spring, 1977). 1980년대와 최근 들어 입원률을 낮추거나 지연시키는 데 효과적인 심리교육적 처치들이 개발되었다(Anderson, Reiss, & Hogarty, 1986; Hogarty, Anderson, Reiss, Kornblith, Greenwald, Javna, & Modonia, 1986; Hogarty, Anderson, Reiss, Kornblith, Greenwald, Ulrich, & Carter, 1991). 이러한 처치들은 가족들이 대처 전략을 세우고 긴장을 낮추며 환자의 약물치료에 대한 순응을 높이는 데 도움이 된다. 정신분열증 환자 가족 연구에서 주로 보고되었던 이러한 발견들은 양극성장애 환자 가족 연구에서도 보고되었다. 어느 경우라도 환자나 어린 자녀의 행동 중 어느 것이 질병 때문이고 어느 것이 질병과 무관한 것인지를 가족에게 교육시키고, 정신병적 일화 이후에 가족 내 의사소통과 문제해결력을 증진시킴으로써 환자의 기능을 개선하고 심각한 일화를 감소시킬 수 있다(Miklowitz & George, 2003, p. 679).

[사례연구 7-7]의 맥스웰 가족의 경우, 사회복지사는 메리 맥스웰이 환자인 남편 존의 정상적인 언어 표현에 대해 반응하고 정신장애로 인한 표현들에는 상관하지 않도록 도왔다. 이것은 존이 스스로에 대해 알아 나가고 촉진해 나가도록 하는 일종의 게임이 되었다. 그는 자신이 제정신이 아닐 때 아내가 심각하

게 받아들이지 않기를 바랐다. 대부분의 경우, 그는 상태가 좋았으므로 대화 중에 갑작스러운 태도 변화를 인식하는 것과 다시 그의 온전한 상태로 돌아오기를 기다리는 것은 그리 어렵지 않았다. 그들은 특히 아내 메리와 관련된 것들이 언급되지 않을 때, 잘 기다릴 수 있었다.

대부분의 정신건강 서비스들이 지역사회 내에서 이루어지지만 때로 환자가 장기간 입원해야 하는 경우도 생긴다. 다음 사례에서 잭의 경우, 가족들에 대해서 심리교육적인 접근이 부분적으로 이루어졌다. 또 다른 부분은 가족 구성원들을 보조하는 것인데 특히 잭의 아내인 바바라가 잭이 퇴원하여 돌아왔을 때 의미 있는 역할을 남편이 해낼 수 있도록 하고 보다 적절히 기능하는 가족 구조를 만들어 가도록 도와주는 것이다.

[사례연구 9-8] 새로운 가족 구조가 요구되는 잭의 가족

잭은 심각한 정신분열증 증상을 보여서 병원에서 7개월을 보냈다. 그가 입원을 하는 과정에서 가족 내 그의 역할은 점점 축소되는 반면, 우울증 경향이 있는 아내 바바라가 가족 내에서 중심이 되었다. 그녀는 부모의 역할을 해내는 데 어려움을 겪으면서 두 딸 마리(12세)와 앤(14세)에게 부모라기보다는 큰언니처럼 행동했다. 두 딸은 항상 다투었고 바바라는 그럴 때마다 자신을 무기력하게 느꼈다. 딸들의 다툼은 어머니를 무기력하게 하고, 고통과 우울감을 불러왔으며, 이러한 결과는 다시 자매들의 다툼에 원인을 제공했다. 잭이 통원치료를 하게 되어 집에 돌아왔을 때, 지역 정신건강센터의 사회복지사인 조지는 바바라에게 자신이 이끌고 있는 정신분열증 환자 가족을 위한 집단 프로그램에 참석하도록 권유했다. 바바라는 사회복지사의 지도와 친척들의 도움으로 잭에게 차분한 접근(low-key approach)을 해 나갔다. 사회복지사는 바바라의 우울과 외로움에서 기인한 딸들과의 깊은 동일시가 부적절하게 딸들을 강화하고, 잭을 고립시키고 있으며, 미래에 예측할 수 없는 상황을 가져올 수 있다는 것에 특히 주목했다.

잭은 자신이 가족에게 돌아옴으로써 생겨난 변화들과 관련해 가족 체제 내에서 역할을 해낼 의지와 준비가 되어 있었다. 그래서 사회복지사는 가족이 함께하는 상담 회기를 마련했다. 상담 초기는 혼란스러웠다. 바바라는 자신의 개인적인 문제와 관심사에 주목했고, 자매들은 다투었다. 이와 동시에 바바라는 두 딸이 아버지에 대한 분노로 하나가 되어 반항하도록 부추겼다. 부부는 자녀들이 자신들을 무시하는 한편, 자녀들에 대해 두 사람이 서로 다른 생각을 가지고 있음을 알게 되었다. 잭은 스스로를 아버지로서의 자격이 부족하다고 느꼈다. 그가 TV 프로그램을 보고 있었을 때, 딸이 자기가 보고 싶은 채널로 바꾸면서 "아빠는 자기가 보고 싶은 것만 보려고 한다."라며 불평했다. 부부는 집에서 두 딸이 갈등이 생기면 서로 때리기 시작한다고 말했다. 둘 다 맞고 때리는 것에 익숙해 있었고 무엇을 어찌해야 할지 몰랐다.

가족상담 초기에 조지는 바바라의 불만이나 두 딸의 다툼보다는 부부간의 관계에 주목했다. 가족은 혼돈 속에 있었다. 부모로서 그들은 무엇을 할 수 있었을까? 바바라는 남편이 너무 오랫동안 멀리 있은 것에 대한 깊은 분노를 표현했다. 그녀는 무엇을 할 수 있었을까? 조지는 가족 모두가 그 시점에서 느끼고 있는 모든 스트레스들을 정상화하는 것으로 반응했다. 잭은 가 버렸다. 그의 입원으로 많은 것이 어려워졌다. 그리고 지금 그는 다시 돌아왔다. 우리는 부부가 함께할 때, 많은 것들이 좀 더 나아질 수 있음을 알고 있다. 조지는 바바라에게 남편 잭이 무엇을 도와줄 수 있는지에 대해 이야기하라고 했다. 바바라가 남편에게 이야기를 할 때, 딸들은 키득거리기 시작했다. 조지는 딸들에게 여기에 있기를 원한다면 어머니가 아버지에게 이야기할 수 있도록 해 주어야 한다고 말했다. 바바라는 망설였지만, 나머지 시간 내내 부부는 의사소통을 시작하고 시험적인 동맹의 개발을 시도해 나갔다. 두 딸들은 가끔씩 끼어들어 상호작용의 방향을 자신들에게로 돌리려고 애썼다. 결국 부부는 의사소통을 위한 시험적인 노력을 하는 동안 자녀들을 주변인으로 두는 데 성공했다.

조지는 부부 사이에 시험적인 의사소통을 하며 자녀들을 잠시 중심에서 미뤄 두려 애쓰는 이들 부부를 적극적으로 지지했다. 이 가족과의 면담은 지난 몇 개월간 계속해 온 가족과정에 초점이 맞추어졌다. 작업의 대부분은 부부 관계에 대한 것이었고 가끔 딸들에 대한 것이 다루어졌다. 바바라는 남편 잭이 자신의 역할로 자연스럽게 돌아올 수 있도록 하고 격렬한 감정이나 적대감, 남편을 통제하려는 욕구 없이 의사소통하도록 하는 데 도움이 필요했다. 위기감이 줄어듦에 따라 조지는 부부 중 한 사람이 정신분열증인 경우에 효과적인 의사소통과 관리 기술에 대한 교육을 부부에게 계속해 나갔다. 아직 갈등도 있고, 한계를 시험하려 하고, 바바라가 딸들과 연계해서 잭에게 대항하려는 경향이 남아 있었지만, 부부가 여러 문제들을 함께 해결해 나가려는 모습들 역시 점점 많아졌다. 잭의 증상 완화와 가족 상황의 진전 간에는 관련이 있었다. 마침내 잭은 직업을 가질 수 있게 되었다. 그러나 치료는 계속되었고 가족상담 회기는 한 달에 한 번 확인하는 시간을 가지게 되었다. 바바라와 잭은 부부 집단 모임에 참여하게 되었다.

사회복지사는 바바라와 잭 가족에게 두 가지 접근을 적용하여 이들 가족이 구조적인 변환을 하도록 도왔다. 혼란스럽게 자녀들과 연합하여서 적절한 부모로서의 통제권을 행사하기 어려웠던 바바라는 사회복지사의 도움으로 남편 잭과 함께 행동하게 되었다. 바바라는 잭의 도움이 필요했지만 남편에게 큰 부담을 줄 수가 없었다. 사회복지사 역시 두 사람과 함께 심리교육적인 접근을 취해 나갔고, 사회복지사의 지지, 구조적인 변화들 그리고 기술 훈련은 가족이 위기를 다루어 나가는 데 결정적이었다.

9) 정신건강 분야의 외래환자와 사회복지실천

외래환자들을 돌보는 여러 상황들에서 정신과 팀의 주요 구성원으로서 사회복지사는 환자들과 개인적인 문제와 가족 관계 문제로 작업하는 데 중요한 책임을 갖는다. 다음 사례의 샬롯은 독립해 나가는 과정에서 가족과의 분화와 결합에 관한 문제들로 고민하고 있다.

[사례연구 9-9] 독립과정에서 가족 문제로 힘들어하는 23세 샬롯의 가족

　23세의 샬롯은 대학 생활 중에 심한 우울증을 겪었고 자포자기했다. 그녀는 훌륭해 보이지만 정서적으로는 다소 유리되어 있는 뉴올리언스의 아프리카계 미국인 집안의 세 자녀 중 둘째였다. 그녀는 대학을 중도에 포기하고 집으로 돌아와서 레스토랑에서 일했다. 샬롯이 학업을 포기하고 귀향한 것에 대해 부모는 분노하고 분개하며 절망적으로 받아들였다. 이에 대해 샬롯은 더 위축되고 집에 있는 대부분의 시간을 부모로부터 떨어져 자기 방에서 보냈다. 우울증으로 레스토랑에서도 일을 못하게 되자, 휴가를 얻어 사마리탄 병원의 정신과에서 외래 진료를 받았다. 스미스 박사는 항우울제를 처방하고 주기적으로 그녀와 만났다. 샬롯은 사회복지사 애스트리드와 많은 시간을 보냈다. 애스트리드는 샬롯이 집에서 처한 복잡한 상황에 대한 감정과 생각들을 말해 보도록 격려했다. 샬롯은 자신의 고립을 다루어 나가고, 지지 체계를 개발하고, 심한 우울증을 경감시키기 위한 단계들을 밟아 나갈 필요가 있었다. 샬롯이 언어적으로 표현하는 것에 어려움을 겪었으므로 자신의 생각과 느낌들을 일기장에 적어 보도록 했다. 치료를 위한 논의는 이 기록들에 자주 초점이 맞추어졌다. 샬롯은 옛 친구 두 명과 다시 연락을 하고 YMCA 운동 프로그램에 등록했다.

　샬롯이 규칙적으로 약을 복용하고 개인 치료를 받은 지 6주 후에 그녀는 다시 대학으로 돌아갔다. 샬롯은 자신의 삶의 방향에 대해 혼란스러웠고 대학으로 돌아가서 다시 학업을 계속해 나갈 수 있을지 염려했다. 성취에 대한 기대 수준이 높은 가족 안에서 자신은 실패한 것으로 느꼈는데, 특히 활발하고 지적이며 모든 면에서 성공적인 여동생과 비교될 때 힘들어했다. 샬롯은 가족들로부터 고립되고, 그들에 의해 좌우되고, 가족 내에서나 가족 외적인 면에서 모두 자신의 권리를 주장할 수 없었다. 그녀는 독립을 하고 집에서 나와서 자기 자신의 인생을 꾸려 나가고 싶었다. 그러나 그렇게 할 수 있을 것 같지 않았다. 그녀는 자신의 문제에 대해 가족들에게 이야기하지 않았다. 어머니와 여동생에게 자신의 관심과 요구의 일부를 전하는 데 그쳤고, 아버지에게는 그 무엇도 전하지 않았다. 샬롯은 아버지와 이야기하는 것을 두려워했다. 그녀는 자신이 실패한 것 이상으로 느껴졌고 어머니가 가족상담 회기에 참가하기를 원했으나 샬롯이 아버지에게 이야기할 수 있을 때까지 시작이 연기되었다. 아버지는 이미 오랫동안 주변인으로 머물러 있었고 더 이상 그 상황이 악화되는 것은 바람직하지 않았다.

샬롯은 이혼하고 집에 와 있는 30세의 오빠 매튜에게 이야기한 후 아버지와 함께 이야기했다. 그러자 권위 있는 변호사인 아버지는 전혀 예상치 못한 반응을 보였다. 그는 샬롯과 매튜에게 일어난 일들에 대해 자신에게 잘못이 있다고 하면서 울기 시작했다. 아버지는 가족들과 더 많은 시간을 보냈어야 한다고 하면서 지금까지 아무도 언급하지 않았던 가족 내의 많은 일들을 이야기했다. 샬롯은 예상치 못했던 아버지의 반응에 깊은 감동을 받았다. 가족상담은 부모와 오빠와 함께 이루어졌다. 여동생은 대학에 다녀야 했기 때문에 함께하지 못했는데, 그녀가 없는 것이 오히려 두 남매의 문제로 초점화하는 데 도움이 되었다. 이 상담은 매우 어려웠다. 아버지와 어머니 사이에는 긴장과 서로에 대한 비난이 많이 내재되어 있었다. 이 가족은 이전에는 이러한 문제들에 대해 한 번도 이야기해 보지 않았다. 어머니는 의사소통 과정을 만들어 가고 경계를 지어 가는 데 매우 적극적이었고 오랜 세월 동안 논의되지 않은 채로 잠재된 감정들과 문제들을 정상화해 나갔다. 그들이 가진 네 번의 가족상담은 너무나 많은 것을 주었다. 그 결과 샬롯은 아버지와 오빠와 친근한 관계를 만들어 갈 수 있었고 어머니와 아버지는 부부상담을 받기 시작했다. 샬롯의 우울증도 나아졌다. 그녀는 법률보조원이 되는 과정을 밟기로 했고 2년 후에 자신의 아파트를 구해서 편안히 집을 떠나게 되었다. 아버지와 오빠는 그녀의 새 출발을 위한 이주를 도왔다.

4. 가족과 지역사회 자원 네트워크 속에서 일하기

최근에 인간복지(human service) 개혁은 범주화된 프로그램들 간의 벽을 허물고 공적인 시스템을 가족, 지역사회 그리고 다양한 문화에 더 민감하게 만드는 것을 추구해 왔다. 교육, 의료, 사회복지실천 서비스의 통합이라는 주제는 지역과 주, 국가 차원의 연계를 통해 확장되고 있다. 이와 같은 논의와 실험들을 통해 다음의 기본적인 원칙들이 제안됐다.

- 서비스는 내담자의 다양한 문화를 존중하면서 고안되고 제공되어야 하며 용어 개선으로 '고객' 이라는 용어를 주로 사용해야 한다. 문화적으로 경쟁력 있는 실천은 인간복지 정책이 수혜자들 자신의 문화적인 전통과 제도 내에서 강점들을 활용할 수 있도록 조력할 수 있어야 한다.
- 서비스는 가족들이 자신에게 제공되는 프로그램들이 고안, 시행, 평가되는 시점에서 활발한 역할을 하도록 강화할 것이다.
- 서비스는 문제가 발생하고 난 후에 반응하기보다 문제의 발생을 예방하려는 것이다.
- 서비스는 자신들이 사는 지역에서 이용 가능해야 한다.
- 서비스는 정신건강, 의료, 경제적 상황, 범죄 예방 그리고 다른 전통적으로 분리된 영역의 다면적인 자원들에 접근하면서 종합적인 전략 속에서 결합되어야 한다.
- 서비스는 개인에 관해서보다는 가족 전체가 지닌 문제와 자원에 관한 사정을 실시하고 개입해야 한다.
- 서비스는 부족하고 일탈된 현재를 강조하기보다 가족이 위치한 지역사회가 가진 강점과 자산을 강조해야 한다.[4]

이러한 공유된 목표는 서비스의 새로운 제도적인 모델을 만들게 했다. 많은 아동복지 서비스와 의료 서비스는 학교 내에서, 개별적인 기관으로서뿐만 아니라 광범위한 지역 단위의 노력과 성과의 일부로 자리 매김해 왔다. 많은 학교 개선 전략들은 교육 시설 내에서 인간복지 서비스의 배치를 이끌어 갔다. 예를 들면, 교육 개혁에 대한 연방정부의 목적은 모든 아동이 유치원에 가는 시점에

4) Kordesh & Constable(2002, p. 87)의 저서에서 승인 후 수록하였음

서부터 학습할 준비가 되어 있도록 하는 진부한 목표를 옹호해 왔다. 이러한 목표는 학교 안에 많은 유치원이 생기는 것을 정당화했다. 학교를 더 안전하게 만든다는 목표는 교내에서의 청소년 범죄에 대한 예방책을 주도해 갈 것을 촉진했다. 학생들의 직업에 대한 준비도를 높인다는 목표는 취업 훈련과 직업상담을 공적인 교과과정과 학교에서 직장으로 연결하는 통합적인 프로그램으로 발전시켰다. 더구나 건강 클리닉과 약물 남용 방지 프로그램들은 건전한 교육 현장을 유지해 나가는 것으로 인정되면서 학교 내에 점점 더 많이 재배치되었다. 학교와 가족을 연계하는 많은 방법들이 검증되고 있다. 점점 더 많은 학교들이 교실 내 수업 공간으로뿐 아니라 폭넓은 서비스로 다양한 계층을 위한 지역공동체 기관으로서의 기능을 허용하면서 주민들에게 야간이나 주말, 여름 동안 개방하는 시도들을 하고 있다.

가족센터들은 전체 가족들이 서비스를 받고 서로에게 공동의 지지를 전하고 학교에 대한 부모의 관여 수준을 높이기 위한 공간을 교내에 만들어 간다. 이와 같이 외부 기관들은 위기에 처하거나 심각한 건강이나 사회적 어려움을 지닌 아동들에게 효과적인 프로그램을 제공하기 위해 이들에게 최적의 환경을 제공할 수 있는 학교를 적극 활용한다. 중개된 서비스 네트워크는 학교 내에 아동들을 머물게 하고 교사들이 기본교육에 초점을 맞추도록 하고자 인간복지 서비스를 교내로 옮겨 간다. 이는 다양한 욕구들과 조직화되지 않은 가족들이 있을 때, 특히 중요하다.

학교나 지역사회 자원들과 함께하는 가족이나 아동이 기관연계(interagency) 팀이나 공조(wraparound) 팀으로 옮겨 가는 과정에서 가족이 중심이 되어야 한다. 다음은 학교 내에서 10세 소년과 작업한 사례와 학교 밖에서 전환 시점에 있는 청소년의 가족과 기관이 하는 작업에 관한 사례다.

[사례연구 9-10] 발달장애가 있는 10세 대니의 가족

대니는 발달장애를 지닌 열 살의 아프리카계 미국인 소년이다. 교실에서 그는 파괴적이고, 도움이 주어져도 과업에 집중하지 못하며, 학업 성취도 저조하고 급우들에게 공격적이며 그들로부터 고립되는 경향을 보였다. 다른 아동들은 대니를 이상하게 보았고 무서워했다. 대니는 아버지가 군대에 있어서 독일에서 살다가 최근에 돌아와서 영어와 독어를 섞어서 쓰는데, 다른 이들이 쉽게 알아들을 수 없었다. 그와 함께 살았던 친할머니에 따르면, 대니는 어린 시절에는 발달이 순조로웠고 걷고 말하는 것도 정상적이었다고 한다. 부모 모두 심한 약물과 알코올중독의 이력이 있다. 독일에 갔을 때, 대니는 어머니로부터 심한 신체적 학대를 받았고 아버지는 그를 방치했다. 대니는 아동을 위한 군 사회복지 프로그램에 참여했다. 그가 의뢰되던 시점에 어머니는 약물 중독 프로그램 시설에 수용되어 있었고 아버지는 군에 근무하고 있었다. 대니는 할머니에 의해 키워졌고 할머니는 손자를 돌보기 위해 20년간 해 오던 일을 포기했다. 다음에 소개되는 기관들과 개별적인 서비스들이 이 사례에 포함되어 있다.

- 주 정부 아동보호 기관
- 주 정부 정신건강 부서
- 학 교
- 빅 브라더 프로그램(big brother program)
- 가사보조 서비스 제공 기관
- 봉사자로부터의 운동 강습
- 전반적인 발달장애에 관한 전문적인 훈련을 받은 치료자의 가정방문 치료
- 주 2회의 학업 보조

주 정부 아동보호 기관은 학교를 통해 여러 기관의 서비스를 제공하고 지역 네트워크 서비스 프로그램을 통해 제공되는 프로그램의 비용을 지불했다. 할머니는 제공되는 많은 프로그램으로 어리둥절해 했다. 상황이 안정되어야 했는데, 특히 어느 쪽 부모라도 돌아오기 위해서는 그러해야 했다. 대니가 이 상황에 머물러야 하는지, 입원을 해야 하는지에 대해 팀 내부에 이견이 있었다. 그 당시의 주목표는 대니가 학교에 다니게 하고 가정이 대니에게 적절한 양육과 소속감, 안정감

을 제공하도록 하는 것이었다. 가정이나 학교에서의 상황이 다소 미묘하기는 했지만, 점차 목표에 다가가기 시작했다. 할머니를 포함해서 팀 전체가 상황을 논의하고 해결하기 위해 매월 한 차례의 만남을 가졌다.

팀의 주요 과업은 할머니에게 대니의 양육을 지원하고 관련된 기관들과 함께 문제를 해결해 나가는 것이었다. 이러한 과제들은 매우 힘겹고 많은 시간이 소요되는 것이었다. 할머니가 자신의 대처 방식을 강화해 나갔을 때, 대니는 다소 나아졌다. 하지만 이때 아버지가 독일에서 돌아왔고 어머니도 약물 중독 치료 시설에서 나오게 되었다. 할머니는 다시 자신의 역할에 대해 확신을 잃었고 대니는 퇴행 증상을 보였다. 할머니가 주된 책임을 지고 아버지는 지원하고 어머니는 방문하는 것으로 상황을 결정했을 때, 할머니는 다시 자신의 대처 방식에 힘을 얻었고 대니도 장기적인 발달과정에서 진전을 보였다.

다음의 두 사례는 장애를 가진 청소년이 전환기에 학교 안팎에서 겪게 되는 어려움들에 관한 것이다. [5]

[사례연구 9-11] 어머니와의 공생관계로 고통받아 온 18세의 도리스

열여덟 살인 도리스는 심한 심리장애를 앓고 있었다. 도리스는 어머니와의 공생적 갈등(symbiotic conflict)에서 비롯된 반응과 그 결과에 따른 자해 행동으로 오랫동안 입원 생활을 해야 했다. 도리스는 어머니와 떨어질 때마다 혼란이 증가되었다. 학교는 도움을 주기 위해 어머니와 도리스를 함께 접촉하기보다 행동에 반응하고 도리스만을 프로그램에 참여시켜 왔다. 어머니와 딸은 사설 클리닉에서 사회복지사와 상담을 시작했다. 학교에서는 하루에 한 시간, 강사와 일대일 도자기 수업을 받게 했다. 이 수업이 순조롭게 진행되자, 다른 기관에서 시행하는 프로그램에도 참가하게 되었다. 모녀간에 격정적인 면이 잠재해 있으므로 위기

5) Kordesh & Constable(2002b, pp. 400-401)의 저서에서 승인 후 수록하였음

상황에서 활용 가능한 친척 집을 쉼터로 정해 놓았다. 쉼터는 가끔 활용되었고 이는 도리스가 자기 동네에 머물 수 있게 해 주었다. 사회복지사는 도리스와 어머니를 각각 다른 문제해결력을 지닌 분리된 개인으로 보고 지지하면서 작업해 나갔다. 어머니가 더 진전을 보이고 도리스의 학교 적응도 안정이 되자, 사회복지사가 해야 할 다음 단계는 정부 직업 재활 부서와 프로그램을 개발하는 것이었다. 주정부 기관이 이 계획에 관여했고 도리스가 필요로 하는 것을 고려해 주기로 약속했다.

 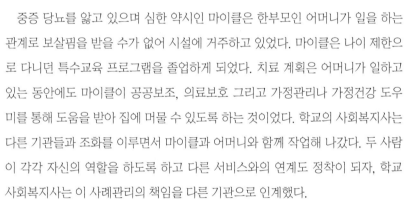

[사례연구 9-12] 특수학교를 졸업하는 21세 마이클

중증 당뇨를 앓고 있으며 심한 약시인 마이클은 한부모인 어머니가 일을 하는 관계로 보살핌을 받을 수가 없어 시설에 거주하고 있었다. 마이클은 나이 제한으로 다니던 특수교육 프로그램을 졸업하게 되었다. 치료 계획은 어머니가 일하고 있는 동안에도 마이클이 공공보조, 의료보호 그리고 가정관리나 가정건강 도우미를 통해 도움을 받아 집에 머물 수 있도록 하는 것이었다. 학교의 사회복지사는 다른 기관들과 조화를 이루면서 마이클과 어머니와 함께 작업해 나갔다. 두 사람이 각각 자신의 역할을 하도록 하고 다른 서비스와의 연계도 정착이 되자, 학교 사회복지사는 이 사례관리의 책임을 다른 기관으로 인계했다.

이러한 사례들은 복합적인 요구들을 보이고 오랫동안 작업해야 하지만 그렇게 특별한 경우는 아니다. 여러 자원들을 조합하는 것은 시설기관에 수용되는 것을 예방하거나 시설에서 가정으로 이동할 수 있게 해 준다. 견고한 서비스 규정은 아동과 부모들에게 그 상황을 다루고 과정과 욕구를 프로그램과 자원에 연결하도록 돕는 유연한 서비스 없이는 효과를 바랄 수도 없고 가능하지도 않을 것이다. 선택의 자유, 관여, 참여 여부에 대한 선택권 없이 가족들에게 복잡한 계획을 시행하는 것, 즉 가족 내 구성원을 의사결정 과정의 중심에 두지 않는 것은 좋지 않은 결과를 초래하고 권력과 통제에 대한 소모적인 갈등을 만들어 낸다. 사회복지사는 전문가로서 가족 중심의 서비스를 제공할 뿐 아니라 통합 팀의 일원, 동료 그리고 팀에서 다른 이들에 대한 자문가로 일한다.

5. 요약

가족에 대한 조력과정과 학교, 법원, 의료기관들과 같이 외부 서비스 기관에 대한 논의는 간단하다. 이는 사회제도의 맥락에서 가족들과의 일반적인 실천의 범위를 나타낸다. 특정한 영역의 실천에서의 사회복지실천을 적절히 나타내는 다른 저서들이 있다(Carlton, 1984; Constable & Walberg, 2002). 이러한 저서들은 특수한 사회복지실천 영역의 본질을 밝혀왔다. 체계 개념과 관계적인 정의의 개념은 외부 사회기관들과 가족과의 관계 속으로 확장되어 간다. 이러한 내외적인 연계 없이는 가족들이 스스로를 유지해 나가기 어렵다.

참고문헌

Anderson, C. M., Reiss, D. J., & Hogarty, G. E. (1986). *Schizophrenia and the family: A practitioner's guide to psychoeducation and management*. New York: Guilford.

Bailey, D., Blasco, P., & Simeonson, R. (1992). Needs expressed by mothers and fathers of young children with disabilities. *American Journal on Mental Retardation, 97*, 1-10.

Baker, K. A. (1999). The importance of cultural sensitivity and therapist self-awareness in working with involuntary clients. *Family Process, 38* (1), 55-68.

Bank, L., Marlowe, J. H., Reid, J. B., Patterson, G. R., & Weinrott, M. R. (1991). A comparative evaluation of parent-training interventions for families of chronic dropouts. *Journal of Abnormal and Child Psychology, 19*, 15-33.

Barton, W. H. (1995). Jevenile corrections. In R. L. Edwards & J. G. Hopps (Eds.), *Encyclopedia of social work* (19th ed., pp. 1563-1577). Washington, DC: National Association of Social Workers.

Bartlett, H. (1971). *The common base of social work practice.* NewYork: National Association of Social Workers.

Bernier, J. (1990). Parental adjustment to a disabled child: A family system perspective. *Families in Society, 71,* 589-596.

Bristol, M. M., Gallagher, J. J. (1982). A family focus for intervention. In C. T. Ramey & P. L. Trohanis (Eds.), *Finding and educating high-risk and handicapped infants* (pp. 137-161). Baltimore: University Park Press.

Carlton, T. (1984). *Clinical social work in health settings: A guide to professional practice with exemplars.* New York: Springer.

Christensen, S. L., & Sheridan, S. M. (2001). *Schools and families: Creating essential connections for learning.* New York: Guilford.

Constable, R. T., & Walberg, H. (2002). Working with families. In R. T. Constable, S. McDonald, & J. P. Flynn (Eds.), *School social work: Practice, policy and research perspectives.* Homewood, IL: Dorsey.

Everett, J. E. (1995). Child foster care. In R. L. Edwards & J. G. Hopps (Eds.), *Encyclopedia of Social Work* (19th ed., pp. 375-389). Washington, DC: National Association of Social Workers.

Frey, K., Greenberg, M., & Fewell, R. (1989). Stress and coping among parents of handicapped children: A multidimensional approach. *American Journal on Mental Retardation, 95,* 240-249.

Ginsberg, L. (1992). *Social work almanac.* Washington, DC: National Association of Social Workers.

Gordon, W. E. (1969). Basic concepts for an integrative and generative concept of social work. In G. Hearn (Ed.), *The general systems approach: Contributions toward an holistic conception of social work.* New York: Council on Social Work Education.

Gordon, W. E. (1979). *The working definition of social work practice: The interface between man and environment, 1979.* Paper presented at the Council on Social Work Education Annual Program Meeting, Boston, MA.

Hanson, M. J., & Carta, J. J. (1995). Addressing the challenges of families with multiple risks. *Exceptional Children, 62* (3), 201-212.

Hanson, M. J., & Hanline, M. (1990). Parenting a child with a disability: A longitudinal study of parental stress and adaptation. *Journal of Early Intervention, 14*, 234-248.

Hartman, A., & Laird, J. (1983). *Family centered social work practice.* New York: Free Press.

Hogarty, G. E., Anderson, C. M., Reiss, D. J., Kornblith, S. J., Greenwald, D. P., Javna, D., & Modonia, M. (1986). Family psychoeducation, social skills training and maintenance chemotherapy in the aftercare treatment of schizophrenia. *Archives of General Psychiatry, 43*, 633-642.

Hogarty, G. E., Anderson, C. M., Reiss, D. J., Kornblith, S. J., Greenwald, D. P., Ulrich, R. F., & Carter, M. (1991). Family psycho-education, social skills training and maintenance chemotherapy in the aftercare treatment of schizophrenia: Two year effects of a controlled study treatment on relapse and adjustment. *Archives of General Psychiatry, 48*, 340-347.

Joint NASW-CSWE Task Force on Specialization (Joint Task Force). (1979). Specialization in the Social Work Profession (NASW Document no. 79-310-08) Washington, DC: NASW.

Kelleghan, T., Sloane, K., Alvarez, B., & Bloom, B. S. (1993). *The home environment and school learning.* San Francisco: Jossey-Bass.

Kinney, J., Haapala, D., & Booth, C. (1991). *Keeping families together: The homebuilders model.* New York: Aldine de Gruyter.

Kolhs, S. C. (1966). *The roots of social work.* New York: Association Press.

Kordesh, R., & Constable, R. (2002a). Policies, programs and mandates for developing social services in the schools. In R. T. Constable, S. McDonald, & J. P. Flynn (Eds.), *School social work: Practice, policy and research perspectives* (pp. 83-100). Chicago: Lyceum.

Kordesh, R., & Constable, R. (2002b). Case management, coordination of services and resource development. In R. T. Constable, S. McDonald, & J. P. Flynn (Eds.), *School social work: Practice, policy and research perspectives* (pp. 385-403). Chicago: Lyceum.

Krisberg, B., Rodriguez, O., Bakke, A., Neuenfeldt, D., & Steele, P. (1989).

Demonstration of post adjudication, nonresidential, intensive supervision programs: Assessment report. San Francisco: National Conference on Crime and Delinquency.

Leiderman, D. S. (1995). Child welfare overview. In R. L. Edwards & J. G. Hopps (Eds.), *Encyclopedia of Social Work* (19th ed., pp. 424-433). Washington, DC: National Association of Social Workers.

Litwak, E., & Meyer, H. (1966). A balance theory of coordination between bureaucratic organizations and community primary groups. *Administrative Science Quarterly, 11* (June), 31-58.

Maas, H., & Engler, R. (1959). *Children in need of parents.* New York: Columbia.

Miklowitz, D. L., & George, E. L. (2003). Couple therapy complicated by a biologically based psychiatric disorder. In A. S. Gurman & N. S. Jacobson (Eds.), *Clinical handbook of couple therapy.* New York: Guilford.

Patterson, G. (1982). *Coercive family process.* Eugene, OR: Castalia.

Pecora, P., Reed-Ashcraft, K., & Kirk, R. S. (2001). Family centered services. In E. Walten, P. Samdau-Beckler, & M. Mannes (Eds.), *Balancing family-centered services and child well being.* New York: Columbia.

Poole, L. (1995). Health care: Direct practice. In R. L. Edwards & J. G. Hopps (Eds.), *Encyclopedia of Social Work* (19th ed., pp. 1156-1167). Washington, DC: National Association of Social Workers.

Ruddy, N. B., & McDaniel, S. H. (2003). Couple therapy and medical issues: Working with couples facing illness. In A. S. Gurman & N. S. Jacobson (Eds.), *Clinical handbook of couple therapy.* New York: Guilford.

Smalley, R. (1967). *Theory for social work practice.* New York: Columbia.

Triseliotis, J., Shireman, J., & Hundleby, M. (1997). *Adoption: Theory, policy & practice.* London: Cassell.

U.S. Department of Education. (2002). *23rd Annual Report to Congress on Special Education* (Table D. c3, Appendix, part II). Washington, DC: Author.

Walberg, H. J. (1984). Improving the productivity of America's schools. *Educational Leadership, 41*(8), 19-27.

Walberg, H. J., & Lai, J. (1999). Meta-analytic effects for policy. In G. J. Cizek (Ed.), *Handbook of educational policy* (pp. 418-454). San Diego, CA: Academic

Press.

Wang, M. C., Haertl, G. D., & Walberg, H. J. (1998). *Building educational resilience.* Bloomington, IN: Phi Delta Kappan Educational Foundation.

Webster-Stratten, C. (1993). Strategies for helping children with oppositional defiant and conduct disorders: The importance of home-school partnerships. *School Psychology Review, 22,* 437-457.

Wolkow, H. (2002). The dynamics of systems involvement with children in school: A case perspective. In R. T. Constable, S. McDonald, & J. P. Flynn (Eds.), *School social work: Practice, policy and research perspectives* (pp. 364-370). Chicago: Lyceum.

Zubin, J., & Spring, B. (1977). Vulnerability: A new view of schizophrenia. *Journal of Abnormal Psychology, 86,* 103-126.

가족과의 종결과정

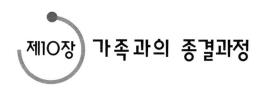

제10장 가족과의 종결과정

종결은 지나가 버린 모든 것들을 완결하는 과정으로 이해될 수 있다. 종결은 사회복지사의 도움으로 부부, 가족, 기관에 의해 이루어지며 이 과정은 가족들과 함께한 작업의 내용과 과정에 대한 최종적인 재검토다.

1. 종결과정과 사회복지사

사회복지사는 선원들을 도와서 거친 물살 속에서 배를 이끌고 안전한 항구로 인도한 후, 더 이상 자신을 필요치 않도록 하는 한시적인 항해사와도 같다. 가족에게 종결이란 변화를 만드는 이정표와 같으며 그것은 가족들이 물살 속에서 방향을 잡아 가도록 도움을 주는 안내자와 함께하는 종결인 것이다. 종결은 사회복지사에게만 해당되는 것이다. 가족 구성원들에게 종결은 가장 좋은 환경에서 지금까지 자신들을 당혹시켰던 문제들에 가족 스스로 대처해 보기 시작하는 것이다. 그들은 변화 가능성이 없다고 생각되어 무기력하게 느낄 수도 있다. 하지만 어떤 변화들이 있었으며, 지금 그들은 또 다른 상황에 직면해 있다. 바라던 변화는 일어나지 않았고 그래서 자신들의 기대를 수정하거나 심지어는 바라던 바를 이루는 것을 포기하게 되었을 수도 있다. 변화를 이루었건 아니건 그들은 변화의 가능성을 앞에 두고 있다.

종결과정에 대한 장은 간략하게 구성되었는데, 이는 이전에 다루었던 모든 것들을 바탕으로 그 위에 만들어 나가기 때문이다. 가족과의 종결과정은 전에 했던 모든 것들과 가족 구성원들 각자와 가족 전체가 자신들의 경험에 대해 책임을 질 수 있었고, 함께 변화를 만들어 나갈 수 있는지에 대한 검증이다. 이것은 가족과의 관계 속에서 진행되는 작업이다. 사회복지사는 이 과정에서 가족들이 독립적으로 기능하도록 그들의 능력을 강화시키는 방향으로 이끌며 조력과정에서 생긴 새로운 관계를 인식하도록 도와준다. 가족들은 가장 좋은 상황에서 자신들이 시작한 작업을 통해 과업들을 충분히 마친 후에 다른 것들로 옮겨 갈 수 있다. 그들은 사회복지사와 함께 그 과업들을 완수할 수 있었다. 사회복지사는 가족이 시작해 온 과정들을 마치고 그들의 생활 속에서 함께 새로운 국면을 시작하도록 도움을 준다. 상담 회기 내에서 의사소통과 합의를 통해 이룬 체계를 갖게 된 가족이 항해를 시작할 준비가 된 것이다. 의사소통을 통한 경험과 기억들, 합의들, 변화된 패턴과 구조들은 지도와 안내자가 되어 안개와 폭우 속에서 파괴되거나 가라앉지 않고 헤쳐 나갈 수 있도록 하는 준거들이 될 것이다. 종결은 자주 시간을 두고 검증될 수 있다. 종결을 준비하기 위해 가족들은 월 1~2회 혹은 필요한 때 만날 수 있다. 정신분열증이나 양극성장애와 같은 장기적 문제를 지닌 가족 구성원이 있는 가족들은 여러 차례의 종결이 있을 수 있고, 시작 또한 여러 번일 수 있다. 갑작스럽고 계획에 없던 종결도 있을 수 있으며, 이때 사회복지사는 가족 체계가 마무리를 빨리 할 수 있도록 도와주어야 한다. 어떤 상황에서는 마무리가 가능하지 않을 수도 있다(Walsh, 2003). 이러한 상황에서 종결의 개념은 상대적인 용어가 되고 한시적인 종결을 의미한다. 어떤 경우라도 가족 체계는 한 방향 혹은 다른 방향으로 지속된다. 사회복지사와 관련된 부분, 이제는 기억으로 남은 것을 제외한 어느 것도 변화하지 않는다. 모든 종결에는 상실감이 남기 마련이다. 완전한 종결이란 있을 수 없으며 다른 과업들이 전환기에 다시 나타난다.

　서구 문화권에서는 종결이 매우 구조화된 형식으로 이루어진다. 사회복지사와의 관계보다 가족 구성원들 간에 더 긴밀한 관계를 가지며 안팎으로 활동할 준비를 한다. 제4장에서 언급되고 여기서도 거론할 J씨 가족([사례연구 4-7] 참조)의 경우와 같이 어떤 문화권에서는 사회복지사와의 관계가 오래 지속되기를 기대하기도 한다. 그 가족은 아주 놀라운 변화를 보였고, 사회복지사는 가족 구성원들이 자신들을 재조직화하도록 도움을 주었다. 그들은 이러한 관계와 자신들이 만든 변화를 사회복지사와의 간헐적인 만남을 통해 확인하면서 강화해 나갔다.

　사회복지사와의 종결은 가족들이 초기 만남에서 구체화한 영역에서 충분한 성과를 얻었을 때, 이루어질 수 있다. 〈표 1-2〉로 돌아가 가족이 지지하는 인간의 기본 욕구(안전감, 소속감, 의사소통, 자신과 타인을 고려하여 선택할 수 있는 능력, 성장하고 상호작용하고 자신과 타인을 돌볼 수 있는 능력 등)를 살펴보는 것도 유용할 것이다. 특수한 의미에서 이 영역들은 사회복지사와 가족들이 진행해 나가며 수정하는 모든 면접의 주제가 될 수 있고, 면접을 통해 만들어 나가는 작품이다. 또한 사회복지사가 가족과 함께한 작업 전체를 통해 완수할 수 있는 목표이기도 하다. 지난주가 어떠했는지를 가족들에게 질문함으로써 간단히 평가하기도 한다. 그리고 이는 제대로 되어 가고 있는지, 개정되어야 할 것이 있는지와 마무리해야 할 시점인지를 나타낸다. 이러한 의미에서 정리해 나가는 어떤 종결은 매 회기마다 있다.

　개인 내담자와의 종결은 가족과의 종결과 매우 다르다. [사례연구 2-1]의 필리핀 여성 간호사인 글로리아의 경우, 종결은 매우 어려웠다.

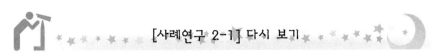

　글로리아에게 사회복지사와의 종결은 자신의 강박관념이 불가능한 것들임을 알아가고 자기 환경 속에서 혼자 힘으로 만족스러운 생활을 꾸려 나가야 하는 것을 의미했

다. 오랫동안 사회복지사는 그녀의 인지적인 안내자가 되어 왔고, 이제 그녀 혼자 계속해 나가야 하는 것이다. 글로리아가 그녀의 인지적인 기능을 계발해 나가면서 마무리를 위한 직접적인 계획을 하는 데 6개월 정도가 걸렸다. 새로운 현실주의와 자신의 성취에 대한 만족은 좋은 우정을 잃게 된다는 느낌으로 제한되고 있었다. 그녀는 이렇게 종결을 해야 한다면 진짜 우정이 아니지 않냐고 반문했다. 그녀가 진정한 우정은 서로 만나지 못한다 해도 끝나지 않는다는 것을 이해하게 되었을 때, 그녀는 사회복지사와의 관계에서 떠나갈 수 있었다.

가족들과의 종결은 여러 가지 양상을 보이며, 성공적인 경우에 사회복지사와의 우정은 가족 구성원들과의 관계 속으로 흡수되어 간다. 가족과 멘터/코치로서의 상담자(사회복지사)와 함께 관계에 대한 과업들과 가족 상호작용에 대해 강조함으로써 가족들의 변화를 보다 쉽게 도울 수 있게 된다. 글로리아의 상황에서 그녀가 경험한 깊이 있는 관계는 감정들을 그냥 흘려 보내고 정리하는 데 많은 노력을 필요로 했다. 이와 달리, 사회복지사는 시작부터 회기별로 제시되는 과업을 통해 가족 구성원들이 잘할 수 있는지를 검증해 나가는 것을 도와준다. 그리고 가족 구성원 간의 관계가 개선될 수 있다는 가능성들을 발견해 나감에 따라 종결에 대한 서로 간의 확신이 생기게 되고 결국 사회복지사를 더 이상 필요로 하지 않게 된다.

1) 종결의 암시

종결을 의미하는 것들은 많다. 가장 처음으로 명확하게 나타나는 것은 첫 회기에 언급되고 합의된 변화들을 스스로 잘해 나갈 수 있을 만큼 만족스럽게 완수하는 것이다. 가족 구성원들은 이 관계들을 자신들의 힘으로 해 볼 준비가 되었고, 이러한 일들에 대해 두렵기도 하고 흥분되기도 한다. 사회복지사와의 관계를 정리해야 하는 데서 오는 상실감도 있지만 그들 자신들의 관계 속에서 얻는 이득도 있다. [사례연구 4-7]의 J씨 가족의 경우와 같이 가족 관계 전체에 대한 재조정일 필요는 없으며 효율적으로 그 과정들을 지속해 나갈 수 있으면 되는 것이다.

2) 부부와의 종결

우리는 이미 [사례연구 2-5]의 브라이언과 리사, [사례연구 6-3]의 조셉과 폴라, [사례연구 6-6]의 애쉬포드와 루이스의 사례들에 대해 살펴보았다. 서로 다른 가족 생애주기에 고착된 부부들은 그 단계에서 요구되는 내재된 갈등을 해결하고자 하였으며, 그 작업이 자신들의 힘으로 이루어질 때, 자연스럽게 종결이 진행되었다.

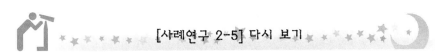

[사례연구 2-5] 다시 보기

브라이언은 이전의 생활방식, 전에 사귀던 여자 친구, 만취하는 음주 패턴과 같은 개인적 문제 요인들을 정리해 내는 진척을 보였다. 리사는 우울증, 즉 관계에서 우울을 보이는 경향과 통제할 필요가 있는 것에 대한 발전적인 변화를 보였다. 두 사람 모두 그들이 결혼하기 위해서 해야 할 작업들을 위해 서로가 서로를 강화하고 노력해야 한다는 것을 알게 되었다. 마지막 회기에서 그들 모두 함께 살 집과 함께할 일상에 대해 계획하느라 흥분했다.

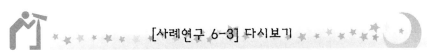

[사례연구 6-3] 다시보기

조셉과 폴라는 음주와 우울이라는 개인적인 문제들을 계속 다루어 나갔다. 개인적인 문제들을 다루어 나감에 따라 그들은 서로에게서 관계에 대한 에너지를 발견했고 서로가 약간씩 보호벽을 치고 있음을 발견할 수 있었다. 지금은 청소년이 된 쌍둥이 딸들은 그들의 부모에게 무슨 일이 있어났는지 알고 싶어 했고 친구들과의 교제를 즐기고 있는 듯 보였다.

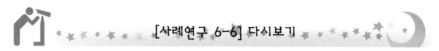

애쉬포드와 루이스는 서부로 함께 여행을 떠났다. 그들이 갖지 못했던 신혼여행을 위한 것이었다. 그들은 가끔 다투었지만 문제해결을 위한 상호 교류에 대해서 배웠던 것들을 시도해 볼 수 있었다. 그들은 추후에 다시 몇 회기의 상담을 받았다. 루이스는 자신이 관리하는 정원으로, 애쉬포드는 교회 일로 돌아갔다. 둘다 자신들이 원하는 방식으로 성인 자녀들을 포함한 가족들의 삶 속에 안주하게되었다. 그들은 이 모든 것들에 흥분했고 자신들이 이루어 낸 것들에 대해 편안하게 느꼈다.

3) 가족과의 종결

자녀들이 조력의 중점 대상이 되었을 때, 두 세대 간에 걸친 변화와 관계의 재편성은 피할 수 없는 과정이며 이는 부모와 자녀들을 모두 포함하여 진행된다. 종결이란 바로 이러한 관계의 재편성을 반영한다.

[사례연구 10-1]
학교 적응 문제로 가족 관계의 재편성이 요구되는 16세 베키의 가족

16세 소녀인 베키는 전통적인 유대교 집안의 첫째이며 매우 재능 있는 바이올린 연주자였다. 베키는 음악에 대한 사랑이나 조용한 기질을 포함한 여러 면에서아버지와 닮았다. 이 둘은 굳이 말이 필요 없을 정도로 가까운 사이였다. 지난해그녀는 더 나은 음악 지도를 받기 위해 사립학교에서 새로운 공립고등학교로 전학을 왔다. 부모는 그녀가 지난 한 해 동안 아주 많이 달라졌다고 느꼈다. 그녀는매우 다른 아이들, 특히 일부는 성적 일탈 행동을 하는 무리들과 어울리기 시작했고, 부모에게 거짓말을 하기 시작했다. 딸을 사랑하지만 감정적이고 지배적인 성향의 어머니는 베키의 거짓말에 격렬한 반응을 보였다. 그녀의 아버지는 조용히물러나 있었지만 실망한 듯 보였다. 그는 부인의 문제해결 과정에서 철저히 배제되어 있었기에 무기력함을 느끼고 있었다. 부부 회기를 통해 부부는 보다 나은 의

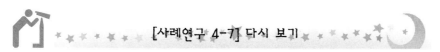

사소통 방법을 배우게 되었고 베키에 대한 전략에 합의하게 되었다. 가족상담 회
기에서 어머니는 덜 강요적이고 아버지는 딸에게 더 개입하는 법을 배웠다. 베키
도 학교에서의 관심사나 걱정거리들을 부모와 더 솔직하게 나누는 것을 배우게
되었다. 베키는 성장하고 있었으나 그것이 가족 간의 기본적으로 강렬했던 관계
들이 사라진다는 것을 의미하는 것은 아니다. 그녀 역시 자신의 친구 선택에 대한
책임을 배웠고 차츰 학교에 대한 두려움도 줄었다. 종결은 새 학교에서 첫 달을
보낸 후에 이루어졌는데, 베키는 두려움을 느끼기도 했으나 점차 새 친구들을 사
귀기 시작했다. 어머니는 딸에 대한 자신의 분노를 다룰 수 있게 되었고 딸이 신
뢰할 수 있는 더 좋은 관계를 발전시켜 나갔다. 그녀의 아버지는 의논해야 할 어
떤 것들이 있을 때, 딸에게 가까운 자원이 되었다. 그들의 종결 회기는 지금까지
일어난 일들에 대한 이야기와 서로가 해 온 것들을 인정하는 시간이었다. 그것들
은 베키가 어려움이 없지는 않겠지만 고등학교 과정을 잘 마칠 수 있을 것이라는
긍정적인 확인이었다.

어떤 문화에서는 종결이 지속적인 관계로 계속되어야 하기도 한다. 그럼에도
불구하고, 종결에서의 강조점은 종결에 두어야 한다. 즉, 사회복지사가 그 가족
이 변화해 왔고 이제 새로운 현실들을 다루어 나갈 수 있다는 것을 보여 주어야
한다. 그들은 사회복지사가 해 온 모든 것들에 대해 감사할 것이며 가족의 마음
에 가족 구성원의 일원으로 남을 것이다.

[사례연구 4-7] 다시 보기

J씨 가족과 사회복지사가 서로에게 작별 인사를 하고 법원의 J씨에 대한 지도
감독 명령이 해제된 지도 2년이 되어 가고 있었다. 2년 동안 J씨 가족들은 사회복
지사가 그들 개인뿐 아니라 가족 전체에게 해 준 일에 대한 감사의 마음을 개별적
으로 전달해 왔다. 딸 첸은 서너 개의 아이비리그 대학 입학을 위해 보낼 추천장
형식을 보내왔고, 아들인 곽은 이메일로 종결 이후 때때로 추가적인 진행 경과를
보고해 왔다. J씨 부인은 감사하는 마음을 표현하고자 건강에 좋은 음식을 선물

로 보내왔고, J 씨는 안부와 함께 휴일에 사회복지사를 자신의 집으로 초청했다.

4) 어렵고 복잡한 종결

어떤 종결과 전환들은 그 관계 자체가 복합적이고 다양하기 때문에 어렵고 복잡해서 사회복지사가 매우 적극적이어야 한다. 관계가 깊어질수록 종결에 오랜 시간이 필요할 수 있다. 이때 개인과의 작업에서 얻은 종결에 대한 이해(Walsh, 2003)는 가치 있는 것이다. 어려운 상황에서의 종결은 글로리아와의 종결과 유사할 것이다.

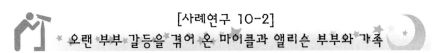

[사례연구 10-2]
오랜 부부 갈등을 겪어 온 마이클과 앨리슨 부부와 가족

마이클과 앨리슨은 결혼 후 힘든 10년의 세월을 보낸 흑인 부부다. 지금까지 수차례의 별거가 있었고 끊임없는 갈등이 지속됐다. 앨리슨은 열다섯 살 때, 첫 아이 트리샤를 낳았는데, 이는 마이클과 결혼하기 5년 전이었다. 앨리슨은 트리샤가 태어남으로써 자신의 어머니 애나와 트리샤와의 사이에 생긴 삼각관계로부터 자신을 분리해 낼 수 없었다. 이 삼각관계는 결혼 초기 동안 그녀의 관계를 지배했다. 그녀는 어머니의 딸이었고, 어머니는 자신의 딸인 트리샤를 돌보고 있었다. 트리샤는 항상 마이클보다는 앨리슨에게 불만을 토로해 왔다. 앨리슨은 마이클과 진정한 관계를 가질 만한 공간이 부족했다. 실제로 그녀는 트리샤와 마이클과의 관계 사이에서 어찌할 바를 몰랐다. 트리샤가 성장해 감에 따라 딸과의 관계는 더 나빠졌고 결혼 생활은 위협을 받았다. 앨리슨은 트리샤를 명쾌하게 다룰 수 없었고 결혼 생활에도 충실할 수 없었다. 결국 할머니인 애나가 트리샤의 보호자가 되었다. 앨리슨은 자신의 어린 세 자녀를 돌보았고 마이클과의 관계를 재구성해 보려 노력했다. 트리샤가 할머니를 많이 힘들게 했지만 자신도 할머니에게 양육되었던 애나는 이러한 해결책에 대해 반대하지 않았다. 한편 트리샤는 자신이 정확히 어디에 속해 있는지 몰랐고 그녀는 자신의 욕구나 각 상황의 갈등 정도에 따라 할머니와 어머니 사이를 오갔다. 앨리슨과 애나 간의 경쟁과 계속되는 문제

들은 트리샤와의 관계에도 어려움을 낳았다. 그리고 앨리슨이 10대 때 가졌다고 기억하는 많은 문제들을 트리샤도 가지고 있었다. 모녀간에 깊고 갈등적인 동일시가 있었다.

　마이클은 수양아들로 자라났다. 그는 원가족과는 접촉이 없었고 수양부모를 자신의 부모로 여겼다. 그는 앨리슨의 갈등이 그녀를 혼란시키는 어머니와 딸로부터 자신을 분화하는 것이라고 보았다. 마이클은 아내 앨리슨과 안정적인 관계를 맺고 있지 못하다고 느꼈으며 그녀를 항상 딸이나 어머니에게 반발하고, 때로는 약물 중독에 빠져 허우적대는 어떤 사람으로 여겼던 것이다. 그는 앨리슨에게 매우 충실하면서도 그녀에게서 무엇을 기대할 수 있는지에 대해 확신하지 못했다. 그래서 자주 그녀의 어려움을 자신의 것으로 떠맡으면서 짜증을 냈다. 그는 앨리슨의 문제들에 대해 지나치게 책임감을 가지는 경향을 보였으며, 이 때문에 앨리슨은 반항하는 아이와 같은 위치에 남겨지게 되었다.

　사회복지사는 이들 부부와 2년간 일하면서, 앨리슨이 자신을 잃지 않으면서 그녀의 복잡하게 얽힌 관계망을 변화시키고 정리하는 동안 가족들이 적절히 반응할 수 있게 도와주었다. 이 시간들 동안 사회복지사는 이들과 부부상담을 하고, 필요한 경우에는 개별상담도 하였으며, 앨리슨의 부모와도 함께했다. 조부모와의 회기에는 앨리슨과 마이클도 함께 참여했다. 두 세대의 부부가 함께한 회기에서 앨리슨은 마이클의 지지를 받아서 트리샤의 양육과 관련된 협약들과 부모와의 원가족 작업을 해냈다. 사회복지사는 앨리슨이 정신병적 특징을 가진 우울 증세를 나타냈을 때, 그녀의 정신과 치료사와 긴밀히 관계하면서 작업해 나갔다. 트리샤도 자신의 정신과 치료사와 오랜 치료 관계를 맺어 왔으며 실제로 어머니와 할머니의 관계, 어머니와 마이클과의 관계에서 밀고 당기기를 잘해 나갈 수 있게 되었다. 사회복지사는 트리샤와의 관계 내에서 앨리슨을 코치했다. 그 과정에서 마이클과 앨리슨은 상당한 진보를 보였다. 앨리슨은 점점 트리샤와 애나의 사이에서 생긴 복잡한 삼각관계를 다루는 방법을 배워 나갔고 또한 남편과 세 자녀들과의 관계에 시간을 적절히 안배하는 것에 대해서도 알게 되었다. 그녀는 약도 규칙적으로 복용했고, 남편에 대해서도 예측이 가능하게 되었다. 마이클도 그녀에게 반응할 수 있을 것같이 느꼈다. 지금 그들의 관계는 더 나아져서 앨리슨에게 강화가 되었고 그들은 행복한 가정을 꾸리는 것에 대해 이야기하기 시작했다. 트리샤가 문제를 일으켰을 때, 앨리슨은 이제 더 이상 어머니 애나와의 삼각관계에 사로잡히지 않았으며 트리샤도 더 잘하게 되었다. 트리샤가 할머니와 어머니에게 다른 방식으로 다가가는 것을 배우게 된 것이다.

종결과정은 몇 달에 걸쳐 진행되었다. 사회복지사와의 관계는 모두에게 지지체계가 되어 왔다. 앨리슨은 트리샤에 대해 어머니와의 관계를 다루는 첫발을 디딜 수 있게 되었고 더 이상의 합동 회기는 필요치 않게 되었다. 처음에는 앨리슨과 마이클 중 누구도, 심지어 애나조차도 부부가 자신들의 힘으로 성공적으로 해 나갈 것이라고는 믿지 않았다. 그들의 혼란스러운 재정 문제를 정리하고 편안한 가정을 꾸려 나가려는 행동들은 그들 관계의 안정성 여부를 검증하는 길이 될 것이다. 그들은 격주 면담에서 월 면담으로 바꾸었고 마지막 만남에서 상담이 필요하다면 다시 할 수 있다는 이야기를 들었다. 그들은 의사소통과 문제해결 기술들을 발달시켜 나갔고 그들이 함께해 온 것들이 무엇이었는지 인정할 수 있게 되었다.

어떤 경우 종결은 아직 다루어야 할 문제들이 있고 또 남겨질 것이기 때문에 복잡하다. 그리고 [사례연구 7-7]의 존과 메리 부부의 경우에서처럼 계속되는 현실들을 가족들이 다루어 나가야 하는 것이다.

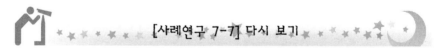

[사례연구 7-7] 다시 보기

존과 메리 부부와 아들 스테판의 사례는 5개월에 걸쳐 자연스러운 종결을 한 경우다. 스테판이 졸업하고 군대에 가기 전인 그 여름부터 입대 이후 몇 달까지 계속되었다. 여름 동안 스테판은 직업을 가졌고 점차 자신의 소유인 화물트럭에 대해 책임감을 가지게 되었다. 9월의 입대를 기다리는 동안에 갈등은 차츰 줄어들었다. 부부는 스테판이 군대에 갈 때까지 더 불안해했다. 그들의 관계는 굉장히 긴장되어 보였다. 큰아들의 입대 후 그들의 관심과 불안은 어린 아들인 마이크에게 옮겨졌다. 하지만 이때는 스테판과의 경험과 사회복지사의 도움이 있어 마이크에 대한 부정적인 반작용 없이 관심사를 다루어 나갈 수 있었다. 자녀 문제에 의한 스트레스가 덜해지자, 부부는 자신들의 관계의 제한점들과 가능성에 대해 그리고 빈둥지 시기와 관련되는 문제들을 다루어야 했다. 부부 관계에 있어 제약들이나 가능한 것들에 대해 직면해 가면서 그들은 자신들이 부부 회기 내에서 할 수 있는 모든 것들을 이루어 냈다고 느끼기 시작했다. 비록 천국은 아니었지만 서로가 무엇인가 할 수 있다고 느꼈다. 최근에 존의 건강이 매우 위중해져서 죽음 앞에서 다루어야 할 부부 문제와 개인적 문제들을 사회복지사와 자주 상의하게 되었다. 메리는 존의 다리에 혈종을 발견하여 그의 생명을 구해 주었고, 이는 부부 관계에 새로운 시작이 되었다. 그는 아내 메리를 자신이 겁내고 미워했던 자신의 할머니와는 다르게 보게 되었다. 그는 사회복지사와의 만남을 통해 오래전에 시작되었던 자신의 인생 이야기를 완성해 가고 있었다.

흔히 사회복지사가 가족 중 특정 인물과 관계가 가까울수록 종결은 더 어려워진다. 관계가 친밀했던 사례의 종결에서 반작용을 경험하는 것은 지극히 정상적이다. 이는 여러 문헌들(Hepworth, Rooney, & Larson, 1997, pp. 597-615; Shulman, 1992, pp. 164-169)에서 잘 논의되어 있다. 깊이 있는 일대일 관계를 맺은 경우에 종결이란 어쩔 수 없이 큰 상실감을 경험하게 한다. 이러한 상황에서 내담자가 퇴행하고 사회복지사에게 화를 내고 종결 자체를 부정하거나 아무것도 이룬 것이 없다고 하는 것은 드문 일이 아니다. 사회복지사는 이 감정을 다루어 주고, 내담자에게 그러한 감정들을 표현해서 나눌 수 있는 기회를 주고, 그간 이루어 낸 것들을 다시 돌아보도록 도와주고, 그들이 함께 이룬 모든 것들을 누릴 수 있다는 것을 깨닫도록 해 줄 필요가 있다. 가족과의 작업은 그 관계들이 계속 유지되는 체계이므로 다양한 측면이 있을 수 있다. 이 체계는 다소 문제가 있더라도 나아질 것이며 사회복지사와의 관계에서의 상실감은 그리 치명적인 것은 아니다. 만약 지나치게 강한 퇴행이나 분노, 부정이 나타난다면 이는 가족들이 아직 종결할 준비가 안 되었거나 종결과정을 다루는 데 좀 더 시간이 필요하다는 징후로 볼 수 있다. 또한 간헐적인 확인이 필요하다는 것을 의미한다. 이는 [사례연구 7-7]의 맥스웰 가족의 경우처럼 가족 중 한 사람과는 계속 만남을 유지해야 한다는 것을 뜻할 수도 있다. 가족이 종결할 준비가 되었는데 무엇인가 가로막는 것이 있다면 지금까지 해 온 과정을 돌아보게 하고, 회기 내에서 서로 자세하게 논의해야 할 것이다. 문제로 다시 돌아가야 한다면 그 문제에 대해 각자가 무엇을 할 필요가 있는지 이야기해 보도록 한다(Tomm & Wright, 1979).

2. 사회기관에서의 종결과 전환

기관 내에서 이루어지는 또 다른 종결이 있다. 미국 학교의 학기는 여름에 끝나고 가을에 시작하는 정해진 일정이 있다. 학사 일정에 따라 사회복지사의 시간이 가능한가의 여부는 학생과 부모에게 중요하다. 여름방학이라는 휴식 기간은 아동들과 부모들이 놀라운 발전을 가질 수 있는 기회를 주기도 하는데, 이는 학기 중에 진행되었던 작업이 토대가 된 것이다. [사례연구 9-1]의 알렌의 경우, 초등학교 2학년부터 8학년 졸업 때까지 매해 6월에 종결을 하고 9월에 다시 새롭게 시작했다. 결국 사회복지사는 첫 만남부터 7년간 지속된 관계를 유지하고 지속적으로 관심을 가져야 했다.

3. 조력과정의 매개체로서의 시간: 기관 내에서의 시간 활용

학교나 다른 기관들에서 사회복지사나 가족들에게 시간은 조력과정의 수단으로 활용될 수 있다. 태프트(Taft, 1949)의 이 표현은 다양한 조력과정에서 조력자들이, 시간을 상황에 맞게 잘 사용한다면 허용되는 시간 내에 상담이 잘 진행될 수 있다는 것이다. 학교는 가장 쉬운 예가 될 것이다. 학교라는 곳은 상담과정 중에 밀물과 썰물이 예견되는 기관이다. 전체적으로는 초등학교와 중학교의

9년의 시간이 주어지는데, 학사 일정에서의 1년은 많은 면에서 가족들의 생활 리듬에 영향을 미치며 오랜 기간 학교와 가족은 서로에게 적응해 왔다. 아주 어렵고 힘든 가족들도 학교에 있는 사회복지사들을 만나고 아동의 발달 목표로 학교의 목표들을 기꺼이 수용하려 한다. 가족들이 다른 기관들로부터의 도움을 꺼려 할 때도 학교의 도움은 한결 수용적일 수 있다.

아동복지와 청소년 사법기관들은 더 짧고 엄격한 시간제한을 가지고 있다. 청문회 전까지만 시간이 있을 뿐이다. [사례연구 9-4]의 무어헤드 가족의 심사관은 청문회 전의 시간을 가족이 청문회를 위해 준비하고 자신들의 입장을 명확히 하고 아들 빌리 문제에 대한 명료화를 재편성할 수 있는 보고서를 준비하는 데 사용했다. 그들은 이러한 명료화와 재편성 작업을 자기 스스로나 법정 심리의 최종 기한 없이는 결코 해낼 수가 없었다.

[사례연구 9-2]의 클라크 가족은 자신의 자녀들을 돌볼 수 있도록 자신들을 재정리하는 데 사회복지사와 90일간 상담할 수 있는 시간이 주어졌다. 이러한 시간제한은 가족이나 사회복지사 모두에게 자극이 된다. 가족 보존을 위한 작업은 제9장에서 자세히 이야기한 것처럼 3개월로 한정되어 있다. 이 기간 동안 사회복지사는 클라크 가족이 자신들의 관계의 모든 면들을 재정리할 수 있도록 적극적으로 도왔다. [사례연구 10-2]의 앨리슨과 마이클과 같이 사회복지사와의 적극적인 관계가 가지는 위험성은 관계가 오래 지속된 경우, 사회복지사를 가족의 일원인 것처럼 여긴다는 것이다. 즉, 사회복지사는 그 상황을 안정화하는 데 지속적으로 중요한 역할을 하게 될 것이며, 가족들은 사회복지사 없이는 잘 기능할 수 없게 되는 것이다. 사회복지사는 클라크 가족과의 상담 진행과정에서 과도하게 기능할 수 있고 가족은 충분히 기능하지 못할 수 있다. 역설적으로 3개월의 시간제한으로 강요된 종결은 클라크 가족과 사회복지사를 동기화하는 외적인 안전장치로 작용했던 것이다. 외적인 평가가 요구되는 90일간의 관계는 경계선을 만든다. 가족은 사회복지사의 한시적인 에너지의 지원을 즐길 수 있지만, 3개월 안에 자신들의 상황과 관계들을 감당할 수 있어야 한다. 사회복지사와의 90일에 대해 합의할 때, 종결은 시작부터 내재된 것이다. 종결은 가

족들에게 결국은 자신들 스스로가 다루어 나갈 수 있다는 희망을 준다. 이는 가족들이 가족 단위를 보존해 나가는 데 필요한 변화를 만들어 나가도록 동기화할 수 있다. 무어헤드 가족의 경우에서 그랬던 것과 같이 제도적인 경계는 사회복지사와 가족이 다른 상황에서는 아주 하기 힘들었을 무엇인가를 할 수 있게 도와준다.

4. 미완성 조기 종결

또 다른 가능성은 가족들이 성취하기 바랐던 것을 이루지 못하고 작업을 중단하기로 결정하게 되는 것이다. 이것은 흔하지만 굉장히 어려운 종결인데, 초기에 합의했던 것들을 이루지 못해 왔기 때문이다. 거기에는 이루지 못한 기대와 좌절의 감정이 있고 다른 결과, 즉 바랐던 것과 다른 사회적 단위가 존재하게 된다. 사회복지사, 특히 그들의 목표를 위해 함께 노력해 온 초보 사회복지사의 경우, 개인적인 상실감과 실패를 경험하게 되고 가족에게서도 이러한 감정들을 불러일으킬 수 있다. 개인적인 상실감과 실패감은 종결 단계에서의 작업들을 방해하게 된다. 하지만 이제 더 이상 상담에 대한 지나친 기대는 하지 않게 된다. 처음에 지향했던 방향이 가능하지 않게 된 것이다. 불확실하고 혼돈스럽고 위협적으로 느껴졌던 것은 이제 거의 사라지거나 아주 다른 감정을 느끼거나 새로운 상황에 놓여진다.

[사례연구 10-3]
상담을 통해 우호적인 이혼과정을 거친 로베르타와 샘 부부

로베르타와 샘 부부는 남편이 서로가 아는 친구와 외도를 했다는 아내의 의심하에 가족상담 기관에서 부부상담을 받아 왔다. 샘은 초기에 이러한 사실을 전적으로 부인했고 아내인 로베르타도 남편의 변명을 받아들였다. 그러나 회기 내에서 그들이 관계하는 작업들은 표면적이고 형식적으로 보였다. 의사소통 과제에 따른 스트레스가 증가하면서, 샘은 진행 중인 외도를 인정했다. 그는 세 살 된 아들 제이크를 몹시 좋아하면서도 이 결혼과 부부상담을 유지할 의사가 없다는 자신의 뚜렷한 생각을 알게 되었다. 부부는 회기 내에서 아들의 양육과 집에 대해 이야기하며 이해를 구해 나갔다. 주어진 상황에서 이들은 우호적으로 이 작업들을 마쳤다. 샘은 더 이상의 개별상담 회기를 갖기 원하지 않았으며 로베르타는 몇 개월간의 개별상담을 통해 다음 단계에서 그녀가 다루어야 할 문제들, 생활 속에서 구체화할 목표들과 그녀가 견뎌 내야 할 외로움과 우울, 분노들을 가려내 보았다. 그녀의 생활환경에서 긴급한 일들을 명확히 느끼고 더 잘 다루게 되었을 때, 개인 회기를 종결하게 되었다. 그녀는 기관에서 도움이 필요한 다른 이들에게 조언을 해 주는 주요한 인물이 되었다. 샘과 로베르타 부부의 상황에서 사회복지사는 이들 부부가 예견되는 큰 변화에 대처하도록 돕고, 로베르타가 직면하게 된 도전적 상황뿐 아니라, 실망과 분노, 우울의 감정도 개별적으로 다루어 나가야 했다. 경험이 풍부한 사회복지사는 이들 부부가 갈등을 개인적으로만 보지 않고 부부가 함께 조절해 나가도록 도왔다. 멕스웰 가족의 사례와 유사하게 부부상담 과정에서 개별과제 수행이 요구될 때 자연스럽게 개별상담으로 전환해 갈 수 있다.

5. 평가

종결과 전환 이후에 평가가 있게 된다. 어떤 의미에서 평가과정은 매 상담마다 진행되며 이는 발달적인 평가인 것이다. 이러한 연속적인 과정은 선택된 방향과 성공 여부를 결정하며 특정 목표가 달성될 수 있도록 촉진해 나간다. 누적된 의미에서 평가는 종결 단계에서 일어나고, 전체 과정에 대한 요약에 해당된다. 사실 가족 구성원들의 에너지와 희망과 함께, 평가는 종결에 중요한 자극이된다. 목표는 무엇이었는가? 목표들을 성취했는가? 가족 관계에 대한 가족 구성원 각자의 이해가 어떻게 달라졌는가? 지금 그들은 어떻게 이해하며 살고 있는가? 그들은 이 조력과정을 마칠 준비가 되었는가? 그들은 추수에 사회복지사를 자원으로 활용할 수 있는가? 초기와 평가 단계에서 도달했어야 했던 이해와 합의에 맞추어 논의가 진행될 것이다. 평가과정은 상황에 적합해야 한다. 모든 질문들이 반드시 동일한 방법으로 질의되어야 하는 것은 아니다. 어떤 상황이나 실재에 대한 접근법에서는 초기에 만들어진 기저선에서 변화를 측정할 수 있는 공식적인 도구가 있다. 다른 경우들에서는 측정이 덜 공식적이고 보다 개인적이며 가족의 이해와 통제 정도에 맞게 조정될 수 있다.

6. 결론 및 시사점

강은 바다로 흘러가고, 때로는 경계를 넘어 범람하기도 한다. 그럼에도 불구하고, 결국 강의 에너지는 강줄기를 돌려서 모두가 원하는 곳으로 향하게 한다.

사회복지사들은 가족 구성원들이 상호 교류와 상호작용을 통해 구성원들 간의 관계를 재구조화하도록 돕는다. 다른 생애 단계에 있거나 문화가 다른 가족들과 같이 여러 종류의 가족들이 있다. 가족은 다문화 세계 내에서 존재한다. 하지만 이 세계는 정지된 것이 아니다. 가족은 불화를 겪어 내며 새로운 구조를 만들어 가고, 현대사회에서는 문화 자체가 역동적이기 때문에 끊임없이 변화해 갈 수밖에 없다. 커다란 문화적 복합체 속에서 가족은 관계에 대한 자신들만의 문화를 만들어 간다. 핵심적인 사회복지실천의 입장을 가족과의 실제에 적용하고자, 저자들은 풍부하고 다양한 이론적 접근들로부터 도움이 되는 것들을 가져왔다. 가족과의 실제 실천 현장을 연구하기 위해 이론, 가족 발달, 새로운 가족 구조, 다문화적 현실, 제도적이고 환경적인 현실과 사회복지사의 작업 사이에 연결고리를 만들어 왔다. 이것은 연결의 시작에 불과한 것인데, 사회복지사들은 여러 가지 다른 가족 구조들에서 가족에 대한 기본적인 사회복지실천 모델이 잘 이해될 때, 복잡한 상황에서도 잘해 나갈 수 있을 것이다.

가족들과 함께하는 사회복지의 내용과 과정은 가족 단위를 구성하는 사람들을 토대로 이루어진다. 이러한 단위들은 사람들의 단위, 즉 관계적인 구조가 제공하는 욕구를 만족시키고자 구성되는 것이다. 가족 구성원들은 개인들에게 적합한 어떤 기본적인 욕구들을 성취하기 위해 함께 움직인다. 이러한 욕구들 가운데 우리의 인간성을 형성시키는 것은 대인관계의 안정감, 소속감에 대한 욕구, 상호 교류하고 바른 것을 선택하고 성장하려 하고, 자신과 타인들과 상호작용하며 돌보려는 성향이다. 바로 이러한 것들이 필요한 것이다. 가족은 거대한 복합체인 문화적 의미와 제도 속에 자리 잡으면서 그들 고유의 문화를 만들어 가는 것이다.

가족은 개인이 인간으로, 인격체로 수용되는 곳이 되어야 한다. 현대 생활에 내재된 여러 심각한 논란들에도 불구하고, 가족 문화가 개인들의 욕구를 충족시켜야 한다는 기대는 강물이 바다로 향하는 것과 같이 고정불변한 흐름이다. 그러한 가족들의 기대가 이루어지지 않는다 하더라도 서로 간의 신뢰와 끊임없이 노력할 것이라는 데 기초한 기대들이 있다. 관계들은 직장에서처럼 기여에 대한 유용성의 함수에 기초하는 것이 아니며 지위, 소속감과 인간적인 고리에 더 비중을 두고 있다. 깨진 규범이나 관계들은 재구조화될 수 있다. 이것이 물론 쉽거나 반드시 그렇게 되는 것은 아니다. 개인들은 가족이 그들만의 고유한 방식으로 존중, 소속, 수용, 상호 교류, 선택과 보살핌이라는 인간적인 기본 가치를 추구하면서 관계를 형성해 나가도록 하기 위해 상호작용한다. 가족은 이러한 미묘하고 복잡한 패턴과 관계들 혹은 구조라 불리는 것들을 지지하고 쇠퇴시킬 수 있는 사회제도화한 세계들과 상호작용한다.

사회복지사는 가족들을 재구조화하는 과정에서 가족들과 함께 일하게 된다. 사회복지사는 가족이 도움을 필요로 하는 외부 지역사회와 제도화된 세계에서 작업하므로 가족들과 개인들이 세상의 많은 위기들, 불확실성과 가족생활에 영향을 미친다고 여겨지고 수반되는 외적인 스트레스를 견디고 잘해 나갈 수 있도록 도움을 주는 것이다. 사회복지실천은 일정한 가치나 인간의 욕구에 대한 이해를 위한 가치에 기반한 활동이다. 이러한 이해는 특정 가족 구성원이나 사회기관이 그 사실과 가치를 인식하지 못한다고 하더라도 가족에 대한 개입의 윤리적 기반을 제공한다. 사회복지사는 이와 같이 가능한 관계들이 위기에 처한 가족들이나 가족 단위 내의 개인들을 도우며, 전체로서의 가족과 가족 구성원 개개인들 그리고 환경을 다룬다. 그들은 가족들이 인간의 욕구를 보장하는 과업들을 잘 수행하도록 돕고자 기능 수준의 처치 이론과 가족 기능에 대한 이론들을 도출해 낸다.

이러한 논리를 이해한다면 가족 구성원들이나 집합체로서의 가족은 서로를 도와서 행동양식을 바꾸고 의미를 재정리하고 적절한 방식으로 자신들의 발달에 스스로가 행위자가 되도록 할 수 있다. 가족 외부에서 일어나는 사건들 자체가 가족들이 갖는 구조나 의미들을 바꾸어 놓을 수도 있다. 그래서 이 복합체를 다룰 때, 커다란 기대나 통제가 이루어질 수도 있지만, 궁극적으로 가족이나 그 구성원들과의 작업의 결과는 예견할 수 없고 통제할 수 없는 것으로 남게 된다.

가족과 함께하는 사회복지실천을 위한 기본 구조를 조직화하는 데 많은 시사점들이 있다. 첫번째 시사점은, 개인들 상호 간이나 기관들과 함께하는 보통의 관계에 대한 작업들은 사회복지실천에 기본적인 기초를 제공한다는 것이다. 사람들이 일반적으로 상호작용한다는 것은 불변의 진실이다. 그들은 가족 구조가 인간의 심오한 욕구인 문제해결, 상호 지지, 관계를 즐기는 것들을 만족시키도록 만들어 간다. 의미와 관계적인 구조들은 사회적 상호작용을 통해 나타난다. 불변의 진실은 복잡한 상호작용을 이해하는 가장 좋은 방법과 그들 간에 조정할 수 있는 가장 효과적인 방법을 찾는 논리적인 근거를 제공한다. 사회기관들은 이러한 노력을 하는 가족들을 돕는다. 이러한 문제나 욕구에 대해 가족 구성원 개개인과 작업하거나 가족 내 하위 구조, 사회기관들, 지역사회의 서비스 네트워크와 함께하는 것들을 포함한 다양한 방법들이 가능할 것이다. 효과적인 방법들은 제도권 기관의 기능에 대한 가족 구성원들의 기대와 관련된 이해를 통해 도출될 수 있다.

이론이나 실제 그 어느 것도 가족을 이루고 그 안에서 살아가는 구성원들의 자연의 질서에 부담이 되어서는 안 된다. 사람들이 가족을 필요로 하고 가족의 삶 안에서 어떤 가치들을 추구하는 것은 자연의 질서다. 거기엔 항상 다양성이 존재하기 때문에 복합체인 것이다. 가족은 한 가지 측면만 가지거나 구성원 한 사람의 상태에 국한될 수 없다. 가족 단위는 다면적인 차이들을 만들어 낸다. 서로 다른 관계 구조들이 여러 가지 발달과정의 국면들에서 필연적으로 나타나는 것이다. 후기 현대사회에서 이러한 차이들 속에 바로 주류 문화와 관련해서 자주 경험되거나 가족 그 자체 내에서 자주 경험되는 문화적 차이들이 존재하는 것이다. 가족과 함께하는 사회복지실천은 인간으로서의 가치와 존엄성을 인정하는 확고한 약속 같은 것으로, 개인이 추구하는 가치에 기초한다. 사회복지실천의 실제에서는 이러한 과정들이 적절한 방식으로 이루어져야 한다고 주장한다. 초문화 세계 속에서 그 차이점들에 기초하기 때문에 비교문화적이라고 정의되어야 한다.

두 번째 시사점은, 문화적·상황적 의미의 다양성들이 사회복지실천의 실무를 과학인 동시에 예술로 만든다는 것이다. 가족은 다른 문화들 속에서 여러 가지 방식으로 외적이고 내적인 환경들에 대해 자기 모습들을 만들어 나간다. 각기 다른 상황들 내에서 문화적 의미나 패턴과 일치하도록 하면서 비교적 유사한 행위를 해 나가는 여러 가지 방식이 있을 수 있다. 어떤 가족 유형은 다른 경우보다 해체나 역기능에 대해 더 취약할 수 있다. 구조에 대한 구성원들의 이해는 문화나 내적·외적인 환경에 의해 달라질 수 있다. 따라서 개입에 대한 접근법들도 달라질 수 있다. 문화권에 따라서는 의사를 교환하거나 가족과의 상호작용에서 개인의 내적인 상태를 연결시키는 것에 제한된 능력만을 지니는 경우도 있다. 어떤 경우이든 개입의 초점은 그것에 대해 광범위하게 이야기하는 것보다는 활용 가능한 구조를 창조해 내도록 가족들을 도울 수 있는 상호작용에 맞춰져야 한다. 어떤 문화나 환경에서는 행동에 앞서 많은 대화가 필수적인 경우도 있다. 이러한 가족들은 그들이 상호작용하기 이전에 명확한 의미나 목적들을 정해 놓을 필요가 있다. 사회복지사들은 치료를 위한 평가와 계획 단계에서 이러한 차이들을 규정해 놓을 필요가 있다. 그러나 실제에서 요구되는 것은 문화나 환경적 차이에도 불구하고 매우 유사할 수 있다.

세 번째 시사점은, 사회복지사의 행위를 설명하고 이끌며 현존하는 이론과 실제 구체적인 관계적 현실 사이에는 필연적으로 차이가 날 수밖에 없다는 것이다. 결국 가족은 자신들의 이야기를 쓴다. 대단한 진전에도 불구하고, 이론 그 자체는 사회복지사가 가족들을 도와 그들의 실제를 재구성하는 데 제한되는 도움이 될 뿐이다. 가족치료가 가족과 함께 작업할 때 사용하는 기법들을 많이 발전시켰지만, 동일한 현실을 다루는 여러 가지 경쟁적 학파들의 이론으로 이루어진 것이 사실이다. 가족과 함께하는 사회복지실천은 보다 조직화된 구조를 필요로 한다. 이러한 구조를 가지고도 정확한 예언은 어려우며 어떤 일이 있어났는지에 대한 확인과 일어날 수 있는 일에 대한 추측만이 가능할 뿐이다. 날씨에 대한 과학적으로 보다 발전된 일기예보나 어떤 원리에 대한 이해가 자동 조정 장치 개발에 도움을 주어 태풍에 대한 조치를 잘하게 도울 뿐, 모든 결과를 정확히 예측 가능하게 하는 것은 아니다.

일반적으로 가족과의 작업에 대한 이론들은 사례를 통해 실천 속에서 소개된다. 사례는 개인의 이야기이거나 가족의 상호작용에 대한 도움을 받는 과정에 관한 이야기다. 이야기는 아주 적은 부분이 예측 가능하거나 이해될 수 있는 복합적인 실제들의 특별한 결과물이다. 이 책에는 사회복지사가 가족들을 돕는 과정과 내용에 대해 자세히 학습시키려는 목적으로 정리된 이야기들이 많이 제시되었다. 이 이야기들은 각주에 제시된 이론들과 관련이 있으며, 반추와 논의가 있기 바라며 일부에 대한 해석은 재고될 수도 있을 것이다.

마지막으로 효과적인 실제에 대한 원리는 역시 행위 속에 있는 가치일 것이다. 사회복지사의 작업은 단지 기법으로만 볼 수 없다. 사회복지사는 가족과의 반복적이고 반응적인 상호작용인 삶의 일부이다. 사회복지사는 가족이 가족 구조와 상호작용을 통해 그들의 욕구를 만족시키기 위해 가족 구성원들이 무엇을 해야 하는지를 돕는 가정교사다. 이러한 의미에서 실제에 대한 원리들은 추상적인 기법이어서는 안 되고, 결국 가족의 현실에 반응하는 사회복지사의 인간적인 자질이 될 것이다. 사회복지사는 동일한 주제에 대한 무한한 변주에 대해 반응할 수 있는 능력을 키워야 하고 시작 단계에서 이러한 주제들을 명료화하는 것이 중요하다.

복잡한 사회 속에서 사회복지실천 이론은 의미와 지지의 지속적인 근원이었으며, 사회복지사와 사회기관이 가족과 함께한 한 세기 이상 동안의 실천 현장에 많은 영향을 주었다. 이 장의 목적은 사회복지실천과 그 이론적 기반에서 무엇이 고유하고 내재된 것이며 불완전한 것인지를 다시 한 번 살펴보는 것이었다. 이와 동시에 실천에 대한 틀은 다른 접근들과 가족과의 사회복지실천에 연결되어야 할 필요가 있다. 임상 사회복지사로서의 이러한 재발견이 지금보다 나은 우리로 발전해 나가는 데 도움이 되었으면 하는 것이 저자들의 바람이다.

참고문헌

Hepworth, D. H., Rooney, R. H., & Larson, J. A. (1997). *Direct social work practice: Theory and skills* (5th ed.). Pacific Grove, CA: Brooks-Cole.

Shulman, L. (1992). The *skills of helping: Individuals, families and groups* (3rd ed.). Itasca, IL: Peacock.

Taft, J. (1949). Time as the medium of the helping process. *Jewish Social Service Quarterly, 24*, 2.

Tomm, K., & Wright, L. M. (1979). Training in family therapy: Perceptual, cognitive and executive skills. *Family Process, 18* (3).

Walsh, J. (2003). *Endings in clinical practice.* Chicago: Lyceum.

찾아보기

■ Robert Constable

지난 30여 년간 임상사회복지사로서 미국 일리노이 주와 인디애나 주에서 활동해 왔다. 현재 인디애나 주에서 개인 상담실을 운영하고 있으며, 로욜라 대학교 사회사업 대학원 명예교수로서 미국과 해외에서 강의를 계속하고 있다. 저서로는 『학교사회사업: 실제, 정책과 연구 관점들(Practice, Policy, and Research Perspectives)』 제5판을 비롯한 활발한 저술 활동을 하고 있다.

■ 이부덕(Daniel B. Lee)

오하이오 주립대학교 사회복지대학에서 지난 10년간 가족치료를 강의해 왔으며, 이화여자대학교, 서울대학교, 서강대학교, 일본 동지사대학교 등에서 초빙교수로 임상사회복지 과목을 가르치기도 했다. 1972년부터 미국 부부 및 가족치료협회(American Association for Marriage and Family Therapy)의 임상 회원이었으며, 초문화적 가족협회(Transcultural Family Institute)를 창립하였다. 그리고 Global Awareness Society International 의 공동 창립자이자 2대 회장을 역임하였다. 미국 군대의 사회복지 장교로서 미국과 해외에서 복무하였으며, 미연합감리교단 성직자로 임명받았다. 현재 시카고 로욜라 대학교 사회사업 대학원 교수로서 사회사업과 가족치료에 대하여 강의하고 있으며, 많은 임상현장 경험을 살려 저술 활동을 병행하고 있다.

■ **이은진**

_ 연세대학교 대학원 심리학과(철학박사)

_ 미국 Loyola University Chicago 여성학 석사

_ 미국 Loyola University Chicago 박사후 연구과정(가족치료) 수료

_ 현 한국심리학회 상담심리 전문가

■ **김유진**

_ 미국 Norfolk State University 사회복지학 석사

_ 미국 Loyola University Chicago 임상사회복지학 박사

_ 현 연세대학교 사회복지대학원 BK21사업단 박사후 연구원

■ **배진형**

_ 미국 Loyola University Chicago School of Social Work 박사

_ 미국 Loyola University Chicago: Post-Master's Certification in School Social Work
  Program (Type 73) 수료

_ 미국 Family Service Center in Wilmette, Illinois 인턴 및 Clinical Staff 역임

_ 전 서울시립동부 아동상담소 상담원

■ **박영희**

_ 이화여자대학교 대학원 사회복지학과(문학박사)

_ 한국가족사회복지학회, 한국학교사회복지학회 부회장 등 역임

_ 현 그리스도대학교 사회복지학부 교수
    그리스도대학교 교육부 선정 수도권 대학 특성화 사업단장

사례중심 가족치료와 사회복지실천

2008년 10월 20일 1판 1쇄 인쇄
2008년 10월 30일 1판 1쇄 발행

지은이 • Robert Constable · 이부덕(Daniel B. Lee)
옮긴이 • 이은진 · 배진형 · 김유진 · 박영희
펴낸이 • 김진환
펴낸곳 • ㈜ 학지사
121-837 서울시 마포구 서교동 352-29 마인드월드빌딩 5층
대표전화 • (02)330-5114 팩스 (02)324-2345
등록 • 제313-2006-000265호
홈페이지 • http://www.hakjisa.co.kr

ISBN 978-89-93510-18-8 93330
가격 20,000원